논어의 발견

논어의 발견

2014년 12월 8일 개정판 1쇄 발행

지은이 | 이수태

펴낸이 | 이문수
편집 | 이만옥
펴낸곳 | 바오출판사

등록 | 2004년 1월 9일 제313-2004-000004호
주소 | 서울시 마포구 연남동 567-39 301호(121-842)
전화 | 02)323-0518 / 문서전송 02)323-0590
전자우편 | baobooks@naver.com

ISBN | 978-89-91428-17-1 03140

※ 이 책의 초판은 1999년 출판사 '생각의나무'에서 출간되었다. 2009년 같은 출판사에서 표지 개정판이 출간되기도 했다.

개정판

논어의 발견

—

이수태 지음

바오

초판 머리말

1.

일찍이 다산 정약용茶山 丁若鏞은 그의 명저 『논어고금주論語古今注』를 집필하면서 논어에 대한 새로운 발견의 감회를 그의 형 약전若銓에게 이렇게 피력하였다.

> 지금 논어를 연구하지 않는 사람들은 사서四書의 밭에는 남은 볏단이라고는 결코 없다고 말합니다. 굉보紘父가 과거 공부에서 돌아와 발분하여 경학과 예학에 몸을 바치고 있는지라 그의 어려움을 도와주고자 부득불 안경을 끼고 임하지 않을 수 없게 되었는데 그러고 보니 여기에도 남은 벼 포기가 있고 저기에도 떨어진 이삭이 있으며 여기에도 거두어들이지 않은 볏단이 있고 저기에도 추수하지 않은 늦벼가 있어 전도낭자한 것이 수습할 수 없을 정도입니다. 흡사 어렸을 적에 새벽에 밤나무 동산에 가서 홀연히 붉은 밤알이 난만히 땅에 흩어져 있는 것을 만나 그것을 다 줍기가 벅찼던 것과 같으니 이를 장차 어찌하면 좋단 말입니까?

다산의 이러한 발언은 논어가 이천 년 이상 인류에게 공개된 문헌으로 널리 읽혀져 왔음에도 불구하고 여전히 새롭게 발견될 수 있는 많은 여지를 안고 있다는 뜻이다. 수많은 사람들이 읽고 또 읽은, 방대하지도 않고 난해하지도 않은 한 문헌에 대하여 그렇게 말하는 것은 기이한 느낌마저 든다. 벼 포기보다 많은 손길이 지나간 들판에 여전히 추수할 것이 남아 있다니 어찌 기이하지 않겠는가?

그러나 논어는 다르다. 논어는 미숙한 내용을 화려한 문사로 포장한 여느 전적들과는 달리 짧고 간결한 글귀들이지만 그 안에는 실로 위대한 체험과 예지를 담고 있다. 적지 않은 글귀들은 마치 그것이 안고 있는 내용을 다 이기지 못하겠다는 듯 겨운 팽압을 띠고 있다. 어느 글귀를 통하여 뛰어들든 우리는 위대한 체험으로 뒤덮인 드넓은 경작지를 만나게 된다. 따라서 그 세계의 고유한 사정에 인식이 미치지 못하는 경우, 논어는 다산의 말처럼 실로 수습되지 못한 많은 벼 포기와 이삭과 볏단을 남기게 되는 것이다.

『논어의 발견』은 바로 그 벌판에 뛰어들어 그 속에 전개된 위대한 체험의 산물들을 비록 관견管見의 형태로나마 시야에 담아 보려는 의도에서 수행되었다. 좁게는 그 발견은 논어 단편의 해석 문제에서 출발하지만 넓게는 공자가 발견한 삶의 실천적 원리, 인류사에서 드물게만 선포되었던 그 경이로운 길道을 지향하고 있다. 그것은 물론 논어에 대한 깊은 신뢰에 기초해 있다. 그 신뢰의 근거를 제시하는 것은 어려운 일이다.

그러나 모든 진정한 진리와 마찬가지로 논어의 진리에 대한 인식에는 그것의 진리됨에 대한 보증이 함께 깃들어 있다고 생각한다. 논어에 관한 한 이 점은 운명적인 것처럼 느껴진다. 스스로의 진리됨에 대한 보증을 자기 바깥에서 손쉽게 끌어올 수 있는 실증적 진리에 비해 일견 논어의 그러한 성격은 논어의 무력성처럼 비쳐질 수도 있을 것이다. 그렇지만 역설적이게도 논어의 진리는 바로 그렇기 때문에 보증이 비롯되는 바로 그 궁극적 위상에 놓여 있음을 입증하는 셈이 되고 따라서 그 어떤 제약된 진리보다 더 의연하고 더 힘찬 것이 될 수 있다고 생각한다.

2.

『논어의 발견』은 여섯 개의 편篇으로 구성되어 있는데 제1편에서 제6편에 이르는 편집 순서는 집필 순서와 거의 일치하고 있다.

제1편은 공자의 제자들에 대한 인간적 탐색이다. 그들은 공자의 소재를 알려 주는 이정표와도 같은 존재로서 그들에 대한 이해 안에는 공자에 대한 반사적 이해가 포함되어 있는데 그것은 공자에 대한 직접적 이해를 틀 잡아 주는 매우 중요한 요소가 된다. 특히 자공, 자로, 안연을 다룬 3대 제자론은 제자론의 형태로서가 아니면 접근하기 어려운 논어세계의 극히 섬세한 측면을 다루고 있어 제2편의 사상론을 보조 내지 선도하는 특별한 성격을 가지고 있다.

제2편은 논어의 사상세계를 다양한 각도에서 조명해 본 것이다. 여기서는 무엇보다 논어 단편들에 포함된 공자의 '생각'을 체계적으로 포착하기 위해 노력하였다. 공자의 목적이 어떤 사상체계를 구축하는

데에 있었던 것은 분명히 아니다. 그럼에도 불구하고 공자의 사상은 불가피하게 체계적인 측면을 지니고 있는데 종래의 논어 이해는 대부분 그 점을 간과하여 왔다. 체계는 비록 그 자체를 목표로 하지는 않지만 위대한 정신의 자기 정립에 있어서 결여될 수 없는 요소라는 점을 차제에 확실히 적시해 두고 싶었다.

제3편은 『새번역 논어』의 논어 해석에서 종래의 해석과 현저히 달라진 부분을 중심으로 그 논리를 전개한 것이다. 논어 단편에 대한 달라진 해석적 입장은 비단 제3편에서만 전개된 것이 아니라 제1,2편에서도 수시로 전개되고 있다. 다만 제3편에서는 해석상의 차이를 통하여 그 차이를 야기시키고 있는 원인이 유형별로 분석 · 제시되고 있다.

제4편은 공자의 생애와 관련된 기록들을 비판적으로 재구성한 것이다. 공자의 생애에 대한 관심은 그동안 많은 공자전을 출현시켜 왔지만 그 대부분은 『사기』「공자세가」를 중심으로 『공자가어』, 『공총자』 등의 전승들을 적당히 가미하여 엮어 낸 것들이다. 그러나 가장 결정적인 자료인 『사기』「공자세가」마저 너무나 신빙성이 떨어지기 때문에 이들 자료를 기초로 하여 공자의 생애를 재현한다는 것은 언제나 많은 위험을 안고 있다. 잘못 그려지고 잘못 해석된 공자의 생애는 공자 이해에 도움이 되기는커녕 오히려 논어에서 확보된 공자상마저 훼손할 우려가 있는 것이다. 따라서 제4편은 공자의 생애를 구성하기에 앞서 그의 생애에 대한 여러 가지 오도된 관심을 바로잡고 우리에게

주어진 여러 자료들을 어떻게 취사선택하고 평가·해석할 것이냐 하는 과제에 중점을 두고 있다.

제5편 논어의 문헌학에서 다루고 있는 네 개 과제는 논어를 전문적으로 연구하는 학자들은 물론 일반적인 독자들에게도 모두 흥미롭고 유익한 과제가 될 수 있을 것으로 생각한다.

첫 번째로 다루고 있는 장章의 구분 문제는 이 문제를 둘러싼 그간의 논란들을 통일하고자 하는 뜻에서 채택되었다. 나는 이 글에서 왜 어떤 단편은 분리되어야 하고 왜 어떤 단편은 합쳐져야 하는지 구체적인 이유와 기준을 제시하였다.

논어 단편의 신뢰성 문제를 다루고 있는 두 번째 과제도 논어에 대한 이해의 중요한 부분을 구성하는 것이다. 다시 공자의 시대로 돌아갈 수 없는 한 이 문제도 완벽한 결론에 이르기는 어렵겠지만 적지 않은 단편을 둘러싼 진위의 판단은 전국시대의 왜곡된 관점에 의하여 혼란스러워진 공자상을 선명히 하는 데에 도움을 줄 수 있을 것이다.

논어의 성립과정을 추적하는 세 번째 과제는 미스터리와 억측에 머물러 있던 과제라고 할 수 있다. 따라서 어느 정도 실마리를 잡고 추적된 경우라 하더라도 가설적 성격을 완전히 넘어서기는 어려울 것이다. 그러나 이 부분은 초기 교단과 논어가 기록될 당시의 조건을 되짚어 보는 것이기 때문에 논어 이해의 기초로서 꼭 필요한 부분이라 여겨진다. 이 부분에 관해서는 앞으로 더욱 진전된 연구가 나올 수 있기를 기대한다.

네 번째 논어 해석의 역사는 공안국 이래 모든 논어 해석 내지 논어 이해의 궤적을 간략하게나마 살펴본 것이다. 필자의 제한된 견문 탓에 이에 관한 접근도 기대의 반분에 미치지 못하고 있다. 부족한 것이기는 하지만 이러한 노력은 오늘날 우리에게 전해지고 있는 논어 이해가 어떤 역사적 조건에 기초한 것인지를 좀 더 분명히 해줄 것이다.

마지막으로 제6편은 이 시대에 논어가 처한 환경을 다시 한번 되돌아보고 이 시대에 과연 논어가 무엇이며 무엇을 할 수 있을 것인가 하는 누구나 제기해 봄직한 물음의 의미를 천착해 본 것이다. 논어의 여전한 생명력을 확인하는 것으로 맺어진 이 논술은 그러나 아직은 답이 아닌 물음의 형태로 더 오랫동안 지속되는 것이 불가피해 보인다.

3.

출간을 앞둔 지금, 나는 이 책을 쓰면서 나의 마음에서 만져지던 저 알 수 없는 '작고 단단한 조약돌'을 이 세상의 수면에 던져 보는 느낌을 갖는다. 책읽기가 점점 소일거리로 변해 가는 현재의 독서풍토에서 이 책은 결코 만족스런 소일거리가 되지 못할 것이다. 다만 필자로서 바라는 바가 있다면 아무쪼록 이 책이 차분히 그리고 인내심 있게 읽혀졌으면 하는 것이다. 그리고 가능하기만 하다면 논어 자체가 극히 최근에야 어느 석곽에서 발굴된 것처럼 『논어의 발견』은 바로 그에 따른 발굴보고서쯤은 되는 것처럼 읽어 주십사 하는 것이다. 그것은 나의 외람된 요구이기 이전에 논어 자신이 모든 시대에 모든 독자들에게 요구하는 것이며 오직 그런 만남으로서만 논어와의 진정한 만남이 가능한 것이라고 생각한다.

마지막 퇴고를 하는 과정에서 논어에 대한 발견의 기쁨이 미처 정제되지 못하고 제시된 부분이 많다는 것을 새삼스럽게 느꼈다. 그것은 이 책의 성격상 어느 정도는 불가피한 것인지도 모르지만 그런 정제되지 못한 부분은 논어가 펼치는 더 원대하고 진지한 세계를 조망하는 데에 걸림돌이 될 수도 있다고 본다. 이 점에 관한 한 독자들의 '창조적인 책읽기'가 논어에 대한 '발견'의 한계를 넘어서 더 차원 높게 전개될 수 있기를 바랄 따름이다.

1999. 10.

이수태

개정판 머리말

15년 만에 개정판을 낸다. 이번 개정판에서 나는 책의 내용에 거의 손을 대지 않았다. 함께 출간하였던 『새번역 논어』가 이번에 제법 많이 손질된 것에 비하면 그 점이 크게 차이 나는 점이다. 손볼 곳이 없어서가 아니다. 여러 군데에 걸쳐 수정도 하고 보필補筆도 하고 싶었다. 그러나 나는 다소 미흡한 구석이 있더라도 이 책만큼은 처음 선보이던 때의 모습을 유지할 필요성이 있다고 보았다. 외람된 이야기일지 모르지만 『논어의 발견』은 1999년과 더불어 그 자체가 역사적 의의를 가지게 되었다고 보기 때문이다. 그래서 명백한 오류를 수정하고 애매한 표현을 분명히 한 것, 『새번역 논어』에서 한글 원문의 번역이 바뀐 것 외에는 거의 손대지 않았다. 부록에 지도 등의 참고자료를 추가한 것은 단지 독서의 편의를 제공하기 위한 것이었다. 글을 보완하고 새로운 생각을 펼치고 싶었던 사항들은 이번의 개정 작업과는 별도로 구상하고 있는 새로운 책을 통해 조만간 선보일 예정이다.

논어는 우리가 생각하는 것 이상으로 위대한 책이다. 또 공자는 알면 알수록 그 끝 간 데를 알 수가 없는 사람이다. 세계사도 그렇지만 특히 한국사는 그동안 논어를 뒤안길에 방치할 수밖에 없었던 여러 가지 사정에 휩싸여 있었다. 최근 논어에 관해 약간의 붐이 일었다고 하나 그것은 사소한 것이었고 어쩌면 매우 구태의연한 것이기도 했다. 언젠가 많은 세월이 흐른 후, 훨씬 다른 차원에서, 문명의 큰 뒤

채임과 더불어 논어가 재조명될 날이 올 것이다. 그때에 나의 이 책이 남아 미력이나마 그 재조명에 기여할 수 있게 된다면 더 이상 바랄 것이 없다.

2014. 9.

이수태

차례

II. 사상론

III. 논어읽기의 문제들

Ⅳ. 공자와 그의 시대

Ⅴ. 논어의 문헌학

VI. 논어의 현대적 의미

| 일러두기 |

1. 원칙적으로 서명(書名)은 『 』로 표기하였다. 다만 논어는 너무 자주 나오는 관계로 편의상 논어로 기재하였으며, 『춘추좌씨전(春秋左氏傳)』은 『좌전(左傳)』으로 약칭하였다.

2. 인용을 할 때 인명으로만 표기된 경우는 각각 다음 자료에 의한 것이다.
   공안국(孔安國), 마융(馬融), 정현(鄭玄), 포함(包咸), 진군(陳群), 왕숙(王肅), 주씨(周氏), 주생렬(周生烈), 하안(何晏) : 『논어집해(論語集解)』
   황간(皇侃) : 『논어의소(論語義疏)』
   형병(邢昺) : 『논어정의(論語正義)』
   주자(朱子) : 『논어집주(論語集註)』
   오규 소라이(荻生徂徠) : 『논어징(論語徵)』

3. 논어의 편장에 따라 구성된 주석서의 경우는 서명만 인용하고 구체적인 편장은 적시하지 않았다.

4. 인용은 " "로, 인용 가운데의 인용과 강조는 ' '로 표기하였다.

5. 외국인명은 외래어 표기법을 따랐으나 중국 현대 인물의 경우에는 가독성을 고려해 한글 발음으로 표기하였다. 예) 마오쩌둥(毛澤東) → 모택동

I
제자론

1. 공자와 그 제자들

논어를 일독해 본 사람이라면 누구나 안연顔淵, 자로子路, 자공子貢 등 공자의 개성적인 제자들에 대하여 특별한 흥미를 느낄 수 있었을 것이다. 그것은 그들이 남들이 갖추지 못한 어떤 특별한 능력이나 매력을 갖추고 있었기 때문이 아니다. 물론 그들은 당시 노魯나라의 뛰어난 인재들이었고 또 그 중 몇몇은 정치적으로 중요한 위치에까지 올랐던 것도 사실이지만 그렇다고 해서 그들이 보통 사람들에 비해 지적으로나 도덕적으로 월등히 차원 높은 경지에 있었느냐 하면 결코 그런 것은 아니었다. 따라서 아성亞聖의 의의를 부여해 가며 공자의 좌우에 그들을 도열시키는 것은 전혀 무의미한 일이 될 것이다.

그렇다면 그들이 우리의 특별한 흥미를 끄는 이유는 무엇일까? 거기에는 크게 두 가지 이유가 있다. 그 하나는 논어가 가지는 기록으로서의 특이성이다. 논어는 기록을 염두에 두지 않고 행해진 말과 행동을 아무런 재구성을 거치지 않고 그대로 기록한 희귀한 문헌이다. 거기에 등장하는 공자의 제자들은 분명히 이천오백여 년 전 중원 지역에서 살았던 실존의 인물들이며 기록된 질문과 대답, 거동 등은 실제 어느 순간에 있었던 구체적 사실을 그대로 보여 주고 있다.

따라서 논어 단편 하나하나는 그 대화를 둘러싸고 있던 상황과 여러 조건, 배경은 물론 각 인물들의 감수성과 성격과 표정 등을 또렷이 담고 있다. 논어의 이러한 리얼리티는 확실히 독보적인 것이라 할 수 있는데, 실존 인물의 언행을 기록한 고대의 많은 전적들 중에서도 이 점에 관한 한 논어에 필적할 만한 다른 전적이 없는 형편이다. 이를테면 『사기史記』 열전의 저 다채로운 인물들도 공자의 제자들에 비하면 다분히 재편집 과정을 거쳐 정형화된 인물들이며, 우리의 귀에 직접 그 육성과 숨결을 전해 주는 생동하는 인물은 아니다.

그러나 공자의 제자들이 우리의 흥미를 자극하는 데에는 이러한 간접적인 이유보다 더 직접적인 이유가 있다. 그것은 바로 그들이 공자라는 비범한 인물을 사제의 관계에서 만날 수 있었다는 점이다. 물론 그 만남의 진정한 의의는 그들이 그러한 천재일우의 인연을 가질 수 있었다는 외형적 관계에 있는 것이 아니라, 그 관계를 통하여 그들이 공자라는 한 희유한 광원光源으로부터 조명될 수 있었다는 사실에 있다. 공자로부터 조명되었다는 이 특별한 사실에서 비로소 그들은 특별한 존재가 된 것이다. 왜냐하면 조명된 어떤 것을 볼 때 우리는 이미 그 광원에 대하여 인식하기 때문이다.

제자들을 둘러싼 밝은 피조被照 상태를 통하여 우리는 빛의 거리와 사각斜角을 느끼게 되고, 그것은 광원 그 자체를 주목하는 것보다 어쩌면 그 광원의 위치와 광도光度에 대해 더 명료한 인식을 안겨 줄 수도 있다. 이 점에서 제자들에 대한 이해는 공자에 대한 이해와 분리되어 다루어질 수 없다. 다시 말해서 그들을 배제하고는 이 다채로운 논어의 세계가 성립되지 못하며 그 점에서 그들은 이미 '공자'라는 인류사적 사건의 구체적 부분을 구성하고 있는 것이다.

이 제자론을 통해 접근해 보려는 것도 바로 제자들의 모습에 반영된 한 광원과 그를 둘러싼 경이로운 한 세계라 할 수 있다. 각 단편에 흩어져 있는 편린들을 일정한 구도하에 종합하고, 제한된 정보들 간의 상관관계를 통해 이곳저곳의 결극을 메워 가며 전체적인 윤곽을 그려 나가는 이 방법은 마치 어려운 그림 맞추기puzzle와도 같다.

그러나 이 새로운 방법은 과거 주석註釋 중심의 연구에서 접근하지 못했던 제자들의 여러 가지 숨겨진 면모를 드러내어 줄 것이다. 그리고 그 발견을 통해 우리는 공자의 제자들을 살펴본다는 것이 공자라는 쉽사리 범접하기 힘든 한 인물을 이해하는 데 어떤 의의를 갖는지 좀 더 확연하게 깨달을 수 있을 것이다.

공자의 제자들에 대하여는 삼천 명이라는 터무니없는 숫자에서부터 72제자라는 구체적 명단에 이르기까지 다양한 기록이 남아 있지만 논어에 등장하는 제자의 숫자는 많이 잡아도 28명에 불과하다. 그 중에서도 과연 제자였는지가 의심스러운 안로顔路나 담대멸명澹臺滅明, 자천子賤, 진자금陳子禽 등을 제외하면 그 숫자는 겨우 20여 명 남짓한데 그나마 염백우冉伯牛나 원헌原憲, 번지樊遲, 자고子羔, 칠조개漆雕開, 사마우司馬牛, 증석曾皙, 무마기巫馬期 등은 관련된 단편의 수가 너무 적어 그들이 실제 어떤 인물이었는지를 파악하기가 사실상 불가능하다. 따라서 어느 정도 그 인물에 대한 검토가 가능하여 공자를 이해하는 데에 크든 작든 도움이 된다고 여겨지는 제자들은 겨우 열세 명 정도에 불과한 실정이다.

이 중에서 자공子貢과 자로子路, 안연顔淵은 따로 3대 제자라는 이름으로 묶었다. 전통적인 제자론도 명시적으로 이러한 분류법을 택한 적은 없지만 이들 셋은 어느 시대에서나 예외 없이 우선적 관심의 대상으로 다루어져 왔다. 왜냐하면 다른 제자들은 그 제자가 어떠한 사람이었는지 알아볼 수 있는 정도에 불과하여 공자 이해에 결정적인 도움을 준다고는 볼 수 없지만, 이들 세 제자는 오히려 그들이 없다면 공자라는 인물을 제대로 이해하기 어렵게 될 정도로 온전히 공자의 일부를 이루고 있기 때문이다.

증자와 유자의 경우는 공자를 이해하는 데에 큰 도움을 주는 인물이라 할 수는 없다. 그러나 그들은 초기 교단의 형성과 역사적 유교의 성립에 중대한 기여를 한 인물들이라는 점에서 별도로 분류해서 다루었다. 그들은 공자의 당대 인물이면서도 이후의 장구한 유교사教史로 넘어가는 데에 교량과 같은 역할을 하였는데, 공자와 역사적 유교가 어떤 차이가 있고 어떤 관계로 정립되는지를 그들의 존재를 통해 보여 주는 특별한 의의를 지니고 있다.

2. 3대 제자의 경우

가. 자공—세상에서 자기 자신에로

논어를 주의 깊게 읽어 보면 공자의 제자들 중에서 자공子貢은 어느 누구보다 공자와 친밀한 관계를 유지했다는 것을 쉽게 알 수 있다. 스승과 제자. 그것도 현격한 나이 차이가 있는 사제지간이었지만 확실히 두 사람의 관계는 각별히 편안하고 자연스러운 데가 있었다. 이러한 유의 가까움은 아마 불교에서 석가모니와 그의 사촌 아우이기도 했던 제자 아난과의 가까움에 견줄 수 있을 것이다. 그러나 과연 어느 단편이 어떤 기록을 통해서 그 점을 보여 주고 있느냐 묻는다면 아무도 선뜻 이것이다 하고 내세울 만한 것을 찾지 못할 것이다. 이것이 논어의 특징이다.

저술이 아닌 '대화록으로서 논어'는 전술한 바와 같이 어느 한 순간의 실제 발언을 놀랄 만큼 정밀하게 보존하고 있기 때문에 결코 의도하지 않았음에도 그 순간을 둘러싸고 있던 상황적 제조건도 고스란히 반영하고 있다. 논어의 섬세하면서도 뛰어난 양감量感은 바로 거기에서 비롯된 것이다. 자공과 공자의 특이한 가까움도 바로 그런 식으로 제공된 수많은 정보들 중의 하나에 지나지 않는다. 이를테면 술이/16을 주의 깊게 보자.

염유冉有가 말하였다.

"선생님께서는 위나라 임금을 도와주실까?"

자공이 말하였다.

"그래, 내가 여쭈어 보지."

자공이 들어가 물었다.

"백이숙제는 어떤 사람입니까?"

선생님께서 말씀하셨다.

"옛 현인이다."

자공이 말하였다.

"원망하였습니까?"

선생님께서 말씀하셨다.

"어짊을 구해서 어짊을 얻었는데 또 무엇을 원망했겠느냐?"

자공이 나와서 말했다.

"선생님께서는 도와주지 않으실 것이네."

冉有曰:夫子爲衛君乎?子貢曰:諾,吾將問之.入曰:伯夷叔齊何人也?曰:古之賢人也.曰:怨乎?曰:求仁而得仁,又何怨?出曰:夫子不爲也. 7/16

두 제자가 스승의 의중에 대하여 이야기를 나누다가 그 중 한 명이 불쑥 스승의 방에 들어가 의중을 타진하고 나온다. 기록자는 결코 이 단편을 통하여 공자와 자공간의 인간적인 가까움을 표현하려 한 것이 아니었을 것이다. 그러나 이 단편은 피할 수 없이 그 편린을 보여주고 있다. 비록 이 하나의 단편이 두 사람의 관계를 확증할 어떠한 증거도 되지 못하지만 적지 않은 단편들에 투영된 무심한 사실의 편린들은 이윽고 어떠한 거증보다 분명히 논어의 세계와 그 속의 자공, 그리고 자공과 공자의 각별한 관계를 그려 내고야 마는 것이다.

논어의 5백여 개 단편 가운데에서 자공이 등장하는 단편은 대략 40여 개로서 제자들 중 자로子路 다음으로 가장 많은 관련 단편을 남기고 있다. 이는 어느 누구보다 자공이 공자와 대화할 기회를 많이 가졌음을 보여 주는 것이라 할 수 있다. 이처럼 자공이 스승과 무간한 관계를 유지할 수 있었던 이유로는 먼저 그의 유난히 원만했던 성격을 들 수 있다. 안연/24는 그 점을 잘 보여 준다.

자공子貢이 벗에 대해 묻자 선생님께서 말씀하셨다.

"충고해서 잘 이끌되 안 될 것 같으면 그쳐서 스스로 욕을 당하지는 말 것이다."

子貢問友.子曰:忠告而善道之,不可則止,無自辱焉. 12/24

이 말을 뒤집어 보면 우리는 자공이 교우 관계에서 어떠한 사람이었는가를 미루어 짐작할 수 있을 것이다. 그뿐만 아니다.

자공子貢이 곡삭제告朔祭에서 양을 희생으로 쓰는 예법을 없애려 하자 선생님께서 말씀하셨다.

"사賜야, 너는 그 양을 사랑하지만 나는 그 예를 사랑한다."

子貢欲去告朔之餼羊.子曰:賜也,爾愛其羊,我愛其禮. 3/17

여기서도 우리는 이 단편의 진정한 주제에 접하기 전에 우선 제물로 바쳐지는 양들의 죽음을 안타깝게 여기는 자공의 평범하면서도 인간적인 면모에 접하게 된다. 그만큼 그는 따뜻한 성격의 소유자였던 것이다. 자공은 자신의 이러한 성격을 잘 이해하고 있었던 것 같다. 이를테면 자공이 "동네 사람들이 모두 좋아한다면 어떻습니까?"[1] 하고 공자에게 물었을 때 그는 은근히 자신에 대한 공자의 긍정적 평가를 기대했었는지도 모른다.

물론 공자는 자공의 기대에도 불구하고 "마을 사람들 중에서 선한 자는 좋아하고 선하지 못한 자는 싫어하는 것만 못하다"고 말함으로써 자공이 지닌 인간적 척도의 한계성을 명확히 지적했지만 이러한 자공의 성격이 평범한 사람들로부터 환영받을 소지는 다분히 큰 것이었다. 따라서 공자 사후 숙손무숙叔孫武叔 같은 사람이 조정 대부들에게 "자공이 중니(공자)보다 더 낫습니다"[2] 하고 말하게 된 것이나 진자금陳子禽이 자공에게 맞대어 놓고 "당신은 공손하십니다. 중니가 어떻게 당신보다 더 낫겠습니까?"[3] 하고 자공을 더 평가하게 된 것도 전혀 무리는 아니었다.

확실히 이러한 구절을 대할 때 우리는 뿌리 깊은 선입견 때문에 이러한 구절이 가진 생생한 현장성을 충분히 깨닫지 못할 가능성이 높다. 이를테면 진자금이나 숙손무숙 같은 사람은 형편없는 안목을 가진 소인배들임에 틀림없다고 안이하게 생각할 수도 있는 것이다. 그러나 진자금은 학이/10 등에서 미루어 볼 때 많지는 않더라도 공자를 직접 만나 본 적이 있었음에 틀림없고, 숙손무숙은 노나라 삼가三家 중 숙손씨 가문을 이끄는 종주로서 이미 정공定公 5년에 대부가 된 고

---

1) 子貢問曰:鄕人皆好之,何如?子曰:未可也.鄕人皆惡之,何如?子曰:未可也.不如鄕人之善者好之,其不善者惡之. 13/24

2) 叔孫武叔語大夫於朝曰:子貢賢於仲尼.子服景伯以告子貢.子貢曰:譬之宮牆,賜之牆也及肩,闚見室家之好.夫子之牆數仞,不得其門而入,不見宗廟之美,百官之富.得其門者或寡矣,夫子之云不亦宜乎? 19/23

3) 陳子禽謂子貢曰:子爲恭也,仲尼豈賢於子乎?子貢曰:君子一言以爲知,一言以爲不知,言不可不愼也.夫子之不可及也,猶天之不可階而升也.夫子之得邦家者,所謂立之斯立,道之斯行,綏之斯來,動之斯和.其生也榮,其死也哀.如之何其可及也? 19/25

위 권력자였던 만큼 공자와의 인연도 결코 만만치 않았을 것이다.

그럼에도 불구하고 그들이 모두 공자보다 자공이 더 낫다고 말했다는 것은 적어도 공자가 누구나 식별할 수 있는 당연한 후광을 지니고 있지는 않았다는 것, 그리고 자공이 평범한 눈에는 오히려 공자보다 더 낫게 보일 여지를 다분히 지닌 사람이었다는 것을 말해 주는 것이다. 실제 숙손무숙이 "자공이 중니보다 더 낫습니다"라고 했다는 말을 자복경백子服景伯으로부터 전해 듣고 자공은 그런 말의 일차적 가능성을 다음과 같이 솔직히 인정했다.

"궁궐의 담장에 비유하여 말하면 나의 담장은 어깨 정도에 이르러 궐내闕內의 온갖 좋은 것이 다 드려다 보이지만 선생님의 담장은 한없이 높아 그 문을 찾아서 들어가지 않으면 그 종묘의 아름다움과 백관의 많음을 보지 못합니다. 그 문을 찾아내는 자가 필시 적을 것이니 그분께서 그렇게 말씀하시는 것도 어쩌면 당연하지 않겠습니까?"

叔孫武叔語大夫於朝曰:子貢賢於仲尼.子服景伯以告子貢.子貢曰:譬之宮牆,賜之牆也及肩,闚見室家之好.夫子之牆數仞,不得其門而入,不見宗廟之美,百官之富.得其門者或寡矣,夫子之云不亦宜乎? 19/23

자신이 적어도 남들의 눈에 호의적으로 비치고 있다는 것을 자공도 인정하고 있었던 것이다. 그러나 남들이 어떻게 평가하든 간에 공자에 대한 자공의 믿음은 확고한 것이었다. 공자의 생전에 공자가 성인이고 인류의 등불과 같은 존재라는 믿음을 명시적으로 표명한 사람은 자공밖에 없었다.[4] 뿐만 아니라 진자금의 말에 대해 자공이 보인 태도는 아직도 읽는 이들의 마음을 감동시키고 있다.

> "군자는 한 마디로 지혜로워지기도 하고 한 마디로 지혜롭지 못해지기도 하니 말이란 불가불 신중히 해야 하오. 선생님께 미칠 수 없는 것은 마치 사다리를 타고 하늘에 올라갈 수 없는 것과 같소. 선생님께서 나라나 대부의 가家를 맡으셨다면 이른바 세우면 곧 서고 이끌면 곧 가고 편안케 하면 곧 모여오고 움직이면 곧 조화되었을 것이오. 그의 삶은 영광스러웠고 그의 죽음은 슬펐소. 어떻게 그에 미칠 수 있겠소?"
>
> 君子一言以爲知,一言以爲不知,言不可不愼也.夫子之不可及也,猶天之不可階而升也.夫子之得邦家者,所謂立之斯立,道之斯行,綏之斯來,動之斯和.其生也榮,其死也哀.如之何其可及也? 19/25

자장편의 마지막 장인 이 단편은 후세에 첨가된 것으로 보이는 요왈편을 제외하면 논어 전체의 마지막 장이기도 하다. 아마 모르기는 하지만 이처럼 논어 전체의 마지막에 이 단편을 포함하여 자공이 공자를 평하는 감동적인 세 개의 단편(19/23~25)을 위치시킨 것은 순전히 편찬자의 의도적 배치였을 것이다. 바로 당대의 사람들마저도 평가가 엇갈리는 공자에 대해 자장/24에서 자공이 거의 후대의 신화적 평가에서나 나옴직한 평가를 내리고 있다는 것은 실로 자공이라는 이 제자를 다시 한번 주목해 볼 충분한 이유가 될 것이다.

---

4) 大宰問於子貢曰:夫子聖者與?何其多能也?子貢曰:固天縱之將聖,又多能也.子聞之曰:大宰知我乎!吾少也賤,故多能鄙事.君子多乎哉?不多也.牢曰:子云,吾不試,故藝. 9/6

숙손무숙叔孫武叔이 중니仲尼를 헐뜯자 자공이 말했다.

"소용없는 짓이다. 중니는 헐뜯을 수 없는 존재다. 다른 사람의 훌륭함이란 언덕과 같아서 그래도 넘을 수 있지만 중니는 해나 달과 같아서 도저히 넘을 수가 없다. 사람이 비록 제 스스로 해나 달과의 관계를 끊으려 하더라도 그것이 해와 달에게 무슨 손상을 입힐 수 있겠느냐? 다만 자신의 식견 없음만 드러낼 뿐이다."

叔孫武叔毁仲尼.子貢曰:無以爲也.仲尼不可毁也.他人之賢者,丘陵也,猶可踰也.仲尼,日月也,無得而踰焉.人雖欲自絕,其何傷於日月乎?多見其不知量也. 19/24

공자에 대한 자공의 이러한 남다른 충정은 공자 사후 그가 공자의 무덤가에 여막을 짓고 6년이나 머물러 있었다는『사기』「공자세가孔子世家」의 다소 미심쩍은 기록의 원인이 되기도 했지만 적어도 공자의 어록을 남기고 그의 명망을 후세에 전하는 데에 자공이 결정적인 역할을 하였으리라는 것은 쉽게 짐작할 수 있다.

그러나 자공이 실제 어떤 인물이었는가 하는 문제에 본격적으로 들어갈 때 바로 공자에 대한 이러한 절대적 존경이 지닌 부정적 측면부터 검토해 볼 필요가 있다는 것은 아이러니컬한 것이 아닐 수 없다. 공자는 자신에 대한 절대적 존경으로 표현되는 자공 특유의 기질적 문제점을 누구보다 정확히 통찰하고 있었다. 그리고 그 점을 놓치지 않을 때 우리는 여태까지 잘못 해석되어 온 중요한 단편 하나를 바로잡을 기회를 갖게 된다. 그것은 위정/13에 나오는 다음 단편이다.

자공이 군자에 관해 묻자 선생님께서 말씀하셨다.

"(군자는) 먼저 그 말을 행하고 나서 그 말을 좇는다."

子貢問君子,子曰:先行其言,而後從之. 2/13

이 단편에 대한 종래의 일반적 해석은 "먼저 그 말을 행하고 나서 그것을 말한다"는 것이었다. 이러한 해석은 이 단편의 중심축을 '말'과 '실천'의 문제로 잡고 있다. 그러면서도 대부분의 번역 사례는 從之의 해석에서 곤혹스러움을 드러내고 있는데 혹자는 "행동을 좇아 말한다"[5] 하기도 하고 혹자는 "말이 행동을 따라가야 한다"고 풀이하기도 한다.

從이라는 술어를 가급적 살리기 위해 안간힘 쓴 흔적이 역력해 보이는 이러한 몇몇 해석은 모두 자구를 통해 문장의 뜻을 헤아리려 하였을 뿐 공자와 자공 사이에서 전개된 내밀한 주제를 전혀 종잡지 못하고 있다. 다시 말해서 전통적 해석은 이 말이 자공에게 한 말이라는 점, 공자의 모든 말은 철저히 상대방의 상태와 관련된 구체적 처방이라는 점, 위대한 것에 대한 자공의 남다른 지향성과 쉽게 감동하고 쉽게 경배하는 그의 체질이 공자의 눈에는 또 다른 문제점으로 비치고 있었다는 점을 고려하지 못한 것이다.

공자는 "(군자는) 먼저 그 말을 행하고 나서 그 말을 좇는다"고 단순하고도 분명하게 말했을 뿐이다. 從은 글자 그대로 '좇는다'는 뜻으로서 이 문장은 전혀 의역을 필요로 하지 않는다. 공자는 자공이 좋은 말을 보거나 들으면 그것을 실천하기에 앞서 먼저 그 말을 좇는, 즉 감탄과 경배의 대상으로 삼는 특별한 체질을 경계한 것이다.

---

5) 이를테면 제임스 레게(James Legge, 1815~1897)는 "He acts before he speaks, and afterwards speaks according to his actions"라고 번역하였다.

경배는 무시나 거부와는 정반대의 방향성을 가지고 있지만 어떤 의미에서는 무시나 거부 이상으로 자기 자신을 그 경배의 대상으로부터 격리시키는 역할을 한다.

엄밀하게 따져 보면 이러한 현상은 자공만의 문제가 아니라 고귀한 것을 추구하는 인류사의 모든 정신적 과정-이를테면 위대한 종교의 출현과 이후 그 종교가 추종자들에 의해 급격히 도그마화해 가는 일련의 과정-에서 광범위하게 나타나는 현상이고 그렇기 때문에 위정/13은 모든 형태의 구도求道 과정에 보편적으로 적용될 수 있는 교훈이다. 스스로를 진리 앞에 쉬 굴종시키는 자는 모든 변화의 진정한 기점起點이 어디에 있는지를 모르고 있다. 공자는 이 점을 유의하고 있었다.

위령공/29에서 "사람이 능히 도道를 넓히는 것이지 도道가 사람을 넓히는 것이 아니다"[6]고 강조했던 것도 바로 그 때문이었다. 지구를 움직이는 아르키메데스적 기점을 공자는 영원히 자아自我에 두고 있었던 것이다. 그런 의미에서 자공에게 들려준 "먼저 그 말을 행하고 나서 그 말을 좇는다"는 이 한 마디는 공자를 지성선사至聖先師니 문성왕文聖王이니 하는 이름으로 추존함으로써 단지 문묘文廟의 귀신으로만 감금해 온 후대의 유교에 대해 결과적으로 준엄한 선행의 경고가 되었다고 할 수 있다.

공자에 대한 자공의 남다른 존경이 그 이면에서 이와 같은 문제점을 가지듯이 그의 실로 원만한 인격과 인간적인 면모가 역시 다른 한 측면에서는 극복되어야 할 과제로 다루어지고 있었다는 것은 흥미로운 일이다. 그것은 "베풂"施에 관한 문제를 둘러싸고 야기되었다. 공

---

6) 子曰:人能弘道,非道弘人. 15/29

자 철학의 중요한 한 테마를 이루고 있는 이 문제는 비단 자공과 관련해서만 나타나는 것은 아니지만 자공과 관련된 단편 중에서 적어도 다섯 개 정도의 단편에서 이 문제가 집중적으로 거론될 만큼 두드러지게 나타나고 있다. 이를테면 다음과 같은 단편을 보자.

자공子貢이 물었다.

"한 마디 말로서 일생 동안 행할 만한 것이 있습니까?"

선생님께서 말씀하셨다.

"그것은 서恕다. 자기가 하고자 하지 않는 바를 남에게 베풀지 마라."

子貢問曰:有一言而可以終身行之者乎?子曰:其恕乎!己所不欲,勿施於人. 15/24

여기에서 己所不欲,勿施於人은 그것이 어짊仁과 더불어 공자사상의 최고봉에 해당하는 서恕를 풀이하고 있다는 점에서 각별한 주목을 받아 온 구절이기도 하다. 그러나 이 구절은 오늘날 대부분의 번역에서 "자기가 하고 싶지 않은 것은 남에게 시키지 말아라"는 뜻으로 풀이되고 있다. 이러한 해석은 이미 『예기』 중용中庸편에서부터 보이고 있으니 위령공/24에 관한 잘못읽기의 역사는 대단히 유서 깊은 것이라 할 수 있다. 『중용』 제13장은 이 단편의 내용과 관련하여 그 의미를 다음과 같이 풀이했다.

"충서忠恕가 도에서 멀리 떨어져 있지 않으니 자신에게 베풀어지기를 원하지 않는 것은 또한 남에게도 베풀지 말아라."

忠恕違道不遠,施諸己而不願,亦勿施於人. 『中庸』 第13章

이 기록은 위령공/24에 대한 최초의 잘못읽기가 되었고 『예기』, 특히 중용편의 높은 권위는 그 후 모든 논어 주석의 방향을 틀어 놓고 말았다. 언뜻 보기에 그러한 해석은 공자가 말한 恕와도 통하는 것처럼 보인다. 특히 안연/2에 이 구절이 재출현하였을 때 뒤이어 在邦無怨,在家無怨이 나오고 그 無怨마저 "남의 원망을 듣지 않는다"는 뜻으로 해석[7]되었기 때문에 대부분의 주석가들은 "남이 싫어할 일을 시키지 않기 때문에 남의 원망도 듣지 않는다"는, 앞뒤가 턱턱 들어맞는 이 일련의 해석을 받아들이는 데에 그 어떤 의혹도 두지 않았다. 그러나 조금만 세심히 관찰하면 이러한 해석은 금방 그 모호한 점을 드러내게 된다.

첫째, 己所不欲을 施諸己而不願이라 표현을 바꾼 것은 일종의 해석이겠지만 그 해석에서 중요한 왜곡이 발생하고 있다는 점이다. 不欲은 스스로가 적극적으로 무언가를 하고자 함이 없는 것을 말하는 것이지 단지 외부에서 가해지는 것을 원하지 않는 방어적 태도를 말하지 않는다.

둘째, 勿施於人도 그렇다. 이 표현을 "남에게 시키지 마라" 하고 번역하는 것은 施가 가진 원래의 의미를 너무 왜곡시킨 것이 아닐 수 없다. 施는 어디까지나 무언가 좋은 것을 베풀거나 시행한다는 뜻이지 나쁜 그 무엇을 시킨다든가 강요한다는 뜻이 아니기 때문이다. 다시 말해서 『중용』은 이 단편의 결정적 술어인 欲이나 施를 자의적으로 해석함으로써 이 단편의 진정한 의미를 놓치고 있는 것이다. 그 결과 이 단편은 한 마디로 평생 행할 만한 것인 恕의 내용이 되기에

---

7) 在邦無怨,在家無怨의 원래의 뜻은 "나라에 있어서도 원망하지 말고 대부의 가(家)에 있어서도 원망하지 말아라"이다.

는 너무나도 안이한 것이 되고 말았다.

恕는 공자정신의 정수와도 같은 것이다. 그러나 내가 하기 싫은 것을 남에게도 시키지 않는다는 원칙은 공자정신의 정수라고 하기에는 너무나 단순할 뿐 아니라 근본적으로 세속적인 이해타산을 반영하고 있을 뿐이다. 공자는 이와 비슷한 견해를 자로가 피력했을 때에도 그게 무슨 대단한 것이냐고 핀잔을 주기까지 했던 것이다.[8]

그렇다면 己所不欲,勿施於人은 무엇을 말하는 것일까? 그것은 표현된 그대로 "자기가 하고자 하지 않는 바를 남에게 베풀지 마라"는 것이다. 주의할 것은 공자가 이 말을 '강조'하기 위하여 주절과 조건절에서 각각 不과 勿을 사용함으로써 표현이 극히 반어적으로 되어 있다는 사실이다. 그동안 이 말이 제대로 해석되지 못했던 것도 바로 이러한 공자 특유의 표현법[9]이 원래의 의도대로 전달되지 못했기 때문이라 할 수 있다.

만약 이 표현을 내용을 그대로 둔 채 직설적 표현으로 바꾼다면 "자신이 하고자 하는 바만을 남에게 베풀어라" 하는 표현을 취하게 될 것이다. 그렇다면 그것은 무슨 뜻인가? 이 말의 초점은 '베푼다'는 데에 있고 논점은 베푼다는 것이 과연 무엇이고 어떻게 하는 것이 진정한 베풂인가 하는 것이다. 바로 이 베풂의 존재론에 관한 명확한 답이 옹야/30에 선명하게 제시되어 있다.

---

8) '해롭게 하지도 않고 탐욕을 부리지도 않으면 어찌 선하지 않으리오.' 자로가 이를 평생토록 되뇌자 선생님께서 말씀하셨다. "그 방침이 어찌 충분히 선하겠느냐?"(不忮不求,何用不臧.子路終身誦之.子曰:是道也,何足以臧?) 9/27

9) 공자의 특이한 표현법은 단순한 수사학이 아니라 그가 언표하고자 하는 내용이 이 세상의 평균적 가치관과 부딪침으로써 띠게 되는 일종의 날카로움 내지 논리적 긴장에서 오는 것인데 이 점을 간과할 경우 적지 않은 단편들이 제대로 해석되지 못하는 경우가 발생한다. 대표적인 경우로서 2/6의 孟武伯問孝,子曰:父母唯其疾之憂나 15/20의 子曰:君子疾沒世而名不稱焉 등이 있는데 모두 해석상 자주 착종이 발생하는 경우들이다.

자공子貢이 말했다.

"만약 백성들에게 널리 베풀어서 많은 사람을 구제할 수 있다면 어떠합니까? 가히 어질다 할 수 있겠습니까?"

선생님께서 말씀하셨다.

"어떻게 어진 정도이겠느냐? 필시 성인의 경지일 것이니 요임금과 순임금도 그 문제만은 부심했었다. 실로 어진 자는 스스로 서기를 바라서 남을 세우고 스스로 통달하기를 바라서 남을 통달시키며 가까운 데서 능히 예例를 드니 그것이 어짊의 비결이라 할 수 있다."

子貢曰:如有博施於民,而能濟衆,何如?可謂仁乎?子曰:何事於仁,必也聖乎!堯舜其猶病諸.夫仁者,己欲立而立人,己欲達而達人,能近取譬,可謂仁之方也已. 6/30

학문과 정치의 목적으로서 베푼다는 것은 공문 학도들에게도 당연한 전제였다. 공자도 그것을 부인하기는커녕 오히려 요임금이나 순임금도 달성하지 못한 성인의 경지로까지 인정했던 것이다. 그러나 공자는 왜 하필 널리 베푸는 일에 관한 자공의 질문에 답하면서 "실로 어진 자는 스스로 서기를 바라서 남을 세우고 스스로 통달하기를 바라서 남을 통달시킨다"夫仁者,己欲立而立人,己欲達而達人는 말을 사족처럼 달고 있는 것일까?

우리가 이 단편을 곰곰이 들여다보면 거기에서 어떤 생동하는 대화의 흐름을 느낄 수 있다. 우선 널리 베푸는 것에 관한 자공의 질문에는 마치 "동네 사람들이 모두 좋아한다면 어떻습니까?" 하고 물었을 때와 마찬가지로 자신의 자긍하는 어떤 측면에 관해 인정받고자 하는 기대가 포함되어 있다. 그에 대해 공자는 자공이 기대했던 것 이상의 평가를 내리고 있다. 그러나 이 뜻밖의 평가는 바로 뒤이어지는 조건을 강조하려는 계산된 의도를 담고 있다. 그는 바로 "실로 어진 자는 스스로 서기를 바라서 남을 세우고 스스로 통달하기를 바라서 남을 통달시킨다"고 덧붙여 말했던 것이다.

바로 이 말이 己所不欲,勿施於人의 진정한 해석을 가능케 하는 지표라 할 수 있다. 다시 말해서 요순도 부심했던 바, "백성들에게 널리 베풀어 많은 사람을 구제한다"는 과제의 실행 요체는 단지 스스로 서기를 바라고 스스로 통달하기를 바라는 것일 뿐이다. 오직 그것만이 바로 남을 세우고 남을 통달하게 하는 것이며 나아가 널리 베풀고 창생을 구제하는 길이다.

그러나 위령공/24의 진정한 해석을 가능하게 하는 옹야/30의 이 빛나는 단편도 역시 잘못 읽혀짐으로써 이 일련의 단편은 바른 해석에 이를 기회를 영영 잃어버리게 되었다. 즉 대부분 "자신이 서고 싶으면 남을 세워 주고 자기가 통달하고 싶으면 남을 통달시켜 준다"는 기묘한 해석에 머무름으로써 己所不欲,勿施於人의 그릇된 해석과 함께 공자철학의 극히 핵심적인 한 부분을 무의미하게 만들어 버렸다.

己所不欲,勿施於人, 즉 "자기 자신이 스스로 하고자 하지 않는 것을 남에게 베풀지 마라", 직설적으로 표현하여 "너 스스로 하고자 하여 (그것을 통해) 남에게도 무언가를 베풀어라" 하는 이 위대한 원칙은 누구보다 자공에게 절실한 처방이었다. 자공의 성격은 천성적으로 현실과 잘 유화하였고 특히 남을 위해 노력하고 베풀기를 좋아했다. 바로 그 점 때문에 숙손무숙이나 진자금은 "공자보다 자공이 더 낫다"고 평가하였을 것이고 또 『좌전』이나 『사기』 등에 기록된 바처럼 그가 노나라의 탁월한 외교관도 될 수 있었을 것이다. 여기서 베푼다施는 것은 단순한 자선이나 보시, 선행 따위를 의미하는 것은 아니다. 자공과 공자가 화제로 삼고 있는 베풂은 남을 혹은 세상을 보다 선하게 하겠다든가 더 의롭게 하겠다든가 하는 대인적對人的, 대사회적對社會的 의욕에 기초한 것이다. 이러한 유의 베풂은 자공과 같이 어느 정도 재능과 품성을 갖춘 사람의 의욕을 사로잡기 쉬웠을 것이다.

己所不欲,勿施於人을 통하여 공자는 자공에게 '타인에의 길'에 던져진 자아를 수습할 것을 요구하였던 것이다. 왜냐하면 널리 베풀기만을 바라는 그 길은 공자의 신념에서 볼 때 명백히 출구가 없는 길이었기 때문이다. 공자가 보는 한 타인에게로 나아가는 진정한 그리고 유일한 길은 자기완성이었고 그런 의미에서 현 단계에서 자공이 씨름해야 할 최대의 과제는 '자기 자신의 자리로 되돌아가는 것'이었다. 그리고 그 자리에서의 변혁이 가지는 의미와 위력을 깨닫는 것이었다.

"자기가 하고자 하지 않는 바를 남에게 베풀지 마라"己所不欲,勿施於人 하는 이 위대한 원칙은 바로 타인에의 길, 널리 베푼다는 맹목적 열정에 빠진 자공이나 중궁 등의 젊은이들을 깨우치기 위해 다분히 의도적으로 강조된 교훈의 말이었다.

공자는 아마 자주 그러한 취지의 말을 자공에게 들려주었을 것이다. 전술한 바 교우관계를 다룬 안연/24에서 "충고해서 잘 이끌되 안 될 것 같으면 그쳐서 스스로 욕을 당하지는 말 것이다" 하는 가르침이나 옹야/30의 말미에 붙은 "가까운 데서 능히 예를 든다"能近取譬는 방법론도 바로 타인과 세상에 대한 관심에서 자기 자신에 대한 관심에로 돌아온다는 일관된 취지의 연장선에서 개진되었다고 할 수 있다.

그러나 여러 군데에서 엿볼 수 있듯이 자공의 이해력은 공자가 바라는 만큼 영민한 것은 아니었다. 그 결과 공야장편에는 아주 흥미로운 단편 하나가 기록되어 있다.

자공子貢이 말하였다.

"저는 남이 저에게 가하는 것도 바라지 않고 저도 역시 남에게 가하지 않고자 합니다."

子貢曰:我不欲人之加諸我也,吾亦欲無加諸人. 5/12

역시 다양한 모습으로 잘못 읽혀지고 있는 이 구절은 자공이 직면했던 대단히 미묘한 정신적 추이의 한 단면을 보여 주고 있다. 공자와 자공 사이에 형성된 문제의식에 충분히 유의하면서 이 말에 접근한다면 이 말을 할 무렵의 자공은 이제 비로소 실천의 '자리', 즉 자아己를 생각하고 있었음을 알 수 있다. 己所不欲,勿施於人에서 또 己欲立而立人에서 공자가 보여 주고자 한 실천의 자리, 즉 모든 것이 비롯되고 모든 것이 귀일할 자아의 존재론적 의미를 그는 비로소 예감하게 되었던 것이다. 아마 스승의 잦은 지적에 의해 촉발되었을 이 새로운 예감은 그의 익숙한 체질과 부딪쳐 묘한 갈등을 빚어내었을 것이다.

세상에서 자기 자신에로 회귀하는 것은 결코 쉬운 일이 아니었다. 자공의 언급은 그러한 과도기적 경험의 한 표출이었다. 그의 언급이 보여 주는 미숙성과 불완전성은 그가 아직도 자신의 피상적 관점에 입각하여 이 새로운 경험을 서투르게 정의해 보려 하고 있음을 보여주고 있다. 그 때문에 그것은 독아론獨我論의 형태로 나타날 수밖에 없었다. 따라서 잇따르는 공자의 언급은 실로 정확하고도 자애로운 것이었다.

"사賜야, (그것은) 네가 이르러야 할 바가 아니다."

子曰:賜也,非爾所及也. 5/12

공자는 자공이 어떤 국면에 이르렀음을 간파했다. 그러나 그 국면은 결코 궁극적인 국면은 아니었다. 자공은 지금 과도기적 경험의 단계에 와 있을 뿐이다. 공자가 요구한 것은 독아론獨我論은 아니었기 때문이다. 자아는 전체에로 나아가는 관문이지만 전체와 분리될 경우에는 한갓 무無에 지나지 않는다. 따라서 공자가 한 말, "네가 이르러야 할 바가 아니다"는 말에 대하여 우리는 극히 주의 깊게 접근할 필요가 있다. 공자는 자공의 희망에 대하여 부정적 입장을 피력한 것이다. 따라서 이 말을 "네가 이를 수 있는 경지가 아니다"고 풀이한 종래의 해석은 명백히 잘못된 것이다. 이는 자공의 말을 그동안 잘못 해석해 온 己所不欲,勿施於人과 관련시켜 "남도 나에게 싫은 일을 시키지 않고 나도 남에게 내가 싫은 일을 시키지 않는 것"으로 해석하고 그것을 恕의 경지로 본 데에 따른 불가피한 결과였다.

그러나 자공의 말에는 加를 무언가 싫은 것을 시키거나 악영향을 미치는 것처럼 부정적인 각도에서 보아야 할 아무런 단서도 없다. 뿐만 아니라 "어짊을 위한 노력에 있어서 아무도 힘이 부족한 자는 보지 못했다"(4/6)고 격려한 공자가 자공은 능력이 부족해 그런 경지에 이르지 못할 것이라고 대놓고 말했다는 것은 전혀 앞뒤가 맞지 않는 것이다. 종래의 해석은 이 단편의 경험적 성격에 착안하지 못한 것으로서 경전 공부를 자구 해석으로만 여겼던 한대 유학이나 만사를 이치의 구조로만 파악하려 했던 송대宋代 성리학의 한계점을 보여주는 중요한 사례라 하겠다.

자공이 경험한 이 독아론적 단계는 오늘날에도 인간 성장의 한 단계에서 여전히 경험되고 있는데 그 경험의 개인적, 과도기적 성격은 그 의미를 정밀하게 짚어 내는 것을 어렵게 하고 있다. 자공은 자신을 포함한 모든 인간이 '자기 자신'이라는 이 기묘한 영역에 주목하고 이 영역을 새롭게 느껴 볼 필요가 있다는 점을 비로소 체험하고 있었을 것으로 보인다. 말하자면 그는 자신을 포함한 모든 인간이 핵화核化되는 것을 경험했고 또 그 핵화가 가지는 미묘한 의의를 감지했던 것이다.

그러나 자공이 직면한 이 단계는 단지 모든 사람들을 핵화시키고 마는 단계가 아니라 비로소 타인들과의 진정한 만남이 약속되는 한 세계에로의 진입을 뜻하는 것이었다. 공자는 이 점을 정확히 이해했고 또 지적해 주었다. "사야, 네가 이르러야 할 바가 아니다" 하는 공자의 말에는 좀 더 무언가를 말해 주고 싶은 마음과 말해 줄 수 없는 어려움이 안타까운 여운으로 남아 있다.

자아와 세계와의 관계는 자공에게 있어 내내 중요한 화두로 남아 있었던 것 같다. 그는 비록 공자가 염두에 두었던 바 양자가 합일하는 경지에 이르지는 못했던 것 같지만 훗날 "군자의 잘못은 마치 일식이나 월식과 같아서 잘못이 있으면 모든 사람들이 다 그것을 보게 되고 잘못을 고치면 모든 사람들이 다 그것을 우러르게 된다"[10]고 말할 수 있었던 것은 그 나름대로 이 화두와 성실하게 씨름한 결과였다 할 수 있을 것이다. 거기에서 그는 자기 자신의 변혁이 어떻게 타인들의 세계와 이어지는가를 비록 평면적인 논리로나마 설명해 주고 있기 때문이다.

자공에 대해서는 그가 탁월한 이재술理財術을 통해 상당한 부를 축적했다는 여러 기록이 전해지고 있다. 그러나 결론부터 말하면 이 모든 것은 사실이 아닌, 근거 없는 전설로 보인다. 이 점은 자공이 과연 어떤 사람이었나 하는 문제와도 관련되지만 특히 선진/20의 바른 해

---

10) 君子之過也,如日月之食焉.過也,人皆見之.更也,人皆仰之. 19/21

석을 위해서도 반드시 짚고 넘어가지 않으면 안 될 부분이다.

사실 자공의 부유함에 관해서는 『사기』를 위시하여 숱한 자료들이 너무나도 많은 증언을 하고 있기 때문에 이를 오해라고 하는 것이 무지의 소치처럼 여겨질 정도다.[11] 그러나 자공의 부유함에 관한 온갖 믿을 수 없는 기록들은 모두 선진/20에 나오는 "貨殖"이라는 두 글자에 기원을 둔 것들인데, 『사기』 열전의 한 편명으로 된 「화식열전貨殖列傳」도 그 중의 하나다. 貨殖과 관련된 공자의 발언을 주의 깊게 살펴보면 貨殖이 "재물을 불린다"는 뜻으로 이해되기에는 무리가 있다는 것을 느낄 수 있다. 온갖 전설의 원천이 된 선진/20을 보자.

子曰:回也其庶乎,屢空.賜不受命而貨殖焉,億則屢中. 11/20

소소한 차이는 있으나 이 문장에 대한 대부분의 번역은 다음과 같다.

"회回는 천명天命에 가까웠으나 자주 쌀궤가 비었고 사賜는 천명을 받지 못하고 재산을 늘려 갔는데 예측하면 자주 적중했다."

먼저 이러한 해석의 문제점은 우선 두 제자의 학문적 진도가 아무 의미 없이 빈부의 문제와 교차되고 있어 도무지 문맥이 통하지 않는다는 점이다. 말하자면 태백/14의 邦有道,貧且賤焉,恥也.邦無道,富且貴焉,恥也에서와 같은 도道와 빈부 사이의 어떤 논리적 연관성이

11) 대표적인 것으로 『사기』 「중니제자열전」은 다음과 같은 기록을 남기고 있다. "자공은 사재기를 좋아하여 시세를 보아 가며 재물을 굴렸다. … 노나라와 위나라에서 재상을 하였는데 집안에 천금을 쌓아두었다."(子貢好廢擧,與時轉貨.… 常相魯衛,家累千金.)

존재하지 않는다는 점이다. 공자는 결코 무의미한 말을 하지 않고 단지 사실이기만 한 사실을 지적하지 않는다. 그것은 논어 전편을 관류하는 일관된 원칙이다. 문제는 空과 貨殖을 빈부의 차원에서 해석한 데에 무리가 있었기 때문으로 보인다. 우선 '새번역'을 보면서 이를 검토해 보자.

"회回는 천명天命에 가까웠으나 자주 공허에 빠졌고 사賜는 천명을 받지 못하고 보배로운 것만 늘려 갔으나 짐작하면 자주 적중했다."

안연이 공자의 특별한 총애를 받을 만큼 천명(혹은 도)에 가까웠다는 것은 구태여 강조할 필요조차 없을 것이다. 그러나 안연의 지적 수위가 공허의 나락과 위험스럽게 인접하고 있었다는 것은 거의 알려지지 못했다. 이 때문에 종래의 해석은 "자주 쌀궤가 비었다" 또는 "배를 곯는 날이 많았다"는 형태로 나타났는데, 空이라는 단 한 글자에서 이런 해석이 나온다는 것은 확실히 비약된 상상력이 아닐 수 없다.

이 때문에 한유韓愈는 그의 『논어필해論語筆解』에서 空을 虛中, 곧 坐忘遺照라는 도학적 개념으로 풀이해 보기도 하였는데 그의 입장을 수용하기는 어렵지만 그도 이 空을 가난으로 보기는 무리하다는 것을 인정하였던 셈이다. 여기서 空은 천명 또는 도에 가깝다庶는 사실과 직접 연관된 것으로서 정신적 공허를 의미하는 것으로 보인다. 다만 왜 안연이 공허와 인접할 수밖에 없었고 거기에는 어떤 필연적 연관이 있는가하는 것은 안연을 다루는 장에서 따로 설명하기로 하겠다.

貨殖은 안연의 그러한 空과 대조적으로 쓰이고 있으며 동시에 "천명을 받지 못했다"不受命는 사실과 연관되어 있다. 貨는 천명을 받지 못한, 다시 말해서 아직 一以貫之되지 않은 상태에서 접근할 수 있는 지상의 온갖 단편적 경험치들, 지식들을 비유한 것으로 보인다. 이를테면 위령공/3에서 공자가 자공에게 "사賜야, 너는 나를 많이 배워서 아는 자로 보느냐? … 그렇지 않다. 나는 하나로써 모든 것을 꿰고 있단다"[12]라고 했을 때 "많이 배워서 아는" 대상이 바로 貨라고 말할 수 있을 것이다. 자공은 이것저것 많이 배워 인식의 창고를 가득 채우는 것을 배움의 길로 알고 있었고 그래서 그의 단계는 비유적 의미에서 貨殖으로 표현되었던 것으로 보인다. 이렇게 보는 것이 그래도 貨殖을 도저히 재물을 불리는 것으로 보기 어렵다 하여 權資의 오자로 보는 한유韓愈의 견해—權資일 경우 자공은 천명은 받지 못하였지만 권변權變의 재능을 타고났다는 그럴듯한 해석이 된다—보다는 수용성이 더 높은 해석이라고 생각한다.

貨는 마치 器가 道의 대립항으로 쓰이듯이 命의 대립항으로 쓰인 것이며 命이 지상의 사물에 단편적 모습으로 투영된 것이라 하겠다. 그렇다면 器가 단순한 그릇이 아니듯 貨도 단순한 재화가 아니다. 이에 대해서는 양화/1에 나오는 "보배로운 것을 품고 있으면서도 나라를 혼미하게 내버려둔다면 어질다 할 수 있겠소?"懷其寶而迷其邦, 可謂仁乎? 하는 양화의 말에 포함된 "보배로운 것"寶이나 자한/12에 나오는 "여기에 아름다운 옥이 있는데 궤 속에 감추어 간직해야 하겠습니까? 아니면 좋은 상인을 만나 팔아야 하겠습니까?"有美玉於斯, 韞匵而藏諸? 求善賈而沽諸? 하는 자공의 질문에 포함된 "아름다운 옥"美玉이 참조가 될 수 있을 것이다.

---

12) 子曰:賜也, 女以予爲多學而識之者與? 對曰:然, 非與? 曰:非也, 予一以貫之. 15/3

세간에는 지식의 세계를 무슨 금은보화가 가득한 창고처럼 생각하는 사람들이 있다. 그들에게 貨는 마치 자공이 그러했던 것처럼 남들에게 베풀고 구체적으로 활용할 수 있는 재산이 된다. 그리고 그들에게 공통된 특징이 바로 不受命이다. 자공은 스스로도 고백한 것처럼 "하나를 들으면 둘을 아는"[13] 단계에 있었다. 그런 단계에서의 인식이란 바로 不受命而貨殖焉으로 표현되기에 알맞은 것이 아닐 수 없다.

따라서 億則屢中도 당연히 시세차익을 노린 투기의 적중이 아니라 주자의 견해처럼 일반적 사리판단에 있어서 짐작의 적중, 말하자면 눈으로 보듯이 적중하지는 못하지만 자신이 갖고 있는 잡다한 지식과 경험의 개연성에서 유추할 때 적중하는 경우가 많았다는 지적이다. 공자의 말을 구조적으로 보면 다음과 같다.

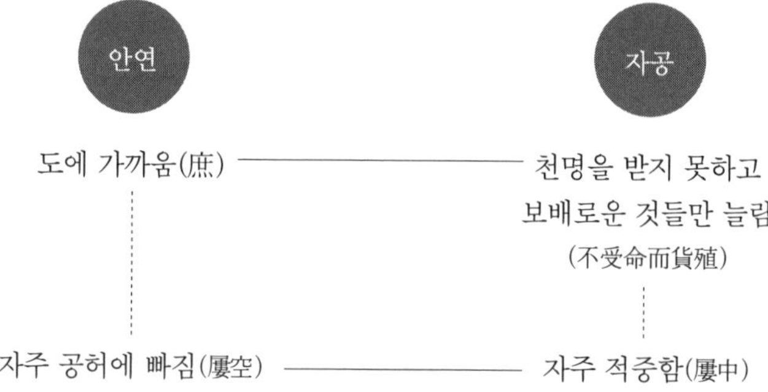

따라서 선진/20은 자공이 부유한 사람이었다는 그릇된 전승을 바로 잡는 단서이기만 한 것이 아니라 제자들의 지적 전개과정에서 그 수위와 양상에 따른 일련의 정신 현상을 드러내어 주는 극히 중요한

---

13) 子謂子貢曰:女與回也,孰愈?對曰:賜也,何敢望回?回也,聞一以知十.賜也,聞一以知二.子曰:弗如也.吾與女,弗如也. 5/9

단편임을 알 수 있다. 선진/20은 그 점에서 공자의 인간 이해가 가진 날카롭고도 섬세한 안목을 잘 보여 준 사례라 할 것이다.

이제 이러한 것들을 종합하여 보면 왜 공자가 자공을 그릇이라 하고 또 그릇 중에서도 호련瑚璉이라 하였는지 짐작할 수 있다.

자공子貢이 물었다.

"저는 어떠합니까?"

선생님께서 말씀하셨다.

"너는 그릇이다."

자공이 말하였다.

"어떤 그릇입니까?"

선생님께서 말씀하셨다.

"호련瑚璉이다."

子貢問曰:賜也,何如?子曰:女器也.曰:何器也?曰:瑚璉也. 5/4

자공을 그릇이라고 한 말의 의미를 이해하려면 위정/12에 나오는 君子不器, 즉 "군자는 그릇이 아니다"는 말의 의미를 이해해야 한다. 이 말은 다른 부연 설명이 필요 없을 만큼 문자 그대로 군자는 그릇이 아니라는 뜻이다. 어느 한 가지 기능만을 수행하는 직능인이 아니라는 일반적인 해석과는 달리 군자는 다양하고 광범위한 기능도 가지지 않는다. 군자는 도무지 무언가를 담기에는 부적절한 존재다. 군자는 자기 바깥에 있는 그 무언가에 공供해지기 위해 존재하는 존재가 아니다. 君子不器는 공자의 깊은 자기 체험에서 우러난 진술이다.

그러나 공자는 자공을 그릇이라고 말했다. 아마 그것은 앞서 언급한 자공의 베풂施과도 관련이 있을 것이다. 그런데 공자는 그릇 중에서 호련瑚璉 즉 제기祭器에 해당한다고 했다. 제기는 일반적인 의미에서의 그릇이 아니다. 그 용도는 그릇의 일반적인 용도와는 매우 다르다. 그러면서도 그것은 용도를 가지는 그릇이다. 자공을 호련으로 설정하는 공자의 말은 자못 절묘한 바가 있다. 그것은 그릇이 아닌 그릇이다. 왜냐하면 자공 자신의 한계로 인하여 자공은 그릇일 수밖에 없지만 그 그릇은 不器의 세계에 공供해지기 위해 존재하는 다분히 역설적인 그릇이기 때문이다. 마치 제례 자체가 지상의 일이지만 지상의 그 어떤 일과도 닮지 않은, 하늘과 지상을 연결하는 특이한 일이듯이.

자공을 언급하는 첫 부분에서 우리는 공자와 자공의 특별히 무간한 인간관계에 대해서 말했다. 그러나 이제는 그 말에 약간의 수정을 가해야 할 때가 되었다. 즉 공자는 자공에 대해서 특이한 무간함 속에서도 늘 메울 수 없는 거리를 느끼고 있었다. 쉽게 말해서 그것은 자공이 공자를 이해할 만한 수위에 있지 못했기 때문에 가장 가까이 있으면서도 가장 멀리 있는 듯한 의식이었다.

선생님께서 말씀하셨다.

"아무도 나를 알지 못하는구나!"

자공子貢이 말했다.

"어찌 선생님을 알지 못하기야 하겠습니까?"

선생님께서 말씀하셨다.

"하늘을 원망하지 않았고 사람을 탓하지 않았으며 아래로 배워 위에 달했다. 나를 아는 자는 저 하늘이구나!"

子曰:莫我知也夫!子貢曰:何爲其莫知子也?子曰:不怨天,不尤人,下學而上達,知我者其天乎! 14/37

이러한 말을 나눌 때 공자와 자공의 거리는 메울 수 없는 아득한 거리로 나타난다. 이 거리는 인간적인 친밀성 때문에 어쩌면 더 절실한 느낌으로 가로놓여 있었을 것이다. 양화/19에서도 공자는 자공에게 비슷한 말을 하고 있다.

선생님께서 말씀하셨다.
"나는 아무 말도 하고 싶지 않다."
자공子貢이 말했다.
"선생님께서 만약 아무 말씀도 하지 않으시면 저희들은 무엇을 전술傳述하겠습니까?"
선생님께서 말씀하셨다.
"하늘이 무슨 말을 하더냐? 사철이 운행하고 만물이 자랄 뿐 하늘이 무슨 말을 하더냐?"
子曰:予欲無言.子貢曰:子如不言,則小子何述焉?子曰:天何言哉?四時行焉,百物生焉,天何言哉? 17/19

아마 자공에게 이런 말을 특별히 들려준 것은 자공이 공자의 말을 좇으면서도 그 진정한 의미를 찾지 못하는 데에서 비롯되었을 것이다. 한편에서는 자공을 깨우치기 위해, 한편에서는 스스로의 고독한 심정을 토로하기 위해 진술된 것으로 보이는 이러한 말은 자공과 공자의 관계를 단순한 친밀함을 넘어선 또 다른 측면에서 바라보게 한다. 그러나 공자의 입장에서 볼 때 그가 다다른 세계를 어느 누구와도 공유할 수 없다는 느낌은 비단 자공과의 관계에서만 느끼지는 않았을 텐데 논어 안에서도 드물게만 등장하는 이런 쓸쓸한 말을 왜 공자는 굳이 자공에게 하였을까? 바로 거기에 공자와 자공과의 특별한 인간적 가까움이 있는 것이다.

나. 자로—이끌림과 저항

논어 전체를 통하여 자로子路는 가장 많은 단편에서 그 언행을 보여주고 있을 뿐 아니라 그의 두드러진 개성 때문에 논어를 읽어 본 사람이라면 누구나 그로부터 강한 인상을 받게 된다. 이를테면 그가 용기와 신의를 중히 여긴다든가 성격이 직정적이라든가 공자에 대해 종종 불만도 갖는 강한 의협심의 소유자라든가 하는 것이 그것이다. 옛 도보圖譜에 보면 자로는 마치 『삼국지』의 장비처럼 거친 수염이 온통 얼굴을 뒤덮고 있는 험상궂은 모습으로 묘사되고 있다. 이는 그만큼 논어 안에서 그의 개성이 특출하다는 것이기도 하고 동시에 그가 남달리 희화화戱畵化되기 쉬운 입장에 놓여 있음을 뜻하는 것이기도 하다.

『사기』「중니제자열전仲尼弟子列傳」에 의하면 자로는 공자보다 9세 아래였다고 한다. 자공이나 안연, 염유, 중궁 등이 공자보다 30여 세 아래였고, 자하나 증자, 자장, 자유 등은 40여 세 이상 아래였다는 기록을 받아들인다면 자로는 같은 제자들보다 적어도 연령상으로는 공자에 더 가까웠다는 말이 된다. 실제 자로가 공자보다 9세 연하였는지는 확인할 수 없지만 다른 제자들에 비해 상당히 나이가 많았으리라는 점은 논어의 도처에서 엿볼 수 있다.

이를테면 선진/26에서 그는 자고子羔를 비읍費邑의 읍재邑宰로 앉히고 있다. 자한/11에서는 문인 중 한 사람을 죽음을 앞둔 공자의 신臣으로 삼고 있다. 또 공자가 자로를 앞에 두고 직접 호칭하는 경우 자공의 경우처럼 이름 뒤에 야也를 붙이지 않고 단지 유由라는 이름만으로 호칭하는 것도 볼 수 있다.[14] 이러한 일련의 행동은 자로의 나이와 함께 공자의 문하에서나 노나라 정계에서나 자로가 차지하고 있던 위상과 영향력을 가늠케 하는 것들이 아닐 수 없다. 특히 공자의 문하에서 그가 다른 제자들과는 구별되는 위치에 있었다는 구체적 증거가 선진/16에 남아 있다.

선생님께서 말씀하셨다.
"유由의 비파를 어찌 나의 문門에서 타느냐?"
문인들이 자로를 존경하지 않자 선생님께서 말씀하셨다.
"유由는 마루에는 올라왔으나 방 안에는 들어오지 못했다."
子曰:由之瑟,奚爲於丘之門?門人不敬子路.子曰:由也升堂矣,未入於室也. 11/16

앞선 사건에 대한 구체적인 언급이 생략되어 있지만 이 단편은 공자의 문하에서 있었던 자로의 어떤 언행을 암시하고 있다. 자로는 공자의 소신과는 배치되는 어떤 소신을 제자들에게 피력하였을 것이다. 즉 이 단편은 자로가 공자의 문하에서 부분적으로는 이견異見의 구심체 역할을 하기도 했다는 사실을 말해 주고 있다. 더구나 "문인들이 자로를 존경하지 않았다"는 말은 평소 문인들이 자로를 대등한 제자의 입장에서 대하기보다 존경하는 입장에 있었음을 간접적으로 말해 주는 것이다. 이를테면 염유冉有나 자고子羔 같은 제자는 적어도 외형상으로는 공자보다 자로의 행보를 더 따르고 있었던 것처럼 보인다.

---

14) 子曰:由,誨女知之乎?知之爲知之,不知爲不知,是知也. 2/17 혹은 子曰:由,知德者鮮矣. 15/4

자로는 공자가 자신에게 하는 대부분의 말이 어떤 커다란 가르침의 일환이라는 인식을 가지고 있었음에도 불구하고 종종 공자의 노선과 갈등을 일으켰던 것으로 보인다. 그것은 자로 자신의 타고난 기질이 공자의 세계를 수용하기에는 늘 지나치게 견고하였기 때문이다. 자로의 타고난 기질은 공야장/26에서 공자가 각자 자기 뜻을 이야기해 보라고 했을 때 가장 뚜렷이 나타나고 있다.

"수레와 말을 타고 가벼운 가죽옷을 입고 벗들과 더불어 즐기다가 그것들이 못쓰게 되어도 유감이 없기를 원합니다."

願車馬,衣輕裘,與朋友共,敝之而無憾. 5/26

이 말에서 우리는 암암리에 자로가 스스로의 인생관을 공자의 인생관과 차별화하고자 하는 심리적 동기를 느낄 수 있다. 모르기는 하지만 그가 공자에게 과시하고 싶었던 점은 대인관계나 물질생활에서 공자처럼 소극적이거나 옹색하지 않은 도전적 태도—자로는 적어도 공자가 어떤 측면에서는 소극적이고 옹색한 점을 지니고 있다고 불만스럽게 여겼음에 틀림없다—와 그럼에도 불구하고 자신은 결코 그러한 현실적 조건들에 얽매이지 않고 초연할 수 있다는 자신만만함이 아니었나 생각된다. 그것은 그가 호방한 사람이었다는 사실을 말해 주기 이전에 부귀나 공명 등에 좌지우지되지 않고 자신의 소신에 따라 행동하는 신념의 인물이었음을 말해 주는 것이다. 공자도 인정했듯이 그는 "해진 솜두루마기를 입고 여우나 담비 털옷을 입은 자와 함께 서서도 부끄러워하지 않을 사람"[15]이었던 것이다.

---

15) 子曰:衣敝縕袍,與衣狐貉者立而不恥者,其由也與. 9/26

논어에는 공산불요公山弗擾나 필힐佛肹이 반역을 일으키고 공자를 불렀을 때, 공자가 이에 응하려 하자 자로가 이를 반대했다는 기사가 나온다.[16] 또 공자가 위령공衛靈公의 부인이자 위나라를 혼돈의 도가니로 몰아넣은 추문의 여주인공 남자南子를 만났을 때에도 그는 역시 그 만남 자체에 대해 강한 불만을 표시했다.[17] 이런 행동은 어쩌면 자로가 공자보다 더 강직하고 더 원리원칙적인 인물이라는 느낌을 주기에 부족함이 없어 보인다. 이 자리에서 이런 느낌이 잘못이라는 것을 논증해 보이는 일은 현명한 일이 되지 못할 것이다. 다만 우리는 『사기』「중니제자열전」에 기록된 다음과 같은 공자의 말을 음미해 볼 때 공자는 일단 자로의 이러한 소신에 찬 인생관과 원리원칙적인 태도를 아낌없이 지지하고 있었음을 알 수 있다.

공자께서 말씀하셨다.

"내가 유由를 제자로 둔 이후부터는 사람들의 비난을 듣지 않게 되었다."

孔子曰:自吾得由,惡言不聞於耳.

현재 논어에는 이 말이 나오지 않는다. 그러나 이 말은 위작이 아니라 실제 공자의 말이었다고 여겨진다. 왜냐하면 공자가 아니면 이처럼 양의적兩義的이고도 진정한 용기가 실린 말을 하기 어려울 것으

---

16) 公山弗擾以費畔,召.子欲往.子路不說曰:末之也已.何必公山氏之之也.子曰:夫召我者,而豈徒哉?如有用我者,吾其爲東周乎. 17/5

佛肹召.子欲往.子路曰:昔者由也聞諸夫子曰,親於其身爲不善者,君子不入也.佛肹以中牟畔,子之往也,如之何?子曰:然,有是言也.不曰堅乎?磨而不磷,不曰白乎?涅而不緇.吾豈匏瓜也哉!焉能繫而不食? 17/7

17) 子見南子,子路不說.夫子矢之曰:予所否者,天厭之!天厭之! 6/28

로 보이기 때문이다. 어쩌면 이 말은 당초 공자의 언행을 채록한 가운데에 포함되어 있었으나 논어의 편집 혹은 재편집 과정에서 편집자가 고심 끝에 제외한 것인지도 모른다. 가정이 옳다고 할 경우 그 고심을 생각해 보는 것은 흥미로운 일이다. 그는 이 말이 공자에 대한 이미지를 흐릴까 우려하지 않았을까? 특히 "사람들의 비난"惡言이라는 말이 편집자를 더욱 난감케 하였을지도 모른다.

그러나 이 비난이라는 말은 공자특유의 많은 용어가 그러하듯 다중의 의미를 내포하고 있는 독특한 반어에 해당한다. 즉 의義를 존중하는 자로의 원칙적 태도는 세상 사람들의 눈에 뚜렷이 보이고 있다. 공자에 대해 행해졌던 비난은 공자의 진정한 세계관을 이해하기 어려웠기 때문에 일어난 것이다. 따라서 자로를 제자로 둔 이후 세상 사람들의 비난을 듣지 않게 된 것은 엄밀하게 말해 공자에게는 아무런 변화가 아니다. 그가 이해된 것도 아니고 더 유리한 상황이 조성된 것도 아니다. 결국 이 말은 단순하게 자로의 자긍하는 바 원리원칙적인 체질을 칭찬한 것일 뿐이다. 따라서 편집자의 우려가 만약 사실이었다면 이는 단순한 기우에 지나지 않았다고 할 수 있다.

그러나 실제 공자의 전체 생애를 개관해 보면 노나라에서나 당시 중원사회에서 공자가 자로와 같이 선이 뚜렷하고 굵은 인물을 제자로 두고 있었다는 사실은 이 이해하기 쉽지 않은 인물을 막연한 주목의 형태로나마 당시의 세상과 연결시키는 데에 중요한 역할을 하였다는 사실을 깨닫게 된다. 이 점은 전술한 바 공자의 제자들이 넓은 의미에서 공자의 일부를 이루고 있다는 사실의 좋은 예증이 될 것이다.

이런 개성적이고 자기중심성이 강한 제자와 공자와의 사제관계는 짐작할 수 있듯이 좀 특별한 양상으로 나타났다. 우선 공자는 자공의 경우에서와 마찬가지로 자로에 대한 가르침에서 바로 그의 여러 가지 자긍하는 부분들을 정면으로 찌르며 그의 가르침을 시도했다. 자기 자신의 가장 자긍하는 최대치最大値, maximum는 바로 자신이 새로운 영역을 향해 스스로를 넓혀 가야 할 때에 가장 먼저 깨어져야 할 외피가 된다. 이것은 모든 진정한 자기 혁신에서 피할 수 없는 과정이고 그 때문에 진정한 자기 혁신이 그만큼 희소할 수밖에 없는 이유이기도 하다. 따라서 공자가 자로의 장점으로 인정하는 바는 다음 순간 어김없이 비판의 표적이 된다. 이를테면 용기는 공야장/7이나 옹야/8, 자한/26, 안연/13등에서 공자의 인정이나 격려의 대상이 되지만 다른 곳에 이르면 어김없이 그 반대의 대상이 된다.

자로가 말했다.

"선생님께서 삼군을 지휘하신다면 누구와 함께하시겠습니까?"

선생님께서 말씀하셨다.

"맨손으로 호랑이를 잡으려 들거나 걸어서 강을 건너려 하다가 죽더라도 뉘우치지 않는 사람과 나는 함께하지 않겠다. 일에 임해서는 두려워하고 궁리하기를 좋아하여 마침내 이루는 자와 반드시 함께할 것이다."

子路曰:子行三軍則誰與?子曰:暴虎馮河,死而無悔者,吾不與也.必也臨事而懼,好謀而成者也. 7/12

자로의 용기의 이면에는 단순성과 함께 자기 소신에 대한 과신, 총체적인 고려의 부족 자기 성찰의 미흡 등이 있었고 이러한 문제들에 스스로 눈을 돌리자면 용기에 대한 그의 자긍심은 단지 제한적으로만 인정되어야 했던 것이다. 자로에 대한 이러한 인정과 부정, 격려와 비판 등 진폭이 큰 양극적 접근 태도는 다른 제자들의 경우와는 크게 차이 나는 것이었다. 공야장/7도 그 중의 하나다.

선생님께서 말씀하셨다.

“도道가 행해지지 않아 뗏목을 타고 바다 위에 떠도는 것 같구나. 나를 따를 자는 바로 유由일 게다.”

자로子路가 그 말을 듣고 기뻐하자 선생님께서 말씀하셨다.

“유由는 용기를 좋아하는 것은 나보다 더 하나 뗏목감을 구할 바가 없구나.”

子曰:道不行,乘桴浮于海.從我者其由與.子路聞之喜.子曰:由也好勇過我,無所取材. 5/7

여기서 역시 공자는 자로의 용기와 그가 바른 길이라 여기는 바를 추구하는 소신 있는 자세를 아낌없이 칭찬하고 있다. 그러나 그는 곧 이어 자로의 용기가 맹목적 용기가 되지 않으려면 훨씬 다른 차원의 노력이 필요하다는 것을 아울러 지적하고 있는 것이다. 망망대해에서 침몰하지 않고 떠 있기 위해서는 뗏목이 있어야 하고, 뗏목을 엮으려면 재목을 구해야 하며, 그 재목을 얻는 방편이 갖추어진 뒤에야 망망대해와 맞서려는 자로의 용기도 완성될 수 있다는 것이 그것이다.

의리 관념이 강한 대부분의 사람들이 그러하듯 자로는 세계관과 인생관에서 그 자신이 이미 확보한 일정한 수위가 가지는 의의를 세상의 평균적 가치관과 끊임없이 대비하며 확인할 뿐 그 이상의 세계에로 나아가는 노력에 대해서는 뚜렷한 한계를 보이고 있다. 자로의 이러한 특징은 그의 눈에 보이는 피상적 세상만을 인정하려는 논리에서 더욱 명백히 나타나고 있는데 헌문/45는 그 중에서도 가장 전형적인 것이다.

자로가 군자에 대해 묻자 선생님께서 말씀하셨다.

"경敬으로써 자신을 닦는다."

자로가 말했다.

"그러할 뿐입니까?"

선생님께서 말씀하셨다.

"자신을 닦아 사람들을 편안케 한다."

자로가 말했다.

"그러할 뿐입니까?"

선생님께서 말씀하셨다.

"자신을 닦아 백성을 편안케 한다. 자신을 닦아 백성을 편안케 하는 것은 요임금과 순임금도 오히려 부심했던 것이다."

子路問君子.子曰:脩己以敬.曰:如斯而已乎?曰:脩己以安人.曰:如斯而已乎?脩己以安百姓.脩己以安百姓,堯舜其猶病諸. 14/45

두 번에 걸친 자로의 "그러할 뿐입니까?"에서 우리는 공자와 자로의 사이에 가로놓인 뚜렷한 입장 차이를 엿볼 수 있다. 공자가 '모든 것'이라고 생각하고 있는 것을 자로는 '그러할 뿐'이라고 생각하고 있다! 자로는 "경으로써 자신을 닦는다"는 것을 한갓 개인적인 완성 이상의 것으로 생각하지 않았던 것이다. 적어도 표면적으로는 모든 것이 그런 식이었다. 자로는 큰 것, 우선된 것, 본질적인 것이 무엇이냐 하는 문제에서 공자와 크게 견해를 달리하고 있었고, 공자의 훨씬 원대하고 깊은 안목을 이해할 수 없었던 것이다.

자로가 말했다.

"위나라 임금이 선생님을 모시고 정치를 하면 선생님께서는 장차 무엇부터 하시겠습니까?"

선생님께서 말씀하셨다.

"반드시 명칭을 바로잡겠다."

자로가 말했다.

"그런 것도 있습니까? 선생님께서는 너무 우원迂遠하십니다. 그것을 바로잡아 뭐하겠습니까?"

(후략)

子路曰:衛君待子而爲政,子將奚先?子曰:必也正名乎!子路曰:有是哉?子之迂也.奚其正? 13/3

유명한 '정명론'正名論의 앞부분이다. 비록 위작의 의문이 지적되고 있는 단편이지만 설혹 위작이라 하더라도 이 단편은 공자와 자로의 견해차를 잘 이용한 위작임에 틀림없다. 공자는 이런 식으로 자로의 기대를 뒤엎고 "경으로써 자신을 수양한다"느니 "명칭을 바로 잡겠다"느니 하는, 적어도 자로의 눈에는 보이지 않는 본질적 계기들을 제시하여 자로가 가진 피상적 세계관의 제약성을 인식시키려 하였던 것이다. 물론 그것은 좀처럼 먹혀들지 않았다. 위정/17은 그러한 사정에서 직접 도출된 주제라 할 수 있다.

선생님께서 말씀하셨다.

"유由야, 너에게 아는 것을 가르쳐 주랴? 아는 것을 아는 것으로 하고 모르는 것을 모르는 것으로 하는 것, 그것이 바로 아는 것이다."

子曰:由,誨女知之乎?知之爲知之,不知爲不知,是知也. 2/17

이 소크라테스적 테마가 많은 제자들 중 자로에게 말해진 것은 결코 우연이 아닐 것이다. 자로는 자신이 이미 알고 있는 것, 혹은 자신이 아직 알지 못하더라도 최소한 범주적으로 자신의 시야에 들어오는 세계 속의 앎만이 알 만한 것의 전부라 여기고 있었다. 그가 귀신을 섬기는 일이나 죽음에 대해 물은 것은 그의 이러한 자세를 노출한 것이라 할 수 있다. 그는 사람을 섬기는 일이나 삶에 대해서는 이미 모든 것이 자명하거나 아직 알 만한 것이 남아 있다 하더라도 더 이상 신통한 것은 없는 것으로 보고, 무언가 심오하고 은밀한 것은 우리의 가까운 경험 세계가 아닌 다른 세계에 있는 것으로 여겼던 것이다.

계로季路가 귀신 섬기는 일에 대해 묻자 선생님께서 말씀하셨다.
"사람도 아직 섬기지 못하는데 어떻게 귀신을 섬길 수 있겠느냐?"
계로가 말했다.
"감히 죽음에 대해 묻습니다."
선생님께서 말씀하셨다.
"삶도 아직 알지 못하는데 어떻게 죽음을 알겠느냐?"
季路問事鬼神.子曰:未能事人,焉能事鬼?曰:敢問死.曰:未知生,焉知死?
11/12

따라서 공자가 자신은 사람을 섬기는 일과 삶에 대해서도 잘 모른다고 한 것은 그로 하여금 이미 자명한 것으로 알고 있는 맹신의 세계를 되돌아보게 하기 위한 것이었다.

자로의 이러한 두드러진 개성이나 지적 한계는 그가 어떻게 공자와 각별한 사제의 인연을 유지하며 공문의 중요한 인물로 부각될 수 있었을까 하는 의문을 야기할 수도 있을 것이다. 그러나 자로에게는 쉽게 눈에 띄지 않는 특별한 미덕이 있었다. 그것은 그의 두드러진 미덕인 정의감이라든가 신의 또는 용기와는 또 다른 무엇이었다. 단도직입적으로 말하자면 그것은 공자에 대한 아주 특이한 경외심이었다. 이 경외심은 자로에게는 언제나 그 어떤 예감과도 같이 늘 그를 사로잡고 있었지만 좀처럼 의식적으로 자각되지는 않았고, 그만큼 논어 단편에서도 은미隱微한 모습으로만 나타나고 있다. 자로와 공자의 관계를 이해할 때에는 이 측면을 놓치지 않는 것이 무엇보다 중요하며, 이러한 측면을 놓치면 자로는 거의 희화화되는 것이 보통이다. 이제 공야장/14를 살펴보자.

> 자로子路는 선생님의 말씀을 들음에 있어 능히 실천할 수 없을 것 같으면 오직 듣는 것 자체를 두려워했다.
>
> 子路有聞,未之能行,唯恐有聞. 5/14

공교롭게도 자로와 공자와의 미묘한 인연을 비밀스러울 정도로 섬세하게 담고 있는 이 짧은 단편은 역시 잘못된 해석에 갇혀 온 단편이었다. 모든 주석서들은 예외 없이 이 단편을 다음과 같이 해석하고 있다.

> 자로는 선생님의 말씀을 듣고 아직 능히 실천하지 못하였으면 또 다른 가르침을 듣는 것을 두려워했다.

이는 주자의 다음과 같은 주해를 무비판적으로 답습한 결과다.

전에 들은 것을 아직 실천할 정도가 되지 못한 까닭에 또다시 듣는 것이 있게 되면 실천이 여의치 못할까 두려워한 것이다.

前所聞者,旣未及行.故恐復有所聞,而行之不給也.『論語集註』

물론 주자의 이 해석은 공안국孔安國이나 형병邢昺과 마찬가지로 그릇된 해석[18]을 추종한 것인데, 만약 이 전통적 해석이 옳다면 이는 자로가 그만큼 실천을 중히 여겼다는 말이 되므로 자로에 대한 큰 칭찬이 된다. 그러나 과연 그럴까?

종래의 해석은 문법적으로나 문장의 일관성에서는 큰 하자가 없음에도 불구하고 그러한 체험 자체가 불가능하다는 것을 간과하고 있다. 한 가지 가르침을 듣고 그것을 실천 중에 있는데 또 다른 가르침을 듣는 것을 두려워한다는 것은 오직 관념 속에서만 가능한 일이지 실제로 그러한 일은 있을 수가 없다. 그것이 왜 있을 수 없느냐 하는 것은 우리가 논어의 세계를 대상화하여 구경만 하지 않고 논어의 경험 세계에 직접 참여할 때 비로소 알려진다.

공자의 가르침이란 일정 기간 안에 수행해 내는 무슨 토막 난 과제와 같은 것이 아니다. 종래의 해석은 공자의 가르침에 대한 피상적 접근의 전형적 예라 할 수 있는데, 본질을 벗어난 이러한 피상적 접근은 실로 유교를 온통 교조적인 체계로 만들어 간 바로 그 피상성이다. 이러한 피상성에 가려져 있는 한 논어의 호흡은 정지되고, 동적이던 것은 정적으로 굳어지고, 복선은 단선으로 정리되고, 역설은 직설로 주저앉는다.

---

18) 孔安國曰:前所聞未能及得行,故恐後有聞不得並行也.『論語集解』
正義曰:此章言子路之志也.子路於夫子之道,前有所聞未能行,唯恐後有聞不得並行也.『論語正義』

결국 이 단편은 앞의 有聞과 뒤의 有聞이 같은 것이 될 때 비로소 현실적인 것이 되며 비로소 자로의 생생한 호흡과 이 단편을 논어 편집에 집어넣은, 이름을 알 수 없는 어느 제자의 숨은 의도를 드러내게 된다. 그것은 무엇인가?

자로는 자기가 감당할 수 없는 차원의 말을 듣기를 두려워했다. 단편 기록자는 이 말을 분명히 자로의 단점으로 기록하고 있는 것이다. 이 단편에 쓰인 唯, 즉 "오직"이라는 표현이 그것을 확실히 해준다. 공자의 가르침은 확실히 모든 제자들에게 선택을 강요하는 그 무엇이었다.

만약 그렇지 않다면 가르침이란 무의미한 것이 된다. 그 선택은 제자들이 기왕에 가지고 있는 세계관의 피각을 깨뜨릴 것이냐 말 것이냐 하는 선택이다. 이 선택 앞에서 자로는 몸을 움츠렸던 것이다. "두려워한다"는 것은 '오직' 자신의 기왕의 세계가 공자의 말에 의해 동요되는 것을 거부하는 마음을 지적한 것이다. 그리고 그것은 가르침 앞에서 취할 수 있는 여러 가지 반응 중에서 중요한 한 가지를 보여 주는 것이다.

여기에서 "두려워한다"恐는 것은 대단히 양의적兩義的인 것이다. 자로와 관련하여 지적하고자 하는 것은 이 단편이 명백히 자로의 단점을 그린 것임에도 불구하고 바로 그 단점이 지닌 양의적 성격 속에 자로의 진정한 미덕이 있다는 사실이다. 이 단편에서 "두려워한다"는 태도는 자로가 공자의 말에 저항하면서 이끌리고 있었고, 이끌리면서 저항하고 있었다는 것을 생생하게 보여 주고 있다. 아마 이끌림은 그 어떤 저변의 의식에 의해, 저항은 훨씬 표면적인 의식에 의해 수행되었을 것이다.

그리고 적어도 자로가 공자에 이끌리고 있었다는 것은 비록 의식적인 것은 아니지만 자로가 공자의 세계에 대한 암묵적 이해를 폭넓게 가지고 있었다는 것을 말해 주고 있다. 만약 자로가 공자에 대해 진리와 관련된 그 무엇을 느끼지 못하고 있었다면 그는 공자의 말을 듣기를 두려워할 필요도 없었을 것이다. 두려워할 수 있었다는 것은 때때로 드러나는 명시적 저항에도 불구하고 그가 공자가 지닌 진실의 마력에 이미 빠져 있었다는 것을 말하며, 그것은 바로 자로 자신의 탁월함이며 미덕인 것이다. 이 점은 자로를 이해하는 데에 있어 대단히 중요한 관건이다. 실로 이 점을 이해하지 못하면 우리도 옛 도보의 삽화가처럼 그를 수염투성이의 장비로 만들고 말 것이다.

어쨌든 자로라는 자기중심성이 강한 하나의 자력선磁力線이 공자라는 비할 바 없이 더 큰 자장磁場 가운데에 놓임으로 인하여 발생하는 미묘한 알력은 논어 전편에 걸쳐 충분한 예증을 남기고 있다. 이를테면 공야장/7에서 공자가 자로의 용기를 높이 평가했을 때 그는 "그것을 듣고 기뻐했다"[19]고 한다. 이는 단순한 기쁨이 아니라 자로의 끊임없이 흔들리는 감정 상태를 단적으로 보여 주는 기쁨이다. 따라서 자로가 기뻐했다는 것은 공야장/14의 "두려워했다"恐는 것과 단지 방향만 다를 뿐 전적으로 동일한 구도에서 나온 것이다. 뿐만 아니라 우리가 조금만 세심하게 관찰하면 공야장/26에서 자로가 "그러면 선생님의 뜻은 무엇입니까?"[20] 하고 반문했을 때, 술이/12에서 "선생님께서 삼군을 지휘하신다면 누구와 함께하시겠습니까?"[21] 하

---

19) 子日:道不行,乘桴浮于海.從我者其由與.子路聞之喜.子日:由也好勇過我,無所取材. 5/7

20) 顔淵季路侍.子日:盍各言爾志?子路日:願車馬,衣輕裘,與朋友共,敝之而無憾.顔淵日:願無伐善,無施勞.子路日:願聞子之志.子日:老者安之,朋友信之,少者懷之. 5/26

21) 子路日:子行三軍則誰與?子日:暴虎馮河,死而無悔者,吾不與也.必也臨事而懼,好謀而成者也. 7/12

고 질문했을 때, 그 반문과 질문의 파장 속에서 똑같이 이끌리면서 저항하고 저항하면서 이끌리는 자로의 미묘한 감정을 엿볼 수 있는 것이다.

이처럼 암묵적 공자 이해와 의식의 전면에서 수행되는 의식적 공자 이해 사이에서 빚어지는 미묘한 갈등이 역시 흥미로운 단편 하나를 남기고 있다.

> 섭공葉公이 자로에게 공자에 관해 물었으나 자로는 대답하지 못했다. 이를 두고 선생님께서 말씀하셨다.
>
> "너는 왜 그의 사람됨이 발분하면 먹는 것을 잊고 즐거움으로써 근심을 잊으며 장차 늙음이 오리라는 것도 모르고 있는 사람이라고 말하지 않았느냐?"
>
> 葉公問孔子於子路,子路不對.子曰:女奚不曰,其爲人也,發憤忘食,樂以忘憂,不知老之將至云爾. 7/20

문제는 공자가 어떤 사람이냐고 하는 섭공의 질문에 대해 자로가 왜 대답을 하지 못했을까 하는 것이다. 확실히 자로는 공자를 존경하고 있었다. 그는 12년 간에 걸친 공자의 외유에 동참한 것이 논어에 의해 확인되는 두 제자 중 한 사람이고, 외유를 전후한 중요한 시기에도 대체로 공자와 정치적 행보를 함께할 정도로 막역한 관계를 유지했다. 그렇다면 그 존경의 사유가 있을 것이고 자로는 단지 그것을 말하면 되었던 것이다. 그러나 그는 말하지 못했다. 왜? 자로는 자신이 암묵적으로 이해하는 바를 아직 객관화시키거나 개념적으로 포착할 수 없었기 때문이다.

섭공의 물음 앞에서 갑자기 당황할 수밖에 없었던 자로의 내면세계를 상상해 보는 것은 즐겁기까지 하다. 섭공의 물음 앞에서 그는 자신의 은밀한 공자 이해가 갑자기 아무런 특징도, 내세울 만한 것도 없는 것처럼 느껴졌을 것이다. 오히려 자신이 의식적으로 느끼고 있었던 공자에 대한 불만, 이를테면 공자가 지극히 멀고 요원하기만 할 뿐 현실적 가려움을 속 시원히 긁어 주지 못하는 속절없는 늙은이일지도 모른다는 느낌이 섭공과 같은 대정치가 앞에서 일순 그를 초라하고 부끄럽게 하였을지도 모른다.

자로에게 그가 공자를 존경하고 있다는 것은 아직은 단지 '내면의 비밀'이었다. 개념적으로 파악하지 못하면 힘을 발휘할 수 없게 된다. 개념적으로 파악되지 않은 것은 전체 세계관과의 탄탄한 고리를 갖추지 못하게 되고, 그런 한 결정적인 순간에는 전체로부터 힘없이 떨어져 나가는 무력한 부분에 그치고 마는 것이다.

이러한 자로에 대해서 이렇게 말하면 되지 않았느냐 하는 공자의 말은 실로 절묘한 반어였다. 發憤忘食 이하는 바로 자로로서는 섭공과 같은 정치가 앞에서 절대 말할 수 없는 유형의 말이었다. 즉 자로나 섭공에게는 정말 내세울 만한 것이 못되는 것을 공자는 내세웠던 것이다. 자로가 어떻게 그런 말을 섭공과 같은 춘추시대의 전설적 인물 앞에서 당당하게 할 수 있었겠는가? 공자는 그것을 잘 알고 있었고 따라서 바로 그 점을 찌르며 자신의 세계를 반어적으로 제시하였다. 말할 나위도 없이 그 이면에는 자로나 섭공으로서는 접근하기조차 힘든 진실, 공자만의 꽉 짜인 세계관이 포진해 있었던 것이다.

여러 면에서 자로는 공자를 이해하는 데에 빠뜨릴 수 없는 중요한 배경적 인물이다 그는 공자를 둘러싸고 있으면서 공자를 더 없이 외롭게 한 많은 광간지사狂簡之士들—자로 자신은 확실히 광간지사를 넘어서고 있었지만—을 생각하게 한다. 실제 자로는 적지 않은 순간들에 걸쳐 공자에게 곤혹스러움을 안겨 준 것 같다. 순전히 행간行間에서 포착되는 이러한 느낌들은 논리적으로 제시하기조차 어려운 것이지만 아마 역시 행간을 통하여 수긍될 수 있을 것으로 여겨진다.

논어에는 말년의 병든 공자를 돌보는 자로의 모습이 그려져 있다.[22] 그는 공자라는 이 희유한 인물과의 만남을 그 자신이 거부할 수 없는 운명처럼 받아들이고, 전 생애를 걸고 이 인물을 돌보고 존중하고 또 그의 진실성을 끊임없이 시험하면서 그와의 이 인류사적 인연을 유지해 갔던 것으로 보인다. 그러나 정작 그는 위나라 대부 공회孔悝의 읍재로 있던 중 위나라의 정변에 휘말려 공자보다 한 해 먼저 세상을 뜨고 말았다. 신빙성은 낮지만 공자는 위나라에서 정변이 일어났다는 말을 듣고 자로는 돌아오지 못할 것이라고 예견했다는 기록이 『좌전』에 전해지고 있고 그 한 편린은 논어에도 남아 있다.[23]

위나라 출공出公을 보위하고 공회에 대한 신의를 끝까지 지키려다 맞이한 그의 비극적 최후는 하나의 상징이었다. 스승과 제자로서의 길고도 절실한 인연에서 끊임없이 이끌리고 또 끊임없이 달아났던 그는 역시 완전히 끌려들 수도 완전히 달아날 수도 없었던 그 미묘한 인간적 거리에서 공자와는 크게 다른 모습으로 자신의 생을 마감했던 것이다.

다. 안연—자기 자신에서 세상에로

이제 우리는 공자의 가장 뛰어난 제자이자 가장 신비스럽고 또 가

---

22) 子疾病,子路請禱.子曰:有諸?子路對曰:有之.誄曰:禱爾于上下神祇.子曰:丘之禱久矣. 7/37

23) 若由也,不得其死然. 11/14

장 이해하기 힘든 제자인 안연顔淵을 다룰 차례가 되었다. 그를 이해하기 힘들다는 것은 우선 그와 관련된 단편의 수효가 절대적으로 부족하다는 데에 근본적인 원인이 있다. 안연의 이름이 등장하는 단편은 모두 21개에 이르지만 공자가 안연을 평한 14개 등을 제외하면 정작 안연의 실제 육성이 수록된 단편은 겨우 세 개에 불과한 실정이다. 이 정도의 숫자로서 안연이라는 인물을 알아본다는 것은 사실 무리가 아닐 수 없다.

안연의 육성이 수록된 단편이 이처럼 부족한 것은 그의 지나치게 이른 죽음에 가장 큰 원인이 있지만 생전에 그의 진가를 이해한 제자들이 거의 없었다는 것도 빼놓을 수 없는 한 원인이다. 대부분의 제자들은 안연의 사후 공자가 그의 죽음을 각별히 애석해하는 언급에 접하고서야 겨우 안연을 되돌아보았을 정도인데 아마 논어 편집 시 편집자들의 기억 속에도 안연의 언행은 거의 남아 있지 않았던 것이 아닌가 한다. 그러나 단 21개의 단편에 남아 있는 안연에 관한 기록들은 우리의 관심을 안연이라는 한 인간 위에 긴장시키기에 충분한 무게와 내용을 지닌 것들이다.

일반적으로 유교는 안연을 공자의 가장 뛰어난 제자로 서열 지어 왔는데 그에게 그러한 위상을 부여한 것은 누구보다 공자 자신이었다. 안연의 진면목은 거의 공자의 눈에만 포착되었기 때문에 공자가 그를 인정하는 발언을 거듭하지 않았다면 이 말수가 적고 내성적이고 가난했던 비운의 제자는 영원히 망각 속에 묻혀 버렸을지도 모르는 일이다.

우선 논어에 나오는 공자의 남다른 안연 평가만으로도 우리는 최소한 안연의 탁월함에 대한 개관을 얻을 수 있다.

선생님께서 말씀하셨다.

"내가 회回와 더불어 말해 보면 종일토록 한 마디 반론도 없는 것이 마치 바보 같다. 그러나 물러난 뒤 그 하는 바를 살펴보면 또한 족히 배운 것을 구현하니 회는 결코 바보가 아니다."

子曰:吾與回言,終日不違如愚.退而省其私,亦足以發,回也不愚. 2/9

이 단편은 아마 공자가 처음 그의 문하생들 틈에서 안연이라는 한 경이로운 싹을 발견하고 예의 주목하던 시절의 발언이었으리라 여겨진다. 공자의 이 판단은 적중했다. 잇따르는 칭찬은 다른 어떤 제자에게도 주어져 본 적이 없는 최고의 찬사들이었다.

선생님께서 말씀하셨다.

"회回는 그 마음이 석 달 동안 어짊을 어기지 않는다. 그 나머지 제자들은 한동안에 불과할 따름이다."

子曰:回也,其心三月不違仁.其餘則日月至焉而已矣. 6/7

선생님께서 말씀하셨다.

"훌륭하구나. 회回는! 한 그릇의 밥과 한 쪽박의 물만 가지고 누추한 거리에 살면 여느 사람이라면 그 고충을 이기지 못할 텐데 회만은 그 즐거움을 바꾸지 않으니. 훌륭하구나. 회는!"

子曰:賢哉回也!一簞食,一瓢飮,在陋巷,人不堪其憂,回也不改其樂,賢哉回也! 6/11

선생님께서 안연에게 말씀하셨다.

"'쓰면 행해지고 쓰지 않으면 간직된다'는 것은 오직 나와 너만이 갖추고 있구나!"

子謂顔淵曰:用之則行,舍之則藏.唯我與爾有是夫! 7/11

선생님께서 말씀하셨다.

"말해 주어서 그것을 게을리 하지 않는 자는 회回로구나!"

子曰:語之而不惰者,其回也與! 9/19

선생님께서 말씀하셨다.

"회回는 나를 도와주는 자가 아니로구나. 내 말에 기뻐하지 않음이 없으니!"

子曰:回也,非助我者也.於吾言無所不說. 11/4

이러한 칭찬은 공야장/7에 나오는 자공과의 문답에 이르러 절정을 이룬다.

선생님께서 자공子貢에게 말씀하셨다.

"너 자신과 회回를 비교할 때 누가 낫다고 보느냐?"

자공이 대답하였다.

"제가 어떻게 감히 회를 넘보겠습니까? 회는 하나를 들으면 열을 알지만 저는 하나를 들으면 둘을 알 뿐입니다."

선생님께서 말씀하셨다.

"그만 못하단다. 나와 너는 그만 못하단다."

子謂子貢曰:女與回也,孰愈?對曰:賜也,何敢望回?回也,聞一以知十.賜也,聞一以知二.子曰:弗如也.吾與女,弗如也. 5/9

논어 전편을 통틀어 이러한 평가는 전혀 유례가 없는 것이다. 안연이 공자 자신보다도 더 낫다고 한 공전절후의 평가는 단지 자공의 감정을 의식한 수사적 제스처만은 아니었다. 안연에게는 지적 능력이든 어진 품성이든 그 일면에 정말로 공자 자신보다 더 뛰어난 자질이 있었다고 보아야 할 것이다.

그 후 공자와 안연 사이에는 독특한 둘만의 이해가 성립되었을 것이다. 아주 평범한 대화지만 논어에는 공자와 안연이 맺은 인간관계가 조용하고도 깊은 밀도로 표현된 단편 하나가 남아 있다.

선생님께서 광匡 지방에서 위기에 처하셨을 때 안연顔淵이 뒤처졌다 오니 선생님께서 말씀하셨다.

"나는 네가 죽은 줄 알았다."

안연이 말했다.

"선생님께서 계시는데 제가 어찌 감히 죽겠습니까?"

子畏於匡,顔淵後.子曰:吾以女爲死矣.曰:子在,回何敢死? 11/24

기록자가 뚜렷한 교훈을 담고 있지 않은 이 단편을 기록으로 남긴 데에는 바로 안연에 대한 공자의 깊은 애정과 공자에 대한 안연의 다함없는 귀의심歸依心을 보여 주려는 의도가 있었다고 하겠다. 이러한 안연이 스승보다 먼저 세상을 뜨고 말았을 때 공자의 슬픔은 적어도 당시의 제자들이 받아들이기로는 상상을 넘어서는 것이었다. "선생님께서는 애통해하시는군요" 하고 어느 종자가 물었을 때 그는 공자의 지나친 슬픔과 통곡을 이해할 수 없다는 생각을 내비친 것이었다. 공자는 이에 "애통해한다고? 그 사람을 위해 애통해하지 않는다면 누구를 위해 애통해하겠느냐?"[24] 하고 대답했다. 그 정도가 아니었다.

안연顔淵이 죽자 선생님께서 말씀하셨다.

"아아! 하늘이 나를 버리는구나! 하늘이 나를 버리는구나!"

顔淵死.子曰:噫!天喪予!天喪予! 11/9

이러한 비탄은 그가 안연을 자기 자신의 유일한 '지상地上의 구현具現'으로 보지 않았다면 나올 수 없었을 것이다.

그러나 아쉽게도 논어에는 공자가 이토록 높이 평가한 안연의 면모를 그리고 있는 단편의 수효가 너무나도 적다. 그러나 단 몇 개에 지나지 않기는 하지만 그 몇 개가 이 비극적 천재의 비상했던 역량을 아쉬운 대로 관견하게 해주는 것은 그나마 다행스런 일이 아닐 수 없다. 그 소수의 단편은 공야장/26, 옹야/3, 자한/10, 선진/20 그리고 안연/1의 다섯 단편이다.

그러나 안연의 구체적 면모를 담고 있는 이 다섯 개의 단편 중 적어도 세 개의 단편은 오역에, 나머지 두 개의 단편은 몰이해에 덮여 왔다는 것을 먼저 알아 둘 필요가 있다. 이는 그동안 안연이 공자의 가장 뛰어난 제자였다는 전승된 평가 외에 우리가 그를 이해할 아무런 단서도 가지고 있지 못했다는 결론이 된다. 이 점을 염두에 두고 이제 다섯 단편에 묻은 녹을 닦으며 조심스럽게 이 비극적 천재의 숨은 면모를 천착해 보자.

---

24) 顔淵死,子哭之慟.從者曰:子慟矣.曰:有慟乎?非夫人之爲慟而誰爲? 11/10

애공이 물었다.

"제자 중에서 누가 배우기를 좋아합니까?"

공자께서 대답하셨다.

"안회라는 자가 있어서 배우기를 좋아했습니다. 그는 노怒를 옮기지 않았고 잘못을 이중으로 하지 않았는데 불행히도 단명하여 죽고 말았습니다. 지금은 아무도 없어 배우기를 좋아한다는 자를 들어 보지 못했습니다."

哀公問:弟子孰爲好學?孔子對日:有顔回者好學,不遷怒,不貳過,不幸短命死矣.今也則亡,未聞好學者也. 6/3

이 단편은 선진/7에서는 계강자와의 문답으로 되어 있는데 선진/7의 경우 不遷怒,不貳過라는 말과 未聞好學者也라는 말이 없는 것을 보면 선진/7[25]이 원형이고 이 원형에 다른 기회에 안연을 평가한 말, 不遷怒,不貳過와 다소 어색한 꼬리말 未聞好學者也가 결합되어 하나의 단편으로 조성된 것으로 보인다. 이 단편은 비록 공자의 많은 안연 평가 중의 하나지만 不遷怒,不貳過라는 글귀가 다른 곳에서와는 달리 안연의 면모를 조금은 더 구체화시켜 줄 수 있는 표현이 아닌가 한다. 이 두 구절에 대한 지금까지의 해석을 보면 대부분 다음과 같다.

노여움을 남에게 옮기지 않았고 같은 잘못을 거듭 저지르지 않았다.

이러한 해석의 배후에는 역시 주자朱子가 서 있다. 그는 不遷怒를

25) 季康子問:弟子孰爲好學?孔子對日:有顔回者好學,不幸短命死矣.今也則亡. 11/7

"갑에 대한 분노를 을에게 옮기지 않는 것"[26]으로 주석하였고, 不貳過에 관해서는 "앞서 저지른 과오를 후에 다시 되풀이하지 않는 것"[27]이라 주석하였다. 이 해석은 안연에 대한 바른 이해를 가로막는 중대한 장애 중의 하나였다.

不遷怒는 갑에 대한 분노를 을에게 옮기지 않는 것을 의미하는 것이 아니다. 이 말을 제대로 이해하자면 우선 怒에 대한 이해가 앞서야 한다. 여기서 말하는 怒는 우리가 일반적으로 분노라고 부르는 세상의 '이것 또는 저것' 에 대한 분노가 아니다. 이 근원적 분노는 세상과 인간을 보고 느낀 분노이기도 하지만 동시에 자신의 존재의 깊이에서 발현되는 분노로서 모든 진정한 의욕과 행위의 동기이기도 한 분노이다.

안연이 이 분노를 옮기지 않았다는 것은 이를 자기 안에서 자기 자신의 과제로 받아들이고 자기 자신을 다스림으로서 근원적으로 해결하려 하였다는 뜻이다. 즉 다른 모든 사람들이 무력하게 빠져들듯이 세상이나 타인 또는 운명 등에 대해 그 분노를 투사함으로써 이것 또는 저것에 대한 속된 분노로 변질시키지 않았다는 말이다. 이 말은 공자가 자공 앞에서 혼잣말 삼아 한 말, 즉 자신은 "하늘을 원망하지 않았고 사람을 탓하지 않았다"[28]는 말과 정확히 통하는 말이라 할 수 있다.

따라서 이 말을 "분노를 옮기지 않았다"라는 오해되기 쉬운 말로밖에 달리 번역하기가 어렵다는 사실은 안타까운 일이다. "분노를

---

26) 怒於甲者,不移於乙.『論語集註』

27) 過於前者,不復於後.『論語集註』

28) 子日:莫我知也夫!子貢日:何爲其莫知子也?子日:不怨天,不尤人,下學而上達,知我者其天乎! 14/37

밖으로 옮기지 않았다"고 표현하는 것도 하나의 방법이기는 하겠으나 그렇게 될 경우 분노를 옮기지 않는 것이 마치 자신의 국한된 내면에서 분노를 해결하는 것처럼 보이기 때문에 안과 밖을 이원화시키는 문제가 발생한다. 분노를 옮기지 않는 것은 분노를 내면화하거나 개별화하는 것과는 다른 것이다. 그것은 단지 그것이 해결될 수 있는 진정한 자리를 이탈하지 않는다는 뜻일 뿐이다. 거기에서는 세상에 대한 관심이 여전히 살아 있다.

그렇다면 不貳過는 무엇인가? 역시 주자의 해석처럼 한 번 저지른 과오를 거듭 저지르지 않았다는 뜻이 아니다. 논어에 나오는 過를 어떤 잘못된 행위처럼만 취급하는 것은 오도된 관행이다. 過는 저지를 수 있는 무엇이기 이전에 먼저 무지와 맹신에 의해 초래된 그릇된 신념의 체계를 말한다. 그것은 당연히 행동으로 표출되기도 하지만 반드시 어떤 행동의 과오만을 말하는 것은 아니다. 말하자면 정도正道가 아닌 모든 것은 過다.

그리고 인간의 진정한 모든 過는 이중적이다. 이 점을 이해하는 것이 不貳過를 이해하는 지름길이다. 과오의 이중성은 "잘못이 있는데도 고치지 않는 것을 바로 잘못이라 한다"[29]는 공자의 지적에서 명백히 그 구조를 드러낸다. "소인은 잘못이 있으면 반드시 꾸민다"[30]고 한 자하의 말도 같은 취지의 말이다. 따라서 과오의 이중성은 과오의 적극성이라 해도 과언이 아니다. 그렇다면 과오를 벗어나는 일은 이 과오의 이중성을 벗어나는 일, 즉 적극적 과오의 상태에서 소극적 과오의 상태—이 표현이 다소 지나치게 느껴질 수도 있겠지만 공자의

---

29) 子曰:過而不改,是謂過矣. 15/30

30) 子夏曰:小人之過也必文. 19/8

사유구조를 이해하자면 오히려 도움이 될 수도 있을 것이다—로 회복하는 일이 된다. 不貳過는 안연이 스스로를 고쳐 가는 올바른 길에서 있었다는 사실을 지적한 것이다. 이 점은 결코 사소한 지적이 아니다. 논어의 세계에서 이 점은 논어의 전부라 해도 과언이 아니다.

선생님께서 말씀하셨다.

"다 되었나 보다! 나는 능히 자신의 잘못을 보아 속으로 스스로와 쟁송할 수 있는 자를 보지 못하였다."

子曰:已矣乎!吾未見能見其過,而內自訟者也. 5/27

어찌하여 스스로와 씨름하는 일이 그토록 보기 드문 일이 되었을까? 不貳過는 단지 어떤 부작위를 일컫는 것처럼 되어 있지만 실은 이 세상 그 어느 것보다 적극적인 하나의 정향定向 행위이기 때문이다.

다섯 단편 중 두 번째 단편은 안연의 직접적인 육성으로 된 것이다.

안연과 계로가 모시고 있는데 선생님께서 말씀하셨다.

"각자 자기 뜻을 말해 보지 않겠느냐?"

(중략)

안연이 말하였다.

"선을 내세움이 없기를, 헛되이 베풂이 없기를 원합니다."

(후략)

顔淵季路侍.子曰:盍各言爾志?子路曰:願車馬,衣輕裘,與朋友共,敝之而無憾. 顔淵曰:願無伐善,無施勞.子路曰:願聞子之志.子曰:老者安之,朋友信之,少者懷之. 5/26

여기에서도 앞서와 마찬가지로 문제가 되는 것은 두 구절 無伐善, 無施勞다. 이 구절에 대한 일반적인 번역의 사례를 보면 뚜렷한 두 가지의 경향이 나타난다. 우선 無伐善에 대해서는 "선을 자랑하지 않는다"는 해석으로 통일되어 있다. 그러나 無施勞에서는 주자가 제시한 "공로를 과장하지 않는다"는 부류와 "남에게 수고로움을 끼치지 않는다"는 부류로 갈라진다. 그러나 그 어떤 해석을 취하든 현행 해석은 자구에 충실하였는지는 모르지만 안연이라는 이 비상한 제자의 정체에 대해서는 소홀했던 것이 사실이다.

우선 無伐善을 보자. 이 말은 각자 자기의 소원을 이야기해 보라는 공자의 말에 따라 안연이 한 말이다. 안연이 스승의 이러한 부탁을 받고 한 말이 겨우 자기의 선함을 자랑하지 않겠다는 것일까? 이를 아무런 위화감 없이 받아들인다는 것은 안연의 사람됨이 애초부터 자기 자랑 따위와는 거리가 멀다는 것을 고려하지 않은 때문일 것이다. 또 無施勞를 보자. 공로를 과장하지 않는다는 주자의 해석은 無伐善의 해석과 균형을 유지하려고 억지로 꿰어 맞춘 것이어서 아무래도 勞를 공로로, 施를 과장하다(늘어놓다)로 본 해석에 왜곡이 느껴진다. 그렇다고 해서 남을 수고롭게 하지 않는다는 해석이 어울리는 것도 아니다. 그것은 無伐善의 해석과 어울리지 않고 또 안연처럼 얌전한 젊은이에게 무슨 남을 수고롭게 할 일이 그리 있었는지도 납득이 되지 않는다. 그렇다면 이 짧은 두 마디 말의 진정한 뜻은 무엇일까?

우선 無伐善은 선을 내세우지 않는 것, 선을 떨치지 않는 것을 말한다. 선을 자랑하지 않는다는 전통적 해석은 반드시 틀린 것은 아니지만 그것은 이 구절에 대한 해석을 '자랑'이라는 지나치게 좁은 영역에 국한시킴으로써 이 말이 가지고 있는 깊은 의미를 너무 통속화하고 있다. 伐은 '베다'誅伐, '치다'征伐라는 뜻에서 발전하여 '공적'功績, '공훈'의 뜻이 추가되었고 더 발전하여 '공적을 내세우다', '공적을 자랑하다'는 의미까지 지니게 되었다.

따라서 안연이 말한 伐은 단순한 '자랑'이 아니라 목적어인 善과 결부되어 그것을 '자긍' 하는 내면적 계기를 포함하고 있으며, 그것을 우월한 이념적 기치로 내세우고 표방함으로써 이 세상을 마치 선과 악의 대결장처럼 여기는 일차원적 '신념' 내지 '소명의식'을 담고 있는 것이다. 선이 외부의 세계에 대한 작위적 차원에서만 이해된다면 그것은 아직 진정한 선이 아니다. 無伐善을 둘러싼 이러한 논리는 다음과 같은 대화의 사례를 통해 보다 알기 쉽게 가시화해 볼 수 있을 것이다.

> 계강자가 공자께 정치에 대해 물었다.
>
> "만약 무도無道한 자를 죽여 백성들로 하여금 유도有道한 데로 나아가게 한다면 어떻겠습니까?"
>
> 공자께서 대답하셨다.
>
> "당신이 정치를 하신다면서 어떻게 죽이는 방법을 쓰십니까? 당신이 선하고자 하면 백성들도 선해집니다. 군자의 덕은 바람이고 소인의 덕은 풀이라서 풀 위로 바람이 불면 풀은 반드시 눕게 됩니다."
>
> 季康子問政於孔子曰:如殺無道以就有道,何如?孔子對曰:子爲政,焉用殺?子欲善而民善矣.君子之德風,小人之德草.草上之風必偃. 12/20

"당신이 선하고자 하면 백성들도 선해진다"子欲善而民善矣. 즉 진정한 선은 스스로 선하고자 하는 데에서 본질이 형성되고 또 결과적으로 악에 대응도 할 수 있게 되는 것이다. 그러나 인간이 가진 뿌리 깊은 오해와 무지에 의해 선은 곧 외부 세계에서 불선한 대상을 찾아 역할을 하는 데에서 비로소 선으로서 성립되고 의의를 가지는 것처럼 여겨지고 있다. 아마 당시의 적지 않은 광간지사狂簡之士들이 바로 이런 차원의 伐善에 집착해 있었을 것이다. 안연은 선의 구현이 보다 정당한 자리에서 이루어지기를 바라는 마음에서 이런 말을 하였을 것이다.

無施勞에 관해서도 마찬가지다. 無施勞는 헛되이 베풀지 않는 것을 말한다. 이러한 소망은 자기 자신에로 모든 문제를 집중하는 단계에 있던 안연에게는 절실한 것이었다. 베풂도 역시 외부 세계에 대한 시혜적 차원에 머물러 있다면 그것은 아직 진정한 베풂이 아니다. 자공을 이야기하는 자리에서도 언급하였듯이 진정한 베풂은 "스스로 서기를 바라서 남을 세우고 스스로 통달하기를 바라서 남을 통달시킨다"[31]의 형태로만 가능하다는 점을 안연은 염두에 두었던 것이다. 그는 이 양동이의 물을 저 양동이에 쏟아 붓듯이 내가 남을 위해 무언가를 해줄 수 있고 헌신할 수 있다고 믿는, 누구나 빠져들기 쉬운 일차원적 '타인에의 길'에 빠져들지 않기를 바랐던 것이다.

이렇게 본다면 無伐善과 無施勞는 결국 동일한 관점에서 비슷한 이야기를 한 것이라 할 수 있다. 伐善과 施勞는 모든 의욕적 인간의 맹점이다. 그리고 아마 모든 위정자들의 한계이기도 하였을 것이다. 이를테면 계강자로 하여금 "권장하여 백성들로 하여금 공경스럽고 충성스럽게 하겠다"[32]는 생각을 가지게 했던 것이 바로 누구나 빠져들기 쉬운 伐善과 施勞의 한 양상이었다. 그렇다면 "선을 내세움이 없기를, 헛되이 베풂이 없기를 원한다"는 것은 배우는 입장에 있는

---

31) 己欲立而立人,己欲達而達人. 6/30

32) 季康子問:使民敬忠以勸,如之何?子曰:臨之以莊則敬,孝慈則忠.擧善而敎,不能則勸. 2/20

안연 자신의 다짐일 수도 있고 분별없는 지식인들과 정치세계에 대한 안연의 바람일 수도 있었을 것이다. 물론 그 이전에 그것은 공자의 가르침이었을 것이다. 안연은 공자가 자공에게 바랐으나 자공이 이해하고 받아들이지 못했던 과제를 정확히 그 자신의 과제로 이해하고 받아들이고 있었던 셈이다.

이제 남은 세 개의 단편은 지금까지의 두 단편과는 달리 이경석경以經釋經이 가능한 것들이다. 즉 세 개의 단편은 중요한 하나의 사실을 공동으로 보여 주는 것이다. 먼저 선진/20을 보자.

선생님께서 말씀하셨다.

"회回는 천명天命에 가까웠으나 자주 공허에 빠졌고 사賜는 천명을 받지 못하고 보배로운 것만 늘려 갔으나 짐작하면 자주 적중했다."

子曰:回也其庶乎,屢空.賜不受命而貨殖焉,億則屢中. 11/20

이 단편에는 안연에 관한 두 가지 정보가 있다. 즉 하나는 안연이 천명에 가까웠다는 것, 다른 하나는 안연이 자주 공허에 빠졌다는 것이다. 이 중 후자는 오랫동안 "안연은 자주 쌀궤가 비었다든가 굶는 날이 많았다든가" 하는 뜻으로 해석되어 온 것이다. 옹야/11에서 "한 그릇의 밥과 한 쪽박의 물만 가지고 누추한 거리에 산다"[33]고 한 표현이 단지 가정법만이 아니라면 안연은 과연 가난했던 것이 사실일 것이다. 그러나 여기에서 말하는 空은 가난과는 아무런 관련이 없는, 안연의 한 정신적 위기를 말한 것이다. 기이할 정도로 다행스러운 것은 바로 이 안연의 공허에 관한 소중한 기록이 자한/10에 전해

---

33) 子曰:賢哉回也!一簞食,一瓢飮,在陋巷,人不堪其憂,回也不改其樂,賢哉回也! 6/11

지고 있다는 점이다.

안연顔淵이 탄식하며 말하였다.

"쳐다보면 더욱 높아지고 파면 더욱 견고해지며 앞에 있다 여기고 바라보면 어느새 뒤에 있구나. 선생님께서는 차근차근 사람을 잘 이끌어 주시니 학문으로써 나를 박학하게 하시고 예로써 나를 다잡아 주신다. 그만두고자 하여도 그럴 수도 없고 나의 재주는 이미 다하였는데 우뚝하게 아직도 서 있는 것이 있는 듯하여 비록 그것을 따르고자 하지만 따를 길이 없구나."

顔淵喟然歎曰:仰之彌高,鑽之彌堅,瞻之在前,忽焉在後.夫子循循然善誘人,博我以文,約我以禮.欲罷不能,旣竭吾才,如有所立卓爾,雖欲從之,末由也已. 9/10

어떻게 이와 같은 독백이 논어에 기록될 수 있었을까? 그의 이른 죽음을 생각하면 적어도 그의 이 독백을 기록할 수 있었던 동료는 안연을 지극히 잘 이해하고 사랑하였던 사람임에 틀림없을 것이다. 혹시 자공이 아니었을까? 그러나 논어는 아무런 답을 남기지 않고 있다. 어쨌든 한 동문 제자에 의해 구제되고 기록된 이 단편은 안연이 처했던 정신적 상황을 잘 보여 주고 있다. 공자가 날카롭게도 지적하였던 이 잦은 공허와 추락은 무엇을 의미하는 것일까?

뛰어난 천재의 한가운데에 심연처럼 도사리고 있는 이러한 공허는 우선 평범한 사람들에게는 나타나지 않는 공허라는 데에 먼저 착안할 수 있다. 왜 평범한 사람, 이를테면 자공이나 자로에게는 이러한 공허가 나타나지 않았을까? 그것은 그들의 경우 항상 자신을 세계 속에서 발견하고 세계와 맞물린 존재로서 이해함으로써 자기 존재의 실제성, 구체성을 늘 느낄 수 있었기 때문이다. 그러나 안연의 경우는 달랐다. 그는 앞서 살펴본 바와 같이 세계로 뻗은 모든 길들을 차단하여 스스로의 안으로 거두어 들였다. 그것은 바로 모든 막다른 길들을 출구가 있는 진정한 길로 만드는 유일한 방법이었기 때문이다.

이 이행적 단계는 필연적으로 위기를 맞게 되어 있다. 사실 모든 진정한 변화의 순간은 위기다. 우리는 이미 자공이 일차원적 세계와의 관계를 지나 바야흐로 자아를 발견하던 단계에서 겪어야 했던 논리적 혼란[34]을 다룬 바 있다. 지나친 주체성은 절대성으로까지 치닫는다. 절대絕對는 말 그대로 대상과의 단절이기 때문에 결국은 자기 자신이라는 주체도 성립시키지 못한다. 이것이 "총체적으로 보고 대비적對比的으로 보지 않은"[35] 단계가 가지는 고유한 어려움인 것이다. 아무리 안연에 대한 깊은 애정과 상상력을 동원하더라도 우리는 아마 안연이 이 단계에서 겪어야 했던 것, 절정에 선 것 같았으나 다음 순간 바닥도 없는 깊은 무의 심연으로 떨어지고 마는 경험을 적절히 되살릴 수는 없을 것이다.

그러나 이 위기는 또 하나의 세계를 향한 새로운 전기轉機를 암시하고 있다. 이 점은 안연 자신도 정확히 파악하지 못하고 있었고 오직 공자만이 이해하고 있었다. 안연이 무언가 앞에 우뚝하게 서 있는 것 같으나 따르지 못하고 그렇다고 그만둘 수도 없는 기로에 서 있었을 때 공자는 그다음 단계를 위해 애써 주었던 것이다. 안연의 그다음 단계가 무엇이었을까? 그것을 암시하는 마지막 하나의 단편이 바로 안연편 제1장이다.

---

34) 子貢曰:我不欲人之加諸我也,吾亦欲無加諸人.子曰:賜也,非爾所及也. 5/12

35) 子曰:君子周而不比,小人比而不周. 2/14

안연顔淵이 어짊에 대해 묻자 선생님께서 말씀하셨다.

"자신을 이겨 내고 예를 되찾는 것이 어짊을 도모하는 것이다. 어느 하루 자신을 이겨 내고 예를 되찾는다면 천하가 어짊에 돌아올 것이다. 어짊을 도모하는 것이 자기에게서 비롯되지 남에게서 비롯되겠느냐?"

안연이 말했다.

"그 세목을 묻고자 합니다."

선생님께서 말씀하셨다.

"예가 아니면 보지 말고 예가 아니면 듣지 말며 예가 아니면 말하지 말고 예가 아니면 움직이지 마라."

안연이 말했다.

"제가 비록 불민하나 그 말씀을 잘 받들겠습니다."

顔淵問仁.子曰:克己復禮爲仁.一日克己復禮,天下歸仁焉.爲仁由己,而由人乎哉?顔淵曰:請問其目.子曰:非禮勿視,非禮勿聽,非禮勿言,非禮勿動.顔淵曰:回雖不敏,請事斯語矣. 12/1

이 단편은 연이은 제2장과 말미의 문장 형식이 동일○雖不敏,請事斯語矣하여 다소 변조된 것이 아닌가 하는 의문이 있으나 적어도 이 단편에 수록된 공자의 말 자체는 안연에 대해서가 아니라면 도저히 나올 수 없는 말이라는 점에서 실제 대화였음을 부인할 수 없다.

"자신을 이겨 내고 예를 되찾는 것"克己復禮[36], 이것이야말로 공허의 심연 속을 걷던 안연에게는 실로 통렬한 처방이었다. 공자의 인간 이

36) 이 克己復禮라는 말은 『좌전』에도 나오는 말이라는 점에서 고어(古語)일 가능성이 있다. 『좌전』에서 이 말이 쓰인 방식을 보면 상식적 의미에서 자신의 흐트러진 욕망이나 편벽됨을 극복하고 예를 회복하는 것을 뜻하고 있다. 그러나 공자는 이 말을 안연에게 하면서 이 말에 독특한 의미를 부여하고 있다.

해는 너무나도 놀라운 것이었다. "자신을 이겨 내라."—어떻게 이 상태의 안연에게 이보다 더 절실하고 더 권위 있고 더 단도직입적으로 다가오는 말이 있겠는가! 그것은 안연이 추구한 주체성을 포기하거나 우회하라는 뜻이 아니었을 것이다. 자아를 통한 추구는 완전한 자아절대성에 봉착하여 파산하는 것을 의미하지 않고 자아라는 심연의 끝, 그 마지막 자리에서 다시 세계를 발견하고 되찾는 것을 의미한다.

이 되찾은 세계와의 관계를 구성하는 것이 예다. 그는 "어느 하루 자신을 이겨 내고 예를 되찾는다면 천하가 어짊에 돌아올 것이다"고 단언하였다. 공자의 많은 표현들이 그러하듯 이 표현도 극단적인 대비 효과 위에 성립되어 있다. 자신을 이겨 내고 예를 되찾는 것과 천하가 어짊에 돌아오는 것은 평범한 사람들에게는 도저히 있을 수 없는 논리의 비약이다. 전자는 한 가난한 선비의 일이고 후자는 그야말로 천하의 일이다.

어떻게 한 가난한 선비의 克己復禮가 천하의 歸仁과 아무런 매개도 없이 직접 합일合一할 수가 있단 말인가? 그러나 서로 규모가 다르고 자리가 다르다고 생각되는 이 둘을 공자는 결합시켰다. 바로 이런 점에서 공자는 "한갓 선한 것이 정치를 하지는 못한다"[37]고 말한 맹자와 명백한 차별성을 보이고 있다. 맹자의 견해는 어디까지나 자아와 세계의 분리를 기초로 하고 있다. 따라서 거기에는 자아와 세계를 연결시키는 매개가 필요하다. 그러나 안연에게 들려준 공자의 말은 이러한 현실적 다리를 놓을 수 없고 놓을 필요조차 없다.

"어느 하루 자신을 이겨 내고 예를 되찾는다면 천하가 어짊에 돌

---

37) 徒善,不足以爲政.『孟子』離婁上

아올 것이다"는 말은 자아와 세계의 위대한 일치를 바탕으로 하고 있다. 공자가 제시한 논어세계의 논리는 그 어떠한 상식적 중재仲裁보다 항상 빠르다. 따라서 이 말을 "천하의 사람들이 모두 그의 어짊에 함께함으로써 그것의 효과가 심히 빠르고 지대하다는 사실을 극단적으로 말한 것이다"[38]고 한 주자의 해설은 여전히 공자의 안목을 놓치고 있다.

克己復禮,天下歸仁은 논어가 남긴 많은 말들 중에서도 배움의 가장 중요한 단계와 관련된 위대한 한 마디에 속한다. 그리고 이러한 유의 모든 말들이 가진 체험적 인식은 분석과 해설의 지둔함을 받아들이지 않는다. 다만 상식을 넘어서는 극언極言의 뒤에 공자가 조용히 덧붙인 한 마디는 다른 어떤 부연 설명보다 훌륭하게 자신이 그렇게 말한 까닭을 설명해 주고 있다.

"어짊을 도모하는 것이 자기에게서 비롯되지 남에게서 비롯되겠느냐?"
爲仁由己,而由人乎哉? 12/1

일견 단순해 보이는 이 말 안에 克己復禮,天下歸仁의 역리를 순리로 풀어내는 열쇠가 들어 있다.

공자정신의 가장 중요한 단계와 관련하여 많은 비밀을 안고 있는 이 비상한 제자는 불행히도 젊은 나이에 스승에게 커다란 상실감만 안겨 준 채 세상을 떠나고 말았다. 공자는 그가 죽은 이후로는 더 이상 배우기를 좋아하는 자가 없다고 계강자의 물음에 쓸쓸하게 답변하였다.

---

38) 言一日克己復禮,則天下之人,皆與其仁,極言其效之甚速而至大也.『論語集注』

3. 증자와 유자

가. 증자와 엄숙주의

증자曾子는 공자의 손자인 자사子思를 가르쳤고 자사는 맹자의 스승이 되었다고 전해지고 있어, 유교의 전통에서 볼 때 그는 대단히 중요한 위치에 놓여 있다. 꼭 그러한 위치 때문만은 아니지만 공자의 많은 제자들 중에서 증자는 후세의 유가들에 의해 가장 큰 존경을 받아 왔다. 따라서 증자를 이해한다는 것은 그의 사람됨을 이해한다는 것 외에, 그가 유교 전통에 어떠한 영향을 미쳤는지를 이해한다는 부가적 의미를 지닌다.

그러나 증자가 유교의 정통에 속해 있었다는 사실은 그가 공자사상의 만만치 않은 전수자였음을 말해 주는 것임에도 불구하고 오히려 그가 어떤 인물이었는가를 알아보는 데에는 불리한 여건만을 만들어 놓았다. 즉 초기 유가들은 『예기禮記』나 『효경孝經』 등 신빙성이 떨어지거나 위작임이 분명한 자료에 빈번하게 그를 등장시킴으로써 그의 진면목을 가리거나 왜곡시켜 왔던 것이다. 이를테면 증자는 효성이 지극했던 것으로 널리 알려졌으며 '효도' 하면 곧 증자를, '증자' 하면 곧 효도를 연상시킬 만큼 유교 윤리에서 효孝사상을 대변하는 인물로 여겨 왔다.

그러나 실제 논어에는 증자를 효도와 관련시킬 만한 어떠한 단서도 보이지 않는다. 논어는 심지어 증점曾點이 증자의 아버지였는지조차 확인해 주지 않고 있다. 따라서 증자의 본래 모습을 파악하려면 전래의 증자상을 모두 지우고 오직 논어만을 통해서 그의 초상을 다시 그려 내어야 할 것이다. 그리하여 다시 그려진 초상을 통해 왜 그가 공자 사후 새로운 정신적 지도자로서 역사적 유교의 성립에 지대한 역할을 하게 되었는지를 추론하는 것이 마땅한 순서가 될 것이다. 일찍이 공자는 증자에 관하여 다음과 같이 간략한 인물평을 한 적이 있다.

"증삼은 노둔하다."
參也魯. 11/19

공자의 이 인물평은 증자가 아직 젊은 나이였을 적에 한 것이 분명하므로 그 후 변모를 거듭하였을 증자에 대해 이로 인하여 너무 강한 선입견을 가질 필요는 없을 것이다. 그러나 공자 사후 증자가 공문孔門의 중요한 지도자가 되어 그 자신의 제자들에게 보여 준 여러 언행을 보면, 그를 노둔하다고 표현한 공자의 말이 새삼 적확한 것이었음을 깨닫게 된다.

魯는 "어리석다"愚 또는 "둔하다"鈍는 뜻을 지니고 있다. 공자의 말에서는 후자, 즉 둔하다는 의미가 더 컸다고 생각된다. 왜냐하면 현재 남아 있는 증자 관련 단편들은 증자가 비록 날카롭지는 않더라도 대단히 깊이 있고 중후하며 총체적 인식 능력을 갖추고 있었다는 것을 보여 주고 있기 때문이다. 예를 들어 다음과 같은 단편을 보자.

선생님께서 말씀하셨다.
"삼參아, 나의 도는 하나로써 꿰어져 있단다."
증자가 말하였다.

"그렇습니다."

선생님께서 밖으로 나가시자 문인이 물었다.

"무엇을 말씀하신 것이지?"

증자가 말하였다.

"선생님의 도는 충忠과 서恕일 따름이야."

子曰:參乎,吾道一以貫之.曾子曰:唯.子出,門人問曰:何謂也?曾子曰:夫子之道,忠恕而已矣. 4/15

공자와 증자가 이심전심처럼 이야기하고 있는 一以貫之, 그리고 문인이 증자에게 그 뜻을 묻고 있는 점, 증자가 거침없이 그것을 충서忠恕로 답하고 있는 점 등이 증자의 지적 수위를 말해 주고 있다. 一以貫之는 적어도 자공이 이해하지 못했던 바의 것이다.[39]

그렇다면 증자를 노둔하다고 한 공자의 말은 증자의 어떠한 점을 지적한 것일까? 증자에 관한 몇몇 단편들을 예의 주목해 보면 우리는 증자가 놀랄 만큼 자기 관리에 엄격했다는 것을 알 수 있다. 그는 어떤 원칙을 세워 놓고 그 원칙에서 스스로의 삶이 벗어나지 않도록 거의 초인적인 자기 조정을 해왔던 것이다. 이를테면 저 유명한 증자의 일일삼성一日三省이 그 전형적인 예다. 논어 학이편에서 네 번째 단편이기도 한 이 단편은, 논어 편찬자들이 그 흉내 내기 어려운 자기 관리를 후학들의 귀감으로 삼게 하기 위하여 의도적으로 배치한 것이었음에 틀림없다.

증자曾子께서 말씀하셨다.

39) 子曰:賜也,女以予爲多學而識之者與?對曰:然.非與?曰:非也.予一以貫之. 15/3

“나는 하루에도 몇 번씩 자신을 살펴본다. 남을 위해 도모할 때 진실치 못하지는 않았던가? 벗들과 교제할 때 믿음성이 없지는 않았던가? 이어받은 가르침을 아니 익히지는 않았던가?”

曾子曰:吾日三省吾身.爲人謀而不忠乎?與朋友交而不信乎?傳不習乎? 1/4

하루에도 몇 번씩 자신을 살펴본다는 것은 결코 쉬운 일이 아니다. 그것은 자기 자신을 도야의 대상으로 설정하고 엄격하게 스스로를 훈련시키는 일이기 때문이다. 증자의 이러한 자기 훈련에 관해서는 태백/5에 더 생생한 모습이 그려져 있다.

증자께서 병이 드시어 맹경자孟敬子가 문병을 가니 증자께서 긴한 말씀을 하셨다.

“새가 죽으려 할 때에는 그 울음소리가 슬프고 사람이 죽으려 할 때에는 그 말이 선합니다. 군자가 도道에 관해 귀중하게 여겨야 할 것이 세 가지가 있으니 행동거지에 있어서는 난폭함과 거만함을 멀리하는 것, 얼굴빛을 바로잡음에 있어서는 믿음직함에 가까워지는 것 그리고 말투에 있어서는 비루하고 속됨을 멀리하는 것입니다. 제례祭禮에 관한 일이라면 담당관이 따로 있습니다.”

曾子有疾,孟敬子問之.曾子言曰:鳥之將死,其鳴也哀.人之將死,其言也善.君子所貴乎道者三.動容貌,斯遠暴慢矣.正顔色,斯近信矣.出辭氣,斯遠鄙倍矣.籩豆之事,則有司存. 8/5

動容貌,正顔色,出辭氣의 세 가지에 관해 증자는 죽음을 앞둔 자의 말이 가진 진실성을 강조해 가며 맹경자에게 간곡히 당부하고 있다. 이것은 다시 말해서 증자가 한평생을 주로 어떤 방향에서 노력해 왔는지를 간접적으로 보여 주는 것이다. 난폭함과 거만함을 멀리하기 위해, 믿음에 가까워지기 위해, 비루함과 속됨을 멀리하기 위해 스스로 애쓰는 모습은 마치 외줄타기를 하는 사람이 줄에서 떨어지지 않기 위해 몸의 중심을 잡으며 한 발 한 발 나아가는 긴장된 모습에 비견할 만한 것이다.

태백/4는 증자의 그러한 자세를 확증시켜 주는 것이자 그 한 절정을 보여 주고 있다.

> 증자曾子께서 병이 드시자 문하 제자들을 불러 모으시고 말씀하셨다.
> "내 발을 펴고 내 손을 펴다오. 시詩에서 말한 것처럼 '두려워 떨며 조심조심하기를 깊은 못가에 임한 듯 살얼음을 딛는 듯' 하였으나 이제부터는 내가 거기에서 벗어남을 알겠구나. 얘들아."
> 曾子有疾,召門弟子曰:啓予足,啓予手.詩云,戰戰兢兢,如臨深淵,如履薄冰,而今而後,吾知免夫,小子. 8/4

전전긍긍—증자는 그것이 진리에의 길에 당연히 뒤따르는 것이라 굳게 믿었을 것이고 증자의 제자들도 스승의 이러한 자세에서 깊은 감동을 받았을 것이다. 그리고 우리는 후세의 유학자들이 왜 공자의 많은 제자들 중에서도 유독 증자에 대해서 가장 깊은 존경을 표했는지 이해할 수 있게 된다. 증자에게서 모든 유학자들은 진실을 향한 순례자적 정열과 헌신을 읽었기 때문이다. 말하자면 증자에게 정도란 마치 등불을 들고 캄캄한 밤길을 가는 사람이 등불이 조명해 주는 목전의 작은 길바닥만을 보며, 주변의 어둠 속에 놓인 수많은 위험과 유혹에 떨어지지 않기 위해 목적지를 향해 부지런히 발을 옮기는 성실함 같은 것이었다.

그러나 우리는 여기에서 한 가지 물음을 던져 볼 수 있을 것이다. 아무리 진리에의 길이 심연에 다가서고 살얼음을 밟는 듯한 요소를 지니고 있다 할지라도 과연 죽음을 앞두고서야 손발을 펴고 죽음에 의해서야 그 긴 노심초사에서 벗어난다면 그러한 자기 통제가 어디까지 수긍되어야 하는 것일까? 비록 "(스스로를) 다잡고도 그것을 잃어버리는 자는 드물다"[40]는 말 등을 통해서 공자가 자기제어約를 누누이 강조한 것은 사실이지만 그 제어에는 언제나 일정한 즐거움과 기쁨이 수반되고 있었다. 증자에게도 그러한 보상치報償値가 없지는 않았겠지만 그럼에도 불구하고 우리에게 무엇보다 먼저 다가오는 것은 증자의 강한 의무감이다. 실로 증자에게는 어짊仁마저도 임무 또는 의무任의 각도에서 포착되고 있었던 것이다.

증자께서 말씀하셨다.

"선비는 뜻이 크고 굳세지 않으면 안 되니 임무는 막중하고 길은 멀기 때문이다. 어짊을 자신의 임무로 삼았으니 또한 막중하지 않으냐! 죽은 다음에야 끝이 나니 또한 멀지 않으냐!"

曾子曰:士不可以不弘毅,任重而道遠.仁以爲己任,不亦重乎!死而後已,不亦遠乎! 8/8

얼마 되지 않는 말 한 마디에 나오는 단어는 도무지 "큼"弘, "굳셈"毅, "임무"任, "막중함"重, "멂"遠, "죽음"死 등의 무겁기 짝이 없는 용어들뿐이다. 이 모든 것은 무엇을 말하는가? 증자는 공자세계의 어느 한 측면을 강하게 대변하고 있는 경우임에 틀림없다. 그러나 바로 그

40) 子曰:以約失之者鮮矣. 4/23

점으로 인하여 증자는 유교에 지나친 엄숙주의를 물려주었고, 그것은 논어가 가진 일련의 경쾌함, 즐거움, 밝음을 반감시키는 계기가 되었을 것으로 보인다. 마치 그가 스승인 공자의 가르침에 그토록 철저히 목을 매었듯이 후세의 유학자들로 하여금 그의 경탄할 만한 충직성에 원했든 원하지 않았든 목을 매게 한 셈이다.

결국 증자를 "노둔하다"고 표현했던 공자의 그 짤막한 인물평은 증자의 성격과 삶을 꿰뚫는 한 마디로 남게 되었다. 그것은 단점에 대한 지적만은 아닌, 어느 정도는 그의 성실성에 대한 인정까지를 포함하고 있었을 것이다. 다만 공자도 증자의 그 노둔함이 후세의 유교에 위대한 장점과 위대한 결점으로 작용할 줄은 꿈에도 짐작하지 못했을 것이다.

논어는 그의 성姓에 子자를 붙여 선생님에 대한 예의를 표하고 있다. 많은 제자들 중에서 이러한 존대는 유자와 더불어 대체로 두 사람에게만 허용된 것이었다. 그는 처음보다 마지막에 신중할 것을, 그리고 가까운 것보다 먼 것을 추구할 것을 권했다.[41] 또 양부陽膚에게는 범죄의 진상을 알아내었다고 해서 기뻐할 것이 아니라 위정자들의 실정失政으로 백성들이 길을 잃고 흩어진 사정을 안다면 오직 불쌍하게 생각하라고 충고했다.[42] 아마 양부는 그 말을 평생 잊지 못하고 기억했다가 논어 편집에 기록으로 남겼을 것이다.

비록 노둔한 측면이 있었다 하더라도 그의 유별난 엄숙주의는 성 프란치스코의 고행만큼이나 부딪히는 모든 사람들을 어김없이 감동시켰다. 따라서 그를 종성宗聖이라고까지 높여 부르고 있는 역사적 존

---

41) 曾子日:愼終追遠,民德歸厚矣. 1/9

42) 孟氏使陽膚爲士師,問於曾子.曾子日:上失其道,民散久矣.如得其情,則哀矜而勿喜. 19/19

경은 충분히 근거가 있고 이유가 있는 셈이다.

나. 유자와 학이/13

유자有子는 논어에 단 네 개의 단편으로 남아 있고 그나마 공자와의 대화 기록은 전무하다. 학이편에 보이는 세 개의 단편은 유자가 그의 동료나 제자들에게 말한 것이고 나머지 하나인 안연/9는 애공의 물음에 답한 것이다. 유자가 공자의 진정한 제자라면 어떻게 이처럼 남아 있는 단편의 수가 적은지, 공자와의 대화는 전무한지 이해하기 어려운 바가 없지 않다. 물론 단 한두 개의 단편으로만 남아 있는 제자들도 있는 만큼 유자가 단 네 개의 단편에 남아 있다는 사실 자체가 이상한 것은 아니다. 그러나 유자는 다른 제자들과는 다르다. 그가 증자와 더불어 논어에서 선생님의 예우를 받고 있는 특별한 존재일 뿐 아니라 초기 학단에서 그의 위치가 남다르기 때문이다.

논어에서 그의 말씀이 공자에 이어 두 번째로 나오는 것도 유의할 필요가 있다. 그것을 우연이라고 해야 할까? 우연이 아니고 의도적인 배치였다면 증자의 말씀이 네 번째로 나오는 것과도 상관관계가 있을 것이다. 바로 그런 비중 있는 위치인 학이/2를 통하여 그는 효제孝悌를 강조하면서 그것이 바로 어짊의 기본이라고 갈파하고 있다.

유자有子께서 말씀하셨다.

"그 사람됨이 효성스럽고 우애로우면서 윗사람 범하기를 좋아하는 자는 드물다. 윗사람 범하기를 좋아하지 않으면서 변란 일으키기를 좋아하는 자는 지금껏 없었다. 군자는 기본에 힘쓸 것이니 기본이 갖추어지면 도道가 열리게 된다. 효성스럽고 우애롭다는 것은 어짊의 기본이 되겠구나."

有子曰:其爲人也孝弟,而好犯上者,鮮矣.不好犯上,而好作亂者,未之有也.君子務本,本立而道生.孝弟也者,其爲仁之本與. 1/2

이 하나의 단편을 통해서 유자라는 사람에 대한 특정한 정보를 간취한다는 것은 어려운 일이다. 구태여 이 단편에서 어떤 정보를 확보한다면 그가 당시의 무도한 정치 질서를 개탄하고 있었고, 하극상의 어지러움을 바로잡기 위해서는 우선 가까운 생활에서부터 효성스러움과 우애로움을 함양해야 한다고 믿었다는 정도일 것이다. 그러나 이 하나의 단편이 중국의 지배 이데올로기에 기여한 효용가치는 오늘날 무심히 이 구절을 대하는 사람들로서는 상상하기조차 어려울 것이다. 유자가 역대 제왕들의 정치적 필요성을 의식하고 이러한 발언을 하였다고 보는 것은 확실히 무리한 추정이지만 그가 체질적으로 다소 보수적이고 이론가적이었을 것이라는 추론은 반드시 근거가 없는 것이 아니다. 사실 이러한 판단은 그의 말이 남아 있는 또 하나의 단편인 학이/12를 볼 때 더욱 신빙성이 있는 것이 사실이다.

유자께서 말씀하셨다.

"예의 효용으로서 조화가 귀중하다. 옛 왕들의 도道도 그 점에서 아름다웠던 것인데 작고 큼이 다 여기서 비롯하였다. 행해지지 않는 것이 있으면 조화의 원리를 알아 조화시켜야겠지만 예로써 조절하지 않는 한 역시 행해지지 못할 것이다."

有子曰:禮之用,和爲貴.先王之道,斯爲美,小大由之.有所不行,知和而和,不以禮節之,亦不可行也. 1/12

예를 조화의 차원에서 새롭게 해석하고 있는 것은 특이한 느낌을 준다. 그는 공자보다는 훨씬 사변적인 사람이었던 것이 틀림없어 보인다. 어쨌든 학이/2와 함께 생각할 때 그는 무언가 원만한 질서에 대한 강한 지향을 가지고 있었던 것 같고, 이러한 점이 원했든 원하지 않았든 생전에는 도공悼公 같은 사람으로부터, 또 사후에는 한무제 같은 사람으로부터 지지를 얻을 소지는 다분히 컸던 것이다. 그러나 겨우 두 개의 단편을 통해 그에 대해 이러쿵저러쿵 말한다는 것은 아무래도 무리가 아닐 수 없다.

학이/13에 나오는 단편은 앞의 것들과 좀 다르다. 이 단편은 유자에 관한 논어 외적 정보와 결합될 때 중요한 초기 종단의 역사적 사실을 확인해 주고 있기 때문이다. 이 단편은 그동안 크게 오독誤讀되어 온 것으로 해석상의 문제는 다른 자리에서 다루기로 하고 우선 수정된 내용을 보면 다음과 같다.

> 유자께서 말씀하셨다.
>
> "믿음직함은 의로움에 가까우니 말한 것을 지킬 수 있다. 공손함은 예에 가까우니 치욕을 멀리할 수 있다. (이처럼) 그 친한 것을 잃지 않음으로써 또한 종통宗統을 이어갈 수 있다."
>
> 有子曰:信近於義,言可復也.恭近於禮,遠恥辱也.因不失其親,亦可宗也. 1/13

바르게 해석된 유자의 말에 역사적 의미가 있다는 것은 분명하다. 유자가 선생님의 지위에 오른 때는 이미 공자가 세상을 떠난 지도 오래된 때였을 것이고, 따라서 더욱 혼란스러워져 가는 세상의 질서 속에서 공문孔門의 존립도 위협받게 되었을 것이다. 공자의 직접 제자들 사이에서도 소소한 문제를 둘러싸고 학파적 대립이 발생하였다는 것은 이미 논어에서도 나타나고 있다.[43] 그러나 당시의 심각한 문제는 공문 내에서의 대립도 대립이지만, 공자 사후 더욱 무도해진 세월과 그에 따른 참담한 외부적 시련에 임하여 공문의 정통을 유지하는 일이었다.

유자의 말은 그에 앞서 이러한 고민이 포함된 일련의 물음이나 논란을 앞두고 있었을 것으로 보이며 학이/13은 그에 대한 대답이었을 것으로 보인다. 즉 "공자께서 계시지 않아 義는 분간하기 힘들어졌지만 아직 그에 가까운 信은 알 수 있어 그로써 말한 것을 지킬 수 있다. 禮는 지키기 힘들어졌지만 아직 그에 가까운 공손함은 지킬 수 있어 그로써 치욕은 면할 수 있다. 그렇다면 이처럼 그 친한 것(가까운 것)을 잃지 않음에 인하여 가히 공문의 종통을 이어갈 수 있다" 하는 뜻이다. 상상력이 풍부한 독자라면 유자의 이러한 말에서 지도자를 잃고 위기에 처한 초기 교단의 어떤 비장함 같은 것을 느낄 수 있으리라 생각한다. 또 그의 말은 공자 사후 약 1백 년 뒤에 태어난 맹자의 사단론四端論을 생각하게 하며 아마 그 원초적 형태였을 것이 분명하다. 표로 정리하면 다음과 같다.

四性		유자 親近論		맹자 四端論
仁	-		-	惻隱之心
義	-	信	-	羞惡之心
禮	-	恭	-	辭讓之心
智	-		-	是非之心

43) 이를테면 소소한 예법을 중심으로 삼는 자하의 학파와 근본 의리(義理)를 중심으로 삼는 자유의 학파 간에 상호 대립이 있었다는 것은 자장/12에서 엿볼 수 있다.

학이/13을 바르게 해석하고 나면 비로소 우리는 『맹자』에 나오는 한 전설적 이야기가 결코 전설이 아니라 실제 사실이었다는 것을 깨닫게 된다. 『맹자』에 의하면 제자들 사이에서 공자사후 유자를 종사宗師로 추대하는 문제가 논의된 적이 있었다. 기록은 다음과 같다.

> 훗날 자하, 자장, 자유가 유약이 성인과 흡사하다는 이유로 공자를 모시던 바에 따라 그를 모시고자 하여 증자에게 강권하니, 증자가 "그럴 수 없다. 장강과 한수의 물로 씻고 가을볕으로 말렸으니 희고 흰 것이 더 보탤 것이 없다"고 말했다.
>
> 他日,子夏子張子游,以有若似聖人,欲以所事孔子,事之,彊曾子,曾子曰:不可.江漢以濯之,秋陽以暴之,皓皓乎,不可尙已. 『孟子』 滕文公上

증자의 비유적 표현이 자신을 두고 한 말인지 공자를 두고 한 말인지 풀이하기 어렵지만 적어도 『맹자』는 자하, 자장, 자유가 유자를 공자에 뒤이어 스승으로 모시려 했다는 것, 증자가 그러한 의견에 반대했다는 것을 분명히 보여 주고 있다. 논어에 언급되지 않은 사실은 『맹자』에 나오는 것이라 하더라도 믿기 어려운 것이 많으나, 위 사실은 학이/13에서 유자가 종통을 언급하고 있다는 새로운 발견과 결합시켜 볼 때 역사적 사실이 거의 확실함을 알 수 있다.

유자를 스승으로 추대하는 문제는 『사기』 열전에도 모습을 보이고 있다. 그러나 열전에 수록된 내용은 스승으로 추대된 유자가 제자들의 해괴한 질문에 대답하지 못함으로써, "유자여, 그 자리를 비키시오. 그곳은 당신이 앉아 있을 자리가 못됩니다"[44] 하는 망신스런 소리를 듣는 모습으로 묘사되고 있다. 이는 조잡하게 윤색된 것에 불과하지만 동시에 유자의 위상을 둘러싸고 적지 않은 대립이 있었음을 시사하는 것이기도 하다. 이러한 대립은 『예기』 단궁편에서도 엿보이는데, 대상大祥 후 공자와 유자의 서로 다른 모습을 대조적으로 묘사함으로써 유자가 결코 공자만큼 탁월하지 못했음을 애써 증명하려 하고 있다.

> 공자는 대상大祥을 지낸 후 닷새가 지나도 거문고를 타면 소리를 이루지 못했고 열흘이 되어서야 생가笙歌를 이를 수 있었다. 유자는 대개 대상을 지내자마자 오색 신을 신고 오색 갓끈을 매었다.
>
> 孔子既祥五日彈琴而不成聲,十日成笙歌,有子蓋既祥而絲屨組纓. 『禮記』 檀弓上

그러나 이러한 노력을 거꾸로 해석해 보면 유자 이외에 어떠한 제자가 감히 공자와 비교라도 될 수 있었는가 하는 인식에 이를 수 있는 것이다. 유자 추대 문제가 비록 공자의 제자들 중 가장 나이가 적

---

44) 공자가 죽자 제자들은 그를 사모한 나머지 유약(有若)의 모습이 공자와 닮아 제자들이 서로 상의하여 그를 스승으로 세워 공자를 모시듯 모셨다. 훗날 한 제자가 나아가 "예전에 공자께서 행차를 하심에 저에게 우산을 준비시킨 적이 있었는데 과연 그날 비가 왔습니다. 제가 '선생님께서는 어떻게 비가 올 줄 아셨습니까?' 하고 물으니 '시에 이르기를 달이 필성(畢星)에 걸리니 큰비가 올 징조로다 하지 않았느냐. 간밤에 달이 필성에 머물러 있었느니라' 하셨습니다. 그런데 훗날 달이 필성에 머물렀는데도 결국 비가 오지 않았습니다. 또 상구(商瞿)는 나이가 많아도 자식이 없어서 그의 어머니가 소실을 얻어 주려 했습니다. 그때 공자께서 상구를 제나라에 보내시려 하자 그의 어머니가 그런 사정을 말했습니다. 공자께서는 '걱정 마시오. 구(瞿)는 마흔 살이 넘어 아들 다섯을 두게 되리다' 하셨는데 과연 그렇게 되었습니다. 감히 여쭙노니 공자께서는 어떻게 이런 것들을 미리 아셨습니까?" 하고 물었다. 유약은 묵묵할 뿐 대응하지 못했다. 제자들은 일제히 일어나 "유자여! 그 자리를 비키시오. 그곳은 당신이 앉아 있을 자리가 못됩니다" 하고 외쳤다. 『사기』「중니제자열전仲尼弟子列傳」

은 그룹에 의해 야기된 것이기는 하나, 이 사실은 유자가 좋은 의미에서든 나쁜 의미에서든 특별한 존재였음을 보여 주는 사례라고 하지 않을 수 없다.

초기 공문의 교단에 대한 기록이 거의 남아 있지 않아 단정하기는 어렵지만 증자와 유자의 대립적 관계가 있었던 것은 거의 확실한 것 같고, 다만 그 대립관계는 공문의 분열에 기여하였다기보다 넓은 의미에서 공문의 발전에 기여하는 것이었으리라 여겨진다. 그리고 그 같은 대립관계는 마치 불교에서 교선敎禪의 양립처럼 유자를 이론가적 경향의 한 정점으로, 증자를 실천가적 경향의 다른 정점으로 하면서 초기 교단사의 변증법적 발전을 주도하였을 가능성도 아울러 상정케 하는 것이라 할 수 있다.

유자에 관한 마지막 단편은 애공과의 대화다. 그러나 이 단편은 아깝게도 위작의 가능성을 안고 있다. 다만 그렇지 않을 가능성에 입각해서 본다면 적어도 노나라의 군주인 애공과 대화한다는 것은 공자의 제자들에게는 특별한 기회였을 것이다. 또 이 단편이 위작이라 하더라도 이러한 대화 장면이 구성될 수 있었다는 사실은 유자의 위상이 다른 제자들과는 달랐다는 것을 단적으로 말해 준다.

애공哀公이 유약有若에게 물었다.

"흉년이 들어 재정이 부족한데 어떻게 하면 좋겠소?"

유약이 대답했다.

"어째서 철전법徹田法을 쓰지 않으십니까?"

애공이 말했다.

"십분의 이로도 나는 오히려 부족한데 십분의 일인 철전법을 가지고 어떻게 한단 말이오?"

유약이 대답했다.

“백성이 풍족하면 임금께서 누구와 더불어 부족하시겠으며 백성이 부족하면 임금께서 누구와 더불어 풍족하시겠습니까?”

哀公問於有若曰:年饑,用不足,如之何?有若對曰:盍徹乎?曰:二,吾猶不足,如之何其徹也?對曰:百姓足,君孰與不足?百姓不足,君孰與足? 12/9

설혹 가공의 대화라 하더라도 애공과 대화를 나누는 유약의 모습은 공자에 버금가는 권위와 당당함을 지니고 있다. 그러고 보면 우리는 자하, 자장, 자유 등이 왜 유자를 성인과 닮았다고 했는지, 왜 그를 공자에 뒤이어 스승으로 모시려 했는지 짐작할 수 있게 된다. 그의 족적은 논어에 너무나도 적게 남아 있지만 그는 비범한 인물이었음에 틀림없다. 따라서 그가 죽었을 때 도공悼公이 직접 조상하였다는 『예기』의 기록[45]은 구태여 의심할 필요가 없을 것이다.

45) 有若之喪,悼公弔焉,子游擯由左.『禮記』檀弓下

4. 그 밖의 제자들

가. 자장

자장子張은 흔히 자하와 대조적으로 언급되는 경우가 많다. 공자의 제자들 중에서 자장, 자하, 자유, 증자, 공서화 등은 가장 연령이 젊은 그룹이었다. 『사기』의 기록을 믿는다면 자하는 공자보다 44세 아래였고 자장은 자그마치 48세나 아래였다. 안연, 염유, 자공 등에 비해서도 평균 15세 정도 적은 이 소장 그룹은 공자 사후 그의 학문을 계승하는 데에 선배들보다 확실히 더 큰 역할을 하였다.

공자가 70세가 넘은 뒤에도 아직 20대 초반이었던 자장에 대해서는 비교적 당시의 인물평이 많이 남아 있다. 공자는 그를 "편벽되다"[46]고 한 적이 있었고 자하와 비교하는 자리에서는 "지나치다"[47]고 한 적도 있었다. 또 자유와 증자가 남긴 인물평도 있다.

자유子游가 말했다.

"내 친구 자장子張은 어려운 일을 해내는 데에 있어서는 유능하다. 그렇지만 아직 어질지는 못하다."

子游曰:吾友張也,爲難能也,然而未仁. 19/15

---

46) 柴也愚,參也魯,師也辟,由也喭. 11/19

47) 子貢問:師與商也,孰賢?子曰:師也過,商也不及.曰:然則師愈與?子曰:過猶不及. 11/17

증자曾子께서 말씀하셨다.

"당당하구나, 자장은! 그러나 그와 더불어 어짊을 도모하기는 어렵다."

曾子曰:堂堂乎,張也!難與並爲仁矣. 19/16

이런 정도면 자장의 사람됨에 대해서는 어느 정도 짐작을 할 수 있을 것이다. 공자와의 대화는 대부분 자장의 이러한 기질적 한계에 대한 공자의 지적과 가르침으로 되어 있다.

자장子張이 명철함에 대해 묻자 선생님께서 말씀하셨다.

"은밀히 제기되는 참소와 감정적인 하소연을 받아들이지 않는다면 명철하다 할 수 있다. 은밀하게 제기되는 참소와 감정적인 하소연을 받아들이지 않는다면 원대하다 할 수 있다."

子張問明.子曰:浸潤之譖,膚受之愬,不行焉,可謂明也已矣.浸潤之譖,膚受之愬,不行焉,可謂遠也已矣. 12/6

말할 나위도 없이 이 말은 은밀하게 제기되는 참소나 감정적인 하소연을 곧이곧대로 받아들이는 자장의 단순하고도 직정적인 체질을 경고한 것이다. 그는 파랑波浪만을 보고 수심의 깊이를 헤아릴 만한 체질이 못 되었던 모양이다. 당연히 그것은 명철함을 결여하는 것이었다.

또 세상의 이것 또는 저것에 개별적으로 즉응하는 일차원성은 그로 하여금 보다 먼 조망을 확보하지 못하게 하였을 것이다. 위정/18도 비슷한 입장에서 이해할 수 있다.

자장子張이 녹을 위해 배우자 선생님께서 말씀하셨다.

"많이 들어 의심스러운 것은 제쳐 놓고 나머지를 신중히 말하면 허물이 적을 것이다. 많이 보아 위태로운 것은 제쳐 놓고 나머지를 신중히 행하면 뉘우침이 적을 것이다. 말에 허물이 적고 행동에 뉘우침이 적으면 녹은 그 가운데에 있다."

子張學干祿,子曰:多聞闕疑,愼言其餘,則寡尤.多見闕殆,愼行其餘,則寡悔.言寡尤,行寡悔,祿在其中矣. 2/18

공자가 구태여 이런 말을 자장에게 한 것은 자장이 적어도 말과 행동에 문제가 많았다는 것을 뜻하는 것이다. 아직 견문이 좁을 수밖에 없는 젊은 나이의 자장은 아마 자신이 보고 배운 그 조그마한 견문의 세계를 마치 그것이 전부인 양 거침없이 말하고 행동하였을 것이다. 공자는 이처럼 조그마한 자기 세계에 갇힌 자장을 보다 넓고 거대한 세계에로 인도하기 위해 그의 단단한 자기 세계에 결극을 내면서 거침없이 개입한다.

자장에 대한 여러 교훈은 거의 이러한 기본적 인간공작人間工作에 속한다. 우리는 한 사려 깊은 노인이 어떻게 손자와 같은 한 젊은이의 세계를 뒤흔들며 침투하는지, 또 그의 자율성을 해치지 않으면서도 어떻게 그에게 더 큰 세계에 대한 전망을 안겨 주는지를 주시하면서 자장에 관련된 단편을 읽어야 할 것이다.

자장子張이 물었다.

"영윤이었던 자문子文은 세 번 벼슬하여 영윤이 되었으나 기뻐하는 기색이 없었고 세 번 그만두었으나 섭섭해하는 기색이 없었으며 영윤으로 있었던 동안의 정사를 반드시 신임 영윤에게 알려 주었으니 그 사람됨이 어떠합니까?"

선생님께서 말씀하셨다.

"충성스럽다."

자장이 말하였다.

"어질지는 않습니까?"

선생님께서 말씀하셨다.

"모르겠다. 어떻게 어짊을 얻었겠느냐?"

"최자崔子가 제齊나라 임금을 시해하자 진문자陳文子는 가지고 있던 말 십승을 버리고 제나라를 떠나 다른 나라에 이르러 말하기를 '우리나라 대부 최자와 같다' 하고 거기를 떠나 또 다른 나라로 가서 역시 말하기를 '우리나라 대부 최자와 같다' 하고 떠났으니 그 사람됨이 어떠합니까?"

선생님께서 말씀하셨다.

"맑다."

자장이 말하였다.

"어질지는 않습니까?"

선생님께서 말씀하셨다.

"모르겠다. 어떻게 어짊을 얻었겠느냐?"

子張問曰:令尹子文三仕爲令尹,無喜色,三已之,無慍色.舊令尹之政,必以告新令尹,何如?子曰:忠矣.曰:仁矣乎?曰:未知,焉得仁?崔子弑齊君,陳文子有馬十乘,棄而違之.至於他邦,則曰:猶吾大夫崔子也,違之.之一邦,則又曰:猶吾大夫崔子也.違之,何如?子曰:淸矣.曰:仁矣乎?曰:未知,焉得仁? 5/19

이 대화에서 자장은 스스로 가장 이상적이라 생각하는 두 사람 자문子文과 진문자陳文子의 자세한 행적을 들어 공자의 평가를 듣고자 한다. 공자는 충성스럽다든지 맑다는 평가를 넘어서지 않는다. 아마 그는 그들이 어질다는 평가까지를 기대했을 것이다. 그러나 "어질지는 않습니까?" 하는 자장의 조바심에 찬 물음에 대해 공자는 "모르겠다. 어떻게 어짊을 얻었겠느냐?" 하는 말로 선을 긋고 만다. 여기에서 자장의 기왕의 판단체계는 그 외곽이 깨어지고 아직은 알지 못하지만 알아야 하는 또 하나의 세계가 틈입하는 것이다. 이러한 식의 깨우침은 거의 모든 단편에 점철되어 있다.

> 자장子張이 선인善人의 도에 대해 묻자 선생님께서 말씀하셨다.
>
> "발자취를 좇지 않고는 또한 방 안으로 들어가지 못한다."
>
> 子張問善人之道.子曰:不踐迹,亦不入於室. 11/21

이 단편에서 공자가 겨냥한 것도 필시 자장의 자만심이었을 것이다. 스스로에 대한 과신, 앞선 사람들의 행적을 살펴 차근차근 자기 발전을 도모하지 않고 선인善人이라는 요원한 목표에 연연하여 손쉽게 그러한 목표에 도달해 보겠다는 과욕과 허황됨을 공자는 경고하고 있다.

자장이 항상 무언가 한몫을 하는 데에 관심이 많았던 것도 이러한 자세의 연장선상에 있다. 여러 제자들의 질문 중에서 자장의 질문은 그 때문에 일정한 특색을 지니고 있는데 안연/21은 그러한 특색을 단적으로 보여 주고 있다.

> 자장子張이 물었다.
>
> "선비는 어떻게 해야 경지에 이르렀다 할 수 있겠습니까?"
>
> 선생님께서 말씀하셨다.
>
> "네가 경지에 이르렀다 하는 것이 무엇이냐?"
>
> 자장이 대답했다.

"나라에서도 반드시 이름이 나고 대부의 가家에서도 반드시 이름이 나는 것입니다."

선생님께서 말씀하셨다.

"그것은 이름이 나는 것이지 경지에 이른 것이 아니다. 실로 일정한 경지에 이르렀다는 것은 성품이 곧고 의를 좋아하며 말을 헤아리고 표정을 살피는가 하면 깊이 생각하여 사람을 다루니 그렇게만 하면 나라에 있어서도 반드시 일정한 경지에 이르고 대부의 가家에 있어서도 반드시 일정한 경지에 이를 것이다. 그러나 이름이 난다는 것은 겉으로는 어진 모습을 취하나 행동은 그와 어긋나게 하며 그런 식으로 사는 데에 아무런 회의도 갖지 않는 것이니 그렇게 하면 나라에 있어서도 필경 이름은 나고 대부의 가家에 있어서도 필경 이름은 나게 될 것이다."

子張問:士何如斯可謂之達矣?子曰:何哉,爾所謂達者?子張對曰:在邦必聞,在家必聞.子曰:是聞也,非達也.夫達也者,質直而好義,察言而觀色,慮以下人.在邦必達,在家必達.夫聞也者,色取仁而行違,居之不疑,在邦必聞,在家必聞. 12/21

경지에 이른다는 것에 대해서 공자와 자장은 전혀 반대 방향에서 접근하고 있다. 공자가 경지에 이른다는 말에 대하여 그 뜻을 되물은 것은 이미 자장의 뜻이 어디에 있는지 짐작이 갔기 때문일 것이다. 자장은 그것을 당연히 자신이 속한 사회 안에서 두각을 나타내는 것으로 생각했다. 즉 무명의 상태를 벗어나 만인들에게 그의 존재가 알려지는 것을 그는 궁극적인 목표로 설정하고 있다. 출세가 일률적으로 부인되는 것이 아니라면 그의 이러한 자기성취 욕구도 일률적으로 부인될 수는 없을 것이다.

그러나 자장의 목표는 외부의 세계에 기준을 두고 거기에 자아를 맞추어 가는 것이다. 이 점이 공자와 상치되는 점이다. 공자는 여기에서도 초지일관 "기질의 곧음"質直과 "정의를 좋아함"好義, "남의 말과 표정에 대한 진지한 관심"察言,觀色, "사려 깊게 사람을 다룸"慮以下人 등 자기완성을 경지에 이르는 진정한 내용으로 제시하고 있다.

이 단편에서 자장의 두드러진 면모는 공자가 언급한 "겉으로는 어진 모습을 취하나 행동은 그와 어긋나게 한다"는 말에 단적으로 소묘되어 있다. 이 말은 아마 거듭된 가르침에도 불구하고 어짊仁과는 거리가 먼 자장의 행동을 겨냥했을 것이다. 그러나 무엇보다 자장의 모습을 리얼하게 그리고 있는 것은 "그런 식으로 사는 데에 아무런 회의도 갖지 않는다"居之不疑는 말이 아닐 수 없다. 자장의 사람됨의 닫힌 구조가 매섭게 지적된 경우다. 패기만만한 20대 젊은이의 앞뒤 없는 저돌적 세계관에 대응하는 공자의 가르침은 그 못지않은 저돌성을 지니고 있다.

행해짐에 대해 묻는 위령공/5도 바깥세상에서 단단히 한몫을 하고 싶어 하는 자장의 조급한 심리가 깔린 단편이다.

자장이 행해짐에 대해 묻자 선생님께서 말씀하셨다.

"말이 진실 되고 믿음직하며 행동이 극진하고 경건하면 비록 야만한 나라에서라도 행해질 것이지만 말이 진실 되지 않고 믿음직하지 않으며 행동이 극진하지 않고 경건하지 않으면 비록 문명한 곳에선들 행해지겠느냐? 서면 그것이 바로 앞에 늘어서 있음을 보고 수레에 타면 그것이 멍에에 걸려 있음을 본다면 그런 후에야 행해질 것이다."

자장子張이 그 말씀을 띠에 적었다.

子張問行. 子曰: 言忠信, 行篤敬, 雖蠻貊之邦行矣. 言不忠信, 行不篤敬, 雖州里行乎哉? 立則見其參於前也, 在輿則見其倚於衡也, 夫然後行. 子張書諸紳. 15/6

공자의 대답에 가려 있어 쉽게 눈에 띄지 않기는 하지만 行을 둘러싼 자장의 질문 취지는 안연/21에서 "경지에 이르는 것"達에 대해 물었을 때와 크게 다르지 않다. 즉 그는 어떻게 하면 세상에 구체적인 영향을 주며 행세가 가능할 것인가에 대해 조급한 관심을 표명했던 것이다. 이에 대한 공자의 대답은 행해지느냐 않느냐 하는 것은 바로 너 자신의 언행에 달렸으니, 言忠信,行篤敬이 항상 눈앞에서 떠나지 않을 정도로 유념하면 그런 후에야 행해질 수 있으리라는 것이다. 자장은 그것을 띠에 적었다. 즉 항상 그 교훈에 입각하여 행동할 것을 스스로 다짐하는 것이다. 이러한 행동도 자장다운 데가 있다. 아마 그는 공자의 교훈의 진정한 의미에 감화되었다기보다 어서 빨리 공자의 가르침대로 하여 그런 멋진 결과를 보고 싶었을 것이다. 공자가 그를 "편벽되고"辟 "지나치다"過고 평한 것은 당연한 것이었다.

이러한 점들을 고려할 때 『사기』 등의 기록에 자장이 진陳나라 출신이라고 전한 것은 주목할 필요가 있다. 즉 그는 공자가 외유 중 진나라에 체재했을 때 공자를 만나 노나라에까지 따라온 제자일 가능성이 많다는 것이다. 만약 공자와의 연령 차이가 48세라는 사실이 근거 있는 것이라면 그가 공자를 만났을 때 나이는 최소 11세에서 많아야 15세이었을 것이다. 공자가 동자童子들과의 대화를 거부하지 않았다는 점[48]을 고려하면 그것도 결코 무리한 설정은 아닐 것이고 실제 연령 차이가 48세까지는 되지 않았을 가능성도 배제할 수 없다. 특히 이 점은 공자가 진나라와 채나라에서 만난 젊은이들의 단선적 기질

48) 互鄕難與言童子見,門人惑.子曰:與其進也,不與其退也.唯,何甚?人潔己以進,與其潔也,不保其往也. 7/31
闕黨童子將命.或問之曰:益者與?子曰:吾見其居於位也,見其與先生並行也.非求益者也,欲速成者也. 14/47

에 대해 크게 실망하고 그들이 "모두 문에 미치지 못했다"[49]고 술회한 사실과도 맞닿아 있다.

선생님께서 진나라에 계실 때 말씀하셨다.
"돌아가야겠구나! 돌아가야겠어! 나를 따르는 젊은이들은 과격하고 단순하여 찬란하게 기치는 세웠으나 그것을 어떻게 마름질해 나가야 할지는 알지 못하는구나!"
子在陳曰:歸與!歸與!吾黨之小子狂簡,斐然成章,不知所以裁之. 5/22

자장은 우선은 이러한 무리들에 해당한다고 볼 수 있다. 다만 공자와 그의 인연이 진나라를 떠나서도 유지된 것을 보면 자장은 그럼에도 불구하고 이 젊은이들과는 그래도 무언가 다른 측면이 있었을 것이다. 모르기는 하지만 공자는 아마 자장의 그 넘치는 의욕과 패기만만함을 하나의 자산으로 받아들였을 것으로 보인다.

우리가 자장에 관한 단편을 읽을 때에는 그 대부분이 그의 20대 때의 발언이라는 점을 감안해야 한다. 인간은 노력에 의해 그 사람됨이 변할 수 있다는 것은 논어의 기본적 신념이다. 따라서 자장편 처음 세 개의 단편(19/1~3)에 나오는 성숙된 자장의 모습이 여전한 패기를 보이면서도 젊은 날과는 어딘가 다른 의연함과 시각의 넓이를 보이고 있는 것은 어쩌면 당연한 귀결이었는지도 모른다.

49) 子曰:從我於陳蔡者,皆不及門也. 11/2

나. 자하

자하子夏는 자장보다 4세 위로 알려져 있다. 자장과 비교되는 자리에서 그는 공자로부터 "미치지 못한다"[50]는 평을 받았고 다른 자리에서도 역시 공자로부터 그다지 좋은 평가를 받지 못했다.

선생님께서 자하子夏에게 말씀하셨다.

"너는 군자를 돕는 유자儒者가 되고 소인을 돕는 유자가 되지 마라."

子謂子夏曰:女爲君子儒,無爲小人儒. 6/13

공자로부터 이 같은 말을 들은 것으로 볼 때 그는 어딘가 조금 왜소한 면이 있었던 것이 틀림없어 보인다. 이는 자하가 거보莒父의 읍재가 되어 정치에 관해 공자에게 물었을 때에 공자가 들려준 말에서도 거듭 확인된다.

"빨리하려 하지 말고 작은 이익에 집착하지 마라. 빨리하려 하면 목표에 이르지 못하고 작은 이익에 집착하면 큰일이 이루어지지 못한다."

子夏爲莒父宰,問政.子曰:無欲速,無見小利.欲速則不達,見小利則大事不成. 13/17

빨리하려 하는 것은 작은 이익에 집착하는 것과 단연히 연관되는 것으로서 자하의 안목이 그만큼 좁고 근시안적이었음을 말해 준다. 흥미로운 것은 자하가 훗날 제자들을 거느리게 되었을 때 바로 자신의 이러한 점과 관련이 있는 교훈을 그의 제자들에게 들려주고 있다

---

50) 子貢問:師與商也,孰賢?子曰:師也過,商也不及.曰:然則師愈與?子曰:過猶不及. 11/17

는 사실이다.

자하子夏가 말했다.

"비록 작은 길이라 하더라도 반드시 볼 만한 것이 있기는 하지만 깊숙이 좇다가 보면 수렁에 빠져들 우려가 있으므로 군자는 작은 길을 좇지 않는다."

子夏曰:雖小道必有可觀者焉,致遠恐泥,是以君子不爲也. 19/4

바로 자기 자신의 한계에 대한 오랜 극복의 노력이 제자들에 대한 가르침의 형태로 나타난 것이라 할 수 있다. 그러나 조금 더 예리한 안목을 가진 독자라면 자하가 이 말에서 작은 길을 좇고, 작은 이점에 연연하는 자신의 체질을 근본적으로 부정하지는 않고 있는 것을 엿볼 수 있을 것이다. 아마 그것은 작은 것小에 친화되기 쉬운 자신의 체질을 보다 큰 것大을 지향해 나아가는 발판으로 여겼기 때문이 아닌가 한다. 이런 태도는 자기부정에서 출발하는 것보다 다이내믹하지는 못하지만 훨씬 안정된 것만은 틀림없다. 어쨌든 이런 점은 자장/12에서 더욱 분명한 모습으로 나타난다.

자유子游가 말했다.

"자하의 제자 아이들은 물 뿌리고, 쓸고, 응하고, 대하고, 나아가고 물러서고 하는 데에 있어서는 웬만큼 하나 도무지 지엽적인 것이다. 근본적인 것을 따져 보면 이렇다 할 것이 없으니 어쩐 일이냐?"

자하가 그 말을 전해 듣고 말했다.

"아아, 언유言游는 지나치구나! 군자의 도 중에서 어떤 것을 먼저 전하고 어떤 것을 뒤로하여 게을리 하겠느냐? 초목에 비유하여 말한다면 각 부위별로 서로 다른 것과 같다. 군자의 도를 어떻게 거짓으로 가르치겠느냐? 처음과 끝을 함께 갖춘 이는 오직 성인뿐일 것이다."

子游曰:子夏之門人小子,當洒掃應對進退則可矣,抑末也.本之則無,如之何?子夏聞之曰:噫!言游過矣.君子之道,孰先傳焉?孰後倦焉?譬諸草木,區以別矣.君子之道,焉可誣也?有始有卒者,其唯聖人乎! 19/12

여기에서 그는 스스로 자신이 "처음과 끝을 함께 갖춘"有始有卒 성인이 아니며, 초목에 비한다면 가지나 잎처럼 지엽적인 것에 치중하고 있는 것이 사실임을 은연중에 밝히고 있다. 그러나 가지나 잎도 또한 초목을 구성하는 요소이며 반드시 뿌리나 줄기보다 못하란 법이 없음을 주장하고 있다. 긍정적으로 본다면 그의 말에는 어딘가 모르게 자신이 제한적으로 가지고 있는 것을 정당하게 평가하는 욕심 없는 마음이 드러나 있는 것 같으나, 부정적으로 본다면 자신의 한계를 자신의 특징 정도로 유리하게 해석하는 곡설曲說로 들리기도 한다. 유의할 것은 이것이 바로 보수주의자들의 전형적 행태라는 점이다. 이 문제는 자장/6에서 또다시 반복되어 나타난다.

자하子夏가 말했다.

"널리 배우고 뜻을 극진히 하며 간절히 묻고 가까운 데에서 생각하면 어짊이 그 가운데에 있다."

子夏曰:博學而篤志,切問而近思,仁在其中矣. 19/6

여기에서 참으로 자하다운 한 마디는 "간절히 묻고 가까운 데에서 생각한다"切問而近思는 말이다. 이 중 근사近思라는 말은 주자가 그의 저술 『근사록近思錄』에 제명으로 인용하여 더욱 유명해졌는데, 여조겸呂

祖謙은 『근사록』의 후서後序에서 "만약 낮고 가까운 것을 싫어하여 높고 먼 곳으로만 치달리며 등급과 절차를 뛰어넘어 나아간다면 공허함에 흘러 마침내는 의지할 곳이 없게 될 것이다. 이렇게 되면 어찌 가까운 데에서 생각한다고 말할 수 있겠는가?"[51]라고 적시하여 近思라는 말의 의미를 비교적 잘 드러내고 있다.

그러나 좀 더 자하의 시대에 근접하여 이 말의 의미를 추적해 보면 그가 근사近思를 강조한 데에는 고원高遠함에 대한 그의 독특한 기피증이 반영되어 있다고 할 수 있다. 확실히 그는 추상화하는 능력이 부족하였음에 틀림없다. 추상화하는 능력이 부족하다는 것은 철학적 역량이 부족하다는 말이나 다름없다. 그와 관련된 모든 단편들 중에서 그의 철학적 사유능력을 보여 줄 만한 단편은 거의 보이지 않는다. 그는 어쩌면 삶의 구체적인 체험에서 우러나온 경험적 지식이 남들보다 뛰어났을 수도 있다. 그러나 고원한 것에 대한 타고난 직관은 빈약했고, 이 점이 자장/3에서 사람을 사귀는 문제를 둘러싸고 자하가 자장에게 판정패를 할 수밖에 없었던 이유였을 것이다.

그는 자신에게 결핍된 철학적 능력에 대해 절망하는 대신 자신의 강점이라 할 수 있는 체험적 절실성에 기대어 스스로의 길을 개척해 나갔던 것으로 보인다. 이것이 "가까운 데에서 생각하는 것"近思에 대한 그의 강조로 나타났을 것이다. 하지만 무의미한 추상화와 관념의 유희는 어느 때 어느 곳에서나 경계할 만한 것이기 때문에, 이러한 자하의 입장은 자하만의 것이기를 넘어서 일정한 보편성을 획득할 수 있었다. 따라서 우리는 자하가 정립한 길도 비록 질러가는 길은 아닐지도 모르나 또 하나의 서울로 가는 길임을 인정할 필요가 있

51) 若乃厭卑近而鶩高遠,躐等陵節,流於空虛,迄無所依據,則豈所謂近思者耶.『近思錄』

는 것이다.

위정/8에는 이처럼 본질을 직관하는 능력이 부족했던 자하에 대하여 필시 그 직관력을 양성해 주기 위한 것으로 보이는 공자의 배려가 남아 있다.

> 자하子夏가 효도에 관해 묻자 선생님께서 말씀하셨다.
>
> "겉모습만으로는 (효도가 되기) 어렵다. 일이 있을 경우에 젊은 사람이 그 노고를 도맡고 술과 음식이 있을 경우에 어른이 드시게 한다 해서 과연 그것이 효도가 되겠느냐?"
>
> 子夏問孝,子曰:色難.有事,弟子服其勞,有酒食,先生饌,曾是以爲孝乎? 2/8

공자는 결국 효가 무엇인지를 말하지 않은 셈이다. 자하 스스로가 열어야 할 문 앞까지 정확히 그를 인도하고 물러서는 공자의 모습이 지혜와 여유를 동시에 보여 준다.

아마 그는 어느 정도 자신의 부족한 점을 보완했겠지만 그 자신의 한계를 근본적으로 극복하지는 못한 것으로 보인다. 그래도 그는 초기 교단의 중요한 지도자가 되었던 것은 틀림없다. 왜 적지 않은 젊은이들이 그의 문하에서 배우기를 원했을까? 그것을 이해하자면 우리는 왜 초기 유가집단에서 증자가 종성으로까지 존경받게 되었는지를 살펴본 앞서의 검토를 상기해 볼 필요가 있다.

진리를 향한 증자의 순례자적 정열이 많은 유생들을 감동시켰듯이, 자하의 경우 그의 어쩔 수 없는 역량 부족을 우회하여 그가 기울였던 절문이근사切問而近思의 노력, 그 절실함과 체험적 진실은 자하만의 고유한 미덕이었던 셈이다. 이를테면 사마우와의 대화에서 자하가 형제애의 문제를 인류애의 문제로까지 자연스럽게 연결시킴으로써 논어의 인류사적 의의를 피상적으로 강조하는 호사가들에게 좋은 증빙감이 되어 줄 수 있었던 것을 생각해 보자. 이는 "낮은 곳에서 시작하여 높은 곳으로 올라가고, 가까운 곳에서 나아가 먼 곳에 미친다"[52]는 여조겸의 말처럼 자하가 스스로를 포기하지 않고 그의 장점을 살려 성실하고 경건하게 그의 길을 걸어간 결과라 할 것이다.

사마우司馬牛가 시름에 차서 말했다.
"남들은 다 형제가 있는데 나만 홀로 없구나."
자하가 말했다.
"내가 듣기로 '죽고 사는 것에는 명이 있고 부귀는 하늘에 달렸다'고 했소. 군자가 경건하여 과실이 없고 다른 사람들과 함께함에 공손하여 예가 있으면 온 세상 사람이 다 형제요. 군자가 어찌 형제 없는 것을 한탄하겠소!"
司馬牛憂曰:人皆有兄弟,我獨亡.子夏曰:商聞之矣.死生有命,富貴在天,君子敬而無失,與人恭而有禮,四海之內,皆兄弟也.君子何患乎無兄弟也! 12/5

자하의 이런저런 근사적近思的 경험들이 비록 자유子游에 의해 지엽말단적인 것에 불과하다고 폄하되고 있기는 하지만, 그러한 지엽말단의 경험을 통하여 사해지내四海之內의 온 인류가 다 형제임을 깨달을 수 있다면 그 또한 자하의 말처럼 군자의 도君子之道라는 초목을 구성하는 한 중요한 부위라 할 것이 아니겠는가? 그렇다면 학이/7에서 자하가 '배운 사람'의 정의를 정규적인 학습 과정을 거쳤느냐 거치지 않았느냐에서 찾지 않고 가까운 삶의 행태에서 기초적인 성실성과

52) 自卑升高,自近及遠.『近思錄』後序

소양을 갖추고 있느냐 여부에서 찾은 것도 자신의 이러한 경험과 철학에 따른 당연한 귀결이라 할 것이다.

자하子夏께서 말씀하셨다.

"현명함을 중히 여기고 겉모습은 가벼이 여길 것이다. 부모를 섬김에 그 힘을 다할 수 있고 임금을 섬김에 그 몸을 바칠 수 있으며 벗들과 사귐에 말에 믿음성이 있다면 비록 배우지 못하였다 말하더라도 나는 반드시 그를 배웠다고 말하겠다."

子夏曰:賢賢易色.事父母能竭其力,事君能致其身,與朋友交,言而有信,雖曰未學,吾必謂之學矣. 1/7

자하의 이러한 실천 중심의 수양관은 역시 실천적 수양을 무엇보다 중시한 증자의 노선과 닮은 데가 있는데, 그것은 그가 공자 사후 일군의 재전제자들로부터 깊은 존경을 받게 된 이유였을 것이다. 자장편의 거의 절반이 그의 문하생들에 의한 자하의 말씀으로 채워져 있다는 것은 논어 편집 과정에 참여한 재전제자들 사이에서 그의 감화와 영향력이 결코 적지 않았음을 말없이 웅변하는 것이라 하겠다.

다. 자유

자유子游도 그를 충분히 파악하기에는 관련된 단편의 수가 많지 않다. 또 남아 있는 단편을 보더라도 그의 특징적인 점이 얼른 눈에 띄지 않는다. 이것이 많은 제자론 가운데에서 유독 자유에 관한 언급이 적은 이유이기도 하다. 그러나 자유는 자하의 제자들에 대하여 "지엽적인 것은 조금 알고 있으나 근본적인 것은 제대로 모른다"고 혹평[53]하고 있는 것으로 미루어 볼 때, 그 자신은 근본적인 문제에 관하여 어느 정도 안목을 지니고 있다는 자부심을 가지고 있었던 것 같다.

자유가 무성武城의 읍재로 있을 때 찾아온 공자와의 대화는 자유와 관련된 단편 중에서도 가장 유명하고 또 가장 자주 인용되는 단편이다. 바로 이 단편도 근본적인 문제에 관한 자유의 팽만한 자부심을 엿볼 수 있는 단편이다.

선생님께서 무성武城에 가셔서 거문고로 노래하는 소리를 들으셨다. 선생님께서 빙그레 웃으시며 말씀하셨다.

"닭을 잡는 데 어찌 소 잡는 칼을 쓰느냐?"

자유가 대답했다.

"전에 제가 선생님께 듣기로 '군자가 도를 배우면 사람을 사랑하고 소인이 도를 배우면 부리기가 쉽다'고 하셨습니다."

선생님께서 말씀하셨다.

"얘들아, 언偃의 말이 맞다. 아까 내가 한 말은 우스개였을 뿐이다."

子之武城,聞弦歌之聲.夫子莞爾而笑曰:割鷄焉用牛刀?子游對曰:昔者偃也聞諸夫子曰,君子學道則愛人,小人學道則易使也.子曰:二三子,偃之言是也.前言戲之耳. 17/4

이러한 자유의 태도는 어쩌면 실천을 중시했던 증자나 자하에 비해 지적인 측면에 더 강조를 두었던 것으로 보이는 유자의 태도에 가까웠던 것은 아닌가 하는 추측을 해볼 수도 있다. 그의 지적 간파

---

53) 子游曰:子夏之門人小子,當洒掃應對進退則可矣,抑末也.本之則無,如之何?子夏聞之曰:噫!言游過矣.君子之道,孰先傳焉?孰後倦焉?譬諸草木,區以別矣.君子之道,焉可誣也?有始有卒者,其唯聖人乎! 19/12

력은 사람을 보는 데에 비교적 깊이 있는 안목을 갖추게 하였을 것이다.

자유子游가 무성武城의 읍재邑宰가 되자 선생님께서 말씀하셨다.

"너는 사람을 얻었느냐?"

자유가 말하였다.

"담대멸명澹臺滅明이라는 사람이 있는데 행함에 있어서 샛길을 찾지 않고 공무가 아니고는 일찍이 저의 방에 들른 적이 없었습니다."

子游爲武城宰.子曰:女得人焉耳乎?曰:有澹臺滅明者,行不由徑,非公事,未嘗至於偃之室也. 6/14

이런 대화를 보면 자유는 확실히 다른 제자들에 비해 균형 잡힌 인격의 소유자였다는 것을 알 수 있다. 그는 자장처럼 야심찬 성격도 아니었고 자하처럼 옹색하지도 않았고 염유처럼 세속적이지도 않았고 민자건처럼 과묵하지도 않았던 것 같다. 이런 치우침 없는, 그런 뜻에서 특징 없는 균형이 공자나 동료들의 그 흔한 인물평마저 그에게는 남아 있지 않은 원인이 되었는지도 모른다.

자유는 효도孝의 문제에 관한 한 좀 특이한 입장을 보여 주고 있다. 이것은 초기 유가가 효도의 문제에 특별한 집착을 보이고 있었던 것을 고려하면 더욱 그러하다. 즉 그는 효도를 인간 도야의 근본 범주의 하나로 보는 입장을 견지하지 않았던 것 같다.

자유子游가 말했다.

"상을 당해서는 슬픔에 이르는 것으로 그쳐야 한다."

子游曰:喪致乎哀而止. 19/14

만약 슬픔에 이르는 것으로 그치지 않으면 어떤 단계까지 나아가는 것일까? 그는 어떤 단계를 지나치고 불필요한 것이라고 생각했을까?

예상할 수 있는 것은 두 가지다. 하나는 슬픔이 지나쳐 심신을 피폐하게 함으로써 삶의 중심을 휘청거리게 하는 것이고 다른 하나는 상에 대한 형식적 윤색으로서 지나치게 상례를 지키는 것이다. 아마 재아를 등장시켜 삼년상을 일년상으로 하자던 양화/21의 제안이 어쩌면 자유가 속한 유파의 일반적 견해였는지도 모른다. 공자가 "오늘날의 효도라는 것은 능히 부양할 수 있는 것을 말한다. 개나 말에 이르러서도 모두 키울 수는 있는 것이니 공경하지 않는다면 무엇으로 구별하겠느냐?"[54] 하는 말을 특별히 자유에게 일러 주고 있는 것을 보면 자유는 효도의 문제를 인간 도야의 보편적 범주로 인식하지 않고 단지 개별적 분야로 이해한 듯하다.

그러나 그에 관한 제한된 정보 때문에 더 이상 그를 규정해 보려는 것은 무리가 뒤따른다. 그는 공문사과孔門四科에서 자하와 더불어 문학文學, 즉 고전에 대한 식견이 깊은 것으로 기록되어 있다. 자하가 논어 이외의 자료에서 대단한 문헌학자로 간주되고 있는 것을 보면 그도 자하 못지않게 상고의 전거들을 광범위하게 섭렵했을 가능성이 있다. 무성武城에서 공자와 나눈 대화나 자하의 제자들을 평한 말에서 우리는 어딘가 모르게 많이 배워 아는 자의 장점과 단점을 함께 느끼게 된다.

54) 子游問孝,子日:今之孝者,是謂能養.至於犬馬,皆能有養,不敬,何以別乎? 2/7

라. 중궁

중궁仲弓은 공문사과孔門四科에서 안연, 민자건, 염백우와 함께 덕행의 제자로 분류되어 있다. 그와 관련하여 남아 있는 여섯 개의 단편을 살펴보면, 우리는 그가 과연 덕행으로 분류할 만하다는 생각을 갖게 된다. 공야장/5에 보면 어떤 사람이 공자에게 다음과 같이 말하고 있다.

"중궁은 어질기는 하나 말재간이 없습니다."

雍也,仁而不佞. 5/5

이 어떤 사람은 아마 언변을 제대로 된 모든 사람이 갖추어야 할 기본적 소양의 하나로 생각했던 것 같다. 이것이 바로 상식의 세계다. 그러나 공자는 진정한 가능성은 상식의 그늘, 상식의 소외지대에서 찾아진다는 것을 이해하고 있었다. 공자는 "말재간이야 무슨 소용이 있겠습니까? 능란한 구변으로 남을 제압하면 남들로부터 미움만 자주 받게 됩니다. 그가 어진지는 모르겠지만 말재간이야 무슨 소용이 있겠습니까?"[55] 하고 그의 말재간 없음을 적극적으로 옹호하고 있다.

이 어떤 사람의 평가 외에 중궁의 사람됨을 보여 주는 단편은 옹야/1,2밖에 없다.

중궁仲弓이 자상백자子桑伯子에 관해 묻자 선생님께서 말씀하셨다.

"괜찮다. 단순하다."

---

55) 或曰:雍也,仁而不佞.子曰:焉用佞?禦人以口給,屢憎於人.不知其仁,焉用佞? 5/5

중궁이 말했다.

"경敬에 자리하여 단순함을 행하고 그로써 그 백성을 대한다면야 또한 괜찮지 않겠습니까? 그러나 단순함에 자리하여 단순함을 행하면 이는 지나치게 단순한 것이 아니겠습니까?"

선생님께서 말씀하셨다.

"옹의 말이 맞다."

仲弓問子桑伯子.子曰:可也,簡.仲弓曰:居敬而行簡,以臨其民,不亦可乎?居簡而行簡,無乃大簡乎?子曰:雍之言然. 6/2

그는 단순함의 힘과 원리를 이해하고 있었고 그것이 어떤 위험을 지니고 있는지도 파악하고 있었다. 그것은 공자의 일이관지一以貫之를 이해할 수 있는 바탕이기도 한 것이다. 옹야/1은 바로 이 단편에 나타나 있는 중궁의 사유구조를 공자가 적극적으로 평가한 경우이다.

"옹雍은 남면南面하게 할 만하다."

雍也,可使南面. 6/1

남면은 물론 임금의 무위이치無爲而治, 즉 스스로 북北의 자리를 지키고 바르게 앉아 천하 세상을 남쪽으로 바라보고 있는 것을 말한다. 위정/1에서 말하고 있는 북극성과 같은 역할을 하는 것이 임금의 덕이다. 북극성은 움직이지 않지만 그 자리를 옮기지도 않는다. 움직이지 않고 그 자리를 지키기 때문에 "뭇 별들이 그를 둘러싸고 도는 것"衆星共之이 가능한 것이다. 중궁은 이 남면의 원리, 즉 '단순함'을 이해하고 있었고 공자는 바로 이 점을 인정해 주었던 것이다. 따라서 "옹은 임금 노릇을 할 만하다"고 새기는 것은 무리하고도 불필요한 비약이라 하겠다.

중궁은 주목할 만한 제자임에도 불구하고 논어는 더 이상 중궁의 사람됨을 자세히 보여 주고 있지 않다. 나머지 세 단편은 중궁의 질문이 나오기는 하지만 더 이상 중궁 자신에 관한 결정적 정보를 제공하고 있지는 않다. 다만 옹야/7과 자로/2에 나오는 인재의 등용에 관한 공자와 중궁과의 특별한 대화는 논어의 다른 단편에서는 찾아볼 수 없고 다만 이 두 단편에서만 찾아볼 수 있는 특징이 있다. 우선 그 내용을 한번 살펴보자.

> 중궁仲弓이 계씨季氏의 가재家宰가 되어 정사에 대해 묻자 선생님께서 말씀하셨다.
> "관리들을 먼저 바로잡되 작은 잘못은 용서하고 훌륭한 인재를 등용하여라."
> 중궁이 말했다.
> "훌륭한 인재인지를 어떻게 알고 등용합니까?"
> 선생님께서 말씀하셨다.
> "네가 아는 사람을 등용하여라. 네가 알지 못하는 사람이라 해도 다른 사람들이 그를 내버려두겠느냐?"
> 仲弓爲季氏宰,問政.子曰:先有司,赦小過,擧賢才.曰:焉知賢才而擧之?曰:擧爾所知.爾所不知,人其舍諸? 13/2

인재 등용에 관한 이 대화는 평범한 듯하면서도 대단히 비범한 '역할의 메커니즘'을 말하고 있다. "현명한 인재인지를 어떻게 알고 등용합니까?" 하는 중궁의 물음에는 말하자면 아주 평범한 상식이 전제되어 있다. 그것은 아마 이렇게 부연될 수 있을 것이다.

세상에는 다양한 사람들이 있다. 그 중에는 현명한 인재도 있고 어리석거나 단지 겉으로만 현명해 보이는 사람도 있다. 마땅히 현명한 인재가 등용되어야 하고 어리석거나 겉으로만 현명해 보이는 인물이 등용되어서는 안 된다. 그러나 우리는 어떤 사람이 현명한지를 알지 못하는 경우가 많기 때문에 현명한 사람이 등용되지 못하는 경우가 생긴다. 그래서 더러는 현명한 자가 빛을 보지 못하고 몰이해에 묻히고 어리석은 자, 악한 자가 등용되어 세상을 어지럽힌다. 이것이 우리의 절망이자 한계다. 우리는 어떻게 현명한 인재를 알 수 있을 것인가?

이에 대해 공자가 가지고 있는 역할의 메커니즘은 매우 다른 것이었다. 공자의 대답은 아마 다음과 같은 의미를 지니고 있을 것으로 판단된다.

우리는 각자 우리가 아는 범위 내에서 가장 훌륭한 인재를 등용하려고 애쓸 수밖에 없는 것이 사실이다. 오히려 막연한 기대나 짐작을 가지고 스스로 판단이 내려지지 않은 상태에서 사람을 쓰는 위험보다는 솔직히 자신의 판단에 따르는 것이 최선이다. 그러나 네가 알지 못하여 현명한 자를 놓치는 경우에도 절망할 필요는 없다. 설혹 이 세상 어디에서도 그가 받아들여지지 않는다 하더라도 그는 그의 역할을 한다. 그가 가장 어두운 곳에 버려지더라도 누군가는 반드시 그를 주목할 것이다. 그리고 그 주목을 통하여 하늘은 그를 역설적으로라도 세울 것이다. 그는 결코 자신의 역할을 잃어버리지 않을 것이다.

공자는 중궁보다 더 넓게 보았다. “네가 알지 못하는 사람이야 남들이 그를 내버려두겠느냐?” 하는 공자의 말에는 공자의 자기 체험이 은밀히 반영되어 있다고 볼 수 있다. 중궁과의 대화에서 공자의 자기 체험을 의식하지 않으면 이 단편은 제대로 이해될 수 없다. 인간은 숨겨지지 못한다는 것이 그의 확고한 철학이었다. 이런 사실은 묘하게도 또 다른 중궁과의 대화에 등장하고 있다.

> 선생님께서 중궁仲弓에게 말씀하셨다.
>
> "얼룩소의 새끼가 붉고 뿔이 반듯하다면 비록 쓰지 않으려 하더라도 산천의 신이 그를 버리겠느냐?"
>
> 子謂仲弓曰:犁牛之子,騂且角,雖欲勿用,山川其舍諸? 6/6

이 단편은 그 함의가 깊고 비유가 등장하기 때문에 그 뜻을 헤아리기 어려운 단편 중의 하나다. 『사기』의 기록에 의하면 중궁은 천인의 자식이었기 때문에 공자가 신분에 얽매이지 말라는 뜻에서 이런 말을 하였다고 한다. 그러나 그가 천인의 자식이었든 아니었든 관계없이 이 단편은 보편적 의미를 갖는다. 왜냐하면 여기에서도 공자는 사람이 스스로를 형성한 만큼은 반드시 그 역할을 하게 된다는 믿음을 당당하게 피력하고 있기 때문이다. 이것은 사람이 그 능력에도 불구하고 묻혀서 지낼 수밖에 없는 경우도 있다고 믿는 우리의 상식을 완전히 뒤집어 놓고 있다.

물론 이 단편도 공자의 자기 체험을 은밀히 반영하고 있다. 쓰이지 않는 것은 그가 불기不器이기 때문이다. 그러나 바로 거기에서 그의 역할이 나온다. 그는 산천의 신이 얼룩소의 새끼를 버리지 않듯 우리가 미처 생각하지 못하는 곳, 우리의 상식이 따라잡지 못하는 곳에서 그의 소임을 갖는다. 결국 옹야/6은 자로/2와 동일한 메시지를 전하는 것이라 하겠다.

그렇다면 왜 이 단편이 유독 중궁과의 대화에서만 거듭하여 기록되었을까? 간단히 얘기하면 그것이 중궁에게 꼭 필요한 인식이었기 때문이라 할 수 있다. 중궁이 "현명한 인재인지를 어떻게 알고 등용합니까?" 하고 물었을 때 이 말은 바로 중궁이 자기 자신을 그러한 등용用과 버림舍의 대상으로 불안하게 인지해 왔음을 암시하는 것이다. 어쩌면 중궁의 의식 속에는 공자가 늘 경고해 마지않던 "남이 나를 알지 못한다"[56]는 의식이 강하게 지배하고 있었는지도 모른다.

따라서 이 두 단편을 깊이 들여다보면 "군자는 자신의 무능함에 대해 부심할 뿐 남이 나를 알아주지 않는 것에 대해 부심하지 않는다"[57]는 말이 단지 주관적 입장과 객관적 입장이라는 구도만 바뀐 채 재천명된 것임을 알 수 있다. 구도가 바뀜으로써 사실 훨씬 이해하기 어렵게 된 이 단편이 중궁에게 말해졌다는 것은 그의 지적 능력에 대한 공자의 남다른 신뢰 때문이었을 것이다.

안연/2는 지금까지 살펴본 중궁의 특징과 관련하여 마치 종합적인 처방과도 같은 느낌을 주고 있다.

> 중궁仲弓이 어짊에 대해 묻자 선생님께서 말씀하셨다.
> "문을 나서기를 귀한 손님을 맞는 것처럼 하고 백성을 부리기를 큰 제사를 올리는 것처럼 하여라. 자기가 하고자 하지 않는 바를 남에게 베풀지 마라. 나라에 있어서도 원망하지 말고 대부의 가家에 있어서도 원망하지 마라."

---

56) 子曰:不患人之不己知,患不知人也. 1/16

57) 子曰:君子病無能焉,不病人之不己知也. 15/19

중궁이 말했다.

"제가 비록 불민하나 그 말씀을 잘 받들겠습니다."

仲弓問仁.子曰:出門如見大賓,使民如承大祭.己所不欲,勿施於人.在邦無怨,在家無怨.仲弓曰:雍雖不敏,請事斯語矣. 12/2

어짊에 관한 중궁의 질문에 대해 공자는 다른 제자들이 어짊에 관해 물었을 때와는 사뭇 다른 모습의 답변을 하고 있다. 공자의 대답은 어짊 그 자체를 그려 보이는 것이 아니라 철저히 어짊에 관한 실천강령을 제시하고 있기 때문이다. 그것은 안목은 뛰어나지만 바로 그 안목에 대한 과신 때문에 상대적으로 취약해진 중궁의 성실성이라든가 겸손, 진지성, 자기성찰을 촉구하는 것이 아닐 수 없다. 세상이 나를 알아주지 않는다는 오만한 생각은 이런저런 원망을 낳았을 것이고 이에 대해 공자는 "나라에 있어서도 원망하지 말고 대부의 가家에 있어서도 일체 원망하지 말 것"을 단도직입적으로 요구하고 있는 것이다.

여기서 우리는 다시 한번 원인별 처방이라는 공자의 일관된 교육방법을 관찰할 수 있다. 그것은 중궁을 위시하여 모든 제자들에게 공자가 그들 자신보다도 그들 자신에 대해 더 잘, 더 정확히 알고 있다는 경이로운 느낌을 안겨 주었을 것이다. 그런 점에서 "제가 비록 불민하나 그 말씀을 잘 받들겠습니다" 하는 중궁의 대답은 권위주의적 질서에서 나온 형식적 대답이 아니라 진정한 동의와 감사를 담은 열복悅服의 한 마디였음이 틀림없다.

마. 염유

염유冉有는 공자의 문하에서 좀 특별한 존재였다. 그와 관련된 단편은 거의 대부분 구체적인 정사政事나 사건에 관한 것이다. 그는 한 마디로 말해서 정치적인 인물이었고 실무적이며 대단히 '현실적'인 사람이었다. 그도 다른 제자들과 마찬가지로 공자의 가르침에 이끌리고 있었던 것은 사실이지만 그를 결정적으로 움직였던 것은 공자의 가르침이 아니라 노나라의 정세에서 비롯된 각종 정치적 감각이나 통념 등의 세속적 척도였다.

그는 공자의 가르침과 세속적 척도 사이에서 갈등할 수밖에 없는 경우 언제나 후자를 선택했다. 이 점이 정치적인 문제를 둘러싸고 종종 함께 등장하는 자로와 그가 다른 점이었다. 자로에게는 과잉될 정도의 정의正義 관념이 있었지만 그에게는 단지 권력의 풍향에 대한 정확한 현실 감각이 있었을 뿐이다.

이를테면 계씨가 태산에서 제사를 지내려 할 때 공자는 그 참람한 행동을 막을 것을 요구했지만 그는 "어쩔 수 없습니다"[58] 하고 외면했다. 계씨가 전유顓臾나라를 치려했을 때에도 공자는 그 계획을 한사코 반대했지만 염유는 이런저런 불가피성을 들어 공자를 설득하려고만 했다.[59] 또 계씨가 토지세를 증세하려 했을 때에도 공자는 극력 반대했지만 염유는 어김없이 계씨를 위해 전부법田賦法을 시행하고 말

---

58) 季氏旅於泰山.子謂冉有曰:女弗能救與?對曰:不能.子曰:嗚呼!曾謂泰山不如林放乎! 3/6

59) 季氏將伐顓臾,冉有季路見於孔子曰:季氏將有事於顓臾.孔子曰:求,無乃爾是過與?夫顓臾,昔者先王以爲東蒙主,且在邦域之中矣,是社稷之臣也.何以伐爲?冉有曰:夫子欲之,吾二臣者,皆不欲也.孔子曰:求,周任有言曰:陳力就列,不能者止.危而不持,顚而不扶,則將焉用彼相矣?且爾言過矣.虎兕出於柙,龜玉毁於櫝中,是誰之過與?冉有曰:今夫顓臾,固而近於費,今不取,後世必爲子孫憂.孔子曰:求,君子疾夫舍曰欲之,而必爲之辭.丘也聞,有國有家者,不患寡而患不均,不患貧而患不安.蓋均無貧,和無寡,安無傾.夫如是,故遠人不服,則脩文德以來之.旣來之,則安之.今由與求也相夫子,遠人不服而不能來也,邦分崩離析而不能守也,而謀動干戈於邦內.吾恐季孫之憂不在顓臾,而在蕭牆之內也. 16/1

았다. 논어에는 이 전부법 시행을 두고 공자가 염유를 신랄하게 비판한 내용이 수록되어 있다.

계씨季氏는 주공周公보다 부유한데도 구求가 그를 위해 부세賦稅를 걷어 더욱 부유하게 해주니 선생님께서 말씀하셨다.

"내 제자가 아니다. 너희들은 북을 울려 가며 그를 성토해도 좋다."

季氏富於周公,而求也爲之聚斂,而附益之.子曰:非吾徒也.小子鳴鼓而攻之,可也. 11/18

그러나 이런 태도로 인하여 그를 손쉽게 '아, 그런 사람이구나' 하고 단정하는 것은 바람직하지 않다. 비록 그는 공자가 원하는 유형의 사람은 못되었지만 정치 현실에 대한 '현실적'인 감각을 가지고 있었고, 그 점에서 계강자와 같은 정치가의 요구에 어느 정도 타협할 줄 아는 기질도 지니고 있었다. 다소간 세속적인 이런 기질은 논어 단편 여러 곳에 그 흔적을 남기고 있다. 이를테면 공서화가 제나라에 사신으로 떠나게 되자 염유가 혼자 남은 공서화의 어머니를 위해 곡식을 보내 줄 것을 공자에게 건의한 것도 그런 현실적 감각을 예증하는 것 중의 하나다.[60] 동료 간에 이런 유의 주선력周旋力을 발휘하는 자는 예나 지금이나 현실의 조정자가 되고 싶어 하는 정치적 동기를 지닌 사람이다.

그는 공자가 한 섬 여섯 말만 줄 것을 허락했지만 자그마치 여든 섬을 보내 주었다. 세속적인 가치관에서 보면 지금도 공자와 같이 자

60) 子華使於齊,冉子爲其母請粟.子曰:與之釜.請益.曰:與之庾.冉子與之粟五秉.子曰:赤之適齊也,乘肥馬,衣輕裘.吾聞之也,君子周急不繼富. 6/4

아를 공의公義 속에 완전히 해소하고 있는 건조한 인격체보다는 염유와 같이 동료애로 치장된 근근한 붕당의식朋黨意識을 지닌 소인들이 훨씬 돋보이기 쉬운 것이 현실이다.

어쨌든 이런 체질 때문인지 그는 일찍부터 계손씨의 가재家宰가 되어 현실 정치에 깊숙이 참여하였는데, 공자와 자주 빗나갔던 것에 비하면 계강자와는 비교적 호흡이 잘 맞았던 것으로 보인다. 이러한 염유의 부화뇌동하는 일련의 정치적 활동이 공자에게 탐탁하게 여겨지지 않았음은 물론이다. 언젠가 계자연季子然이 자로와 염유를 큰 신하大臣라 할 수 있겠느냐고 물었을 때 공자는 그들을 단지 "부화附和하는 신하들"具臣이라고 평했다. 즉 그들은 도道로써 임금을 섬기다가 더 이상 섬길 수 없으면 그만두는 큰 신하가 되지 못하고 다만 아비를 죽이고 임금을 시해하는 일에나 함께하지 않을 정도의 신하라는 것이다.[61]

그러나 공자도 염유를 반드시 일방적으로 매도하지만은 않았다. 비록 몇 번에 걸친 비난을 상쇄할 만한 칭찬은 한 번도 없었지만 공자는 그가 어느 정도 쓸 만한 인물이라는 사실을 인정하고 있었다. 한때 계강자가 "구求에게 정사를 맡길 수 있겠습니까?" 하고 물어 왔을 때에도 공자는 다음과 같이 그를 긍정적으로 추천하였다.

> "구求는 재능이 많습니다. 정사를 맡는 데에 무슨 문제가 있겠습니까?"
> 求也藝,於從政乎何有? 6/8

---

61) 季子然問:仲由冉求可謂大臣與?子曰:吾以子爲異之問,曾由與求之問.所謂大臣者,以道事君,不可則止.今由與求也,可謂具臣矣.曰:然則從之者與?子曰:弑父與君,亦不從也. 11/25

많은 사람들은 바로 이 추천이 염유가 계손씨의 가재가 된 계기였다고 믿고 있다. 또 맹무백이 염유가 어진지 여부를 물었을 때에도 공자는 다음과 같이 대답했다.

> "구求는 천 호戶의 고을에서 읍재를 맡기거나 백승百乘의 가家에서 가재를 맡길 수는 있을 것입니다. 그러나 그가 어진지는 모르겠습니다."
>
> 求也,千室之邑,百乘之家,可使爲之宰也.不知其仁也. 5/8

공자가 자로에 대해서는 천승지국千乘之國의 병무를, 공서화에 대해서는 조정의 접빈 업무를 시킬 만하다고 말한 것에 비추어 볼 때, 아마 백승지가百乘之家의 재宰를 시킬 만하다는 평가는 그를 중기中器 정도의 실무적 인재로 판단한 결과인 듯하다. 실제 그는 선진/27에서 스스로 자신의 소원이 "사방이 각각 육칠십 리와 오륙십 리 되는 조그마한 나라를 맡아 경영해 보는 것"이라고 밝히고 있다. 그 정도의 나라라고 해서 공자의 말처럼 나라가 아니라고 할 수야 없지만 이러한 제약된 소원은 염유가 자신의 한계를 잘 알고 스스로를 그 한계 안에 제한시켜 놓고 있었음을 말해 주는 것이기도 하다.[62]

자신의 한계에 관한 염유의 이러한 태도는 옹야/12에서 공자의 결론적 진단을 받는다. 어쩌면 염유와 관련한 단편 중에서 이 단편은 가장 주목할 만한 교훈을 담고 있다고 할 수 있다.

---

62) …求,爾何如?對曰:方六七十,如五六十,求也爲之,比及三年,可使足民.如其禮樂,以俟君子.…唯求則非邦也與?安見方六七十如五六十而非邦也者?… 11/27

염구冉求가 말했다.

"선생님의 도道를 좋아하지 않는 것은 아니나 힘이 부족합니다."

선생님께서 말씀하셨다.

"힘이 부족한 자는 중도에서 포기하는데 지금 너는 스스로 한계를 긋고 있다."

冉求曰:非不說子之道,力不足也.子曰:力不足者,中道而廢,今女畫. 6/12

문제는 역부족을 둘러싼 두 사람 사이의 뚜렷한 인식 차이다. 즉 염유는 자신의 역부족을 어쩔 수 없는 한계이자 주어진 조건으로 여기고 있지만 공자는 바로 그 점을 정면으로 부인하고 있다. "그것은 주어진 조건이 아니라 네가 지금 스스로 선택한 것일 뿐이다" 하고 공자는 염유의 달아날 길을 차단한다.

염유가 그러했듯 오늘날도 많은 사람들은 똑같은 식으로 달아나고 있다. 그리고 공자는 여전히 논어를 통해 우리의 달아날 길을 차단하고 있다. "나는 힘이 부족한 사람은 보지 못하였다."[63]—이것이 이 단편의 메시지다. 그리고 이것이 이천오백 년을 넘어서도 논어가 그 서슬을 푸르게 보존하는 힘이기도 하다.

바. 재아, 민자건, 공서화

재아宰我는 낮잠을 자다가 공자로부터 호된 꾸중을 들은 제자로 널리 기억되고 있다. 단 한 번 낮잠을 잔 것이 이토록 오랫동안 수많은 사람들의 뇌리에 불명예스럽게 기억될 줄 알았으면 재아는 혀를 깨

63) 我未見力不足者. 4/6

물고서라도 잠을 자지 않았을 것이고 공자도 꾸중을 자제하였을지 모른다. 이 일화는 공야장/10에 남아 있다.

재여宰予가 낮잠을 자니 선생님께서 말씀하셨다.

"삭은 나무에는 조각을 할 수 없고 분토糞土로 된 담장에는 흙손을 댈 수 없다. 여予에게 무슨 꾸지람을 하겠느냐?"

선생님께서 말씀하셨다.

"처음에는 내가 사람을 대함에 그 말을 듣고 그 행동을 믿었으나 지금은 내가 사람을 대함에 그 말을 듣고 그 행동을 살핀다. 여予로 인하여 이를 고쳤다."

宰予晝寢.子曰:朽木不可雕也,糞土之牆,不可杇也.於予與何誅?子曰:始吾於人也,聽其言而信其行.今吾於人也,聽其言而觀其行,於予與改是. 5/10

이 단편뿐만 아니라 재아에 관한 나머지 단편도 대개 그에 대한 이런저런 책망으로 되어 있다. 팔일/21에서 그는 애공과 대화하면서 사직에 심는 나무와 국가의 운명 사이에 무슨 필연적 인과관계가 있는 것인 양 설명을 했다가 공자로부터 크게 꾸지람을 들었다. 염유도 공자로부터 적지 않은 책망과 비난을 들었지만 그래도 그는 때에 따라 인정을 받는 경우도 있었다. 그러나 재아는 단 네 개밖에 없는 단편에서 영락없는 천덕꾸러기로만 묘사되어 있어서 논어를 읽은 사람은 그에 대해 동정심을 느낄 정도다.

그러나 모든 천덕꾸러기가 그러하듯 그에게는 일말의 저항심이 있었던 것 같다. 그는 어느 날 "어진 자는 비록 함정 속에 어짊이 있다고 일러 주더라도 그 말을 따르겠군요"[64] 하는 질문을 던졌다. 이 말 속에 재아의 도발적 심리가 숨어 있다. 그에게는 어짊에 대한 공자의 집요한 강조, 즉 인자는 인을 최고의 좌표로 삼고 거기에 모든 것을 건다는 위령공/9殺身成仁나 35蹈仁而死 혹은 36當仁不讓於師 계통의 가르침이 실감이 나지 않았을 뿐 아니라 아무래도 지나쳐 보였을 것이다. 또 그의 말에는 어짊이 얼마나 중요한지는 모르겠지만 그래도 현실적 감각이라든가 상대방의 기망欺罔을 눈치 채는 판단력 등이 그 못지않게 중요하지 않으냐 하는 항변도 내포되어 있었을 것이다.

이에 대해 공자는 "어찌 그렇기야 하겠느냐? 군자는 (함정 쪽으로) 가게 할 수는 있지만 (함정에) 빠지게 할 수는 없으며 속일 수는 있지만 어리석게 만들 수는 없다" 하는 명쾌한 한 마디로 그의 오해를 정리하고 있다. 이 정리는 다시 한번 공자의 사유가 구조적 성격을 띠고 있음을 확인해 준다.

양화/21에서 재아는 삼년상을 일년상으로 줄여야 한다는 의견을 내었다가 공자로부터 어질지 못하다는 평을 듣는다. 그러나 이 단편은 공자 사후 예법논쟁이 벌어졌을 때, 삼년상을 옹호하는 측이 일년상 주장자들을 공격하기 위해 재아를 등장시켜 엮은 각본이었을 가능성이 높다. 비록 문맥에 세밀한 고려를 하고 있기는 하지만 논어에는 오히려 이처럼 세밀한 손질이 가해진 단편일수록 사실과 일치하지 않는 경우가 많다.

재아의 물음은 스승과의 대화에 사용한 표현치고는 지나치게 공들인 문어체이고, 특히 "여는 어질지 못하구나" 하는 표현은 공자가 어

---

64) 宰我問曰:仁者雖告之曰:井有仁焉,其從之也.子曰:何爲其然也?君子可逝也,不可陷也.可欺也,不可罔也. 6/26

질다仁라는 말을 쓰는 일반적인 용례에서 벗어나 있으며 삼년상을 옹호하는 논리도 공자다운 면모와는 거리가 멀다.[65] 그러나 이러한 위작에 재아가 동원되었다는 것 자체가 재아에 대한 당시 일반의 인식을 보여 주는 것이라 할 것이다.

공문사과孔門四科에서 재아는 자공과 함께 언어의 제자로 분류되어 있다. 즉 그는 조리 있게 말을 잘 구사했던 것 같다. 낮잠에 따른 꾸지람에서도 공자는 "처음에는 내가 사람을 대함에 그 말을 듣고 그 행동을 믿었다"고 함으로써 재아의 '말'을 간접적으로 인정한 측면을 엿볼 수 있다.

가장 많은 꾸중을 들은 제자 재아, 그에게 그 많은 꾸중은 어떤 의미가 있었을까? 만약 그것이 재아의 불만이나 낙담만을 불러일으키고 마는 것이었다면 공자는 애초부터 그런 꾸중을 하지도 않았을 것이다. 마치 그 증거처럼 『맹자』에는 다음과 같은 말이 남아 전해지고 있다.

재아가 말했다.
"내가 보건대는 선생님께서는 요순보다 훨씬 나으시다."
宰我曰:以予觀於夫子,賢於堯舜遠矣.『孟子』公孫丑上

어쩌면 재아의 이러한 고백은 그 많은 꾸중이 결국 그로 하여금 삶의 중심을 잡아 나갈 수 있게 해주었음을 뜻하는 깊은 감사의 한 마디였는지도 모른다.

---

65) 宰我問:三年之喪,期已久矣.君子三年不爲禮,禮必壞.三年不爲樂,樂必崩.舊穀旣沒,新穀旣升,鑽燧改火,期可已矣.子曰:食夫稻,衣夫錦,於女安乎?曰:安.女安則爲之.夫君子之居喪,食旨不甘,聞樂不樂,居處不安,故不爲也.今女安,則爲之.宰我出.子曰:予之不仁也.子生三年,然後免於父母之懷.夫三年之喪,天下之通喪也.予也有三年之愛於其父母乎. 17/21

민자건閔子騫도 단지 네 개의 단편에 모습을 남기고 있다. 아마 그 중 두드러진 모습은 계씨가 그를 비읍의 읍재로 삼으려 했으나 그가 한사코 거절하였다는 사실일 것이다.

읍재가 되기에는 아직 역량이 부족하다고 생각했던지 아니면 타락한 정치판도에 끼어들기를 원치 않았던 지 둘 중의 하나겠으나, 단 네 개의 단편만으로도 그의 생각이 후자에 있었다는 것을 어렵지 않게 결론지을 수 있다.

계씨季氏가 민자건閔子騫을 비읍費邑의 읍재邑宰로 삼으려 하자 민자건이 말했다.

"나를 위하여 거절 말씀을 잘 드려 주십시오. 만약 다시 나를 부르러 오는 자가 있다면 나는 필시 문수汶水가에 있을 것입니다."

季氏使閔子騫爲費宰.閔子騫曰:善爲我辭焉.如有復我者,則吾必在汶上矣. 6/9

비록 조그마한 벼슬을 둘러싸고 이루어진 일화이기는 하지만 민자건의 이러한 거부는 허유許由와 소부巢父에서 백이숙제로 이어지는 면면한 전통을 대변하고 있다. 정치 행태에 대한 그의 말없는 거부는 또 하나의 작지만 분명한 증거를 가지고 있다. 선진/15의 기사가 그것이다.

노나라 사람들이 장부長府를 짓자 민자건閔子騫이 말하였다.

"예대로 두면 어떤가? 굳이 다시 만들어야 하나?"

선생님께서 말씀하셨다.

"저 사람은 말을 않지만 말을 하면 반드시 핵심을 찌른다."

魯人爲長府.閔子騫曰:仍舊貫,如之何?何必改作?子曰:夫人不言,言必有中. 11/15

그는 효성도 뛰어났다. 공자는 "효성스럽구나. 민자건閔子騫은! 남들은 그의 부모형제가 한 말에 끼어들지 못하니"[66] 하고 그의 효성을 유난히 칭찬하였다. 공자의 칭찬에는 공자만이 알고 있는 어떤 사건이 있었을 것이다. 우리는 비록 그 사건을 알지 못하지만 그의 부모형제의 말과 민자건 사이에 남들이 전혀 끼어들지 못했다는 것은 민자건이 그의 부모형제의 모든 말을, 그것이 좋은 말이든 나쁜 말이든 모두 이해하고 수용할 수 있었다는 뜻이다. 가족 간의 괴리의 첫 징표는 충고의 형태로든 시시비비의 형태로든 남들이 그 사이에서 말을 옮기며 개입하는 것이다.

그는 공자와 함께 있을 때에는 늘 "화평한 모습이었다"[67]고 한다. 공문사과孔門四科에서 그가 덕행의 제자로 분류된 것은 결국 이런 품행에 기인한 공정한 판단이었을 것이다. 그러나 안연을 제외하면 민자건이나 염백우는 물론 중궁까지도 그들이 공문사과에서 덕행으로 분류되었다고 해서 그것에 지나치게 의미를 부여하는 것은 잘못된 관행이다. 이를테면 염백우는 악질에 걸렸을 때 공자가 그를 문병하여 한탄했다는 단 하나의 단편을 남기고 있다. 그의 죽을병을 공자가 한탄한 것은 그의 사람됨을 아깝게 여긴 탓이겠지만 단 하나의 단편으로 남아 있는 인물에서 우리가 얻을 것이라고는 아무것도 없다.

공문사과의 분류 자체가 어느 호사가의 도식적 분류에 지나지 않

---

66) 子曰:孝哉,閔子騫!人不間於其父母昆弟之言. 11/5

67) 閔子侍側,誾誾如也.子路,行行如也.冉有,子貢,侃侃如也.子樂. 11/13

기 때문에 민자건이나 중궁의 덕행은 그들이 욕심이 없고 이른바 후덕한 자질을 가지고 있었음을 넘어서지 않는다. 따라서 그들이 공문의 요구 수준에서 볼 때 반드시 최상위에 등급이 매겨지는 것처럼 받아들여진다면 이는 오해가 될 것이다. 왜냐하면 어느 시대를 막론하고 그만한 덕행의 인물들은 늘 있었다고 할 수 있지만 그들이 공문의 요구 수준을 과연 자로子路가 인증 받았던 "마루 위에 올라 온" 정도나마 만족시키고 있었는지는 현존하는 자료만으로는 판단하기 어려운 바가 있기 때문이다.

공서화公西華는 비교적 그릇이 작은 참모형의 인물이었던 것 같다. 맹무백이 공서화에 대해 물었을 때 공자는 다음과 같이 대답했다.

> "적赤은 허리띠를 매고 조정에 나아가 빈객과 더불어 담론하게 할 수는 있을 것입니다. 그러나 그가 어진지는 모르겠습니다."
>
> 赤也,束帶立於朝,可使與賓客言也.不知其仁也. 5/8

빈객과 더불어 담론하게 할 수 있다는 말은 공서화의 어떤 점을 말한 것일까? 술이/36에 조그만 단서가 나온다. 공자가 자기 자신을 두고 "어짊을 추구함에 싫증을 내지 않고 사람을 가르침에 지치지 않는다고는 가히 말할 수 있을 따름이다"고 했을 때 곁에 있던 공서화는 대뜸 "바로 그것을 우리 제자들은 능히 배우지 못하겠습니다"[68] 하고 말했다. 이런 말을 스승에게 서슴없이 할 수 있다는 것은 그가 다소 별난 체질의 소유자였다는 것을 암시한다. 즉 그는 의례적인 말

68) 子曰:若聖與仁,則吾豈敢.抑爲之不厭,誨人不倦,則可謂云爾已矣.公西華曰:正唯弟子不能學也. 7/36

을 잘 하는 사람이었던 것으로 보인다. 따라서 공자가 죽었을 때 그가 지志를 지었다는 『예기』의 기록[69]은 사실일 것이다.

그는 남이 자신을 알아주면 무엇을 하고 싶으냐는 공자의 질문에 다음과 같이 대답한다.

"능히 무엇을 하겠다고 하는 것이 아닙니다. 단지 종묘의 일과 제후의 회동 시 예복과 예관을 갖추고 행하는 일을 배움으로써 작은 관리가 되고 싶습니다."

非日能之,願學焉.宗廟之事,如會同,端章甫,願爲小相焉. 11/27

이 같은 대답으로 공서화는 공자로부터 "적赤이 작은 일을 하면 누가 능히 큰일을 하겠느냐?"[70] 하는 지적을 듣게 된다.

선진/23에서의 질문 내용을 보면 그의 지적 능력은 그리 높지 않았던 것 같고, 옹야/4에서 제나라에 사신으로 간 사실, 사신으로 가면서 살찐 말을 타고 가벼운 털옷을 입었다고 해서 공자로부터 힐난을 듣는 사실, 염유와의 친분관계가 엿보인다는 사실 등을 종합해 볼 때, 결국 그는 단순한 성격에 참모형의 인물로서 의례적 언사를 스스럼없이 구사하는 극히 현실적인 인물이었던 것으로 보인다.

---

69) 孔子之喪,公西赤爲志焉.『禮記』檀弓上

70) 赤也爲之小,孰能爲之大? 11/27

Ⅱ
사상론

1. 중용(中庸)

중용中庸은 공자의 사상에서 극히 중요한 위치를 차지하고 있다. 많은 사람들이 중용하면 먼저 자사子思가 찬술한 『중용中庸』을 연상하지만 그것은 논어의 중용사상에서 비롯된 사상일 뿐 아니라 모든 발전된 사상이 그렇듯이 그 사변적 특성으로 인하여 논어에서와 같은 충분한 현실성이나 참신성을 보여 주지 못하고 있는 것이 사실이다. 따라서 중용에 관한 한 논어는 그 시원始原이자 동시에 가장 완성된 모습을 간직하고 있는 것으로 보아도 결코 지나치지 않을 것이다.

그러나 그런 의의에도 불구하고 논어에서 중용과 관련된 단편은 많이 잡아도 도합 여섯 개를 넘지 않는다. 그 중 중용이라는 말은 옹야/29에 단 한 번밖에 나오지 않는다. 중행中行이라는 유사한 말이 자로/21에 보이고 그 밖의 단편들은 겨우 중용과 의미적으로만 연관되어 있을 뿐이다. 따라서 그 수효와 분량만으로 본다면 중용사상에 관한 논어의 의의는 과장된 것처럼 보일 지경이다. 그러나 이 조그마한 단서는 자사의 『중용』에 이어졌고 후대의 성리학적 중용사상에도 이어졌다. 이제 논어의 중용사상이 가지는 의미를 후대의 중용관에 구애됨이 없이 논어 자체의 정신에 입각하여 밝히려 할 때 가장 의미있게 다가오는 단편은 바로 자로/21이다.

선생님께서 말씀하셨다.

"중행中行을 얻지 못하고 간여하면 반드시 과격해지거나 완고해진다.

과격한 자는 나아가 취하려 하고 완고한 자는 하지 않는 바가 있다."

子曰:不得中行而與之,必也狂狷乎.狂者進取,狷者有所不爲也. 13/21

이 단편에 대한 잘못읽기의 역사는 대단히 유서 깊다. 그 첫 잘못읽기는 맹자에 의해 이루어졌다. 그는 만장萬章의 한 질문에 대답하면서 자로/21을 인용한 다음 이에 대한 설명으로 다음과 같이 말하였다.

"공자께서 어찌 중도를 바라지 않았겠으리오마는 반드시 얻을 수는 없으므로 그다음을 생각하신 것이다."

孔子,豈不欲中道哉,不可必得故,思其次也. 『孟子』 盡心下

맹자의 이 한 마디가 이 단편의 진실을 영영 가리고 말았다. 맹자가 인용한 자로/21은 中行이 中道로 되어 있고 狷이 獧으로 되어 있는 차이가 있으나 단편의 해석에 영향을 미치는 것은 아니다. 그러나 자로/21의 취지를 잘못 이해하여 맹자가 뒤이어 한 이 한 마디 부연 설명 때문에 인용문으로 되어 있던 이 단편에 대한 해석은 다음과 같이 빗나갔을 뿐 아니라 이로 인하여 후대의 모든 주석마저도 이 그릇된 견해를 꼼짝없이 추종하는 전통 아닌 전통을 낳고 말았다.

"중도를 걷는 사람을 얻어 함께하지 못할 바에야 차라리 과격한 사람이나 완고한 사람을 택하겠다. 과격한 사람은 진취적인 데라도 있고 완고한 사람은 하지 않는 바라도 있기 때문이다."

不得中道而與之,必也狂獧乎,狂者進取,獧者有所不爲也. 『孟子』 盡心下

얻다得, 함께하다與 등의 주요 술어를 잘못 이해함으로써 맹자의 해석은 애초의 취지와는 완전히 다른 방향으로 나아가고 말았다. 공자는 이 말에서 결코 "과격함"狂과 "완고함"狷, "나아가 취함"進取과 "하지 않음"不爲에 긍정적 의미를 부여하지 않았다. 그는 중행을 얻지 못한 인간 행위가 어떤 불균형을 보이고 어떻게 양극화되는가 하는 행위의 현상학을 설명했을 뿐이다. 따라서 "나아가 취함"도 "하지 않음"도 공자에게는 중도 결핍의 한 병적 표출에 불과했다. 오늘날 우리가 사용하는 진취적進取的이라는 말의 긍정적 의미도 말하자면 이런 오해의 결과라는 점이 참으로 아이러니컬하다.

만약 인간학에 관해 경험과 안목이 있는 독자라면 이러한 현상의 통시적 보편성에 대해 경이감을 느끼지 않을 수 없을 것이다. 광狂이라 하는 것은 목적 지향적이고 급진적이며 선악과 의리義理의 관념이 강한 일련의 성향을 말하는데, 공자는 그러한 성향의 행태학적 특징으로 "나아가 취하려 하는 것"進取을 들었다. 나아가 취하려 하는 것이 왜 이른바 '진취적'進取的이라는 긍정적 의미가 아니라 부정적 의미인가 하는 것을 알려면 "자기 자신에게서 찾는다"[1]고 하는 공자의 일관된 철학을 이해하지 않으면 안 된다.

그는 한 인간은 자신의 안에서 이루어 놓은 것 이상의 것을 자신의 바깥에서 이룰 수 없다는 사실을 인정하고 있었다. "나아가 취한다는 것"進取은 자기 자신을 벗어나서 자신의 바깥에서 무언가를 쟁취하려는 것을 말한다. 공자의 눈으로 보았을 때 그것은 일이 이루어질 수 있는 정당한 자리를 벗어나서 정당하지 않은 자리에서 정당하지 않은 방법으로 시도되는 소모적 추구였다. 그것은 훌륭한 뜻에도 불구하고 결국 그 어떤 새로운 것도 생산할 수 없는 도로徒勞에 그치고

1) 子曰:君子求諸己,小人求諸人. 15/21

마는 것이다.

반면 견狷이라 하는 것은 그릇된 현실에 대한 강한 거부감을 바탕으로 자기 자신을 그에 물들지 않게 보존하는 것만을 최고의 목표로 삼고 외적인 것에 관한 한 변화의 가능성을 회의하는 강한 국외자局外者적 성향을 말하는 것으로 보인다. "하지 않는 것"不爲을 그 행태상의 특징으로 분석해 낼 수 있는 이 완고함은 "나아가 취하는 것"과는 달리 자기 자신이라는 자리에 독특한 의미를 두고 유념한다는 점에서는 상대적 의의를 갖지만 아무런 '시도'가 없다는 점을 한계로 안고 있다. "과격한 자"狂者의 나아가 취함은 그래도 하나의 시도지만 "국외자"狷者의 하지 않음은 시도 자체가 없는 것이다. 따라서 "나아가 취하는 것"과 "하지 않는 것"은 각각 공자가 말하는 "지나침"과 "미치지 못함"이고 결국 어느 쪽이 더 낫다고 할 수 없는 똑같은 파행인 것이다.

공자가 옹야/29에서 직접적으로 중용을 언급한 것은 이러한 "과격함"狂과 "완고함"狷, "나아가 취함"進取과 "하지 않음"不爲의 양극화 현상이 중원의 지배적 분위기를 이루고 있던 당시의 사정을 배경으로 하고 있다.[2]

---

2) 狂과 狷(이 두 용어를 과격함과 완고함으로 번역할 수밖에 없는 것이 매우 안타깝다)에 대한 정확한 개념을 이해한다는 것은 쉬운 일이 아니다. 다만 공자의 이러한 현상학적 분석의 틀은 공자의 사후이기는 하지만 공자와 대체로 시대 환경을 같이했다고 볼 수 있는 전국 초기의 지배적인 사상으로서 묵적(墨翟)의 사상과 양주(楊朱)의 사상에서 유의한 검증을 받을 수 있을 것으로 생각한다. 공자는 이 두 사상이 중원을 휩쓸게 될 기반적 분위기를 이미 생전에 체험하고 있었음에 틀림없다. 따라서 두 사상이 보인 극단적인 대외 지향성과 대내 지향성, 겸애설(兼愛說)과 위아설(爲我說)은 공자의 중용사상, 특히 그 사상의 바탕이 된 현실의 과격함(狂)과 완고함(狷)을 이해하는 데에 훌륭한 경험적 지표로 보아도 무방할 것이다. 양주의 위아론(爲我論)은 노자나 장자의 '무위'(無爲) 철학에 뚜렷하게 그림자를 드리우고 있으며 묵적의 사유는 대체로 현실 유교의 '진취'(進取)적 흐름에 동화되어 간헐적으로 표출되곤 했다.

선생님께서 말씀하셨다.

"가운데의 하찮음中庸이 덕이 되니 그 얼마나 지극한가! 백성들은 오래 유지하는 일이 드물구나."

子曰:中庸之爲德也,其至矣乎!民鮮久矣. 6/29

이 한 마디! 좁게는 유가 사상의, 넓게는 동양 정신의 정수를 이루는 중용론의 남상濫觴은 이처럼 소박한 모습을 지닌 한 마디였다. 이제 이 짧은 단편을 가만히 들여다 보면서 어떻게 이 보잘것없는 한 마디가 그토록 커다란 파장을 만들 수 있었는지 생각해 보기로 하자.

"중용이 덕이 된다."—우선 이 첫 마디야말로 범상치 않은 구조를 하고 있다. 이 말은 지之자를 중심으로 중용中庸과 위덕爲德이 강렬한 대비 효과를 발하며 극적으로 배치되어 있다. 만약 우리가 이 말에서 그러한 극적 효과를 읽지 못한다면 그것은 중용이라는 것에 대해 우리가 이미 "중中은 천하의 바른 길이요, 용庸은 천하의 정한 이치다"[3] 하는 해설을 비롯하여 갖가지 난삽한 우주론적 해석에 잔뜩 주눅이 들어 있기 때문이다. 공자가 이 말을 처음 했을 때만 해도 중용이라는 말은 아직 견고한 개념이 아니라 그가 편의적으로 조합한 일시적 용어에 불과했다. 이 점은 중용이라는 용어를 조금만 주의 깊게 뜯어보면 금방 알 수 있는 것이다.

중中, 이 말은 당연히 사고와 행동의 양극화 현상 앞에서 공자가 주장하는 제3의 길, 즉 중도를 말한다. 물론 그것은 단순한 평균치로서의 중간은 아니지만 양극화 현상에서 확실히 양극의 질적 지양점止揚点에 위치하고 있기 때문에 '가운데'中라 부를 수 있는 것이다.

3) 中者天下之正道,庸者天下之定理.『中庸』

그러면 용庸은 무엇인가? 이 물음에 답함에 있어 우리는 천하의 정한 이치니 무어니 하는 정자程子의 해설에 구애될 필요는 없을 것이다. 논어에 입각해서 볼 때 공자의 용은 무엇인가? 그는 왜 중을 용과 결합시켰는가? 공자가 이 말을 처음 사용했을 때의 용庸은 평범함, 대수롭지 않음, 하찮음을 의미할 뿐이었다. 용렬庸劣은 못나고 열등한 것, 용졸庸拙은 못나고 좀스러운 것, 용인庸人은 용렬하고 못난 사람을 말한다. 다시 말해서 용庸은 중中에 모아지는 일반인들의 시각이었다.

공자가 그토록 강조한 중간치, 양단이 아닌 가운데치는 팽배한 양극화 현상의 와중에서는 도무지 이것도 저것도 아닌 평범함 혹은 하찮음에 불과하였다. 공자는 일반인들의 이러한 평가를 의식하였음에 틀림없다. 그리고 그것에 역설적 의미를 부여하였던 것이다. 중용은 그 자체가 하나의 위대한 반어反語다. 중용의 이러한 반어성을 이해함이 없이 그것을 마치 눈부신 황금의 문장紋章처럼 떠받드는 것은 전적으로 무익한 일이다.

논어에는 공자의 중도정신이 일반으로부터 어떤 대접을 받았는지 알 수 있는 충분한 자료가 없다. 그러나 짐작이 가능한 몇몇 단편은 있다. 즉 그의 주변에 흔히 출몰하는 수많은 '광간지사'狂簡之士들이 공자를 어떻게 보았을까 하는 것을 역으로 추론해 보는 데에서 그것은 가능해진다.

선생님께서 진나라에 계실 때 말씀하셨다.
"돌아가야겠구나! 돌아가야겠어! 나를 따르는 젊은이들은 과격하고 단순하여 찬란하게 기치는 세웠으나 그것을 어떻게 마름질해 나가야 할지는 알지 못하는구나!"

子在陳曰:歸與!歸與!吾黨之小子狂簡,斐然成章,不知所以裁之. 5/22

여기서 공자가 한탄하고 있는 것은 자로/21에서 언급한 양극화 현상 중의 하나, 즉 "과격성"狂이다. 그것이 "단순함"簡과 결합되어 있는 것은 자연스러운 것이라 하겠다.[4]

공자의 한탄은 진陳나라에서 자신을 추종하는 젊은이들조차 이처럼 거칠고 급진적인 단순함에 떨어져 "나아가 취하려"[5]고만 할 뿐 어떻게 그 목적을 이루어 나갈지를 모르는 맹목성에 빠져 있음을 안타까움과 실망 속에서 지적한 것이다. 그러나 이 돌출된 발언을 뒤집어 진나라에서 공자를 추종하던 일군의 젊은이들에 시각을 맞추어 본다면 어떠할까? 그들의 눈에도 공자는 어느 정도 존경할 만한 사람이기는 하겠지만 그럼에도 불구하고 그들의 의욕을 뒤따르지 못하고 중도中道라고 하는 모호하고 성에 차지 않는 길이나 가르치는 늙은이로 여겨지지 않았을까?

심지어는 가까운 제자들 중에서도 이런 시각은 어느 정도 온존하고 있었던 것으로 보인다. 자로의 경우만 보더라도 그와 공자 사이에 일정한 노선의 차이가 있었던 것이 사실이고 특히 공산불요나 필힐 등 정변을 꾀한 자들의 부름에 공자가 호응하는 태도를 보였을 때 자로는 노골적으로 불만을 표시하였다. 자로가 문인들 사이에서 일정한 영향력을 발휘하고 있었던 점을 생각하면 공자에 대한 자로의 불만은 단지 자로만의 불만으로 그치지는 않았을 것이다.

---

4) 공자가 자상백자를 두고 "괜찮은 사람이지만 단순하다"(可也,簡)고 말한 것은 "단순함"(簡)이 중궁이 주장한 바와 같은 이상적 측면에도 불구하고 현실적으로는 주로 "과격함"(狂) 따위와 결합되어 나타날 수밖에 없는 것임을 암시한 것이라 하겠다.

5) 『맹자』에 인용된 같은 문장에서는 吾黨之小子,狂簡이 吾黨之士,狂簡進取로 되어 있다.

공자를 곤혹스럽게 하였던 자들은 늘 이런 식의 뜻있는 사람들이었다. 심지어 공자가 그 사람됨을 인정하여 자신의 조카사위로 삼았던 남용南容도 근본적으로는 광간지사狂簡之士의 그룹 속에서 선발된 자였음을 알 수 있다.

선생님께서 남용南容을 두고 말씀하셨다.

"나라에 도가 있어도 추구함을 폐하지 않겠고 나라에 도가 없더라도 처형은 면할 사람이다"

하고 당신 형의 딸을 그에게 시집보내셨다.

子謂南容:邦有道不廢,邦無道免於刑戮.以其兄之子妻之. 5/2

남용을 긍정적으로 평가한 공자의 말이 쉽게 이해되지 않는다면 이 말을 뒤집어 놓아 보면 된다. 그러면 공자의 말은 "나라에 도가 있으면 추구함을 폐하고 나라에 도가 없으면 처형을 당한다"가 된다. 바로 광간지사狂簡之士들의 행태인 것이다. 그들은 과격하고도 단순하기 때문에 세월이 좋아지면 금방 추구함 자체를 폐해 버리고 세월이 나빠지면 저돌적으로 "나아가 취하려"進取 하다가 부질없이 목숨을 잃어버리기까지 한다.

공자가 남용을 굳이 그런 사람이 아니라고 평가한 것은 남용이 그런 사람과 전혀 무관한 사람이라기보다는 그러한 사람이 지닌 문제점을 바야흐로 벗어나 한 단계 더 심화된 국면에 접어든 사람임을 밝힌 것이다. 다시 말해서 남용은 상대적으로 생각이 깊고 신중하여 나라에 도가 있든 없든 그러한 상황에 일차원적으로 즉응하지 않고 그보다 한 차원 더 깊은 본질적 차원의 문제점과 씨름할 줄 아는 사람으로 공자는 평가한 것이다.

남용의 사람됨을 광간성狂簡性으로부터의 거리로 측정했다는 것은 그만큼 그의 주변이 중도를 잃은 양단성兩端性의 지사들로 둘러싸여 있었음을 말해 주는 것이다. 뿐만 아니라 팔일/24에서도 역시 광간지사狂簡之士로 보이는 의봉인儀封人이라는 자들은 공자를 만난 자리에서 "군자가 이 정도라면 내가 일찍이 만나 보지 못한 바도 아니오"[6] 하고 노골적으로 실망을 표명하기도 하였다.

공자는 바로 이러한 악조건 속에서 말했다. 양극이 아닌 가운데의 그 보잘것없는 것이 오히려 덕이 된다! 당신들이 불만을 느끼는 그곳, 당신들이 꿰뚫지 못하는 그곳, 당신들이 비웃고 있는 그곳, 그곳이 바로 극적 반전의 자리다! 따라서 그 자리가 어찌 지극하지 않겠는가!

만약 초기의 『중용』이 중용의 이러한 입장에 대한 의식적 변론이었다면 그것은 마치 초기 기독교인들이 예수의 실패를 상징하는 십자가를 승리의 상징으로 반전시켰듯이 몰이해와 조롱의 대상이던 중용을 일련의 호교론적 시도를 통해 반전시킨 것이라 할 수 있다. 우리가 중용을 이해할 때에는 이러한 호교론의 역설을 이해할 수 있어야 한다. 중용은 지금도 여전히 몰이해와 조롱 속에 있으며 진정한 덕의 구현을 위해 언제라도 위대한 정신에 의해 반전될 날을 기다리고 있다.

중용은 난삽한 철학적 논의의 장에서 출발하는 것이 아니라 삶의 일상적인 지평에서 출발한다. 중용의 문제를 야기하는 일상적 삶의 한 모습은 지나침過과 미치지 못함不及이라 할 수 있는데, 이에 관한

---

6) 儀封人請見曰:君子之至於斯也,吾未嘗不得見也.從者見之,出曰:二三子!何患於喪乎?天下之無道也久矣,天將以夫子爲木鐸. 3/24. 이 단편에 관한 그동안의 잘못된 해석에 관하여는 이 책 Ⅲ. 논어읽기의 문제들 2-다항 참조.

논의의 원형은 공자가 자장과 자하를 비교 언급한 선진/17에서 찾아볼 수 있다.

자공子貢이 물었다.
"사師와 상商 중에서 누가 더 낫습니까?"
선생님께서 말씀하셨다.
"사는 지나치고 상은 모자란다."
자공이 말했다.
"그러면 사가 더 낫습니까?"
선생님께서 말씀하셨다.
"지나친 것은 모자라는 것과 같다."
子貢問:師與商也,孰賢?子曰:師也過,商也不及.曰:然則師愈與?子曰:過猶不及. 11/17

공자가 양자를 같다고 표현한 것은 적극적인 의미를 가진다. 왜냐하면 일반적으로 양자는 각자 자기 입장에서 상대방에 비해 자기가 낫다고 생각하기 때문이다. 자공이 "그러면 사가 더 낫습니까?" 하고 반문한 것도 미치지 못하는 것보다는 지나친 것이 낫지 않겠는가 하는 막연한 생각에서였다고 할 수 있다. 공자가 그것을 같다고 말한 것은 자로/21에서 표명된 '중행을 얻지 못한 가운데에서의 행위의 현상학'에 따르면 당연한 귀결인 셈이다.

논어에는 이러한 양단에 관련된 몇몇 단편들이 남아 있다. 그것들은 대부분 잘못 읽혀져 온 탓으로 거의 중용과의 관련성을 인정받지 못했지만 실은 중용을 이해하는 중요한 단서들이다.

선생님께서 말씀하셨다.

"내가 아는 것이 있는가? 아는 것 없다. 미천한 사람이 있어 내게 물어오면 나는 막막하다. 나는 단지 그 양단을 두드려 줄 뿐이다."

子曰:吾有知乎哉?無知也.有鄙夫問於我,空空如也,我叩其兩端而竭焉. 9/7

중행을 얻지 못하면 반드시 양단의 어느 한쪽에 치우치게 된다. 다시 말해서 지나치게 되거나 미치지 못하는 것이다. 공자는 스스로의 앎을 다만 그 양단을 두드려 줄 정도에 지나지 않는다고 말함으로써 오히려 그 양단을 깨치고 중용에 이르는 일의 중요성을 암시하고 있다. 왜냐하면 바로 그 소크라테스적 방법론 속에 바로 진정한 앎의 길이 있기 때문이다. 선진/23에서 물러서려 하는 염유를 나아가게 하고 나아가려 하는 자로를 물러서게 한 것[7]은 이러한 양단 두드리기의 전형적 사례라 하겠다.

양단兩端은 상호적으로는 이단異端이다. 자한/7과 위정/16에 나오는 이 두 용어의 구조를 잘 관찰하는 것은 대단히 중요한 일이다. 논어에서 말하는 이단의 개념은 오늘날 정통orthodoxy에 대한 대응개념으로 정립된 이단heterodoxy과는 다른 것이었다.

선생님께서 말씀하셨다.

"이단을 공격하는 것은 그 자체가 해로운 것이다."

子曰:攻乎異端,斯害也已. 2/16

---

7) 子路問:聞斯行諸?子曰:有父兄在,如之何其聞斯行之?冉有問:聞斯行諸?子曰:聞斯行之.公西華曰:由也問,聞斯行諸,子曰,有父兄在.求也問,聞斯行諸,子曰,聞斯行之.赤也惑,敢問.子曰:求也退,故進之.由也兼人,故退之. 11/23

이단을 공격하는 것은 공격자의 입장에서는 언제나 위정척사衛正斥邪의 논리를 표방하지만 기실은 그 공격으로써 자기 자신이 또 하나의 이단임을 증명하는 것에 불과하다. 이단 공격은 그 자체가 하나의 폐쇄적 체계다. 따라서 공격의 구체적 내용이 무엇이든 간에 그 형식 자체가 내용에 앞서 그 행위를 해로운 것으로 만든다. 攻을 전공專攻으로 그릇 해석해 온 것은 위정척사로 무장된 유교의 경직된 체질에 바탕을 두고 이 단편을 해석했기 때문인데, 결국 이러한 그릇된 해석은 유교의 경직성과 폐쇄성을 더욱 부채질한 결과가 되었다.

이단 공격이 그 자체가 해라는 것은 바로 그 공격행위가 공격대상을 세우고立 있기 때문이다. 많든 적든 공격행위는 절망을 포함하고 있고, 공격대상에 대하여 공격자가 진정한 질적 우위에 있지 못하다는 것을 노출하는 것일 뿐이다. 지나친 것과 미치지 못하는 것이 '같다'는 객관적 사실이 여기에서 구체적으로 작용하고 있다. 양자가 천양지차라도 지닌 것처럼 여기는 공격자의 생각은 실제로는 주관적 미망迷妄에 지나지 않는다. 같다는 것을 안다는 것은 이처럼 적극적인 의미가 있다. 그 같다는 것을 알기 위해서는 중용을 체득하여야 하는 것이다. 아무것도 아닌 것이 덕이 되는 자리에 설 수 있을 때 비로소 소란스런 양극화 현상의 동질적 한계가 보이기 때문이다.

중용 또는 중행과 이를 둘러싼 양단兩端, 이단異端, 과불급過不及, 광견狂狷 등의 개념은 비록 논어에 단 한 번씩밖에 나오지 않지만 이들 개념이 사용된 방식과 상호 관계는 공자의 생각이 대단히 치밀하고도 논리적인 인식구조에 기초해 있었음을 말해 주는 것이다. 그 인식구조는 결코 그가 자의적으로 개발한 것이 아니다. 그것은 세상을 정당하게 바라보고 이해하기 위해서는 누구나 도달해야 할 당연한 방법론이었다.

이제 논어에서 중용의 문제는 단지 자사의 『중용』에 용어만을 물려준 초라한 모습으로 이해되어서는 안 된다. 비록 몇 개에 불과한 단편이지만 우리는 이 단편들의 상호관계를 통해서 인간행위의 파행적 현상에 눈뜨고 그 현상의 너머에 가로놓인 가운데의 하찮아 보이는 길에 주목할 수 있어야 한다. 그리고 그 "가운데의 하찮음"中庸이 바로 덕德이 된다는 사실을 터득하는 것은 우리에게 남겨진 실천의 몫이 될 것이다.

2. 배움과 가르침

공자가 자신을 말하는 경우에 유일하게 자부한 분야는 바로 "배우는 것"學과 "가르치는 것"誨이었다. 이 문제에 관해서 만큼은 공자도 결코 겸양을 보이지 않았다. 이것은 다른 대부분의 분야에서 공자가 자신을 늘 부족하고 미비하다고 자탄한 것에 대비해 볼 때 일견 두드러진 특징처럼 보인다.

선생님께서 말씀하셨다.
"열 집 남짓한 마을에도 필시 나만큼 충신忠信한 사람은 있을 것이나 그도 나만큼 배우기를 좋아하지는 못할 것이다."
子曰:十室之邑,必有忠信如丘者焉,不如丘之好學也. 5/28

선생님께서 말씀하셨다.
"말없이 간파하고, 배우되 싫증 내지 아니하며, 사람을 가르침에 지치지 않는다. 나에게 달리 무엇이 있겠느냐?"
子曰:黙而識之,學而不厭,誨人不倦.何有於我哉? 7/2

그러나 배움과 가르침이 다른 덕목에 대해 가지는 특별한 관계—다른 덕목에서의 부족을 자책하는 마음이 절실한 만큼 바로 배움과 가르침에 대한 의지가 돈독해지는 관계—를 생각하면 배움과 가르침에 대한 투명한 자부심은 오히려 다른 덕목에 대한 자탄이 한갓 시늉

이 아니었음을 확인해 주는 것이라 할 수 있다.

일반적으로 우리는 배움이나 가르침을 논어에서 발견되는 다른 여러 덕목들과 동일한 덕목으로 간주하지 않는다. 오히려 그것은 아예 덕목이라는 이름으로 분류될 것이 아니라 단지 그러한 덕목들에 이르는 수단이나 방법으로 분류되는 것이 마땅해 보인다. 과연 그것은 무언가 달라 보인다. 어짊이며 의로움이며 예악이며 중용이며 덕이며 하는 것들과는 달리 그것은 어떤 의미 있는 내용을 함유하지 않고 단지 병렬적으로 나열될 수 있는 여러 행위들 중의 하나에 지나지 않는 듯하다.

실제로 논어에서 배운다는 것學이 단지 학습이나 모방倣 정도의 가벼운 의미로 사용된 경우가 적지 않다. 이를테면 "농사짓는 법을 배운다"學稼(13/4)는 말이나 "시를 배운다"學詩(16/13)는 말은 물론이지만 "배우기만 하고 생각하지 않으면 막연해진다"[8]는 말도 가벼운 의미의 배움에서 그리 멀리 떨어져 있지 않다. 그러나 목적어 없이 쓰인 대부분의 배움, 일종의 추상화된 배움은 그런 의미의 배움을 한 단계 뛰어넘어 질적인 비약을 이루고 있는데, 거기에서의 배움은 논어에 나오는 여러 덕목들 못지않게 의미 있는 덕목으로 제시할 만한 내용을 가지고 있다. 여기에서 논의하고자 하는 것은 배움과 가르침이 어떤 의미에서 그처럼 특별한 덕목이 되는가를 밝히는 일이다.

우선 공자는 배움을 자기 향상에 관한 '효과적'인 수단으로 이해하고 있다는 사실을 주목할 필요가 있다. 일견 당연해 보이는 이 지적은 삶의 현장에서는 결코 당연하지 않다. 많은 사람들은 자기 향상을 염원하고 있으면서도 그 효과적인 수단을 찾지 못한 채 일생을 살

---

8) 子曰:學而不思則罔,思而不學則殆. 2/15

아간다. 심지어는 자기 향상이란 과연 가능한 것인가, 인간이란 결국 타고난 기량의 한계를 넘어서지 못하는 것이 아닌가, 따라서 배움이 사람을 궁극적으로 변화시켜 준다는 것은 실제로는 불가능에 가까운 일이 아닌가 하는 막연한 절망감에 사로잡혀 있는 경우가 많다. 바로 이러한 생각을 염유가 피력했을 때 공자는 그러한 생각에 대해 아주 중요한 견해를 표명했다.

염구冉求가 말했다.
"선생님의 도道를 좋아하지 않는 것은 아니나 힘이 부족합니다."
선생님께서 말씀하셨다.
"힘이 부족한 자는 중도에서 포기하는데 지금 너는 스스로 한계를 긋고 있다."
冉求曰:非不說子之道,力不足也。子曰:力不足者,中道而廢,今女畫. 6/12

즉 그는 모든 인간의 미급한 상태를 소여所與가 아니라 하나의 선택이라고 생각했다. 과연 모든 인간의 불완전한 상태가 어쩔 수 없는 운명에 의해 주어진 것인가, 스스로에 의한 그때그때의 선택인가 하는 것은 객관적 해답을 가지고 있지 않다. 중요한 것은 인간의 현재 상태를 위대한 지향에 의해 조성된 의미망 속에서 재인식할 때 그것이 선택으로 인식된다는 사실이다. 아무런 지향이 없는 자에게 삶은 지루한 일련의 소여에 지나지 않는다. 그러나 지향은 소여를 자기책임 속으로 끌어들이고 결국 그 모든 것을 완전한 스스로의 선택으로 인식한다. 이 특별한 인식은 "하늘을 원망하지 않고 남을 탓하지 않았다"[9]는 공자 자신의 말 속에 집약적으로 표현되어 있다.

그러한 인식은 곧바로 자신의 향상 가능성에 대한 인식에 맞닿아 있다. 모든 것을 자신의 선택으로 인식하면서도 스스로가 나아갈 수 있다는 것을 부인하는 인식은 없다. 바꾸어 말해서 스스로가 나아갈 수 있다는 것을 부인하는 인식은 바로 자신의 상태를 아직 자신의 선택으로 받아들이지 못하고 있는 인식, 즉 아직도 소여에 얽매여 있는 인식이다.

따라서 공자가 "나는 힘이 부족한 사람은 보지 못하였다"[10]고 말한 것을 주목할 필요가 있다. 이러한 언술은 그의 가르침과 특별한 연관을 가지고 있다. 여기에서 교육에 대한 그의 결코 지칠 줄 모르는 열정이 비롯된다. 모든 사람의 상태가 각자 자신의 선택에 의한 것이고, 더 나은 상태에 관한 모든 가능성이 열려 있고, 그 가능성을 향한 역량이 누구에게나 갖추어져 있다는 확신만 가진다면 어느 누군들 "그것을 하라"고 말하지 않겠는가!

"호학"好學에 대한 끊임없는 강조는 바로 이러한 인식, 공자로서는 너무나도 명백한 인식에서 비롯되고 있다. 논어에서 호학에 대한 권고는 여러 모습으로 부단히 반복되고 있어서 오히려 읽는 자들에게 무감각하게 다가올 정도다. 배움은 그 나름의 기쁨과 녹祿을 지니고 있다는 것은 아직 배움의 성취감을 느껴 보지 못한 젊은이들에게 그 세계가 지닌 고유한 풍요로움을 소개하는 전형적 방법이었다. 논어 첫머리의 "배워서 때에 따라 익히니 또한 기쁘지 않으냐?"[11] 하는 구

---

9) 子日:莫我知也夫!子貢日:何爲其莫知子也?子日:不怨天,不尤人,下學而上達,知我者其天乎! 14/37

10) 我未見力不足者. 4/6

11) 學而時習之,不亦說乎? 1/1

절도 그 대표적인 것이라 할 수 있다.

그러나 자기 향상에 대한 일반인들의 막연한 절망은 단순한 호학의 강조만으로는 쉽사리 타개하기 어려운 벽이었다. 공자는 여기에서 배움의 길, 도道에 대한 믿음의 중요성을 더불어 강조했다. 그 대표적 단편이 위정/22다.

선생님께서 말씀하셨다.

"사람이 믿음이 없으면 그를 어찌할 수 없다. 큰 수레에 수레채잡이가 없고 작은 수레에 끌채잡이가 없다면 무엇으로 그 수레를 나아가게 할 수 있겠느냐?"

子曰:人而無信,不知其可也.大車無輗,小車無軏,其何以行之哉? 2/22

여기에서 수레는 배움의 길에 들어선 사람에 대한 비유다. 이제 이 수레를 앞으로 끌고 가려면 스승은 소나 말의 기능을 하면서 이 수레를 끌어가야 할 것이다. 이 견인에서 중요한 역할을 하는 것은 소나 말에 연결시켜서 끌 수레채잡이라는 연결 부분이 된다. 횡목橫木으로 된 이 장치가 없다면 소나 말이 설혹 끌고 싶어도 끌 방법이 없을 것이다. 그처럼 한 사람을 가르치고 향상시켜 나가는 데에도 이 수레채잡이처럼 연결 부분 역할을 하는 것이 바로 인도자에 의해 제시된 길道에 대한 믿음이다. 실로 끌려갈 존재가 자신이 끌려갈 방향과 길에 대한 믿음이 없다면 어떠한 인도자도 그를 움직일 수 없는 것이다. 그리고 믿음이 없으면 그는 미래에 대한 어떠한 전망도 갖지 못한다. 이러한 입장은 篤信好學, 즉 "돈독히 믿고 배우기를 좋아하라"[12]는 공자의 간곡한 권고에도 역시 절실하게 나타나 있다.

배움에 관한 공자의 기본 입장은 그것이 효과적인 수단이라는 점뿐만 아니라 사실상 '유일한' 수단이라는 점에 의하여 더욱 확고히 정초되어 있다. 그는 과거 역사의 집적된 경험과 지혜를 통해서만 가장 빨리 또 가장 균형 있는 인식을 얻을 수 있다고 생각했다. 태어나면서부터 아는 것을 사실상 부인하고 배워서 아는 것을 도에 이르는 유일한 방법으로 이해한 그는 논어에서 자그마치 네 번에 걸쳐 배우지 않고 단지 생각이나 경험에만 의존하는 것은 온당하지 않다는 것을 강조했다.[13]

자하가 "모든 장인은 작업장에 거함으로써 그 일을 이루고 군자는 배움으로써 그 도道에 이른다"[14]고 말한 것은 이 점에서 당연하기 때문에 오히려 더욱 의미심장하게 다가오는 말이다. 이러한 점은 공자가 말하는 호학의 실제에서 왜 "호고"好古가 특별히 중요한 위치를 차지하는지를 말해 준다.

배움이 자기 향상을 위하여 효과적이고도 유일한 수단이라는 점은 그러나 아직 배움 그 자체가 덕목이라는 사실을 보증해 주기에는 부족하다. 배움 그 자체에 수단을 넘어서 목적에 상당하는 의의를 부여

---

12) 子日:篤信好學,守死善道.危邦不入,亂邦不居.天下有道則見,無道則隱.邦有道,貧且賤焉,恥也.邦無道,富且貴焉,恥也. 8/14

13) 子日:學而不思則罔,思而不學則殆. 2/15
子張問善人之道.子日:不踐迹,亦不入於室. 11/21
子路使子羔爲費宰.子日:賊夫人之子.子路日:有民人焉,有社稷焉,何必讀書然後爲學?子 日:是故惡夫佞者. 11/26
子日:吾嘗終日不食,終夜不寢,以思,無益.不如學也. 15/31

14) 子夏日:百工居肆以成其事,君子學以致其道. 19/7

하는 공자의 관점은 실로 그가 다른 제가諸家들과 구별되는 변별점이라 할 만하다. 우선 이 관점을 시사하는 대표적인 단편을 보자.

선생님께서 말씀하셨다.

배움에 있어서는 미치지 못한 듯한 자세로 하여라. 오히려 그것을 잃어버릴까 두렵구나."

子曰:學如不及,猶恐失之. 8/18

이 짧지만 시사적인 한 마디는 배운다는 자세가 인간의 진정한 앎에서 어떤 역할을 하는지 잘 말해 주고 있다. 공자의 이 말은 "미쳤다"及고 생각하면 "오히려 그것을 잃어버리게 된다"는 점을 경고하고 있다. 따라서 여기서 '안다'는 것은 특별한 이해 내용이 된다.

우리가 그것을 단순한 지식처럼 이해한다면, 다시 말해서 어떤 역사적 사실이나 어떤 조수초목鳥獸草木의 이름에 대해 아는 것처럼 한 번 안 것은 원칙적으로 앎이라는 창고에 영원히 입고되는 것이라고 여긴다면 공자의 말은 적용될 여지가 없게 될 것이다. 공자의 말이 의미를 갖는 것은 그가 말하는 앎이 결국 그러한 앎과는 다른 앎임을 암시한다. 그렇다면 그는 진정한 의미의 앎을 어떠한 것으로 이해하고 있었는가? 여기에서 공자가 자로에게 일러 준 앎을 돌아볼 필요가 있다.

선생님께서 말씀하셨다.

"유由야, 너에게 아는 것을 가르쳐 주랴? 아는 것을 아는 것으로 하고 모르는 것을 모르는 것으로 하는 것, 그것이 바로 아는 것이다."

子曰:由,誨女知之乎?知之爲知之,不知爲不知,是知也. 2/17

여기서 공자는 모른다는 것을 아는 것도 아는 것이라는 중요한 견해를 표명했다. 공자 자신을 포함하여 인간에게 모르는 것을 떨칠 수 없는 조건이라 한다면 이 조건은 인간에게 어떤 관계로 존재하는 것일까? 여기에서 우리는 "모르는 것을 모르는 것"이야말로 무지의 진정한 요건을 충족시키고 있다는 것을 알 수 있다. 그러나 모르는 것을 아는 것은 그러한 의미에서의 무지와는 다르다. 이것은 일종의 '미지'未知라고나 불러야 할 그 무엇이다.

이 미지는 자신이 모르고 있다는 것을 알고 있기 때문에 적어도 앎의 전체 윤곽에서는 상정할 수 있는 '전지'全知와 외형을 같이하고 있다. 따라서 모른다는 것을 모르는 진정한 무지가 그가 알아야 할 세계의 크기뿐만 아니라 그가 알고 있는 것마저 왜곡시키고 있는 것에 비하면 이 모르는 것을 아는 것은 사실상 '있어야 할 모든 것들을 제자리에 있게 하는' 진리의 원칙에 따르고 있다. 그는 아직 모르고 있지만 모르는 것을 알고 있기 때문에 미지는 이미 그의 삶에 역설적으로 참여하고 있다. 모르는 것을 앎으로써 모르고 있는 대상은 모르고 있는 그 상태 그대로 아는 것이 된다.

우리의 내밀한 경험은 미지가 훨씬 절실한 의미를 갖추고 우리의 삶에 간여한다는 것을 알고 있다. 삶의 진정한 자양은 앎의 세계에서 온다기보다 앎의 세계가 끝나는 맨 바깥 가장자리, 앎의 세계와 알지 못하는 세계가 맞닿는 경계선을 넘어 저쪽에서 온다는 것을 우리의 은밀한 감수성은 말해 주고 있다. 어떻게 그와 같은 일이 가능할까? 그것은 모르는 것을 알 때 우리의 인식은 어느 사이에 이미 앎의 세계와 알지 못함의 세계를 넘어 그 둘을 함께 아우르는 더 넓고 큰 세계 속에 뛰어들기 때문이다. 그것은 앎에 관한 한 그 어떤 평면적 확대가 아니라 하나의 차원을 더하는 질적 변환을 의미한다.

실상 논어의 이러한 관점은 앎의 문제에만 국한된 것은 아니다. 공자는 이미 "과오"過의 문제와 관련하여 진정한 과오의 극복은 과오의 절대적 극복에 있는 것이 아니라 과오의 이중성, 즉 과오가 있음에도 불구하고 그것을 고치려 하지 않는 것을 극복하는 데에 있다는 것을 언급한 바 있다.[15] 또 "악"惡의 문제와 관련하여서도 그는 직접성의 악은 오히려 요청되는 그 무엇이라는 점을 밝혔다.[16] 따라서 과오 가운데에서 과오를 넘어서고, 악 가운데에서 악을 넘어서고, 무지 가운데에서 무지를 넘어선다는 공문의 역설을 이해하지 못하면 아직 공문은 충분히 이해된 것이 아니다.

그러면 이제 모르는 것을 모르는 것으로 하는 것은 결국 구체적으로 어떤 태도나 행위를 말하는 것인가? 어떻게 하는 것이 바로 모르는 것을 모르는 것으로 함으로써 아는 것이 되는 것일까? 그것이 바로 배움이다. 배움이야말로 모르는 채로 앎의 전체성을 확보하는 의미 있는 기제고 배움이야말로 앎과 무지의 두 세계를 화해시키고 통일하는 신비로운 장치다. 따라서 여기서의 배움은 이제 더 이상 단순한 수단으로서의 의미만을 가지는 것이 아니다. 배움의 개념은 이제 좀 더 순화되지 않으면 안 된다. 왜냐하면 그것은 바로 정직이고 아직 모르고 있는 세계에 대한 경건한 열정이기 때문이다. 이제 배움에 대한 순화된 개념을 염두에 두고 다시 저 "배움에 있어서는 미치지 못한不及 자세로 하라"고 했던 앞서의 말로 돌아가 보자.

공자는 만약 배우는 사람이 스스로 "미쳤다"及고 생각하게 되면 오히려 그것을 잃어버리게 될 것임을 경고하고 있다. 이제 스스로 미쳤

15) 子曰:過而不改,是謂過矣. 15/30

16) 子曰:伯夷叔齊,不念舊惡,怨是用希. 5/23

다고 생각하는 순간 그는 모르는 것을 부인하게 될 것이고 그것을 부인하는 순간 앎의 세계와 알지 못하는 세계는 다시 화해불능의 벽을 쌓게 되기 때문이다. 공자를 포함한 그 누구도 무지로부터 직접적으로 자유로울 수는 없다. 그러나 배움이라는 자세는 단지 그 경건한 자세만으로 무지를 단숨에 앎의 차원으로 승격시킨다. 따라서 배움은 한편으로는 수단이지만 다른 한편으로는 그 자체의 목적이 되는 것이다.

그는 탁월한 경험적 감각으로 배움을 통하여 앎이 창출되지만 동시에 그 앎은 계속되는 배움 속에서만 존립한다는 사실을 깨닫고 있었다. 앎은 그것을 알게 됨으로써 불멸의 앎이 되었다고 생각하는 순간, 다시 말해서 배움이 적어도 그 알게 된 것에 관한 한 더 이상 불필요해졌다고 생각하는 순간, 조용히 무화되어 버리고 만다. 앎은 본질적으로 정적인 것이 아니라 앎이 지속되는 전 기간에 걸쳐 작용하는 동적인 무엇이다. 배운다는 것은 결국 이 앎의 활동성을 구성하는 것이다. 배움이 그칠 때 앎도 동시에 그친다! 그렇다면 배움이 어떻게 다른 많은 덕목들과 대등하거나 오히려 그 이상의 덕목이라 아니할 수 있겠는가!

배움을 둘러싼 이 역설적인 논리는 이제 가르침에서도 고스란히 적용된다. 가르치는 것은 배우는 것이 지니는 의미에 상응하여 의미를 지니기 때문이다.

호향互鄕에 사는 함께 말하기 어려운 아이를 만나시니 문인들이 의아스러워 하였다. 이에 선생님께서 말씀하셨다.
"그의 나아감에 함께하는 것이지 그의 물러남에 함께하는 것이 아니다. 그렇다면 무엇이 심하다는 것이냐? 사람이 자신을 깨끗이 하여 나아가면 그 깨끗함에 함께해 주는 것이지 그의 모든 행적을 감싸주는 것은 아니다."

互鄕難與言童子見,門人惑.子曰:與其進也,不與其退也.唯,何甚?人潔己以進,與其潔也,不保其往也. 7/31

이 단편에서 문인들과 공자 사이에 중요한 견해 차이가 드러나고 있다. 이 호향의 아이는 "함께 말하기 어렵다"는 표현에서처럼 일반인들의 안목에서 볼 때 공자 같은 사람이 만날 만한 상대는 아니었던 모양이다. 그러나 공자는 "사람이 자신을 깨끗이 하여 나아가면 그 깨끗함에 함께해 주는 것"이 옳고 의미 있는 일임을 주장하였다. 이것은 바로 배움에서 그가 어떤 상태에서든 새로운 한 발자국을 내딛는다면 그것은 어떤 현자의 한 발자국 못지않게 상찬할 만한 일임을 말하는 것이다.

어리석은 자가 배우고자 애쓰는 것과 현명한 자가 다 배웠다고 자만하는 것 사이에서 공자가 어느 쪽을 지지했을 것인가 하는 것은 배움 자체가 지닌 전술한 논리를 생각할 때 자명한 것이 아닐 수 없다. 실제 그는 자한/18에서 바로 그 문제에 대하여 다음과 같이 비유를 들어 말했다.

선생님께서 말씀하셨다.

"산을 쌓는 데에 비유해서 말하자면 한 삼태기의 흙을 덜 쌓고 그치더라도 나는 그만둘 것이며 평지에 비유해서 말하자면 비록 한 삼태기의 흙을 부어서라도 나아감이 있다면 나는 갈 것이다."

子曰:譬如爲山,未成一簣,止,吾止也.譬如平地,雖覆一簣,進,吾往也. 9/18

여기서 그는 한 삼태기의 흙을 더하는 일과 그치는 일이 어떤 단계에서 이루어지느냐 하는 것이 전혀 중요하지 않다는 것을 분명히 했다. 중요한 것은 나아가느냐 그치느냐 하는 것이다. 나아가는 한 모든 가능성이 함께하고 그치는 한 모든 문은 닫힌다. 가르침의 의의란 바로 배움의 의의에 대응되는 것인 만큼 전술한 배움의 의의를 생각할 때 공자의 이러한 결론은 너무나도 당연한 것이었다.

우리는 논어에서 가르침과 관련하여 공자가 보인 이런 확호한 태도를 부족함이 없이 찾아볼 수 있다. 이를테면 그가 안연을 그토록 좋아하고 그가 죽었을 때 "하늘이 나를 버렸다!"고 통곡한 데에는 그가 배우기를 좋아했던 유일한 제자였다는 점이 가장 큰 이유였다.[17] 그는 안연을 이렇게 회상했다.

> 선생님께서 안연을 일컬어 말씀하셨다.
> "애석하구나. 나는 그가 나아가는 것만 보았지 멈춰 있는 것을 보지 못하였다."
> 子謂顔淵日:惜乎!吾見其進也,未見其止也. 9/20

안연은 결코 자신이 이미 이루어 놓은 부분에 안주하는 일이 없었다. 그에게 그것이 가능했던 것은 공자의 지적처럼 그가 노怒를 밖으로 옮기거나 과오를 이중으로 짓는 일이 없었기 때문이었다. 대부분의 사람들이 빠져드는 이 실족失足만 피할 수 있다면 누구든 멈추지 않고 나아갈 수 있음을 공자는 굳게 믿었다. 아마 이 믿음 때문에 공

---

17) 哀公問:弟子孰爲好學?孔子對日:有顔回者好學,不遷怒,不貳過,不幸短命死矣.今也則亡,未聞好學者. 6/3

자는 더욱 모든 사람들이 안타까웠을 것이다. 그래서 "누가 문을 경유하지 않고 밖으로 나갈 수 있겠는가? 그런데 어찌하여 이 도道를 경유하지 않는가?"[18] 하고 부르짖었을 것이다.

공자는 그의 한평생을 통하여 결코 지치는 일이 없이 가르쳤다. 가르치는 일은 어쩌면 그가 세상과 맺고 있는 거의 유일한 관계방식이었는지도 모른다. 그리고 마치 배움을 그치면 앎도 그치듯이 가르침을 그치는 것도 그에게는 단순한 가르침 이상의 상실을 의미하였을 것이다.

마지막으로 배움의 구체적 방법에 대한 논어 단편의 언급은 주목할 필요가 있다. 공자는 그 자신이 적지 않은 제자들을 거느리고 가르쳤지만 배움의 결정적 수단으로 좋은 스승을 만나 그의 가르침을 따라야 함을 한 번도 강조하지 않았다. 우선 그는 자신이 일정한 스승 없이 삶의 길을 찾았기 때문에 오히려 자신이 택해 온 방식을 강조했다.

> 선생님께서 말씀하셨다.
> "옛것을 되살려 새롭게 깨닫는다면 그것으로 스승을 삼을 수 있다."
> 子曰:溫故而知新,可以爲師矣. 2/11

그는 구체적 스승에게 배울 필요 없이 옛것을 되살려 새롭게 깨닫는 것으로 스승을 삼아 배워 갈 수 있음을 확신했다. "슬기로운 사람을 보면 같아질 것을 생각하고 슬기롭지 못한 사람을 보면 속으로 자

18 子曰:誰能出不由戶?何莫由斯道也? 6/17

신을 살펴라"[19]는 말이나 "세 사람이 가면 반드시 나의 스승이 있다. 그 중 선한 사람을 택해서는 그 선한 점을 따르고 선하지 못한 사람을 택해서는 그 선하지 못한 점을 고친다"[20]는 말도 역시 배움의 방법을 제시한 것이며, 그 밖에도 술이/30이나 자장/22[21]가 동일한 기조를 보이고 있다. 그러나 그 중에서도 위정/18의 다음 단편은 우리가 어떻게 배움의 길을 걸어가야 하느냐 하는 문제에서 아마 가장 절실하고 근접된 교훈이 될 것으로 보인다.

> 자장子張이 녹을 위해 배우자 선생님께서 말씀하셨다.
> "많이 들어 의심스러운 것은 제쳐 놓고 나머지를 신중히 말하면 허물이 적을 것이다. 많이 보아 위태로운 것은 제쳐 놓고 나머지를 신중히 행하면 뉘우침이 적을 것이다. 말에 허물이 적고 행동에 뉘우침이 적으면 녹은 그 가운데에 있다."
> 子張學干祿,子曰:多聞闕疑,愼言其餘,則寡尤.多見闕殆,愼行其餘,則寡悔.言寡尤,行寡悔,祿在其中矣. 2/18

여기서 공자가 제시한 바, "의심스러운 것은 제쳐 놓고 나머지를 신중히 말하거나 행하는 것"은 공자의 모든 언행에서 확인할 수 있는 것이다. 그 점에서 이 원칙은 공자가 자장에게 가르친 것이면서도 자기 자신에게 적용했던 원칙임을 알 수 있다. 이 평범한 원칙은 한

---

19) 子曰:見賢思齊焉,見不賢而內自省也. 4/17

20) 子曰:三人行,必有我師焉.擇其善者而從之,其不善者而改之. 7/23

21) 子曰:蓋有不知而作之者,我無是也.多聞,擇其善者而從之,多見而識之,知之次也. 7/30
衛公孫朝問於子貢曰:仲尼焉學?子貢曰:文武之道,未墜於地,在人,賢者識其大者,不賢者識其小者.莫不有文武之道焉,夫子焉不學?而亦何常師之有? 19/22

단계가 반드시 다음 단계를 불러오는 방식, 즉 끊임없는 진보가 가능해지는 방식이었다. 배움에 뜻을 둔 한 평범한 소년이 바로 이 방법을 통하여 인류의 사표가 될 인물로 성장할 수 있었다면 어떻게 그 방법이 위대한 비방秘方이 아닐 수 있겠는가?

3. 부끄러움과 즐거움

모든 사람의 진정한 나아감을 가능케 하는 추동력으로서 공자가 "부끄러움"恥이라는 감정을 주목한 것은 공문의 근본적인 입장과 관련하여 중요한 의의를 지니고 있다. 사실 부끄러움은 법가나 도가 또는 후대의 불교에서도 그다지 강조된 바 없는 공문 특유의 착안점이다. 부끄러움이 극히 일상적인 감정이고 실제 공자도 그것을 일상적 의미와 용례를 넘어서 사용하지 않고 있음에도 불구하고 부끄러움은 공문의 독특한 입장을 유감없이 보여 주고 있는데, 그 입장은 다음과 같은 두 가지로 정리해 볼 수 있다.

첫째는 자율성이다. 부끄러움은 인간의 가장 은밀한 내면에 그 진앙을 둔 일련의 떨림으로서 인간이 스스로를 자율적으로 조정하는 특별한 기제라고 할 수 있다. 이 점은 전국시대 이후 강력한 세력으로 떠오른 법가사상과 공문의 가장 날카로운 차별점이기도 하다. 위정/3에서 "정령政令으로 이끌고 형벌로 다스리면 백성들은 겨우 따르게는 되겠지만 부끄러워할 줄 모르게 된다. 덕으로 이끌고 예로 다스리면 부끄러워할 줄 알게 되고 또 저절로 갖추어 갈 것이다"[22]고 한 것은 바로 법가적 사고유형을 미리 예상이라도 한 듯 그와는 명백히 다른 공문의 입장을 보여 주고 있다.

타율적 통치행위는 "부끄러워할 줄 모르는"無恥 결과를 낳는다. 그

---

22) 子曰:道之以政,齊之以刑,民免而無恥.道之以德,齊之以禮,有恥且格. 2/3

리고 그것은 자신의 안에서 스스로 방향을 찾아 나가는 힘을 파괴하고 그 감각을 마비시킨다. 아무런 강제력도 행사하지 않으면서 그 어떤 강제력보다 강력하고 그러면서도 한없이 섬세하게 각 개인의 행동과 선택을 좌우하는 것이 부끄러움이라면 그 이상으로 자율적인 기제가 어디에 있을 것인가?

둘째는 실지성實地性이다. 부끄러움은 공문으로 하여금 다른 그 어떤 사상보다 개념화되는 것을 막으면서 인간존재의 실지實地에서의 구체적인 완성을 추구케 하는 계기가 되었다. 논어에서 궁행躬行이라는 말로 밀도 있게 표현된 이 입장은 부끄러움을 통해서 조명할 때 가장 선명한 모습을 보인다. 부끄러움은 무엇보다 거짓됨에 저항하는 것을 그 속성으로 한다. 이 점은 부끄러움이 정말로 부끄러워할 만한 것을 대상으로 정향正向해 있는 경우뿐만 아니라 "가난하고 낮은 신분"貧且賤을 부끄러워하는 것처럼 전도되어 있는 경우에도 어느 정도는 마찬가지로 발견되는 것이다.

거짓되게 보인 자신과 자신의 벌거벗은 존재 사이에서 흔들리고 진퇴하며 그 간격을 좁혀 나감으로써 자기 자신의 진정한 정체에로 무한히 수렴해 가게 하는 것이 부끄러움의 속성이다. 그러한 속성으로서의 부끄러움은 맹자가 처음 언급하고 후대의 성리학자들이 인성론적으로 체계화한 수오지심羞惡之心과는 또 다른 것이다. 그들은 부끄러움을 중요한 인성론의 변수로 객체화시킴으로써 부끄러움이 제 본래의 자리에서 지니고 있는 그 순간순간에서의 구체적 추동력을 희생시켜 버렸다. 부끄러움이라는 감정을 인성론적으로 혹은 윤리학적으로 분석하는 것은 아주 흥미로운 작업이 될 것이지만 그것은 공자가 겨냥한 실지를 벗어나서 그 궤도 밖에서 이루어지는 도상圖上의 작업이 되기 쉽다.

부끄러움은 내면에서 전개되는 두 상반되는 변수들 간의 팽팽한 줄다리기이자 그 줄다리기에 대한 자의식이라고 할 수 있는데 논어에서 확인할 수 있는 것은 그 두 상반되는 변수가 진정한 길道과 세속적 가치관으로 표출된다는 사실이다. 논어는 부귀와 교언영색巧言令色을 진정한 길의 반대편에서 부끄러움을 야기시키는 가장 대표적인 대립항목으로 제시하고 있다.

선생님께서 말씀하셨다.

"해진 솜두루마기를 입고 여우나 담비 털옷을 입은 자와 함께 서서도 부끄러워하지 않을 사람은 바로 유由일 것이다."

子曰:衣敝縕袍,與衣狐貉者立而不恥者,其由也與. 9/26

이러한 유의 대립은 이인/9의 "남루한 옷과 거친 음식을 부끄러워하는 자", 태백/14의 "나라에 도가 있으면 가난하고 천한 것이 부끄러운 것이지만 나라에 도가 없으면 부유하고 귀한 것이 부끄러운 것이다", 헌문/1의 "나라에 도가 있어도 녹을 먹고 나라에 도가 없어도 녹을 먹는 것이 부끄러운 짓이다" 등에서도 이 같은 사례들을 발견할 수 있다. 여기서 부귀라는 말은 오랜 동양사의 감수성에서는 너무 닳고 닳은 말이 되어 그것이 공문에서 의미하는 바를 음미하기에는 오히려 장애 요소가 될 정도다. 부끄러움의 문제를 왜 하필 공자는 부귀와 관련시키고 있을까? 그것은 부유해진다는 것과 사회적으로 높은 신분이 된다는 것이 얼마나 강렬하고 집요한 유혹인가 하는 것을 여실히 이해할 때 그 실마리가 풀리게 된다.

확실히 공자는 부귀 그 자체를 객관적으로 부끄러워할 만한 어떤 것으로 보지는 않았다. 부끄러운 것은 부귀 그 자체가 아니라 우리가 우리의 초라한 모습을 감추는 데에 부귀라는 허상을 이용하고 있다는 사실이다. 얼마나 무수한 사람들이 그 빛나는 허상을 좇아 그들의 삶을 불태웠던가! 까마득한 옛날부터 오늘날에 이르기까지 이 유서 깊은 편법은 바른 길正道에 대한 믿음을 잃어버린 사람들이 흔히 접어드는 대표적인 사도邪道였던 것이다.

부귀에 깃들인 이 위험을 위험으로 보지 않는 것은 오늘날과 같은 산업시대의 특징이기도 하지만 그것은 부귀를 둘러싼 이 거짓됨의 문제가 해소되었기 때문이 아니다. 다만 오늘날에는 이 골치 아프고 감당키 어려운 과제를 밀쳐 두고 다루기 쉬운 과제, 우리 자신의 변화를 직접적으로 요구하지 않고 대신 충족될 수 없는 욕망을 충족시키기 위하여 외물外物의 변화만을 끊임없이 추구하는 빗나간 과제에 온전히 눈멀어 있기 때문이다. 말할 나위도 없이 그것은 아무런 근본적인 변화도 가져오지 못한 채 우리의 모든 노력을 일정한 한계 안에 가두어 놓고 있을 뿐이다.

"말과 외양"言色에 대한 부끄러움은 궁극적으로는 부귀를 둘러싼 부끄러움과 표리를 이루고 있다. "세련된 말과 의젓한 모습"巧言令色은 역시 부귀가 스스로의 초라함을 꾸미기 위하여 추구되듯이 아직 확보되지 못한 영역을 값싸게 선취하려는 인간의 약함과 어리석음을 반영하는 것이다. 이인/22에서 공자는 "말"言과 "실지"躬 사이의 관계를 다음과 같이 밝히고 있다.

선생님께서 말씀하셨다.

"옛사람들이 말을 하지 않았던 것은 자신의 됨됨이가 그 말에 미치지 못하는 것을 부끄러워했기 때문이다."

子曰:古者言之不出,恥躬之不逮也. 4/22

교언영색에 대한 공자의 불신은 논어의 도처에서 확인할 수 있는데 말과 외양이 아닌 실지實地에서의 성과만을 인정하려는 공자의 입장은 확고하다 못해 집요할 정도였다. 스스로가 달성하지 못한 부분을 말과 그럴듯한 외양을 통해 달성한 듯이 보이고 싶어 하는 의식적, 무의식적 태도를 그는 감내하지 않았고 그것은 부끄러움으로 나타났으며 그 부끄러움은 다시 공자 자신을 더 이상 부끄럽지 않은 떳떳한 경지에 이를 때까지 한 순간도 쉬지 않고 몰아갔을 것이다.

죽은 수오지심羞惡之心이 아닌 산 기제로서의 부끄러움은 단지 무엇이 옳으냐 하는 판단에 그치지 않고 그 판단을 통해 구체적 선택, 구체적 행동에로 다그치고 들어가는 힘을 지닌다. 마치 부끄러움은 그 자체를 소진시켜 자신의 정체에로 무한히 접근하는 도화선과도 같은 것이다. 그리고 그 핍진逼眞의 과정에서 부끄러움은 용기로 전화되면서 선택을 통해 스스로의 구체적 변신을 이루어 낸다. 부끄러움이 간직하고 있는 이 단도직입적 요구와 다이내믹스는 위대한 가르침과 세속적 철학을 구분하는 결정적 분수령처럼 보인다.

행동과 선택으로 표출되는 부끄러움의 보편적이고도 강력한 힘은 부끄러움이 존재의 저변에 닿아 있다는 훨씬 심화된 인식에로 자연스럽게 이어진다. 논어에는 그 점을 엿보게 하는 몇몇 편린이 남아 있다.

자공子貢이 물었다.
"어떠하여야 선비라 할 수 있겠습니까?"
선생님께서 말씀하셨다.
"자신의 행동에 부끄러워함이 있고 각국에 사신으로 나가 군명을 욕되게 하지 않으면 선비라 할 수 있다."(후략)

子貢問曰:何如斯可謂之士矣?子曰:行己有恥,使於四方,不辱君命,可謂士矣.(후략) 13/20

여기서 行己有恥, 즉 "자신의 행동에 부끄러워함이 있어야 한다"는 말은 다른 곳에서와는 달리 부끄러움의 조건이 명시되어 있지 않다. 이 말은 공자가 부끄러움을 거의 존재의 구성적 요소로 여기고 있음을 말해 준다. 다시 말해서 부끄러움은 무엇무엇에 대한 부끄러움이면서도 근본적으로는 부끄러워하는 주체에로 무한 수렴하는 부끄러움이기 때문에 도를 지향하도록 운명 지어진 인간 존재의 근원적 감정인 셈이다.

부끄러움의 이러한 깊이는 헌문/29에 나오는 "군자는 자신의 말을 부끄러워하고 자신의 행동을 허물한다"[23]는 데에서도 고스란히 반복되고 있다. 그가 구도求道의 보람으로 여긴 것은 인격의 궁극적 완성이라는 추상적 목표에 있다기보다는 "말에 허물이 적고 행동에 뉘우침이 적은"言寡尤,行寡悔(2/18) 구체적 성과에 있었다. 따라서 부끄러움은 구도의 전 과정에 필연적으로 개재하는 운명적 요소라 할 수 있다. 이 점에서 공문이 이해하고 있는 부끄러움은 기독교적 사유체계에서의 죄의식과 비교될 수 있을 것이다.

창조주 하느님이라는 절대적 권위의 대척점에서 조성되는 죄의식은 피조물의 근원적 감정이다. 비록 오늘날 피조被造 의식의 쇠퇴와 함께 이러한 죄의식도 점점 낯설어져 가고는 있지만 죄의식은 구원이라는 종교적 과제에로, 부끄러움은 인격적 완성이라는 윤리적 과제에로 각각 이어지는 중요한 삶의 계기들인 것이다.

---

23) 子曰:君子恥其言而過其行. 14/29

인간의 성격 중에서 부끄러움을 타는 것이 가장 강한 생물학적 유전성을 보이고 있다는 사실도 아마 그것이 가장 은밀한 존재의 조건에 해당하기 때문인지도 모른다. 공문의 이 근본적 착안점을 객체화된 수오지심으로부터 지켜 내는 것은 공문의 순수성을 되살리는 데에 대단히 중요한 과제가 될 것이다.

"즐거움"樂은 역시 논어의 세계에서 특별히 강조되고 있는 정신의 한 영역이다. 논어를 까다롭고 엄격한 도덕 교과서로만 이해하는 일부의 속된 선입견에 대해서는 논어가 그 맨 첫머리인 제1편 제1장에서부터 "기쁨"說과 "즐거움"樂에 대해 언급하고 있다는 사실을 상기시켜 줄 필요가 있다. 만약 논어가 그 궁극에서 내세우는 것이 거대한 사유의 체계이거나 어떤 특별한 이념이었다고 한다면 그것의 생명은 그러한 유의 다른 많은 사상들이 그러했듯 그 시대와 더불어 사라지고 말았을 것이다. 그러나 논어는 그 궁극에서 소박한 즐거움을 제시했을 뿐이다. 심지어 논어는 즐거움을 인류의 모든 수준 높은 정신에서 공통되게 추구되는 "앎"知보다도 더 높은 단계에 두고 있다.

선생님께서 말씀하셨다.
"그것을 아는 자는 그것을 좋아하는 자만 못하고 그것을 좋아하는 자는 그것을 즐기는 자만 못하다."
子曰:知之者,不如好之者.好之者,不如樂之者. 6/20

여기서 아는 것보다 좋아하는 것을, 좋아하는 것보다 즐기는 것을 더 높이 사는 데에는 더욱 더 즉자적卽自的 완성에도 다가가고자 하는 궁행躬行의 원리가 적용되고 있다. 이 사실은 앞서 부끄러움이 오직 인간 존재의 실지實地에서의 거짓 없는 완성을 지향했다는 사실과 같은 궤도에 놓여 있는 것이다. 즐거움은 부끄러움과 마찬가지로 가장 깊은 내면의 풍경이다. 그것은 거짓이 범접하기 어려운 내밀한 곳에서 발생하는 것이기 때문에 그 자체로서 순수한 것이다.

그러나 즐거움의 소박성은 즐거움이 그만큼 값싼 이해의 대상으로 전락될 위험성을 다분히 내포하고 있다. 이를테면 후대의 동양사에서 폭넓게 추구된 음풍영월의 취미는 공자의 즐거움과 아주 가까운 위치에 있음에도 불구하고 궁극적으로는 큰 차이를 지닌다. 양자의 관계를 정확하게 정립한다는 것은 결코 쉬운 일이 아니다. 선진/27의 저 유명한 "기수沂水에서 목욕하고 무우舞雩에서 바람을 쐬면서 읊조리며 돌아오는 것"[24]을 어떻게 해석할 것인가 하는 문제를 그 단적인 예로 들 수 있다. 공자는 증점曾點의 이 견해를 편들고 있다.

물론 이 단편이 최악의 경우 조작일 가능성이 있고 최선의 경우에도 어느 정도 가공加工된 것이 틀림없지만 어려움은 그 점에 있는 것이 아니라 즐거움의 진정한 본질이 어디에 있느냐 하는 데에 있다. 어쩌면 공자는 증점의 견해를 자로나 공서화의 견해와 비교하여 상대적으로만 편든 것인지도 모른다. 왜냐하면 이러한 소박한 즐거움에 무조건적 의의를 부여하는 것이라면 공자의 목표는 오히려 저 도가에서 더 집요하게 추구되었던 일련의 쾌락주의와 아무런 차이가 없을 것이기 때문이다. 공자는 결코 죽림竹林을 추구하지 않았던 것이다.

공자의 즐거움은 시대의 속악에 정면으로 대응하여 그것을 넘어서는 과정에서 얻는 적극적 즐거움이다. 그가 말한 "빈이락"貧而樂은 가

24) 前略-點,爾何如?鼓瑟希,鏗爾舍瑟而作,對曰:異乎三子者之撰.子曰:何傷乎?亦各言其志也.曰:莫春者,春服旣成,冠者五六人,童子六七人,浴乎沂,風乎舞雩,詠而歸.夫子喟然歎曰:吾與點也.(후략) 11/27

난한 가운데서도 배우고 의로움을 실천하고 어짊을 구현하는 데에서 얻어지는 구체적 즐거움이지 일엽편주에서 달빛을 노래하며 술잔이나 기울이는 무위無爲의 즐거움이 아니었다. 따라서 시대의 속악을 피하고 우회한 곳에서 얻는 소극적 즐거움과 같을 수가 없는 것이다. 도가사상의 짙은 영향 속에서 동양사회의 기본 체질에 광범위하게 녹아든 이 왜곡된 즐거움을 공자가 말한 진정한 즐거움과 구분하는 것은 공자의 부끄러움을 맹자의 수오지심과 구분하는 것만큼이나 중요한 과제다.

공문의 즐거움이 즐거움 자체를 직접적 목표로 하여 추구되는 즉물적 쾌락주의와 다르다는 것은 공문의 즐거움이 대부분 경쾌한 아이러니를 띠고 있다는 데에서도 드러난다. 공문의 즐거움과는 달리 즉물적 쾌락주의의 즐거움은 알 수 없는 숙명론과 비애의 그늘을 드리우고 있다. 공문의 즐거움은 세상의 그릇된 가치체계에 대한 구체적 승리를 통해 확보되기 때문에 그 승리의 기쁨이 항상 경쾌한 아이러니의 형태로 노출된다. 그것은 학이/1의 學而時習之章이나 술이/20의 葉公問孔子章에 잘 나타나 있지만 심지어는 술이/4나 선진/13과 같은 직설적 소묘에서도 느껴진다.

> 민자閔子께서 선생님을 곁에서 모시고 있을 때에는 화평한 모습이었고 자로는 당당한 모습이었으며 염유와 자공은 기꺼운 모습이었다. 선생님께서는 즐거워하셨다.
>
> 閔子侍側,誾誾如也.子路,行行如也.冉有,子貢,侃侃如也.子樂. 11/13

비록 아무런 배경적 설명이 없지만 우리는 밑도 끝도 없는 子樂에서 결코 도가의 즐거움에서처럼 그늘지거나 죽음의 기운이 감도는 것을 느끼지 못한다. 그것은 아마 우리가 子樂을 논어 전체를 배경으로 하여 읽기 때문일 것이다. 경쾌하고 구김 없는 공자의 즐거움은 논어 전체에 걸쳐 넘치도록 흐르는 그의 확신과 사랑에서 나오는 즐거움이다. 그리고 그것은 부끄러움이라는 떨리는 감수성과 함께 공문으로 하여금 영원히 늙지 않고 늘 새로운 것으로 남게 하는 힘이 되고 있다.

4. 어짊(仁)

어짊이 논어의 가장 핵심적인 주제라는 점에 대해서는 아무도 이의가 없을 것이다. 어짊이라는 개념은 공자가 만들어 낸 것은 아니지만 논어 이전의 어떠한 전거나 인물에 의해서도 특별히 강조된 바가 없었기 때문에 공자의 특별한 의미 부여에 의해 비로소 중요한 개념으로 부상한 것임에 틀림없다. 이 중요한 개념을 이 개념의 사실상의 산실인 논어로부터 생생하게 이해하려 할 때 우리가 무엇보다 주목해야 할 것은 자한/1이다.

선생님께서는 이익과 천명과 어짊에 대해서는 좀처럼 말씀하지 않으셨다.
子罕言,利與命與仁. 9/1

즉 공자는 어짊에 관해서는 좀처럼 말하지 않았다는 것이다. 그러나 실제 논어에는 좀처럼 말하지 않았다는 어짊이 59개 단편에 걸쳐 언급되어 있고 이 숫자만을 보면 결코 적은 언급이 아닌 것이 사실이다. 따라서 일부 논자들은 논어에 나오는 단편들은 제자들에 의해 선택된 것들이기 때문에 논어에서의 출현 빈도가 실제 발언 빈도를 의미하지는 않는다고 해석해 왔다.

다시 말해서 어짊에 관해 공자는 비록 드물게 말했지만 어짊은 다른 어떠한 주제보다 제자들이 유의했던 주제였기 때문에 각별한 관심을 끌었고 그 결과 논어에 비교적 많은 기록이 남게 되었다는 것이다. 이 추론에 일리가 있다는 것은 말할 나위도 없다. 그러나 꼭 그것만은 아니다. 59개 단편에 걸쳐 언급된 어짊의 내용을 자세히 뜯어보면 우리는 오히려 그 언급에서 "좀처럼 말씀하지 않으셨다"고 제자들이 느끼게 된 더 직접적인 이유를 발견하게 된다. 이를테면 다음과 같은 단편을 보자.

'남을 꺾는 일, 자기를 내세우는 일, 원망하는 일, 욕심 부리는 일을 하지 않으면 그것으로써 어짊이 될 수 있다.'
선생님께서 말씀하셨다.
"그렇게 하는 것이 어려운 일은 되겠지만 어짊이 되는지는 나는 모르겠다."
克伐怨欲,不行焉,可以爲仁矣.子曰:可以爲難矣,仁則吾不知也. 14/2

이 단편에서 공자는 과연 어짊에 대해 언급하였다. 그러나 어짊은 얼마나 설명되고 있는가? 이 말을 들은 제자는 공자가 어짊에 관해 '말했다'고 느꼈을까 '말하기를 기피했다'고 느꼈을까? 적지 않은 단편이 이런 식으로 어짊을 직접 서술하기보다는 어짊에 관한 상대방의 인식을 소극적으로 제한하는 데에 그치고 있다. 공야장/5,8,19 등에 나타난 "그가 어진지는 모르겠다"不知其仁든가 "어떻게 어짊을 얻었겠느냐?"焉得仁 따위가 모두 그런 식의 소극적 반응이다.

물론 이 소극적 반응은 어짊에 대해 말하기를 기피한다는 제자들의 느낌에도 불구하고 어짊의 세계를 열어 보이는 공자 나름의 방법이었다. 왜냐하면 이 소극적 반응은 어짊이 제자들의 상식적 이해보다는 훨씬 높은 곳에 위치하고 있음을 다른 어떤 방법보다 효과적으로 인식시킬 수 있었기 때문이다. 그렇다면 적극적 접근의 경우는 어떠한가?

사마우司馬牛가 어짊에 대해 묻자 선생님께서 말씀하셨다.

"어진 자는 그 말이 힘겹다."

사마우가 말했다.

"말이 힘겨우면 어질다 할 수 있습니까?"

선생님께서 말씀하셨다.

"그것을 행하기가 어려운데 그것에 대한 말이 힘겹지 않을 수 있겠느냐?"

司馬牛問仁.子曰:仁者其言也訒.曰:其言也訒,斯謂之仁已乎?子曰:爲之難,言之得無訒乎? 12/3

확실히 말이 힘겹다는 것은 어짊의 한 요소임에는 틀림없다. 그러나 말이 힘겹다 해서 다 어진 것은 아니다. 따라서 이미 어짊에 대해 어느 정도 체험적 인식이 있는 사람은 이 말을 토대로 어짊에 관해 조금 더 구체적이거나 조금 더 확대된 무언가를 머릿속에 그려 볼 수 있을 것이다. 그러나 그렇지 못한 사람은 말이 힘겹다는 점에서 아무리 어짊의 모습을 찾으려 해도 찾지 못하고 말 것이다. 이처럼 어짊의 한 단면만으로 어짊을 설명하는 것은 학이/3, 옹야/22,23, 자한/29, 자로/27, 헌문/5,30, 양화/17 등에 다양한 모습으로 산재되어 있다.

물론 이런 부분적 소묘도 앞에서 언급한 소극적 반응과 마찬가지로 어짊에 관한 이해를 돕는 독특한 방법론의 하나다. 아마 그것은 어설픈 개념적 접근보다 훨씬 생생한 효과를 거둘 수 있었을 것이다.

이를테면 "어진 자는 근심하지 않는다"[25]는 말이나 "어진 사람은 어려움을 먼저 겪고 나중에 그 결과를 얻는다"[26]는 말을 통해 우리는 비록 어짊에 대한 그 어떤 개관에도 이르지 못하지만 그 대신 어짊이 단지 수더분함을 뜻하거나 호인적 체질 정도에 그치는 것이 아니라 무언가 우리 존재의 전체적 완성에 깊숙이 개입하는 것이며 단지 어떤 상태에 그치지 않는 진지한 실천이자 의지적 행위임을 깨달을 수 있다.

공자가 어짊에 관해서는 유독 소극적 반응을 보이거나 그 편린만을 내비치고 있는 것은 어떤 연유에서일까? 생각할 수 있는 가장 큰 이유는 어짊 자체가 가진 크나큰 보편성 때문에 그것이 쉽사리 개념화될 수 없다는 점일 것이다. 지극히 보편적인 것은 우리의 일상적인 의미망에 의해서는 포착되지 않고 특별한 체득과 전달의 기제를 갖는다. 어짊이 쉽게 가시화될 수 있고 객체화客體化될 수 있어서 마치 어떤 물건이 옮겨지듯 이 사람의 손에서 저 사람의 손으로 옮겨질 수 있다면 그것은 이미 진정한 어짊이라고 볼 수 없다.

공자의 설명이 우리가 보기에 변죽만 울리는 정도에 그치고 있는 것은 결코 설명의 미흡이 아니라 어짊 자체의 성격에서 비롯된 것이다. 따라서 우리는 어짊을 아는 것에서 그 어떤 왕도王道도 요구해서는 안 되고 요구한다고 해서 그것이 주어지지도 않는다는 점을 확실히 해둘 필요가 있다. 이러한 경우일수록 우리는 공자가 언급한 자구만으로 직접 무언가를 엮어 보려 해서는 안 되며 그 자구가 어떤 전모의 편린인지 혹은 그 자구가 어떤 실체의 그림자인지를 우리 자신

---

25) 子日:知者不惑,仁者不憂,勇者不懼. 9/29, 유사 단편 14/30

26) 樊遲問知.子日:務民之義,敬鬼神而遠之,可謂知矣.問仁.日:仁者先難而後獲,可謂仁矣. 6/22

의 상상력과 우리 자신 속의 체험적 요소들에 근거하여 깨닫고자 애써야 한다. 그렇게 할 때 우리는 공자의 일견 미흡해 보이던 설명들에서 뜻밖에 흡족한 그 무엇을 간취할 수 있을 것이다.

이러한 독법에 기하여 바라볼 때 이인편에 나오는 어짊에 관한 일련의 언급은 논어 전편을 통틀어 확실히 주목할 만한 수준을 이루고 있다. 이는 이인편의 첫 일곱 개 장을 채록한 제자가 누구인지는 모르지만 그가 각별한 지적 수준을 갖추고 있었음을 말해 주는 것이기도 하다. 만약 이인편에 나오는 일련의 언급이 없었다면 오늘날 우리가 이해하는 어짊의 개념은 훨씬 모호하거나 초라한 것이 되고 말았을 것이다. 제1장에서부터 이미 어짊은 심상치 않은 무게로 다가온다.

선생님께서 말씀하셨다.

"어짊에 터 잡는 것이 아름다운 것이다. 어짊을 선택하여 그에 자리 잡지 않는다면 어찌 앎을 얻겠느냐?"

子曰:里仁爲美.擇不處仁,焉得知? 4/1

이 말은 어짊에 관한 아무런 구체적 정보도 전하고 있지 않다. 그러나 이 말은 어짊의 본질을 직시하고 있는 자만이 가지는 확신을 강하게 보여 주고 있다. 마치 "누가 문을 경유하지 않고 밖으로 나갈 수 있겠는가? 그런데 어찌하여 이 도道를 경유하지 않는가?"[27] 하는 말이 아무런 정보를 전하고 있지 않으면서도 강력한 메시지로 다가오듯이 이인/1은 이인편의 문을 유감없이 두드리는 힘찬 한 마디다.

---

27) 子曰:誰能出不由戶?何莫由斯道也? 6/17

따라서 연속되는 총 일곱 개의 어짊에 관한 단편 중에서 이 단편이 제1장을 이루고 있는 것은 편집자의 자연스런 배치였다고 보인다. 제2장을 보자.

선생님께서 말씀하셨다.
"어질지 못한 자는 자신을 다잡은 상태에 오래 머무르지 못하고 즐거움에도 길게 머무르지 못한다. 어진 자는 어짊을 평안히 여기고 아는 자는 어짊을 이롭게 여긴다."
子曰:不仁者,不可以久處約,不可以長處樂.仁者安仁,知者利仁. 4/2

이 단편에서부터 어짊의 성격이 제시되고 있다. 우선 어짊은 세상의 오탁과 유혹으로부터 자신을 지키는 일을 오래 유지시키는 원천이다. 만약 어질지 못하다면 자신을 지키는 일은 점점 위태로운 벼랑길처럼만 여겨질 것이다. 어질지 못함으로써 그는 이윽고 자기 자신이라는 격리된 세계 안에 갇히게 되고 결국 자신의 그 인동적忍冬的 행위가 무의미한 외골수처럼 느껴질 것이기 때문이다. 또 그것은 그의 인동행위가 가지는 고유한 즐거움을 잃어버리는 것이기도 하다. 어질다는 것은 그의 이러한 인동적 행위가 모든 인간의 필연적 운명에서 비롯된 순례임을 끊임없이 인식시키는 바탕이 되고 따라서 외롭지 않고 초조하지 않게 그의 길에 정진할 수 있는 힘이 되어 준다.

후단의 "어진 자는 어짊을 평안히 여기고 아는 자는 어짊을 이롭게 여긴다"는 말도 역시 체험의 깊이를 간직하고 있다. 어진 자가 어짊을 '평안히' 여기는 것은 아는 자가 어짊을 이롭게 여기는 것보다 더 차원 높은 인식의 방법처럼 느껴진다. 그것은 통상의 이지적理智的 인식을 넘어서는 또 하나의 감수성처럼 기묘한 여운을 남기고 있다.

어짊은 앎과 밀접한 관련성을 가진 것으로서 그 관계는 위령공/33에 구체적으로 언급되어 있다.

선생님께서 말씀하셨다.

"앎이 그에 미쳤더라도 어짊이 그것을 능히 지키지 못하면 비록 그것을 얻더라도 반드시 잃고 말 것이다."

子曰:知及之,仁不能守之,雖得之,必失之. 15/33

어질다는 것이 앎을 떠받치고 있다. 어짊의 뿌리가 없다면 앎의 열매도 없다. 이 단편은 대단히 중요한 사실을 말하고 있다. 앎은 단지 이성의 작용으로 대상을 파악하는 것이 아니다. 어짊이 지평을 펼치고서야 비로소 앎이 그 지평을 통해 바라볼 수 있다. 어질지 못한 자의 앎은 불인의 벽에 갇힌다. 불인의 벽에 갇힌 앎은 바라볼 진정한 대상을 얻지 못한다. 앎이 어짊을 필요로 하는 것은 마치 창밖을 바라보려는 자가 커튼을 걷고 시계를 확보해야 하는 것만큼이나 당연한 일이다. 모든 위대한 종교의 시대는 이 점을 잘 이해하고 있었다. 단지 앎을 지능과 박학의 수준에 묶어 두고 있는 현대만이 가장 단순한 이 진실을 모르고 있을 뿐이다.

어짊은 인간에 대한 관심의 궁극적 관철이다. 공자는 어짊을 묻는 번지樊遲의 물음에 답하여 어짊은 "사람을 사랑하는 것이다"[28] 하고 간단히 말한 적이 있다. 어짊은 인간의 모든 것에 대한 관심을 통하여 모든 것을 이해하고 모든 것을 필연의 차원에서 바라보는 깊은 눈이다. 그 결과 어짊은 바라보는 눈과 바라보이는 객체—타인 또는 세

---

28) 樊遲問仁.子曰:愛人.問知.子曰:知人.(후략) 12/23

계—와의 극적 혼연渾然이기도 하다. 왜냐하면 모든 객체를 어짊을 통하여 바라본다는 것은 그 객체를 단지 객체로서만이 아니라 제가끔의 주체로서 세우는 일이기 때문이다.

따라서 자기 자신을 단지 세상에 던져진 하나의 객체로서만 막연히 이해하는 비부鄙夫에게 어진 자와의 만남은 바로 잊고 있던 자기 자신과의 만남이라는 느낌을 준다. 어진 자만이 모든 사람을 주체화시키기 때문에 그가 타인에 대하여 취하는 태도는 바로 그 타인이 그 자신에 대하여 취할 태도이기도 하다. 이인/3은 바로 이러한 원리에 기초한 한 체험을 담고 있다.

선생님께서 말씀하셨다.
"오직 어진 자만이 남을 좋아할 수도 있고 남을 미워할 수도 있다."
子曰:唯仁者,能好人,能惡人. 4/3

이 말에서 그 바탕이 된 경험은 사람을 제가끔의 어리석음과 이해利害에 기하여 좋아하고 미워하는 저 무의미한 소란이었다고 생각한다. 그것은 단순한 소란에 그치지 않고 때로는 자신과 남을 견디기 힘든 고통과 소모적 갈등으로 몰아가는 것이다. 이 무의미한 소란을 평정하고 거기에 진정한 질서를 부여하는 힘이 어짊이다. 어질다는 것은 남을 남으로 세우는 것이 아니라 그 당자의 주체로 세우는 최고의 이해이기 때문에 비로소 좋아하고 미워하는 것을 사심 없이 구사할 수 있게 된다.

진정한 인간 이해를 위해 고심해 본 적이 있는 사람이라면 이인/3과 같은 인식을 가져 볼 수 있었을 것이다. 거기에서의 좋아함이나 싫어함은 우리가 스스로가 가지는 자긍심이나 자책감에서 그다지 멀지 않다.

평정하는 힘으로서의 어짊은 제4장에 이르러 최고봉을 이룬다.

선생님께서 말씀하셨다.

"진실로 어짊에 뜻을 둔다면 악은 없다."

子曰:苟志於仁矣,無惡也. 4/4

어짊에 관한 언급으로서 논어 전편에 걸쳐 이 단편은 가장 위대한 한 마디라 할 수 있다. 그러나 이 너무나도 짧은 단편도 역시 잘못된 읽기에 가려져 왔는데 이는 다른 많은 단편의 잘못읽기와 마찬가지로 공자의 독특한 사유체계를 간파하지 못한 데에서 빚어진 것이었다. 일반적인 번역은 표현의 차이는 있지만 대개 다음과 같이 되어 있다.

"진실로 어짊에 뜻을 둔다면 악한 일은 하지 않을 것이다."

제임스 레게 James Legge 도 無惡也를 "there will be no practice of wickedness"로 번역하여 惡을 악행으로 보는 전통적 견해를 따르고 있다. 그러나 이러한 해석은 이 단편이 가진 빛나는 진실을 무미건조한 상식으로 만들어 버린다. 이인/4는 이런 미적지근한 상식의 선에서 말해지고, 기억되고, 기록된 것이 아니다.

無惡也는 악의 실체성을 부정한 것이다. 즉 적어도 어짊에 뜻을 둔다면 그가 바라보는 한 '이 세상에 악은 없다'는 것이다. 여기서 독자들은 공자가 안연에게 들려주었던 말, "자신을 이겨 내고 예를 되찾는 것이 어짊을 도모하는 것이다. 어느 하루 자신을 이겨 내고 예를 되찾는다면 천하가 어짊에 돌아올 것이다. 어짊을 도모하는 것이 자기에게서 비롯되지 남에게서 비롯되겠느냐?"[29]라고 했던 말을 상기할 필요가 있다.

나에게서 비롯되는 어짊의 실천이 천하를 어짊에 돌아오게 한다. 어짊에 뜻을 두는 것만으로 악이 없는 세상이 구현된다. 어짊에 단지 뜻을 두기만 하는데도 그 순간 세상은 이미 완성된다. 이것이 어찌 감격할 메시지가 아닐 수 있는가! 모든 위대한 종교가 가진 역설의 자리가 바로 이곳이다. 그리고 바로 이곳에서 어짊은 가장 훌륭한 개념을 얻는다. 어짊은 단지 철학적 개념이거나 인간적 소양에 그치는 것이 아니라 존재고 행동이다. 그것은 단지 존재이기를 넘어선다는 의미에서 행동이고 단지 행동이기를 넘어선다는 의미에서 존재다.

제5장은 바로 어짊의 실천성과 함께 보편성, 즉 무차별한 적용을 말하고 있다.

선생님께서 말씀하셨다.

"부귀는 모든 사람이 바라는 바이지만 유도有道한 가운데에서 얻은 것이 아니면 처하지 않는다. 가난하고 천한 것은 모든 사람이 싫어하는 바이지만 유도한 가운데에서 얻은 것이 아니면 떠나지 않는다. 군자가 어짊을 떠나서야 어떻게 이름을 이루겠느냐? 군자는 잠시 동안도 어짊에 어긋남이 없어야 하니 위급함을 당해서도 반드시 이에 의하고 파탄에 이르러서도 반드시 이에 의해야 한다."

子曰:富與貴,是人之所欲也,不以其道得之,不處也.貧與賤,是人之所惡也,

29) 顔淵問仁.子曰:克己復禮爲仁.一日克己復禮,天下歸仁焉.爲仁由己,而由人乎哉?顔淵曰:請問其目.子曰:非禮勿視,非禮勿聽,非禮勿言,非禮勿動.顔淵曰:回雖不敏,請事斯語矣. 12/1

不以其道得之,不去也.君子去仁,惡乎成名?君子無終食之間違仁,造次必於是,顚沛必於是. 4/5

여기서 공자는 어짊이 절대적 요구라는 점을 천명하고 있다. 즉 삶의 어떠한 구체적 상황에서도 어짊은 무조건적으로 요구되는 덕목이다. 그것은 예외적으로 배제될 수도 없고 잠시 망각되거나 유보될 수도 없으며 조건이 붙을 수도 없다. 어짊은 삶의 구체적인 과정에서 부딪치는 갖가지 위기와 고통의 순간에 비로소 그 존재 의의가 드러나는 것이다. 승리의 시간, 득의의 시간, 평안무사의 시간에서 어짊은 적어도 외견상으로는 어질지 못함과 뚜렷이 구별되지 않는다.

그러나 한 개인에 있어서나 한 시대에 있어서나 상황은 반드시 그러한 상태로만 있는 것은 아니다. 어떤 형태로든 "위기"造次의 시간이 있고 영락과 좌절, "파탄"顚沛의 시간이 있다. 어짊은 바로 이러한 시간에 비로소 그 무사無私함과 넉넉함을 보인다. 공자가 빈천에서 떠날 수 없음을 밝힌 후에 이 말을 한 것은 "빈천에서의 어짊"이 곧 그 전형적인 경우임을 뜻하는 것이라 할 수 있다. 위기와 파탄의 지경에 이르러 포기되는 어짊은 진정한 어짊이 아니다. 그것은 다만 "겉으로는 어진 모습을 취하나 행동은 그와 어긋나는"[30] 거짓된 어짊에 불과한 것이다.

그렇다면 자기변혁의 가능성을 굳게 믿고 노력하는 공문의 자세에서 "어긋남이 없어야 하니 위급함을 당해서도 반드시 이에 의하고 파탄에 이르러서도 반드시 이에 의해야 한다"는 것은 실로 공문의

---

30) 子張問:士何如斯可謂之達矣?子曰:何哉,爾所謂達者?子張對曰:在邦必聞,在家必聞.子曰:是聞也,非達也.夫達也者,質直而好義,察言而觀色,慮以下人.在邦必達,在家必達.夫聞也者,色取仁而行違,居之不疑,在邦必聞,在家必聞. 12/21

엄숙한 계율이라 아니할 수 없다. "회回는 그 마음이 석 달 동안 어짊을 어기지 않는다. 그 나머지 제자들은 한동안에 불과할 따름이다"[31] 하는 진술도 결국 이러한 어짊의 무조건적 보편성과 당위성이라는 척도를 제자들에게 구체적으로 적용한 경우라 할 것이다. 어짊의 무조건적 당위성은 위령공/9와 35에서 또다시 강조되고 있다.

선생님께서 말씀하셨다.
"뜻있는 선비와 어진 사람은 목숨을 구걸하기 위해 어짊을 해치는 일이 없으며 제 몸을 희생시켜서라도 어짊을 이룬다."
子曰:志士仁人,無求生以害仁,有殺身以成仁. 15/9

선생님께서 말씀하셨다.
"백성들에게 있어서 어짊이란 물이나 불보다 더 심하니 물이나 불은 안고 죽는 사람을 내가 보았으나 어짊을 안고 죽는 사람은 보지 못하였다."
子曰:民之於仁也,甚於水火.水火吾見蹈而死者矣,未見蹈仁而死者也. 15/35

우리에게 이 두 단편이 지나치게 극단적인 용어를 구사하고 있다고 느껴진다면 이는 어느 정도 공자의 의도였다고 보아야 할 것이다. 어짊은 바깥에서 요구되는 행동의 요목이 아니기 때문에 세속적인 가치척도에 따르는 한 있어도 그만이고 없어도 그만인 덕목이다. 그러나 자기 자신과 세상을 진정으로 통찰한 사람에게 어짊은 오직 한

31) 子曰:回也,其心三月不違仁.其餘則日月至焉而已矣. 6/7

줄기 삶의 길이다. 그리고 그 사람에게 어짊은 실로 '모든 것'이다. 아무것도 아닌 것이 모든 것임을 말하기 위해 공자는 강한 표현을 사용한 것이다. 어짊은 죽음을 무릅쓰고 실천해야 하는 절대절명의 덕목이고 그럼으로써 바야흐로 죽음을 넘어서는 비결이기도 하다. 거기서는 죽음마저도 어짊의 당위성을 가로막고 포기시키는 파괴력을 가지지 못한다. 어짊은 죽음을 치고 나아간다.

제6장은 이러한 것으로 파악된 어짊을 구체적으로 실천하는 문제를 다루고 있다.

선생님께서 말씀하셨다.

"나는 어진 것을 좋아하는 자나 어질지 못한 것을 미워하는 자를 본 적이 없다. 어진 것을 좋아하는 자라면 더할 나위가 없지만 어질지 못한 것을 미워하는 자도 그로써 어짊을 위하는 것이니 어질지 못한 자가 자신에게 영향을 끼치지 못하도록 하기 때문이다. 하루라도 어짊에 힘을 쓸 수 있는 자가 있는가? 나는 힘이 부족한 사람은 보지 못하였다. 아마 그런 사람이 있겠지만 나는 아직 그런 사람을 보지 못하였다."

子曰:我未見好仁者,惡不仁者.好仁者,無以尙之.惡不仁者,其爲仁矣,不使不仁者加乎其身.有能一日用其力於仁矣乎?我未見力不足者.蓋有之矣,我未之見也. 4/6

이 단편은 면밀히 관찰해 보면 제1장에서 제기한 주제를 변주하여 반복하고 있음을 알 수 있다. 즉 이 말은 어짊이라는 과제를 두고 모든 사람들이 취하고 있는 안일한 자세에 대해 공자가 크게 안타까워하는 마음을 담고 있다. 술이/32에서 공자는 "어짊이 멀리 있겠느냐? 내가 어질고자 하는 것이 바로 어짊이 다가오는 것이다"[32] 하고 단도직입적으로 이를 표현하기도 했다.

"어질지 못한 것을 미워하는 자"惡不仁者에 대한 공자의 해설은 역시 그의 밀착된 세상 체험에서 나온 것이라 하겠다. 우리는 누구나 어질지 못한 것을 미워함으로써 사실상 어짊에 대한 최초의 경험을 갖는다. 물론 공자는 어질지 못한 것을 미워하는 자마저 본 적이 없다고 말하고 있는 만큼 그가 요구하는 오불인惡不仁의 수위가 과연 어느 정도인지는 헤아리기 어렵다.

그러나 어질지 못한 것을 미워하지 않으면 어떻게 되는가? 대부분의 사람들이 그러하듯 그는 각축하는 불인의 세상 속에서 아무런 위화감 없이 동화되어 갈 것이다. 어질지 못한 것을 미워한다는 것은 바로 이 점에서 불인의 세상 속에서 그 자신을 보호하는 바람막이가 되는 것이다. 그것은 어짊을 좋아하는 것에는 미치지 못할는지 모르나 역시 어짊을 위하는 것이 된다.

어짊의 구체적 실천은 대부분 그 당위성의 차원에서 강조되고 있을 뿐이다. "어짊을 행함에 있어서는 스승에게도 양보하지 않는다"[33] 등이 그렇다. 그러나 중궁에게 말한 다음 단편의 말은 드물게 보는 구체적 실천요강이다.

중궁仲弓이 어짊에 대해 묻자 선생님께서 말씀하셨다.

"문을 나서기를 귀한 손님을 맞는 것처럼 하고 백성을 부리기를 큰 제사를 올리는 것처럼 하여라. 자기가 하고자 하지 않는 바를 남에게 베

---

32) 子曰:仁遠乎哉?我欲仁,斯仁至矣. 7/32

33) 子曰:當仁不讓於師. 15/36

풀지 마라. 나라에 있어서도 원망하지 말고 대부의 가家에 있어서도 원망하지 마라."

중궁이 말했다.

"제가 비록 불민하나 그 말씀을 잘 받들겠습니다."

仲弓問仁.子曰:出門如見大賓,使民如承大祭.己所不欲,勿施於人.在邦無怨,在家無怨.仲弓曰:雍雖不敏,請事斯語矣. 12/2

여기서 공자는 세 가지를 실천 요강으로 제시하고 있다.

첫 번째 요강은 짐작하건대 번지樊遲에게 말한 바, "사람을 사랑하는 것"愛人(12/23)을 구체화하고 있는 것으로 보인다. 공자의 많은 말은 그것이 다소 상투적으로 들릴 때 그 말이 어떤 증후에 대한 처방인가를 돌이켜 봄으로써 그 본래의 의미를 환기할 수 있는 경우가 많다. "귀한 손님"이나 "큰 제사"는 개별적으로나 집단적으로나 사람을 편협한 이해타산의 객체로만 여기는 조악한 풍토에 대응해 있다. 사람을 존귀하게 여기는 것은 이미 모든 인간 존재의 고유한 지향을 자기 자신의 경우에 있어서와 조금도 다름없이 이해하는 것에서 성립한다. 어떠한 경우를 막론하고 남을 업신여기는 것은 바로 그런 시선을 통하여 스스로의 편협한 안목을 드러내는 것일 뿐이다.

"자기가 하고자 하지 않는 바를 남에게 베풀지 말아라" 하는 말은 위령공/24에서 자공에게도 똑같이 들려주고 있는 말이다. 거기에서 이 말은 평생을 두고 행할 만한 한 마디 말로써 제시된 서恕의 실천 강령이었다. 그리고 여기서는 어짊의 실천강령이기도 하다. 여기에서도 이 말은 남을 객체화하지 않고 모든 사람을 자기 자신과 동일한 제가끔의 주체로서 인정하라는 것이다. 오직 자기 자신을 통해서만 남에게로 나아갈 수 있다는 입장은 공문철학이 그 어떤 다른 제자諸子

의 철학과도 현격히 구별되는 점이다.

"나라에 있어서도 원망하지 말고 대부의 가家에 있어서도 원망하지 말아라" 하는 마지막 강령은 그동안 己所不欲,勿施於人의 잘못된 해석이 영향을 미쳐 無怨이 "원망을 듣지 않는다"는 뜻으로 잘못 해석되어 왔던 문장이다. 원망의 문제를 정치적 언행에 관련시켜 들려준 이 한 마디는 역시 평범해 보이면서도 결코 평범하지 않은 실천의 한 요체를 말하고 있다. 이는 원망의 성격에서 비롯된다.

원망이란 무엇인가? 그것은 본질적으로 핑계고 구실이다. 모든 원망은 책임을 돌리기 위한 구실에 불과하다. 따라서 모든 원망의 대상은 바로 그 원망이 없었더라면 직면할 수 있었을 한 세계를 우리로부터 가로막아 버린다. 끊임없는 원망은 자신의 내면에서 요구되는 진정한 과제로부터의 끊임없는 도피다. 원망은 자기 자신을 이탈시켜 원망의 대상에 종속시키고 이윽고 완전히 객체화시킨다. 따라서 원망의 극한은 주체의 완전한 상실이다. 이 점이 원망의 무서운 점이다. 모든 원망을 들여다보면 자기 자신에로 돌아가고자 하는 염원이 절망 속에서 끊임없이 왜곡되는 비극적 순환현상을 관찰할 수 있다.

원망을 하지 않는 것은 반대로 이 비극적 순환을 끊고 모든 것을 "자기 자신에게서 찾는"[34] 일의 첫걸음이 된다. 그리고 모든 것을 자기 자신에게서 구하는 순간 그는 비로소 남들에게로 나아갈 수 있는 비밀의 통로를 찾게 된다. 즉 어짊의 길이 거기에 가로놓여 있는 것이다. "하늘을 원망하지 않았고 사람을 탓하지 않았다"[35]는 공자의

---

34) 子日:君子求諸己,小人求諸人. 15/21

35) 子日:莫我知也夫!子貢日:何爲其莫知子也?子日:不怨天,不尤人,下學而上達,知我者其天乎! 14/37

독백은 그 점에서 어짊의 일관된 실천을 감동적으로 보여 주고 있다.

마지막 제7장은 역시 어짊의 한 핵심을 묘파한 희대의 절구絕句다.

선생님께서 말씀하셨다.

"사람의 잘못이란 각자 자기 집단에 치우쳐 있는 것이다. 이 잘못을 보는 것이 곧 어짊을 아는 것이다."

子曰:人之過也,各於其黨.觀過,斯知仁矣. 4/7

아깝게도 이 단편도 그동안 그릇된 해석에 묻혀 왔던 단편 중의 하나다. 바른 해석은 다음과 같다. 사람의 잘못이란 무엇인가? 그것은 각자 자기 집단에 치우쳐 있는 것이다. 즉 사람은 각자 자신이 속해 있는 집단의 자기중심성 때문에 잘못에 빠져 있다는 것이다. 따라서 잘못을 본다는 것은 이러한 치우침의 편향성을 보는 것이 된다. 그리고 그 편향성을 바로 자기 자신이 인정하고 보게 된다면 그것이 곧 어짊을 아는 것이다. 제7장의 뜻은 바로 이런 뜻이다.

중요한 것은 이러한 진술에서 공자는 잘못을 인간의 한 조건으로 인식하고 있다는 사실이다. 모든 인간은 各於其黨의 상태에 있다. 이 점에서는 공자 자신도 예외가 아니다. 인간은 누구나 일정한 환경하에서 태어나고 살아간다. 무엇보다도 집요하고 강력한 범주인 자기 자신, 그리고 그의 가정, 그의 혈통, 그의 계층, 그의 문화나 종교, 그의 신분, 그의 국가, 그의 민족, 그가 놓여 있는 역사적 맥락, 특히 그의 이념 등등을 둘러싸고 형성된 其黨의 실상은 한없이 다양할 뿐 아니라 서로 침투해 있고 서로 중첩해 있다. 잘못過은 이러한 귀속 집단에서 형성된 관점이 다른 집단과의 관계를 형성하면서 더 큰 범주로 확대, 발전되는 단계에서 노정된다.

따라서 조건 속의 인간이 가지는 일차적 잘못은 그 자체로서는 하나의 가능태에 지나지 않는 것이며 그 자체가 잘못은 아니다. 그렇지만 그다음 순간 잘못을 둘러싼 폐쇄적 자기주장에 의해 비로소 잘못은 그에게 책임이 귀속되는 적극적 잘못으로 형성된다. 이것이 바로 "잘못이 있는데도 고치지 않는 잘못"[36], 즉 "이중적 잘못"貳過(6/3)으로서의 잘못이다.

이제 그 반대로 잘못을 본다는 것은 기왕의 관점이 가진 제약성을 본다는 것이다. 이것은 기왕의 자아를 더 큰 세계로 개방하는 것이며 그동안 자신의 세계가 아니었던 세계를 수용하는 것이다. 그리고 그것이 곧 어짊을 아는 것이다. 말하자면 어짊은 잘못을 모체로 한다. 잘못이 없다면 어짊도 없다. 마찬가지로 우리가 완전한 인간의 "완전한 지혜"全知에서 상정하는 완전한 객관성이란 것도 없다. 인간은 누구나 먼저 주관적으로 보고 주관적으로 판단한다. 바꾸어 말하자면 인간은 누구나 잘못 보고 잘못 판단한다.

그러나 그것이 제한된 주관적 계기들에 의해서 이루어진 것임을 알고 더 큰 범주 속에서 더 큰 중심성을 찾아 나설 수 있게 될 때 그는 어짊을 아는 것이다. 이것이 "잘못을 보는 것이 곧 어짊을 아는 것"의 의미고 공자가 스스로를 "나면서부터 아는 사람"이 아니라 "옛것을 좋아해서 빨리 그것을 구하는 사람"[37]이라고 자임한 이유기도 하다. 왜냐하면 나면서부터 아는 사람이란 완전한 객관성처럼 상정할 수는 있지만 실제 존재할 수는 없기 때문이다.

어짊에 관한 지금까지의 몇몇 언급은 어쩌면 공자가 어짊을 언급

---

36) 子曰:過而不改,是謂過矣. 15/30

37) 子曰:我非生而知之者,好古敏以求之者也. 7/21

함에 있어 스스로 지켰던 원칙, 즉 개념적으로 접근하지 않는다는 원칙을 저버리는 방식이었는지도 모른다. 어차피 어짊은 거대한 코끼리고 우리의 언설과 지각은 장님의 촉각과 같은 것이라면 오직 더듬는 것만이 최선의 방법인지도 모른다. 그것을 하나의 시야에 개념적으로 담으려는 시도는 언제나 어짊을 해친다. 공자는 어짊을 우리의 지력이 닿지 않는 아득한 저 곳에 신비스러운 것으로만 안치시키지는 않았다. 어짊은 확실히 평범한 필부들의 삶에서도 구체적 관련성을 가진다. 그러나 공자는 어짊의 진정한 완성을 주변의 사람들은 물론 스스로에게도 인정하지 않았다. 비록 그가 의욕만 가진다면 어짊이 멀지 않다고는 했지만 실제 어짊의 완성을 그가 한없이 높은 곳에 미루어 둔 것은 확실하다.

사실 후대의 어느 누구도 공자가 기대했던 가장 궁극적인 의미의 어짊에 인식이 미친 것 같지는 않다. 이를테면 맹자는 공자가 요구했던 수위의 어짊을 이해하지 못했다. 그것은 논어에서 그랬던 것처럼 어짊에 관하여 우리 인식의 심층을 부지불식간에 저미어 오는 저 근원을 알 수 없는 힘찬 언급이 『맹자』에서는 한 번도 찾아볼 수 없기 때문이다. 어짊仁이라는 말을 주로 인의仁義나 인정仁政 등의 복합어로 사용하기를 즐겨한 그는 어짊에 대한 요구 수위를 확실히 평준화시켰다. 그의 어짊은 관용과 덕의 개념에 훨씬 다가서 있다.

유교의 역사는 대체로 어짊을 이 평준화된 어짊에 기하여 이해해 왔다. 어쨌든 그것도 어짊의 일단이라고는 하겠지만 공자가 요구했던 수위의 것은 아니었다. 따라서 공자가 단지 소극적으로만 반응했거나 그 편린만을 내비친 몇몇 단편은 아직도 어짊의 실천과 관련하여 참고할 수 있는 유일한 전거가 된다. 물론 우리 안의 이름 없는 체험이 길잡이의 역할을 하지 않는다면 오거서五車書의 전적도 아무 소용이 없는 것이지만 왕도가 없는 어젊의 길에서 우리가 우리 자신의 체험을 바로 이해하고 그에 합당한 의미를 부여하는 데에 공자가 어렵게 보여 준 이 금쪽같은 단편들이 때로는 우리의 삶에 어마어마한 전기를 가져올 만큼 결정적인 역할을 할 수도 있다는 사실을 잊어서는 안 될 것이다.

5. 효(孝)

한국이나 중국, 일본과 같이 오랜 기간 동아시아 문화에 젖어 온 나라들에서 효도는 그 의미가 충분히 이해되기 전에 우선 강박적인 규범으로 다가오기가 십상이다. 거기에는 『효경孝經』이라는 경전이 미친 영향력도 무시할 수 없을 것이다. 이 경전은 증자의 물음에 대한 공자의 답변 형식으로 엮어져 있는데 후대의 위작임이 분명한 이 경전이 한대漢代에 이르러 크게 존중된 결과 전체 유교 안에서 효도가 차지하는 비중도 상대적으로 커지게 되었다. 이는 유교의 여러 가지 경직된 덕목 중에서도 효도라는 덕목이 그만큼 더 경직될 수 있는 소지가 크다는 것을 말해 준다. 그 때문에 논어에 나타난 효도의 본래적 위상은 무엇인가 하는 문제는 좀 더 면밀하게 검토해 볼 필요가 있다.

효도는 부모에 대한 자식의 관계를 의미하기 때문에 모든 인간관계 중에서도 특별한 부분이 된다. 그 관계는 가족이라는 가장 기초적인 사회에서 중추적인 위치에 있다는 점에서 공자는 이 특별한 부분을 단순히 분리된 부분이 아니라 전체 관계를 바람직하게 형성하는 데에 불가분의 관련성과 전형성을 지니는 부분으로 이해하였다. 이를테면 위정/21에서 그는 이러한 입장을 분명하게 나타내고 있다.

어떤 사람이 공자에게 말했다.

"선생님께서는 어째서 정치를 하지 않으십니까?"

선생님께서 말씀하셨다.

"서경에 '효성스러우시오! 효성이야말로 형과 아우에게 우애를 다하게 하고 정사에까지 베풀어지는 것이오!' 하는 말이 있습니다. 이도 또한 정치니 어찌 그것만을 정치라 하겠소."

或謂孔子曰:子奚不爲政?子曰:書云,孝乎惟孝,友于兄弟,施於有政,是亦爲政,奚其爲爲政. 2/21

따라서 젊은 정치 지망생들에게 효도를 가르치는 것은 정치의 기본을 가르치는 것이기도 했다. 물론 이러한 입장에는 주대의 종법제도宗法制度와 왕, 제후, 대부의 지위에 관한 오랜 세습제도가 중요한 기초로 작용하였을 것이다. 이를테면 "삼 년이 되도록 돌아가신 아버지의 노선을 바꾸지 않는다면 효성스럽다 할 수 있다"[38] 하는 말은 자장/18에서 확인되듯이 필시 대부 가문의 젊은 후계자에게 들려주기 위한 것이었다.

증자曾子께서 말씀하셨다.

"내가 선생님께 듣기로 '맹장자孟莊子의 효도 가운데서 다른 것은 해낼 수 있겠으나 아버지의 신하와 아버지의 정책을 바꾸지 않는 것은 능히 해내기 어렵다' 하셨다."

曾子曰:吾聞諸夫子,孟莊子之孝也,其他可能也,其不改父之臣與父之政,是難能也. 19/18

세습제 사회에서 권좌의 전임자와 후임자는 사사롭게는 아버지와

---

38) 子曰:三年無改於父之道,可謂孝矣. 1/11, 4/20

아들이라는 관계에 놓여 있었고 이 두 관계는 서로 상반되기 쉬운 제각각의 요구를 지니는 것이었다. 아버지의 죽음을 계기로 권좌에 오른 젊은 후계자는 자신의 권력을 확고히 구축하기 위하여 대개는 스스로의 생각과 필요에 따라 권력 질서를 재편하려는 욕구를 지니게 된다. 여기에서 가재家宰의 전격적 교체, 정책기조의 변경 등도 자연스럽게 뒤따르게 되었을 것이다.

공자가 맹장자를 칭찬한 것, 그리고 최소한 3년 동안 아버지의 방식을 바꾸지 않는 것을 효성스럽다 한 것은 이처럼 새로 권좌에 오른 젊은 후계자들로 하여금 아버지와 자식의 관계를 고려케 하는 것, 어떻게 생각하면 당면한 정치적, 사회적 요구에서 그 어떤 실용적 의의도 없어 보이는 부분에 마음을 쓰게 하는 것이 세상을 바로 세우고 결속하는 데에 훨씬 더 근본적인 역할을 한다는 나름대로의 판단에 기초한 것이었다.

이것은 그가 효도를 의무의 각도에서 파악하고 있지 않다는 사실과도 자연스럽게 연관된다. 논어에서 효도에 대한 언급은 도무지 가부장적 권위를 동반하고 있지 않다. 효도는 단지 자식 된 자가 부모와의 관계에서 자신의 인격적 완성을 구현하는 것일 뿐이었다.

> 맹무백孟武伯이 효도에 관해 묻자 선생님께서 말씀하셨다.
> “부모가 오직 그의 질병에 대해서만 걱정하는 것입니다.”
> 孟武伯問孝,子曰:父母唯其疾之憂. 2/6

안인安人, 즉 “남을 편안하게 하는 것”이 논어세계에서 지고의 목표라고 한다면 가족이라는 가장 기초적이고도 중추적인 사회에서 자식에 대한 부모의 걱정을 최소화하는 것은 가부장적 권위에 기초한 의무가 아니라 바로 자기 자신에 중심을 둔 수기修己의 일환인 것이다. 유교의 발전 과정에서 더욱 극명하게 나타났지만 부모와의 관계에서 성립하는 효도는 속성상 그것이 수기의 일환이라는 애초의 성격이 망각되고 무조건적으로 요구되는 덕목이거나 더 나아가 가부장적 권위에 의해 강요되는 규범으로 고착될 가능성이 큰 것이었다. 공자는 어쩌면 효도의 이러한 속성을 감안하여 젊은이들로 하여금 효도를 피상적으로 보지 말고 그 '근본'에 주목할 것을 요구하였는지도 모른다.

자유子游가 효도에 관해 묻자 선생님께서 말씀하셨다.
"오늘날의 효도라는 것은 능히 부양할 수 있는 것을 말한다. 개나 말에 이르러서도 모두 키울 수는 있는 것이니 공경하지 않는다면 무엇으로 구별하겠느냐?"
子游問孝,子曰:今之孝者,是謂能養.至於犬馬,皆能有養,不敬,何以別乎? 2/7

자하子夏가 효도에 관해 묻자 선생님께서 말씀하셨다.
"겉모습만으로는 (효도가 되기) 어렵다. 일이 있을 경우에 젊은 사람이 그 노고를 도맡고 술과 음식이 있을 경우에 어른이 드시게 한다 해서 과연 그것이 효도가 되겠느냐?"
子夏問孝,子曰:色難.有事,弟子服其勞,有酒食,先生饌,曾是以爲孝乎? 2/8

공자가 경계하고 있는 것은 효도의 피상성이다. 그는 필시 효도의 피상성이 젊은이들로 하여금 효도를 무조건적 규범으로 인식케 하고 나아가 가부장적 권위에 굴종케 할 가능성을 우려했을 것이다. 효도는 수기의 일환으로 자신에서 비롯하는 것이지 부모에게서 비롯하는 것이 아니라는 입장을 공자는 분명히 견지하고 있었다. 이 입장은 동양사에서 대단히 중요한 의미를 가진다. 효도에 대한 피상적 강조, 이를테면 『효경』이 강조하고 있는 바와 같이 "신체발부를 훼상하지 않는 데서 시작하여 입신양명하는 데에서 마침"으로써 효도의 근거도 결과도 모두 부모라는 절대적 권위에 이어져 있는 사유체계는 두고두고 동양사의 정신적 질곡이 되었다.

전술한 바처럼 효도는 부모와의 관계 위에 성립하고 그 관계는 모든 인간관계, 나아가 모든 사회관계의 출발점이 되기 때문에 공자가 우려했던 바 효도에 관한 전도된 인식—훗날 『효경』이라는 경전에 집약적으로 표현된 인식—은 전체 동양사의 권위주의적 경향에 가공할 영향을 미쳤던 것이다.

효도의 실체에 관한 한 공자는 쉽게 그 전모를 보여 주지 않았다. 대체로 효도는 어짊의 특정 영역으로 볼 수 있다. 앞서의 두 단편에서처럼 공자의 효도에 대한 접근방식은 마치 어짊에 대한 접근이 그러했듯 단지 "이러이러한 것을 효도라고 볼 것은 아니다"는 식의 소극적 접근법에 그치고 있는데 이는 효도가 어짊의 특정 영역이라는 점을 뒷받침하는 것이기도 하다. 공자 자신이 어짊을 효도와 관련시킨 단편은 남아 있지 않다. 그러나 유자有子는 학이/2에서 "효성스럽고 우애롭다는 것은 어짊의 기본이 되겠구나"[39]고 하며 효도에 어짊으로서의 성격을 부여했다.

효도에 대하여 소극적 접근이 아닌 적극적 접근이자 그 경험적 단

39) 有子曰:其爲人也孝弟,而好犯上者,鮮矣.不好犯上,而好作亂者,未之有也.君子務本,本立而道生.孝弟也者,其爲仁之本與. 1/2

면을 특히 핍진하게 소묘한 단편으로는 이인/18이 남아 있다. 그리고 바로 이러한 경우에 효도는 어짊의 특정 영역임을 더욱 명백히 보여 준다.

선생님께서 말씀하셨다.

"부모를 섬김에 있어서는 간곡히 건의하고 수용하지 않으려 하시더라도 여전히 존경하고 거스르지 않아야 하며 애는 쓰되 원망하지는 말아야 한다."

子曰:事父母幾諫,見志不從,又敬不違,勞而不怨. 4/18

권력가의 집안에서 부모와 자식 간의 의견의 불일치는 종종 있었을 것이고 이러한 경우 자식 된 자가 견지해야 할 태도로서 공자는 "애는 쓰되 원망하지는 말아야 한다"勞而不怨는 원칙을 제시하였다. 이 말에는 바로 어짊의 모든 것이 구현되어 있다. 효도는 어짊의 가장 대표적인 영역이고 또 젊은이들이 당면하는 가장 가까운 실천의 장이다. 권력의 추구에 눈이 멀어 "아비나 임금을 죽이는 일"[40]도 비일비재했던 시대에 공자는 이 젊은 위정자로 하여금 가장 가까운 신변에서부터 모든 것을 바르게 정초하기를 요구했던 것이다.

원망은 모든 원인을 바깥에서 찾는다. 원망은 안을 보는 눈을 멀게 하고 급기야 원망의 대상은 물론 자기 자신마저 객체화客體化 하기에 이른다. 원망을 통하여 모든 주체는 객체가 된다. 그것은 마치 안에서 잠긴 문을 밖에서 두드리는 것처럼 영원한 도로徒勞의 서막이 되는

---

40) 季子然問:仲由冉求可謂大臣與?子曰:吾以子爲異之問,曾由與求之問.所謂大臣者,以道事君,不可則止.今由與求也,可謂具臣矣.曰:然則從之者與?子曰:弑父與君,亦不從也. 11/25

것이다. 그러나 애씀勞心, 즉 노심은 그 모든 것을 거두어들인다. 노심은 모든 것을 자기화自己化 한다. 노심은 곧 서恕다. 그러므로 노심하는 자에게 부모는 이미 항상 그의 무한한 이해 범위 안에 들어와 있다. 그래서 공자는 그러한 효도의 실천을 보이고 있는 민자건閔子騫을 이렇게 칭찬했던 것이다.

> 선생님께서 말씀하셨다.
> "효성스럽구나. 민자건閔子騫은! 남들은 그의 부모형제가 한 말에 끼어들지 못하니."
> 子曰:孝哉,閔子騫!人不間於其父母昆弟之言. 11/5

노심하는 자의 이해 내용이 가진 순일함, 단단함은 일체의 간극을 허용치 않는다. 왜냐하면 서恕는 그 자체가 둘이 아닌 하나이기 때문이다. 효도는 이처럼 어짊의 특정 영역이며 더 크게는 수기修己의 기본적이면서도 전형적인 분야다. 따라서 효도는 모든 젊은이들에게 세상과의 관계를 정립해 나가는 과정상의 현관과도 같은 것이 된다. 효도에서 파탄을 보이고 있는 자는 그가 그 밖의 모든 방면에서 어느 정도의 성취를 보이고 있더라도 그 성취의 진정한 속은 깨어져 있다. 반대로 효도에서 근접된 이해와 성취를 보이고 있는 자는 그가 그 밖의 방면에서 갖은 파탄을 보이고 있더라도 그 파탄의 한 꺼풀 아래에는 그 모든 것을 치유할 수도 있는 가능성을 지니고 있다.

효도에 대한 공자의 강조는 이렇듯 우리의 뇌리에 뿌리박힌 권위주의적 효도와는 달리 인간의 자기완성이라는 전체적 구도 안에 있었다. 그것은 절실하고도 살아 숨 쉬는 과제였고 공문의 다른 모든 덕목과 일관되어 있는 사고이자 입장이었다. 따라서 재아宰我가 삼년상을 일년상으로 줄일 것을 제안한 것에 대하여 공자가 3년 동안 품안에서 길러 준 은공도 모르는 짓이라고 힐난했다는 양화/21의 기록은 후대의 위작이라 아니할 수 없을 것이다. 왜냐하면 양화/21은 효도의 문제를 뚜렷이 형식적, 권위주의적인 각도에서 다루고 있으며 그것은 효도에 관한 공자의 대원칙과는 결코 병치될 수 없는 것이기 때문이다.

6. 시(詩)와 예(禮)와 음악

시詩와 예禮와 음악樂을 같은 궤도에서 서로 상관된 어떤 것으로 다룬다는 것은 오늘날의 사유체계에서는 낯설어 보인다. 시와 음악까지라면 몰라도 예가 그 가운데에 끼어든다는 것은 아무래도 적절해 보이지 않기 때문이다. 그러나 태백/9에 나오는 다음 단편은 이 세 가지가 같은 궤도 위에서 다루어질 수 있는 한 전망을 내비치고 있다.

선생님께서 말씀하셨다.

"시를 통해 일어나고 예를 통해 서며 음악을 통해 이룬다."

子日:興於詩,立於禮,成於樂. 8/9

태백/9가 열어 보이고 있는 이 전망은 대단히 주목할 만한 것이다. 그것은 아주 단순해 보이지만 거기에서 우리는 실로 새로운 시론과 예론과 음악론을 도출해 낼 수도 있는 한 관점을 엿볼 수 있다. 예의 주된 기능을 "서는 것"立으로 할 때 시는 "일어나는 것"興, 그리고 음악은 "이루는 것"成으로 각각 그 앞과 뒤를 구성하고 있기 때문이다. 이 흥미로운 구성에 유의하면서 먼저 시의 기능을 살펴보기로 하자. 양화편에는 시의 기능을 아주 알기 쉽게 풀이하고 있는 공자의 말이 두 단편에 걸쳐 수록되어 있다.

선생님께서 말씀하셨다.

"너희들은 왜 시를 배우지 않느냐? 시는 그로써 깨어 일어날 수 있고 그로써 살필 수 있고 그로써 어울릴 수 있으며 그로써 원망할 수 있다. 또 가깝게는 아버지를 섬기고 멀리로는 임금을 섬기며 새와 짐승과 풀과 나무의 이름도 많이 알게 된다."

子曰:小子何莫學夫詩?詩,可以興,可以觀,可以群,可以怨,邇之事父,遠之事君,多識於鳥獸草木之名. 17/9

선생님께서 백어伯魚에게 말씀하셨다.

"너는 주남周南과 소남召南을 배웠느냐? 사람이 주남과 소남을 배우지 않으면 그것은 담을 마주하고 서 있는 것과 같을 것이다."

子謂伯魚曰:女爲周南召南矣乎?人而不爲周南召南,其猶正牆面而立也與. 17/10

이 두 단편은 시에 대한 공자의 명확한 입장을 드러내고 있다. 즉 그는 시를 인정과 물정에 통하게 되는 기초적이면서도 필수적인 관문으로 이해하고 있는 것이다. 시는 언어로써 노래하는 것이고 언어가 가진 표현 및 전달 기능을 극대화한 것이기 때문에 시를 배우는 것은 곧 언어를 배우는 것不學詩,無以言(16/13)이고 언어를 배우는 것은 곧 그것을 통하여 표현하고 전달하려는 인간세계를 배우는 것不知言,無以知人也(20/3)이 된다. 다시 말해서 시는 인간의 상정常情에 이르는 가장 보편적인 기제가 되는 것이다. 따라서 언어가 인간의 생활에 필수적이듯이 시는 인간의 정신에 필수적이다.

시는 정신의 언어다. 그가 "주남과 소남을 배우지 않으면 그것은 담을 마주하고 서 있는 것과 같다"고 한 것은 시가 배울 수도 있고 배우지 않을 수도 있는 어떤 선택적 전문 분야가 아니라 그것을 배우지 않으면 세상에로 나아갈 수 없는, 반드시 갖추어야 할 인간적 자질로 이해하고 있음을 보여 주는 것이다.

그가 시의 속성과 관련하여 남긴 위정편의 짧은 한 마디는 그다운 통찰력을 보여 주고 있다.

선생님께서 말씀하셨다.

"시 삼백 편을 한마디로 규정하자면 '생각에 사악함이 없다'는 것이다."

子曰:詩三百,一言以蔽之曰,思無邪. 2/2

그는 세상 물정을 익히고 사람들의 자연스런 감정에 통하는 것이 얼마나 필요한 품성인지를 알고 있었다. 시는 사람을 가장 안전하고 신뢰할 만한 출발점으로 인도한다. 시는 공자가 邪(사악함 혹은 사곡됨)라고 표현한 인간성의 비극적 뒤틀림을 막아 주고 모든 사람들이 느낌과 생각을 나눌 수 있는 공유의 세계를 펼쳐 보인다. 일단 이 상정常情의 세계에 들어오는 것이 무엇보다 중요한 일인 것이다.

그가 "시 삼백 편을 다 외우고도 그에게 정사를 맡겼을 때 제대로 수행해 내지 못하고 각국에 사신으로 나가 알아서 대응하지 못한다면 비록 많이 외웠다한들 무슨 소용이 있겠느냐?"[41]고 한 데에는 시를 제대로 배우기만 하면 옳고 그름을 판단하거나 합리적 해결 방안을 찾거나 남을 설득하거나 하는 인간사의 여러 방면에 대처할 수 있다고 믿었던 것 같다. 그는 아버지를 섬기거나 임금을 섬기는 지혜마

41) 子曰:誦詩三百,授之以政,不達,使於四方,不能專對,雖多,亦奚以爲? 13/5

저 시를 통해 얻을 수 있는 소득의 하나로 보았다. 결국 시는 인간의 보편적 정서에로 학습자를 끌어들이며 인심의 미묘한 추이 속에 깃들인 제반 가치를 인식시킴으로써 정신을 안전하고도 건전한 방향으로 육성하는 기능을 지닌다고 할 것이다.

그런데 공자가 시의 기능을 근본적으로 "일어나는 것"興으로 본 것은 예와 음악의 "서거나"立 "이루는"成 기능과 어떤 차이가 있는 것일까? 왜 하필 "일어나는 것"일까? 여기에서 우리는 공자의 독특한 시관詩觀을 엿보게 된다. 즉 그는 시를 반드시 어떤 한계 안에 있는 것으로 못 박고 있지는 않지만 인간성의 전개 과정 중 주로 기초적인 과정에 걸쳐서 그 의의를 발휘한다는 사실을 은연중에 표명하였던 것이다.

시의 기능에 대해 공자가 직접적으로 언급한 앞서의 두 단편이 비교적 평이한 단편들로 구성된 양화편에 등장한다는 것도 우연의 일치는 아닐 것이다. 시에 대해서는 "평소에 말씀하셨다"雅言는 술이/19의 진술도 역시 관련성이 있어 보인다. 이것을 성급하게 시에 대한 공자의 폄하로 결론짓는 것은 불필요하고도 위험한 일이 될 것이다. 그러나 공자의 언급은 여전히 시사적이다. 그것은 어쩌면 시가 인간의 상정을 다루고 있을 뿐 아니라 언어라는 전달매체에 의존한다는 전술한 특성과 관련된 것인지도 모른다.

공자의 지적은 특히 『시경』의 시처럼 민요적 성격이 강한 시가에서 더 타당성을 지니고 있지만, 시가 민요적 성격을 넘어선 오늘날에도 그 기본 성격은 여전히 존속하고 있다 할 것이다. 다만 현대시는 바로 그 성격적 제약을 넘어서기 위해, 그리고 현대 자체의 더욱 교묘해진 사악함의 양상에 맞서기 위해 기능적인 측면에서 점점 극한적 상황에 매달리고 있다. 그것은 시의 무사성無邪性을 보존하는 성과의 이면에서 시와 대중의 괴리를 통해 시의 위기라는 새로운 문제를 야기하고 있다.

어쨌든 공자가 시를 통해 제자들의 성정을 기르고 그들이 몸담고 있는 세상의 진정한 기류를 그 어떤 이념이나 사상보다 앞서 터득케 하려 했다는 것은 그의 입장에 대한 우리의 신뢰를 한층 두텁게 하는 것이 아닐 수 없다.

예禮는 시와 함께 공자가 평소에 기탄없이 언급했던 분야의 하나라고 논어는 기록하고 있다. 이 점은 어짊이나 천명에 관하여 공자가 "좀처럼 말씀하지 않으셨다"[42]고 한 기록과 뚜렷한 대조를 이룬다.

> 선생님께서 평소 말씀하신 바는 『시詩』와 『서書』와 예법에 관한 것이었으니 이것들에 대해서는 모두 평소 말씀하셨다.
>
> 子所雅言,詩書執禮,皆雅言也. 7/19

예에 관하여 평소 터놓고 말했다는 것은 공자가 예를 시와 함께 중요한 교육 과목이자 교육 방편으로 취급하고 있었음을 말해 준다. 제례祭禮와 의례儀禮를 막론하고 예는 삶의 형식적 요소다. 그것은 형식적인 요소기 때문에 애초부터 숨겨져서 취급될 필요가 없었다. 이를테면 어짊과 같이 그 자체가 형상화되기 어려운 정신일 경우 잦은 언급이나 설명은 말이나 개념의 물화物化되기 쉬운 속성에 비추어 거짓을 양산할 위험성이 높지만 예는 그 자체가 드러나 있는 형식적 요소기 때문에 비교적 안전한 교육 수단이 될 수 있었던 셈이다.

공자가 그토록 중시한 예에 대하여 오늘날 우리의 인식은 그다지

---

42) 子罕言, 利與命與仁. 9/1

긍정적인 것이 아니다. 그것은 단지 번거로운 형식처럼 여겨지고 있고 몸에 꽉 끼이는 옷처럼 불편하게 느껴지기도 한다. 그러한 느낌에는 어느 정도는 역사적 요인이 있다. 형식을 깨고 나옴으로써 새로운 본질에 접하는 것을 주된 문화적 속성으로 하는 역사단계, 이를테면 낭만주의와 같은 역사단계에서 예는 주목받지 못할 뿐 아니라 그 개념마저 모호해지는 것이 사실이다. 우리가 살고 있는 오늘날도 넓게는 그러한 영향권 내에 있고 그 점이 예에 대한 인식을 부정적이게 하는 역사적 요인이 되고 있는 것이다.

그러나 크게 보면 형식을 깨는 것도 대단히 불안정하기는 하지만 하나의 형식이라 할 수 있다. 인간을 사회적 동물이라고 부르는 데에는 바로 예의 불가피성이 들어 있다. 로빈슨 크루소 충동이 있다고 하여 인간이 사회적 동물임을 벗어날 수 없듯이 형식에 대한 거부나 파괴가 형식 자체를 부인하는 데에 이르지는 않는다. 근원적으로 이해된 예는 인간 존재의 구성적 요소기 때문에 존재로부터 분리될 수 없다. 그것은 마치 형식과 내용을 분리할 수 없는 것과 같다. 이 점에서 예는 일부 송유宋儒들이 잘못 생각했던 것처럼 단순한 문식文飾이나 외화外華를 뜻하는 것이 아니다. 예는 형식이기는 하지만 결코 수식적인 것이 아니라 본질을 직접 구성하는 것이다. 그리고 그와 같이 이해하는 순간 우리는 바로 공자가 강조한 예의 의의 속으로 저항할 수 없이 끌려들어 가게 된다.

다만 우리는 공자가 살았던 시대가 적게는 주대周代문화, 크게는 삼대三代, 夏殷周문화의 해체기에 있었다는 것이 공자로 하여금 다른 어느 시대보다 더 절실하게 예의 정립에 비중을 두는 계기가 되었으리라고 추론할 수 있다. 예에 대한 공자의 강조에 춘추 말기의 역사적 요인이 작용하고 있다는 점을 인정하는 것은 예에 대한 공자의 여러 언급을 시효 경과의 것으로 만들지는 않는다. 다만 그것을 우리 시대의 패러다임에 맞추어 재해석하고 번안할 필요가 있을 뿐이다. 그리고 바로 그런 활법活法을 터득하기 위해서도 공자의 언급을 먼저 그 자체의 문맥에서 이해하는 일이 더욱 절실히 요청되는 것이다.

이제 예에 관한 공자의 구체적인 발언을 검토하며 춘추시대의 중요한 개념이었던 예의 본질에 접근해 보자. 예에 관한 공자의 여러 언급 중에서 특히 주목할 필요가 있는 것은 선진/1이다.

선생님께서 말씀하셨다.

"예악에 먼저 나아가는 자는 야인이다. 예악에 나중 나아가는 자는 군자다. 만약 실제로 활용한다면 나는 예악에 먼저 나아가는 쪽을 따르겠다."

子曰:先進於禮樂,野人也.後進於禮樂,君子也.如用之,則吾從先進. 11/1

예악의 위상과 의의를 암시하고 있는 이 중요한 진술에는 예악에 나아가는 것을 무엇보다 먼저하고 무엇보다 나중한다는 것인지가 드러나 있지 않다. 다양한 오해의 원인이 된 이 생략은 다른 많은 경우에서와 마찬가지로 공자와 이 말을 들은 제자 사이에서는 당연한 전제였음에 틀림없다. 공자의 말처럼 예악이 단지 "구슬과 비단"을 말하거나 "종과 북"을 말하는 것이 아니라 한다면 이 당연한 전제는 바로 예악을 통해 확립하려 한 모든 덕목—지혜, 어짊, 용기 등—을 말하는 것일 수밖에 없다. 예악에는 그 모든 덕목이 반영되어 있다. 마치 하나의 악수에 인간의 존엄성에 대한 이해와 상대방에 대한 신뢰, 존경 나아가 그 시대가 쌓아 올린 인간성에 대한 기본이해가 포함되

어 있는 것처럼.[43]

쉽게 말해서 공자는 군자의 경우 지식이나 심성을 통해 이러한 덕목을 미리 확보하고 그 후 이 덕목을 구체화하고 사회적으로 구현하기 위해 예악에 나아가지만 야인은 먼저 예악을 익힘으로써 비로소 이러한 덕목들을 깨달아 가는 것임을 말한 것이다. 실제 군자라 불리는 자들은 오랜 역사를 통하여 의식적, 무의식적으로 예악을 창출하거나 조정하는 계층이었다 할 수 있다. 공자 자신도 말하자면 그러한 위치에 있었다. 이를테면 자한/3에서 공자는 직접 그러한 모습을 보이고 있다.

선생님께서 말씀하셨다.

"삼베관을 쓰는 것이 예이지만 요즈음에 와서는 명주관을 쓰는데, 이는 검소한 것이므로 나도 시속時俗을 따르겠다. 당하에서 절하는 것이 예이지만 요즈음에 와서는 당상에서 절하는데, 이는 거만한 짓이므로 비록 시속에 어긋나더라도 나는 당하에서 절하는 것을 따르겠다."

---

43) 허버트 핑가레트가 낯선 예(禮)의 문제를 스스로 납득하기 위해, 또 서양인들에게 납득시키기 위해 동원한 방법은 확실히 적절한 방법이었다.
"내가 길에서 당신을 만난다고 하자. 나는 미소를 지으며 당신 쪽으로 가서 악수를 청할 것이다. 그러면 어떤 명령, 술책, 물리적 힘이나 특별한 속임수, 방편, 노력 등을 내가 가하지 아니하여도 당신은 자발적으로 나를 향하여 미소에 답하고 손을 내밀 것이다. 내가 당신의 손을 흔들거나 당신이 나의 손을 흔듦에 의해서가 아니라 자발적이고 완전한 상호 협력의 행동에 따라 우리는 악수를 할 것이다. 관습에 젖어 있기 때문에 우리는 이 조정된 '의례' 행위가 대단히 미묘하고 복잡하다는 사실을 의식하지 못한다. 그러나 만약 책을 통해서만 이러한 의례를 배운 경우, 혹은 악수하는 습관이 없는 문화권에서 온 외국인의 경우에는 이 행위가 대단히 심오하고 복잡하게 느껴질 것이다. 관습에 젖어 있기 때문에 우리는 '의례'가 그 속에 '생명'을 가지고 있다는 것도, 또 우리가 적어도 최소한의 어떤 범위 속에서 서로에게 그것을 표현한다는 사실도 의식하지 못한다. 거기에는 공자가 말한 것처럼 언제나 총체적이면서 근본적인 상호간의 충분한 신뢰와 존경이 요청된다. 이 상호 존경은 의식적으로 상호 존경을 느끼는 감정과는 구별된다." 허버트 핑가레트(Herbert Fingarette), 『공자:성스러운 속인(*Confucius:The Secular as Sacred*)』(노인숙 역, 일선기획, 1990) P. 31

子曰:麻冕禮也,今也純,儉,吾從衆.拜下禮也,今拜乎上,泰也,雖違衆,吾從下. 9/3

그러나 실제 젊은이들을 가르치고 세상을 교화하는 데에 예악에 먼저 나아가게 하는 것이 비할 바 없이 효율적이다. 이것은 "백성들은 그것에서 비롯하게 할 수는 있지만 그것을 알게 할 수는 없다"[44]는 진술과도 상통하는 것이다. 이는 개념적 인식의 전달이라는 오늘날의 객체화된 교육 관행에 비해 확실히 효율적일 뿐 아니라 말 그대로 '산' 교육이라 할 수 있다. 정중하게 악수하는 법을 한 번 가르치는 것이 인간의 존엄성과 상호 신뢰의 필요성에 대해 열 번 강론하는 것보다 더 나을 수 있다.

예를 가르치는 것은 비록 겉을 다스리는 것이지만 그것은 무형의 속을 채운다. 마치 물을 모양 지을 수는 없지만 우리는 그릇을 빚음으로써 그 안에 담길 물을 결과적으로 모양 짓는 것처럼. 교화 자체가 지닌 불가피한 대중성을 생각할 때 공자가 가르침의 수단을 예에서 찾은 것은 참으로 사려 깊은 것이었다. 이 점에서 공자는 아주 드물게 보는 형식주의자였다. 그것은 그가 내용이라는 것을 피상적으로 이해하지 않고 있었으며 그것이 어떻게 보전되고 전달되는지를 알고 있었기 때문에 오히려 과감히 취할 수 있었던 입장이었다. 오늘날의 교육학이 공자의 교육 방법에 끊임없이 관심을 표하는 것도 이 때문이다. 공자는 자하와 대화하는 자리에서 "그리는 일이 있은 후에야 순수함이 살아난다"[45]고 하여 다시 한 번 예의 우선성을 천명하

---

44) 子曰:民可使由之,不可使知之. 8/10

45) 子夏問曰:巧笑倩兮,美目盼兮,素以爲絢兮,何謂也?子曰:繪事後素.曰:禮後乎?子曰:起予者商也,始可與言詩已矣. 3/8

였다.

그러나 예도 가장 안전한 교육 수단만은 아니었다. 예의 개념이 경직되어 단지 의전儀典을 의미하게 될 위험은 어쩌면 예에 그림자처럼 뒤따르는 운명적 요소인지도 모른다. 그래서 공자는 예를 그 외형에 의해 판단할 것이 아님을 강조하여 이렇게 말하기도 했다.

선생님께서 말씀하셨다.
"예禮, 예禮 하지만 구슬과 비단을 말하겠느냐? 음악, 음악 하지만 종과 북을 말하겠느냐?"
子曰:禮云禮云,玉帛云乎哉?樂云樂云,鍾鼓云乎哉? 17/11

『좌전』 소공昭公 5년조에는 이 문제가 좀 더 부연되어 있는 한 일화가 전해지고 있다. 진晉나라의 평왕平王은 노나라의 소공昭公이 외교적인 접견 등에서 예를 잘 지킨다고 평가하자 여숙제女叔齊는 그에 반대의 뜻을 표하며 이렇게 말했다.

그것은 의전이지 예라 할 수는 없습니다是儀也.不可謂禮. 예는 자신의 나라를 잘 지키고 자신의 정령을 제대로 시행하며 자신의 백성을 잃지 않는 데에 있습니다. 그러나 지금 노나라의 정령은 대부의 가문에서 나오고 있으나 소공은 되돌려 받지 못하고 있습니다. 또 자가기子家羈가 있지만 등용하지 못하고 있습니다. 큰 나라와의 맹약은 어기고 작은 나라는 괴롭히며 남의 환난은 이롭게 생각하면서도 자신의 위태로운 처지는 알지 못합니다. 공실公室의 땅은 네 조각으로 갈라져 백성들이 남의 지배하에 들어간지라 아무도 임금 생각을 하는 사람이 없어 언제 끝을 맞을지 예측할 수가 없습니다. 나라의 임금이 되어 장차 자신에게 환난

이 닥칠 것임에도 그것을 걱정하지 못하고 있습니다. 예의 근본과 말단은 바로 이러한 데서 찾는 것임에도 자질구레하게 의전이나 익히는 것을 앞세우고 있으니 예를 잘 지킨다고 말하는 것은 거리가 있지 않겠습니까?

여숙제는 예가 분리된 격식 그 자체를 말하는 것이 아니라 전체와의 조화로운 관련성 가운데에 유지되는 그 무엇임을 말하고 있다. 사람이 예를 획득해 간다는 것은 아무리 사소한 것이라 하더라도 전체라는 너른 자장磁場에 맞추어 그때그때의 포즈를 끊임없이 조정해 나가는 것을 말한다. 따라서 진정으로 예를 아는 사람에게 하나의 조그마한 거동은 늘 온전한 전체와 조응하고 있다.

예는 마치 화가가 자신의 캔버스를 말없이 바라보다가 오른쪽에 있는 나무 둥치에 몇 낱의 잔가지를 더 그려 넣는 일, 나무 둥치의 음영을 조금 더 짙게 하는 일과도 같다. 그것은 나무 둥치에 가하는 손질이면서도 이미 화면 전체의 균형을 추구하고 있다. 如切如磋如琢如磨에는 바로 이러한 조응관계가 적용되고 있다. 이 관계를 잘 이해하면 우리는 속화된 예, 즉 본래적 기능을 잃은 각종 의례로부터 진정한 예를 구분해 낼 수 있을 것이다.

전술한 바 여숙제가 소공의 예를 평가절하한 것은 바로 그의 예가 이러한 전체적 구도를 담고 있지 못한 것, 이미 진정한 지평을 상실한 토막 난 의전에 불과함을 지적한 것이라 할 수 있다. 예는 비록 작은 것일지라도 그것을 통해 전체를 확보하는 기제다. 예에 관하여 이런 식의 개념적 접근을 시도한 사례는 학이/12에 유자有子의 말로 남아 있다.

유자께서 말씀하셨다.

"예의 효용으로서 조화가 귀중하다. 옛 왕들의 도道도 그 점에서 아름다웠던 것인데 작고 큼이 다 여기서 비롯하였다. 행해지지 않는 것이 있으면 조화의 원리를 알아 조화시켜야겠지만 예로써 조절하지 않는 한 역시 행해지지 못할 것이다."

有子曰:禮之用,和爲貴.先王之道,斯爲美,小大由之.有所不行,知和而和,不以禮節之,亦不可行也. 1/12

이 말은 예에 대한 개념적 접근으로는 거의 유일한 것인데 유자의 돋보이는 지적 간파력을 보여 준다. 예의 효용이자 본질로 "조화"和를 제시한 것도 그렇지만 이 조화를 구체적으로 실현하기 위해서는 조화에 대한 인식이나 의지만으로는 되지 않고 예로써 조절해야 한다는 지적도 유자의 탁월한 안목을 보여 주는 부분이다.

그러나 공자는 예에 관련된 많은 단편을 남겼지만 결코 예에 대해 개념적 접근을 시도하지 않았다. 그는 비단 예에 관해서만이 아니라 모든 주제에 대해서 체질적으로, 그리고 의식적으로 개념적 접근을 회피했다. 그는 개념을 진정한 깨달음의 형해形骸 정도로 여겼고 따라서 깨달음은 개념을 낳겠지만 개념은 반드시 깨달음을 낳는 것이 아니라는 점을 유의하고 있었던 것 같다.

임방林放이 "예의 근본"禮之本을 물었을 때에도 공자는 그 질문이 개념적 답변을 시도할 만한 것이었음에도 불구하고 "크구나, 그 질문이! 예는 사치스러울 바에야 차라리 군색한 것이 낫다. 상을 당해서는 태연할 바에야 차라리 비통해하는 것이 낫다"[46]는 예시적

46) 林放問禮之本.子曰:大哉問!禮,與其奢也,寧儉.喪,如其易也,寧戚. 3/4

답변으로 그치고 있다. 물론 이러한 답변은 개념적 이해가 가진 폐단을 피하면서 예가 무엇인지를 깨닫게 하는 공자 나름의 방법이었던 셈이다.

공자 자신이 제시한 예의 효용으로 논어에서 뚜렷이 눈에 띄는 것은 約, 즉 자기제어 기능과 立, 즉 자기구현 기능이다. 이는 전술한 바 시의 "일어나는"興 기능과 의미 있는 구별을 드러내는 것이기도 하다.

예로써 다잡는다.
約之以禮 6/27, 12/16

논어에서 세 번이나 반복된 이 말은 스스로 도의 길에서 벗어나지 않도록 하는 데에 예가 극히 중요한 기제임을 밝힌 것이다. 우리는 이 말을 "다잡고도 그것을 잃어버리는 자는 드물다"[47]고 한 말과 연결시켜 이해할 필요가 있다. 그러면 우리는 예가 바로 그 가운데에 진정한 도道를 보존하는 기능을 가짐을 알 수 있다. 예의 도움이 없으면 마치 액체가 그 용기容器를 떠나는 것처럼 우리는 애써 얻은 것을 다시 잃어버리게 된다. 예는 자신을, 자신 속의 진정한 차원을 다잡는 방편이다. 예가 실제 인간의 행태를 다잡는 사례가 논어에는 몇 군데에 기록되어 있는데 태백/2도 그 중 하나다.

선생님께서 말씀하셨다.
"공손하면서 예가 없으면 노고로워지고 신중하면서 예가 없으면 겁약

47) 子日:以約失之者,鮮矣. 4/23

해지고 용맹스러우면서 예가 없으면 세상을 어지럽히고 곧으면서 예가 없으면 냉혹해진다."

子曰:恭而無禮則勞,愼而無禮則葸,勇而無禮則亂,直而無禮則絞. 8/2

여기서 "공손함"恭, "신중함"愼, "용맹"勇, "곧음"直은 모두 "기질" 또는 "바탕"質으로 제시되어 있다. 예는 이러한 각각의 바탕들이 "노고로움"勞, "겁약함"葸, "어지러움"亂 혹은 "냉혹함"絞으로 치우치지 않게 하는 안전장치가 된다. 예가 이러한 장치로서 효과를 발휘하기 위해서는 예 자체에 전체적 균형을 지향하는 강한 힘이 있어야만 가능할 것이다. 여기서 예가 다름 아닌 중용의 구체화라는 사실이 드러난다. 양단에 치우친 것은 예가 아니다. 어떤 행동이나 거취가 예에 맞다는 것은 그 행동이나 거취가 중정中正을 얻은 탓이다. 그러한 예가 교육에 적용될 때 예는 우선 당해 사안에 관련하여 배우는 자의 자세를 교정하여 주는 외형을 취하지만 그 교정을 통하여 당사자는 바람직한 전체를 상기하게 되며 그 전체 안에서 자신의 자세가 어떤 조화적 기능으로 참여하는지를 깨닫게 되는 것이다.

그러나 전체는 무엇인가? 만약 현재 지배적으로 인식되고 있는 전체만을 전체로 보고 각 개인의 행동으로 하여금 그에 조율케 하는 것이 예라고 본다면 그것은 전체주의에 지나지 않을 것이다. 실제 역사에서는 조화를 잃고 흐트러진 개체들을 선동과 그릇된 신화를 통해 전체주의로 몰고 간 많은 사례를 볼 수 있다. 전체는 단지 피상적인 전체를 말하는 것이 아니라 가장 높은 안목에 의해서만 확보될 수 있는 전체, 즉 질적 차원이 보완된 진정한 전체를 말한다. 이를테면 흔히 빠지기 쉬운 지상중심주의에서는 결여된 초월적 차원이 보완된 전체만이 진정한 전체다.

바로 그러한 진정한 전체와 예와의 관련이 전형적으로 표출된 경우를 우리는 예양禮讓에서 발견할 수 있다. 사실상 고대 동아시아 문화에서 가장 중요한 정치철학이자 가장 지극한 덕으로 인식되었던 것이 바로 예양이었다. 아마 공자가 태어나기 훨씬 오래 전에 이미 복합어로 형성되었으리라 여겨지는 예양이라는 말은 예의 가장 지극한 모습을 지칭하는 말이자 예가 조응하는 바 전체가 단순한 천하天下를 넘어서서 천상적天上的 요소를 그 안에 포괄하고 있음을 보여 주는 말이다.

예의 극치로서의 예양을 공자는 다음과 같이 말했다.

> 선생님께서 말씀하셨다.
>
> "예양으로써 나라를 위할 수 있다면 무엇이 더 필요하겠느냐? 예양으로써 나라를 위할 수 없다면 온갖 예가 무슨 소용이 있겠느냐?"
>
> 子曰:能以禮讓爲國乎,何有?不能以禮讓爲國,如禮何? 4/13

예양, 곧 나라를 사양하는 것은 위국爲國의 최고 형식이다. 고대 중국의 모든 성군, 현자는 모두 이 예양에서 그 이름을 얻었다. 위로는 요순堯舜이 그렇고, 백이숙제伯夷叔齊가 그렇고, 태백泰伯이 그렇고, 춘추시대에서는 계찰季札 등이 그렇다. 예양은 천하나 나라를 양보하고 사양하는 단순한 사실을 의미하는 것이 아니다. 예양을 실천하는 자에게 천하나 나라는 소중한 헌신의 대상이면서 동시에 초개와 같은 것이 된다.

공자가 "천하를 차지하고 있으면서도 그에 연연하지 않는 것"[48]으

48) 子曰:巍巍乎!舜禹之有天下也,而不與焉. 8/19

로 표현한 이것은 세계관의 완성이고 인생관의 완성이다. 거기에는 더 이상의 그 무엇도 필요하지 않다. 다른 모든 것은 바로 그 가운데에서 저절로 조응하며 정립될 것이기 때문이다.

공자가 "온갖 예가 무슨 소용이 있겠느냐?"고 했을 때의 예는 단순히 토막 난 의례를 지칭하는 것으로 보이는데 그것이 진정한 예로 성립하려면 예양을 그 가장 큰 표현으로 삼고 있는 바와 같이 예의 본질적 차원으로 펩진하는 숙성이 필요한 것이다. 그는 실로 주周왕조 창건의 기회를 아우에게 양보하고 스스로 오랑캐의 땅으로 달아났던 태백泰伯의 예양을 "지고의 덕"至德이라 극찬했던 것이다.

선생님께서 말씀하셨다.

"태백泰伯은 가히 덕德이 지극했던 사람이라 할 수 있겠다. 세 번이나 천하를 사양하였는데도 백성들은 일컬을 것이 없었으니!"

子曰:泰伯其可謂至德也已矣.三以天下讓,民無得而稱焉. 8/1

예양을 그 정점으로 하는 예는 이처럼 하나하나의 태도와 행동을 진정한 전체 안에서 다시 발견하고 조율하는 것이기 때문에 안연이 공자에게 어짊에 대해 물었을 때 공자는 뜻밖에도 "자신을 이겨 내고 예를 되찾는 것이 어짊을 도모하는 것이다. 어느 하루 자신을 이겨 내고 예를 되찾는다면 천하가 어짊에 돌아올 것이다"[49] 하는 의미심장한 말을 들려주었다. 다시 말해서 안연은 어짊에 대하여 물었는데 공자는 뜻밖에도 예를 그 요체로서 제시한 것이다. 이는 당시 안

---

49) 顔淵問仁.子曰:克己復禮爲仁.一日克己復禮,天下歸仁焉.爲仁由己,而由人乎哉?顔淵曰:請問其目.子曰:非禮勿視,非禮勿聽,非禮勿言,非禮勿動.顔淵曰:回雖不敏,請事斯語矣. 12/1

연이 처해 있던 사정과도 관련이 있는 것이지만 예 자체가 어짊의 요체가 될 만큼 위대한 균형을 내포하고 있어서 그것을 통하여 자아 또는 세계가 어느 일방에 치우치지 않고 서로 조화해 나가게 되는 것이다. 즉 예와 어짊과 중용의 일관됨이 거기에 있다.

예는 이처럼 한 개인에게 자신을 다잡고 조율하여 전체와의 조화를 되찾는 것이지만 그것이 백성이라는 집단적 주체에 적용될 경우에는 *齊之以禮*, 즉 "예로써 (백성들을) 다스린다"[50]는 기능을 지닌다. 이것은 바로 공자가 *齊之以刑*, 즉 "형벌로 다스리는 것"에 동의하지 않으면서 그 바람직한 대안으로 제시한 것이다. 거기에서는 자발성이 희생되지 않고 예의 고유한 기능이 저절로 백성들로 하여금 제 격格을 만들어 가게 하는 것이다.

그렇다면 논어 안에서 훨씬 더 자주 언급된 예의 "자기구현"立 기능은 자연스럽게 스스로를 "다잡는"約 기능과의 관계를 드러낸다.

"예를 통해 선다."

立於禮. 8/9

"예를 배우지 않으면 설 수가 없다."

不學禮,無以立. 16/13

"예를 모르면 설 수 없다."

不知禮,不以立也. 20/3

---

50) 子曰:道之以政,齊之以刑,民免而無恥.道之以德,齊之以禮,有恥且格. 2/3

선다는 것은 일체 가운데에서 스스로의 주체적 위상을 확보하는 것을 말한다. 훌륭한 체질을 가지고 있으면서도 서지 못하는 것은 전체를 의식하지 못하고 따라서 전체 가운데에서의 자신을 이해하지 못하기 때문이다. 대체로 예를 모르는 자의 자기 이해는 필부의 그것에 그치고 있다. 예는 당연히 세계관과 국가관과 인생관의 종합적 구도 속에서 성립한다. 단지 선한 생활인의 자세는 예를 형성하지 못한다. 그는 자기 존재의 진정한 장場을 이해하지 못하고 자기 존재의 진정한 윤곽을 알아차리지 못하기 때문이다.

스스로를 다잡는 예의 내적 기능은 이런 관계를 통하여 바로 스스로 서는 외적 기능이 된다. 다시 말해서 "서는 것"立은 "다잡음"約의 필연적 결과고 "다잡음"約은 "서는 것"立의 실질이 되는 것이다. 그리고 그것은 확실히 시의 일어나는 기능에 비해 훨씬 본격적이고 성숙된 하나의 과정으로 이해되는 것이다.

제례祭禮는 예의 특정 범주라 할 수 있다. 대체적으로 그것은 상고시대의 세계관에서 형성된 것으로 보이는데 춘추시대에도 역시 중요한 분야였고 나름대로의 의미를 간직하고 있었던 것으로 보인다. 그러나 공자의 시대에 이르러 제례와 관련된 옛 관습의 일부는 세계관의 변천으로 인하여 빛이 바래어 가고 있었다. 이를테면 자공이 곡삭제告朔祭에서 양을 제물로 바치는 희양餼羊의 관례를 없앨 발상을 하였다는 자체가 이러한 제례가 점점 의미를 잃어 가고 있던 증거라고 할 수 있다. 또 팔일/10은 그 의미가 선명하지는 않으나 공자가 체제禘祭의 실태와 관련하여 "보고 싶지 않다"고 한 것은 제례가 이미 전래의 기능을 충분히 그리고 자연스럽게 발휘하지 못하게 된 역사적 사정과 맥락을 같이하는 것으로 보인다.

제례는 세계의 중심이 천상에 있었던 상고시대를 배경으로 확립된 예제다. 따라서 그 중심이 지상으로 옮겨 온 춘추시대에 와서도 제례가 여전히 안정된 구도로 유지될 수 있기를 기대하는 것은 무리였을 것이다. 춘추시대에 와서 제례는 점점 특수 분야화 되어 갔고 전통적 의의는 대중적 기반을 잃는 대신 상고적尙古的 취미와 보수적 경향을 가진 사람들의 다소간 왜곡된 관심 위에 존속하는 경우가 많았던 것으로 보인다.[51] 제례에 관심이 많았던 맹경자孟敬子에게 증자가 "제례祭禮에 관한 일이라면 담당관이 따로 있습니다"[52] 하며 만류하는 입장을 취했던 것도 이러한 역사적 분위기에 영향 받은 강한 현세중심주의를 보여 주고 있다.

그러나 제례에 관한 이러한 역사적 추이에도 불구하고 공자는 제례로부터 그의 세계관의 많은 것을 얻었던 것으로 보인다. 특히 천자가 지내는 체제禘祭는 추측컨대 원래 하늘天에 대한 제사였던 것으로 여겨지는데 공자는 체제禘祭를 각별히 주목하고 있었다.

> 어떤 사람이 체제禘祭의 이치를 물으니 선생님께서 말씀하셨다. "모릅니다. 그 이치를 아는 자에게 있어서 천하란 여기에 올려놓고 보여 주는 것과 같을 것입니다" 하고 자신의 손바닥을 가리키셨다.
>
> 或問禘之說.子曰:不知也.知其說者之於天下也,其如示諸斯乎!指其掌. 3/11

이는 그가 체제라는 제례에 다른 어떤 제도로도 온전히 대체하기 어려운 고유한 의의가 있음을 인정한 것이다. 아마 그것은 천하의 대

---

51) 이를테면 8/5에 묘사된 맹경자(孟敬子) 같은 사람이나 공서화(公西華), 제10 향당편을 기술한 자가 그러한 부류의 사람이었을 가능성이 있다.

52) 曾子有疾,孟敬子問之.曾子言曰:鳥之將死,其鳴也哀.人之將死,其言也善.君子所貴乎道者三.動容貌,斯遠暴慢矣.正顏色,斯近信矣.出辭氣,斯遠鄙倍矣.籩豆之事,則有司存. 8/5

표자로서의 제왕이 하늘과 가지는 관계를 예제화禮制化 한 것이기 때문에 초월적인 존재에 참여하는 매우 숭엄한 예법이었을 것이다. 따라서 그는 어떤 의미에서는 이중적인 입장을 취하였다. 그는 옛날의 제례와 그를 둘러싼 세계관이 오늘날에 복구되기를 바라지도 않았지만 그 예법을 구태여 버리려 하지도 않았다. 그는 가급적 남아 있는 제례祭禮가 본래의 의미를 유지하며 보존되기를 바랐는데 그것은 변화된 환경과 새로운 세계관이 제례에 담긴 의미를 계승하여 새로운 모습으로 발전해 가기를 바라서였다고 할 수 있다.

"귀신을 공경하면서도 멀리하면 안다 할 수 있다"[53] 하는 말은 제례에 관한 그의 미묘한 입장을 단적으로 보여 주고 있다. 이 점에서 본다면 공자는 귀신의 존재를 그 효용가치 때문에 애써 옹호하고자 했던 묵자墨子에 비해 엄밀한 의미에서 훨씬 '현대적'인 사람이었다.[54] 그는 무엇이 바뀌었는지 알고 있었다. 세계는 이미 신들의 세계에서 인간들의 세계로 바뀌어 있었던 것이다.

논어에 제례에 대한 언급이 적지 않고 공자 또한 제례를 주목하고 있었지만 그것은 이미 삶의 중심적 위상을 지니고 있지는 않았다. 역사적으로 볼 때 공자의 시대는 인본주의人本主義가 뚜렷이 확립되어 있었고 공자는 이 역사적 조건을 무시하지 않았다. 그는 지난날 제례를 통하여 확보할 수 있었던 대부분을 새롭게 구성된 인간중심적 세계에도 제례가 아닌 새로운 방법에 의하여 유효하게 확보할 수 있다는

---

53) 樊遲問知.子曰:務民之義,敬鬼神而遠之,可謂知矣.問仁.曰:仁者先難而後獲,可謂仁矣. 6/22

54) 묵자(墨子)는 귀신은 의심할 바 없이 존재하기 때문에 만약 천하의 사람들로 하여금 귀신이 있어 어진 이를 상주고 난폭한 이를 벌준다는 사실을 믿게 한다면 세상이 어지러워질 이유가 없을 것이라고 강변하였다.(今若使天下之人,偕若信鬼神之能賞賢而罰暴也,則夫天下豈亂哉.)『墨子』明鬼下篇

신념을 지니고 있었던 것 같다. 술이편의 다음 단편은 그 신념을 잘 보여 주는 것이자 각종 제례에 관한 그의 입장을 분명히 드러내어 주는 것이라 할 수 있다.

선생님께서 병이 드시자 자로子路가 기도하기를 청하니 선생님께서 말씀하셨다.

"그런 것이 있느냐?"

자로가 대답하였다.

"있습니다. 기도문에 '천지신명天地神明께 너 자신을 기도하라'는 말이 있습니다."

선생님께서 말씀하셨다.

"내가 그렇게 기도해 온 지는 이미 오래되었다."

子疾病,子路請禱.子曰:有諸?子路對曰:有之.誄曰:禱爾于上下神祇.子曰:丘之禱久矣. 7/37

그는 자로의 권유를 거부하고 있지만 실제 천지신명에게 자신을 비는 지난날의 제례적 행위가 스스로의 인격적 완성을 추구하는 인본주의의 제 방식에 의하여 충실히 계승되고 있다는 것을 누구보다도 훤히 통찰하고 있었던 것이다. 구태여 천지신명에게 비는 형식적 절차를 따르지 않았다는 것은 곡삭제告朔祭의 유지에 편든 그의 태도와 조금도 모순되지 않으며 오히려 그러한 가운데에서 모든 문화형태에 대한 그의 넓고 깊고 자유자재한 이해를 엿볼 수 있다.

상고시대에 제례가 예의 중심적 위상을 차지하고 있었듯 어느 시대에서나 예는 그 시대에 적합한 양태로 그 시대의 조화 창출에 기여하고 있다. 춘추시대에 와서 예는 인간의 구체적 행동양태에 집중되고 있었고 그 중에서도 특히 "공손함"恭과 밀접한 관계를 가지고 있었다. 유자有子도 "공손함은 예에 가깝다"[55]고 하여 예의 가까운 현실태로 공손함을 들었고 공자도 유독 공손함에 대해 자주 강조하는 것을 볼 수 있다. 이는 공자가 예양을 예의 극치로 본 입장과 함께 춘추시대에 걸쳐 패권주의의 만연이 초래한 자연스런 결과였을 것이다.

오늘날에 이르면 예의 강조점이 옮겨졌다기보다는 차라리 예 자체의 행방이 묘연해진 것처럼 보이는데 이는 사회구조의 급격한 변화가 각 개인의 행동양태에서 바람직하면서도 안정된 표준이 창출되는 것을 가로막고 있기 때문이라 할 수 있다. 전통적인 문명의 권역들이 그 경계를 허물고 바야흐로 하나의 문화권으로 혼융되어 나가는 단계에서 이 같은 현상은 불가피한 것인지도 모른다. 그러나 이러한 현상의 깊은 본질 속에서 우리는 예의 소멸을 보는 것이 아니라 새로운 예의 형성을 지향하는 거대한 요구를 본다. 그 요구는 각 개인의 행동양태에서 전체와의 보다 안정된 조화를 만들어 낼 새로운 표준을 구하는, 고심에 찬 선택의 문제로 나타나고 있다.

외형적으로 각 개인의 행동양태가 전통적인 예를 배척하거나 예 자체를 부정하는 듯한 양상으로 나타나는 것은 보다 큰 전체 속에서 새로운 예가 확립되기를 바라는 간절한 희원이 작용하고 있기 때문이다. 그것이 더 이상 예의 이름으로 불리지 않는다 할지라도 인간을 사회적 존재로 균형되게 세우는 예의 기제 자체가 실효되거나 무의미하게 되는 일은 결코 없을 것이다.

세련된 문화환경일수록 한 개인의 일거수일투족이 얼마나 섬세하게 보이지 않는 그 어떤 척도에 의해 유연함과 어색함, 지나침과 모

55) 有子曰:信近於義,言可復也.恭近於禮,遠恥辱也.因不失其親,亦可宗也. 1/13

자람, 신중함과 경박함, 아름다움과 추함의 사이에서 계기計器의 바늘처럼 떨리고 있는지를 통찰한다면 우리는 왜 공자가 안연에게 "예가 아니면 보지 말고 예가 아니면 듣지 말며 예가 아니면 말하지 말고 예가 아니면 움직이지 말아라"[56]고 하였는지 이해할 수 있을 것이다. 그리고 그러한 것으로서의 예는 오늘날과 같은 변화된 환경은 물론 미래에도 결코 사라지지 않을 삶의 본질적 기제임을 알게 될 것이다.

마지막으로 음악樂의 문제를 살펴보자. 예악禮樂, 즉 예와 음악이라는 말은 예양禮讓이라는 말과 마찬가지로 이미 공자시대 이전부터 복합어의 형태로 사용되어 왔다. 문제는 어떻게 예와 음악이 하나의 어휘로 결합하여 함께 쓰일 수 있었는가 하는 문제다. 이러한 문제 제기에는 적어도 오늘날에는 예와 음악이 하나로 결합되는 것이 더 이상 자연스럽지 않게 되었다는 이해가 반영되어 있다.

이 문제를 이해하기 위해서는 인류의 문화적 과정에서 문화형태의 분류 내지 유형화가 장기간에 걸쳐서나마 끊임없이 변화하여 왔다는 것을 알 필요가 있다. 이를테면 오늘날 우리는 예술이라는 문화적 범주에 음악과 미술을 함께 넣고 있지만 수백 년 전만 하더라도 이러한 분류는 아주 낯선 것이었다. 또 오늘날 우리는 음악과 시를 넘나들기 어려운 별개의 분야로 나누고 있지만 어떤 시대에는 이를 별개의 분야로 취급하는 것이 오히려 이상했다는 것도 기억해 두어야겠다. 아마 어쩌면 예와 음악이 함께 취급된 경위를 우리가 여실히 이해한다는 것은 문화적 환경이 크게 달라진 지금 이미 너무 어려운 일이 되어 버렸는지도 모른다. 그러나 몇 가지 단서는 있다.

---

56) 顔淵問仁.子曰:克己復禮爲仁.一日克己復禮,天下歸仁焉.爲仁由己,而由人乎哉?顔淵曰:請問其目.子曰:非禮勿視,非禮勿聽,非禮勿言,非禮勿動.顔淵曰:回雖不敏,請事斯語矣. 12/1

우선 춘추시대에 음악은 단지 즐기기 위한 수단만이 아니라 그 시대 전체 문화의 척도로서 이해되고 있었다는 점이다. 순임금의 음악은 순임금의 정치를 반영하고 있고 무왕의 음악은 무왕의 정치를 반영하고 있다고 믿었다는 사실이 우선 그렇다. 오나라의 현인 계찰季札이 노나라에 들렀을 때 각국의 음악을 듣고 그 나라의 국민성을 논평하고 장래를 예언한 것도 그 한 단면이라 할 것이다.

새로운 왕조의 성립에는 반드시 새로운 예법과 새로운 음악의 구축이 뒤따랐던 것도 주목할 필요가 있다. 즉 예와 음악은 모두 시대정신의 반영으로 여겨졌던 것이 무엇보다 이 둘을 함께 결합할 수 있는 조건이었을 것이다. 흔히 인용되는 『예기』의 다음 구절도 이 결합의 근거를 오늘날에 추체험追體驗하는 데에 도움을 줄 것이다.

> 음악은 같게 하고 예는 다르게 한다. 같으면 서로 친해지고 다르면 서로 공경한다. 음악이 지나치면 넘쳐흐르게 되고 예가 지나치면 유리遊離하게 된다. 정을 함께하고 모양을 갖추는 것은 예악의 일이다.… 음악은 안에서 나오고 예는 밖에서 이루어진다. 음악은 안에서 나오기 때문에 고요하고 예는 밖에서 이루어지므로 문채가 있다. 큰 음악은 반드시 쉽고 큰 예는 반드시 간소하다. 음악이 지극하면 원망이 없어지고 예가 지극하면 다툼이 없어진다.
>
> 樂者爲同,禮者爲異.同則相親,異則相敬.樂勝則流,禮勝則離.合情飾貌者,禮樂之事也.…樂由中出,禮自外作.樂由中出故靜,禮自外作故文.大樂必易,大禮必簡.樂至則無怨,禮至則不爭.『禮記』樂記

노장적老莊的 분위기가 가미되어 있기는 하지만 이 해설은 예와 음악이 인간을 바깥과 안에서 규율하는 문화규범임을 간명하게 밝혀 주고 있다. 공자 자신도 무성武城을 방문하여 그곳의 읍재로 있던 자하와 대화하는 자리에서 음악을 정치의 차원 높은 수단으로 이해하고 있음을 보여 주었다.[57] 만약 음악이 통치의 중요한 수단으로까지 이해되었다면 예로써 다스리는 것을 이상으로 삼았던 고대 동아시아의 기본적 문화 이해에서 예가 음악과 묶일 수 있었다는 것은 하등 이상한 일이 아닐 것이다.

그러나 공자는 음악에 대해 "이루는" 기능成을 언급함으로써 시의 "일어나는" 기능興, 예의 "서는" 기능立과는 또 다른 의미를 부여하고 있다. 공자의 이러한 의미 부여는 확실히 주목을 요하는 것이다. 공자 자신이 음악에 대한 전문가였음에 틀림없어 보이기 때문에 더욱 관심을 끄는 이 의미 부여는 그럼에도 불구하고 음악의 어떤 측면을 말하고자 한 것인지는 대단히 이해하기 어려운 것이 사실이다. 다만 그가 구도의 과정과 목표에서 일관되게 추구한 "즐거움"樂은 "음악"樂과 밀접한 관계를 가지고 있음이 틀림없다.

시가 일상의 즐거움, 슬픔, 원망, 애달픔을 표현하는 반면 공자는 음악이 구도 과정상의 이상적 즐거움을 표현하는 유일한 표현수단으로 여겼는지도 모른다. 이를테면 그가 제齊나라에서 소韶를 듣고 석 달 동안 고기 맛을 모른 채 "음악을 하는 것이 이런 경지에까지 이를 줄은 미처 몰랐구나!"[58] 하고 감탄했다는 사실, 무악武樂은 아름다움은 다하였으나 착함은 다하지 못하였고 소악韶樂은 아름다움과 착함을 모두 다하였다고 비평한 점, 그리고 전술한 자유子游와의 대화에

---

57) 子之武城,聞弦歌之聲.夫子莞爾而笑曰:割鷄焉用牛刀?子游對曰:昔者偃也聞諸夫子曰,君子學道則愛人,小人學道則易使也.子曰:二三子,偃之言是也.前言戱之耳. 17/4

58) 子在齊聞韶,三月不知肉味.曰:不圖爲樂之至於斯也! 7/15

서 음악을 인간의 교화에서 중요한 수단으로 이해하고 있을 뿐 아니라 도道와 직접 연관시키고 있다는 점을 참고하면 그는 음악의 의의가 시처럼 상정常情을 솔직하게 표현하는 데에 그치지 않고 그 격格을 더하면서 궁극적으로는 인격적 완성에 뒤따르는 희유한 경지—그것은 단순한 감정 이상의 어떤 상태일 것이다—를 표현하는 드문 수단으로 이해한 것 같다.

언어를 매체로 한 시가 주어진 현실을 '인간적 차원'에서 일깨우는 것이라면 음音이라는 더 추상적이고 더 유동적인 요소를 매체로 한 음악은 현실을 넘어서는 꿈과 소망의 세계를 펼쳐 보이기에 더 적합했다고 한다면 지나치게 도식적인 것일까?

그가 음악에 대해 "이룬다"成고 하는 높은 의의를 부여하면서도 정성鄭聲에 대해서만은 혹독한 비판을 아끼지 않은 것을 보면 정나라의 음악은 바로 이 꿈과 소망을 안타깝게도 일락逸樂의 위험스런 수준으로 몰고 갔던 것이 분명해 보인다. 그로 하여금 고기 맛을 잊게 한, 지금은 다시 들어볼 수 없는 저 소韶는 필경 의로움과 어짊이 큰물처럼 흐르는 호호탕탕浩浩蕩蕩한 세계를 그려 내고 있었을 것이다.

주대와는 다른 역사적, 문화적 환경에서 음악에 대한 공자의 독특한 이해를 당시와 똑같이 체험한다는 것은 무리이겠지만 그가 이루는 기능으로 이해한 음악이 대략 어떠한 것인가 하는 것을 개념적으로 그려 보는 일이 전혀 불가능한 일은 아닌 셈이다.

7. 의로움(義)

의로움義은 그 성격상 어짊이나 중용 등에 비해 훨씬 일상적인 삶의 척도라 할 수 있다. 따라서 의로움은 어느 시대, 어느 유파에서나 공통되게 그 의의와 중요성이 강조되어 왔고 그런 점에서 의로움을 특별히 공문만의 주제라고 하기는 어려울 것이다. 그러나 의로움이 제가諸家의 주의주장主義主張에서 공통되게 제기되고 있다고 해서 의로움이 그만큼 값싼 척도나 통속적 척도가 되는 것은 아니다. 오히려 그것은 의로움이 한 인간이나 한 사회에서 대단히 기본적인 요구라는 사실을 드러내어 준다.

공자도 의로움이 보편적인 가치인 만큼 모든 인간에게 보편적으로 요청되는 그 무엇이라는 점을 강조했다. 이를테면 어떤 사람에게 의로움이 결여되어 있다는 것은 어짊이나 중용이 결여되어 있다는 것과는 또 다른 문제였다. 옳고 그른 것이 대한 관념이 없거나 의로운 것을 지향하는 기질이 없다는 것은 바로 그 사람이 가장 기초적인 요건도 갖추고 있지 못하다는 것을 뜻하기 때문이다.

선생님께서 말씀하셨다.

"하루 종일 모여 앉아서도 화제가 의로움에 이르지 않고 조그마한 지혜나 구사하기를 좋아한다면 참으로 난감한 일이다."

子曰:群居終日,言不及義,好行小慧,難矣哉! 15/17

무척 평범해 보이는 이 단편을 통하여 우리는 공자가 "의로움"義에 대한 지향을 인간의 극히 기본적인 요건으로 이해하고 있었음을 알 수 있다. 이처럼 논어에는 의로움이 다른 어떤 덕목보다 우선적으로 요구되는 품성임을 강조한 적지 않은 단편이 남아 있다.

선생님께서 말씀하셨다.

"군자는 의로움을 바탕으로 하여 예로 이를 행하고 겸손으로 이를 표출하며 믿음으로 이를 이루니 참으로 군자로구나!"

子曰:君子義以爲質,禮以行之,孫以出之,信以成之,君子哉! 15/18

이 단편에서 "예"禮와 "겸손함"孫과 "믿음"信은 모두 의로움을 구현하고 그것을 완성시키는 과정으로도 이해되고 있다는 점을 주목할 필요가 있다. 그 밖에도 공자는 계씨/11에서 "의로움을 행함으로써 그 도에 이른다"[59]고 했고 안연/21에서는 한시 바삐 능통한 사람이 되어 세상에 명성을 떨치고 싶어 하는 젊은 자장에게 "실로 일정한 경지에 이르렀다는 것은 성품이 곧고 의를 좋아한다"[60]고 하여 세상으로 나아가고자 하는 자는 반드시 의로움에 대한 지향을 갖추고 있어야 함을 강조했다.

그러나 의로움은 그만큼 기본적인 요구였지만 현실적으로는 당시 사람들의 선택과 행동의 척도로서 폭넓게 구현되고 있지 못했다는

---

59) 孔子曰:見善如不及,見不善如探湯.吾見其人矣,吾聞其語矣.隱居以求其志,行義以達其道.吾聞其語矣,未見其人也. 16/11

60) 子張問:士何如斯可謂之達矣?子曰:何哉,爾所謂達者?子張對曰:在邦必聞,在家必聞.子曰:是聞也,非達也.夫達也者,質直而好義,察言而觀色,慮以下人.在邦必達,在家必達.夫聞也者,色取仁而行違,居之不疑,在邦必聞,在家必聞. 12/21

점이 강조되어야 할 것 같다. 실상을 말하자면 오히려 그 반대였다. 『좌전』 등에 기록된 춘추시대의 사회상을 배경으로 하여 공자가 강조한 저 의로움의 행방을 추적해 보면 우리는 비로소 의로움이라는 것이 어느 시대를 막론하고 실제로는 쉽게 추구하기 어려운 덕목임을 알 수 있을 것이다. 공자가 살았던 춘추 말기는 패권주의의 보편화에 따라 대의大義가 무너지고 있던 시대였다. 최고 위정자의 가치관에서부터 필부의 현실인식에 이르기까지 의로움에 대한 관념은 대체로 실종되어 있었고 눈먼 힘의 논리가 두터운 안개처럼 지배하고 있었다.

구체적인 현실에서 의로움은 누구에게나 자명하게 의식되는 것이 아니다. 의로움의 관념에 투철한 사람이 아니고는 대부분 그 자신이 바라보고 있는 시야 속의 어디에 어떻게 의로움의 문제가 가로놓여 있는지조차도 모르는 것이 예나 지금이나 변함없는 현실이다. 또는 역사의 어떤 단계에서 집적된 모순의 한계상황이 사회적 불평등의 형태로 노출되고 이를 둘러싸고 형성된 분노의 거센 기류가 회오리바람을 일으킬 때 의로움의 기치는 잠시 많은 사람들의 머리 위에서 광채를 발하게 된다. 이 경우의 의로움은 가장 뚜렷한 모습을 지니지만 한편으로는 중정中正을 잃고 가장 위태로운 벼랑에 서는 순간이기도 하다.

역사적으로 그와 같은 벼랑 위에 구현된 의로움은 대개는 조악한 힘을 무의식적으로 불러와 그 위태로운 구도를 벗어나게 된다. 따라서 그런 순간의 가장 빛나는 모습이 의로움의 가장 전형적인 모습은 아니다. 의로움은 다른 덕목 못지않게 드물게만 인식되고 그 진정한 면모 또한 은미할 수밖에 없는 그 무엇이다. 오직 의로운 자만이 의로움을 본다. 마치 고양이의 눈만이 어둠 속의 사물을 있는 그대로 식별하듯이. 이인/16은 이러한 시각에서 바라볼 때에만 진정한 의미로 다가온다.

선생님께서 말씀하셨다.

"군자는 의로움에 깨치고 소인은 이로움에 깨친다."

子曰:君子喩於義,小人喩於利. 4/16

의로움에 대한 인식이 그만큼 희유한 것은 의로움이 단지 관념이 아니라 선택이고 행동이기 때문이다. 의로움을 견지하기 위해서는 자장이 말한 것처럼 "위급한 일을 보면 목숨을 내거는"[61] 용기와 결단이 필요하며, 그 점에서 의로움은 행동의 영역에 속하고 인식의 영역에 속하지 않는다. 행동으로 전화될 용기가 없는 관념은 관념으로서도 존립하지 못하게 되는 것이 보통이다. 공자 자신도 "의로운 일에 대해 듣고도 능히 나아가지 못하는 것"[62]을 자신의 근심 중의 하나로 지적할 만큼 의로움을 구현한다는 것은 쉬운 일이 아니었다. 패권주의의 만연은 국가적 차원에서는 물론 개인적 차원에도 깊이 영향을 미쳐 의로움에 대한 인식이나 지향을 폭넓게 억누르고 있었던 것이다.

이러한 시대적 상황 속에서 공자를 둘러싼 많은 광간지사狂簡之士들은 우선 이 의로움이라는 기본 조건을 어느 정도 충족시키는 자들이었다 할 수 있다. 그들은 최소한 옳고 그름에 대해 나름대로의 뚜렷한 관념을 지니고 있었던 것이다. 공자는 언젠가 그들이 내거는 도덕

---

61) 子張曰:士見危致命,見得思義,祭思敬,喪思哀,其可已矣. 19/1

62) 子曰:德之不脩,學之不講,聞義不能徙,不善不能改,是吾憂也. 7/3

적 이념과 의로움에 대한 지향에 대해 비연성장斐然成章, 즉 "찬란하게 기치는 세웠다"[63]는 표현으로 일차적 의미를 부여한 적도 있었다. 그 판단이 옳은가 그른가 혹은 그 판단을 현실 속에서 어떻게 구현할 것이냐 하는 것은 또 다른 문제지만 어쨌든 그들은 의로움의 관념에 입각하여 사물을 보고 판단하고 행동하였다는 점에서 분명히 공자의 특별한 관심 대상이었던 것은 틀림없어 보인다.

의로움은 한 개인을 보는 데에만 가장 우선된 요건이었던 것이 아니라 한 나라나 한 시대를 보는 데에도 마찬가지로 중요한 기준이었다. 이를테면 "천하가 무도해진 지 오래되었다"[64]는 판단에서 무도의 기준은 역시 의로움에 있었다. 공자는 의로움이 행해지는 세상을 "도 있는"有道 세상, 의로움이 행해지지 않는 세상을 "도 없는"無道 세상이라고 불렀다. 실제 이 두 세상은 모두 어느 정도 현실적인 세상이었던 것처럼 보인다. 즉 현세를 늘 무도한 세상으로 보거나 유도한 세상은 단지 이상理想 속에서만 존재하는 것으로 보지는 않았던 것 같다.

이처럼 공자는 의로움을 사물을 보는 데에 가장 기본적인 관점으로 이해했는데 그 중 가장 선명한 견해를 이인/10에서 드러내어 보여 주고 있다.

선생님께서 말씀하셨다.

"군자가 천하를 대함에 있어서는 절대적으로 '이것이다' 하는 것도 없고 절대적으로 '이것은 아니다' 하는 것도 없다. (매사를) 옳음義에 견줄

---

63) 子在陳曰:歸與!歸與!吾黨之小子狂簡,斐然成章,不知所以裁之. 5/22

64) 儀封人請見曰:君子之至於斯也,吾未嘗不得見也.從者見之,出曰:二三子!何患於喪乎?天下之無道也久矣,天將以夫子爲木鐸. 3/24

따름이다."

子曰:君子之於天下也,無適也,無莫也.義之與比. 4/10

아마 이 단편은 논어 전체 단편 중에서 의로움의 역할에 관한 가장 명료한 소묘에 해당할 것이다. 의로움은 만물을 그 궁극적 의미에서 드러내어 주는 기준이며 영원히 행위자의 의지를 이끄는 힘이다. 보이지 않는 의로움의 방향감각이 이 세상 모든 것을 질서 있게 하며 우리로 하여금 이 세상 그 어느 것에도 머무르지 않게 하면서 그 사이를 헤치고 바른 길正道을 찾아 나아가게 한다. 그것이 바로 의로움의 역할이고 힘이다.

그러나 공문의 덕목 중에서 의로움이 새삼 강조될 필요가 있는 것은 그것이 인간 행위의 가장 기본적인 덕목이 되기 때문만은 아니다. 실로 망각되기 쉬운 것은 의로움에 대한 관념 위에서만 공문의 모든 덕목도 형성된다는 사실이다. 만약 의로움이라는 토대가 갖추어져 있지 않다면 공문이 제시하고 있는 그 어떤 차원 높은 덕목도 이루어질 수 없다. 바꾸어 말하자면 의로움의 구현과정으로서가 아니면 예도 죽은 예, 어짊도 죽은 어짊에 불과하다는 것이다. 때로 역사적 유교가 번다하거나 무기력하게 전개되기도 하는 것은 바로 이처럼 의로움을 바탕으로 하지 않은 즉자적卽自的 예, 즉자적 어짊만이 공허하게 강조되고 추구된 결과라 할 수 있다.

공자는 어짊이나 덕이나 예처럼 그 성격상 의로움을 기초로 하여서만 구축될 수 있는 덕목의 경우 자칫 그 덕목의 이름으로 의로움을 매몰시키게 될 가능성을 늘 경계했다. 우리가 논어를 읽을 때 공자의 말에서 어딘가 모르게 차가움을 느끼거나 부드럽지만 그 가운데에서 섬뜩할 정도로 단단한 그 무엇을 느끼는 것은 바로 그가 어짊을 말하고 있거나 예를 말하고 있거나 덕을 말하고 있을 때에도 항상 그 덕목들이 의로움을 구현한다는 보다 근본적인 과제의 연장선상에 있다는 것을 환기시키고 있기 때문이다. 이를테면 헌문/36을 보자.

누군가가 말했다.

"원한을 덕으로 갚는다면 어떻겠습니까?"

선생님께서 말씀하셨다.

"덕에 대해서는 그럼 무엇으로 갚겠느냐? 원한에 대해서는 곧음으로 갚고 덕에 대해서는 덕으로 갚아야 할 것이다."

或日:以德報怨,何如?子日:何以報德?以直報怨,以德報德. 14/36

질문자와 공자의 차이점은 바로 덕을 즉자적 덕으로 이해하고 있느냐 아니면 의로움을 실천하는 과정의 발전된 덕목으로 이해하고 있느냐 하는 것이다. 질문자는 덕 속에서 의로움이 역할하고 있다는 것을 잊고 있다. 의로움이 잊혀진 덕은 짠맛을 잃은 소금과 같다. 이처럼 무기력한 덕은 동양사회의 오랜 역사를 통하여 숱한 전형과 사례를 보여 주고 있다. 공자가 향원鄕原을 "덕의 도적"이라는 극단적인 표현을 써가며 배척한 것도 향원의 덕이 의로움을 완전히 망각한 덕, 덕이 되지 못하는 무골無骨의 덕이었기 때문이다.[65] 자로/24도 마찬가지로 그러한 점을 경계한 것이다.

자공子貢이 물었다.

"마을 사람들이 모두 좋아한다면 어떻습니까?"

---

65) 子日:鄕原,德之賊也. 17/13

선생님께서 말씀하셨다.

"아직 부족하다."

"마을 사람들이 모두 싫어한다면 어떻습니까?"

선생님께서 말씀하셨다.

"아직 부족하다. 마을 사람들 중에서 선한 자는 좋아하고 선하지 못한 자는 싫어하는 것만 못하다."

子貢問曰:鄕人皆好之,何如?子曰:未可也.鄕人皆惡之,何如?子曰:未可也.不如鄕人之善者好之,其不善者惡之. 13/24

여기서 자공의 질문 의도는 좋아한다는 것과 싫어한다는 것 자체에 치중해 있다. 즉 좋아한다는 것과 싫어한다는 것 자체에 어떤 의미가 있을 것이라는 가정을 하고 있는 것이다. 그러나 공자의 대답은 좋아하거나 싫어하는 것은 그 자체로서 의미를 가지는 것이 아니라 좋아하고 싫어하는 대상 내지 척도가 무엇이냐에 따라 의미를 지닐 수도 있고 지니지 못할 수도 있음을 지적하였다. 여기서 그는 다시 의로움의 무차별한 보편성을 확인시켜 주고 있다. 단지 모든 사람이 좋아하는 호인형의 사람은 의로움의 구현이라는 당면한 과제 앞에서 자신의 책임을 다하지 못하는 사람이라 할 수 있을 것이다.

양화/23에서 공자는 용기를 설명하면서 용기로 하여금 용기이게 하는 것은 역시 그 용기가 정의의 구현에 관련되기 때문임을 밝히고 있다.

자로子路가 말했다.

"군자는 용기를 숭상합니까?"

선생님께서 말씀하셨다.

"군자는 의로움을 가장 높이 여긴다. 군자가 용기만 있고 의로움이 없으면 난을 일삼고 소인이 용기만 있고 의로움이 없으면 도둑질을 일삼는다."

子路曰:君子尙勇乎?子曰:君子義以爲上.君子有勇而無義爲亂,小人有勇而無義爲盜. 17/23

의로움이 없다면 용기도 용기가 될 수 없듯이 어짊이나 중용 등 공문의 다른 최고 덕목까지도 의로움에 관련되지 않는다면 단지 허울밖에 남지 않는다. 이것은 공자의 철학을 이해하는 데에 무엇보다 새롭게 인식되어야 할 부분이다. 그리고 이 점은 오늘날에 이르러 공자의 사상이 더 이상 무슨 의미가 있으며 어떤 역할을 할 수 있느냐고 하는 끊임없는 반문에 대하여도 유효한 대답이 된다. 이러한 반문이 나오는 것은 대부분 공자의 차원 높은 정신을 공중누각처럼 바라보면서 우리가 딛고 있는 이 땅과 그 누각 사이에 메울 수 없는 이질감을 반문자가 스스로 설정하기 때문이다.

만약 어짊도 중용도 바로 의로움의 더 차원 높은 모습이라면 상황은 달라질 것이다. 어느 시대를 막론하고 그 시대가 구현해야 할 의로움의 과제는 있었고 지금도 마찬가지다. 공자의 시대나 우리 시대나 제 나름의 정의를 구현해야 할 과제를 가지고 있었고 또 가지고 있다는 이 동질성은 공자의 모든 사상을 우리 시대에 여전히 유효하고 절실한 것으로 만드는 접점이다. 우리가 그것을 단지 공중누각처럼 바라보는 것은 그 누각이 실제 공중에 떠 있어서가 아니라 다만 우리가 그 누각이 얼마나 굳건한 기둥을 바로 우리의 현실과 동일한 현실 위에 세우고 있었는지를 우리 시야에 담아 낼 능력이 없기 때문이다.

의로움은 이 새로운 인식을 가능하게 하는 계기가 될 수 있을 것이다. 중용도 어짊도 그것이 의로움의 더 나아간 모습, 궁극적 모습이라 한다면 아무도 그것을 우리와는 무관한 기원전의 한 정신이었다고 감히 배척해 버리지는 못할 것이기 때문이다.

8. 도가적 인식의 침투

논어에서 명백히 도가道家적 경향을 띤 단편은 제14 헌문편과 제18 미자편에 수록되어 있다. 도합 10여 개에 달하는 이들 단편은 논어의 전체적인 기조와는 뚜렷이 다른 분위기를 전하고 있기 때문에 일반 독자들의 경우 그 전조轉調가 다소 혼란스럽게 느껴질 정도이다.

이 10여 개 단편을 살펴보면 확실히 현실도피의 강한 경향을 엿볼 수 있다. 미생무微生畝, 신문晨門, 하궤자荷蕢者, 초광접여楚狂接輿, 장저長沮와 걸익桀溺, 장인丈人 등은 모두 세상을 피해 숨어 사는 사람들이다. 이 은둔자들은 피세避世 내지 둔세遁世가 공자의 참여적 태도에 비해 더 심오하거나 최소한 더 불가피한 태도임을 강조하기 위하여 동원된 인물들이다.

선생님께서 말씀하셨다.

“현자는 세상을 피한다. 그다음 단계의 사람은 땅을 피하고 그다음 단계의 사람은 얼굴빛을 피하고 그다음 단계의 사람은 말을 피한다.”

子曰:賢者辟世,其次辟地,其次辟色,其次辟言. 14/39

공자의 말로 되어 있는 이 단편은 물론 위작으로 보이지만 일련의 도가적 단편들을 대표하는 가치관을 담고 있다. 미자/6에서 자로는 걸익으로부터 “당신도 사람을 피하는 선비를 따르기보다 차라리 세상을 피하는 선비를 따르는 것이 어떻겠소?” 하는 제안을 받는다.

이러한 가치관은 공자가 다른 곳에서 보여 주고 있는 기본 입장과 명백히 다른 것이다. 공자는 어느 곳에서도 세상을 피하는 것을 찬성하지 않았다. 물론 안연과의 대화에서 보이는 "쓰면 행해지고 쓰지 않으면 간직된다"[66]라든지 "천하에 도道가 있으면 모습을 드러내고 도가 없으면 숨어라"[67], 그리고 "영무자甯武子는 나라에 도가 있으면 지혜로웠고 나라에 도가 없으면 어리석었다. 그 지혜에는 미칠 수 있어도 그 어리석음에는 미칠 수가 없구나"[68] 하는 데에서 둔세遁世의 단초를 엿볼 수 있는 것은 사실이지만 그렇다고 해서 그것을 은둔주의에 대한 원칙적 지지로 보기는 어렵다.

전반적으로 볼 때 논어에 나오는 도가적 입장은 공자 몰후 일정한 세월이 지난 후 훨씬 절망적인 역사적 국면을 맞이하여 형성되었을 것으로 보인다. 그것은 이들 단편을 전후하여 미자微子나 기자箕子, 비간比干 등 은말殷末 충신들의 비극(18/1)이라든가 노나라 악사들의 흩어짐(18/9), 또는 백이숙제나 우중虞仲, 이일夷逸 등 나라를 버린 현자들에 대한 언급이 잦은 데에서도 느껴지는 것이 사실이다. 이 때문에 제14 헌문편과 제18 미자편은 제20 요왈편의 독특한 성격과 함께 논어 후반부의 분위기를 어둠침침한 묵시록적 분위기로 만들고 있다.

논어에 이러한 단편들이 혼입되었다는 것은 물론 형성기 도가사상의 막강한 영향력 때문이었는데, 이렇게 혼입된 도가적 견해를 두고 유가적 입장에서 고민한 흔적이 논어에 그대로 남아 있다는 것은 흥미로운 일이 아닐 수 없다.

---

66) 子謂顔淵曰:用之則行,舍之則藏,唯我與爾有是夫! 7/11

67) 子曰:篤信好學,守死善道.危邦不入,亂邦不居.天下有道則見,無道則隱.邦有道,貧且賤焉,恥也.邦無道,富且貴焉,恥也. 8/14

68) 子曰:甯武子邦有道則知,邦無道則愚.其知可及也,其愚不可及也. 5/21

장저長沮와 걸익桀溺이 나란히 밭을 갈고 있었는데 공자께서 그 앞을 지나가시다가 자로子路로 하여금 나루터를 물어보게 하셨다. 장저가 말했다.

"저기 수레를 잡고 있는 자는 누구요?"

자로가 말했다.

"공구孔丘라는 분입니다."

(중략)

걸익이 말했다.

"도도히 흐르는 물처럼 천하가 다 이러하니 누가 그 흐름을 바꾸겠소? 당신도 사람을 피하는 선비를 따르기보다 차라리 세상을 피하는 선비를 따르는 것이 어떻겠소?"

그들은 고무래질을 그치지 않았다. 자로가 가서 있었던 일을 고하니 선생님께서 쓸쓸히 말씀하셨다.

"새나 짐승과는 함께 무리지어 살 수 없느니 내가 이 사람들 속에 섞여 살지 않는다면 무엇과 함께 살겠느냐? 천하에 도가 있다면 나도 굳이 바꾸려 들지 않을 것이다."

長沮桀溺耦而耕,孔子過之,使子路問津焉.長沮曰:夫執輿者爲誰?子路曰:爲孔丘.曰:是魯孔丘與?曰:是也.曰:是知津矣.問於桀溺.桀溺曰:子爲誰?曰:爲仲由.曰:是魯孔丘之徒與?對曰:然.曰:滔滔者天下皆是也.而誰以易之?且而與其從辟人之士也,豈若從辟世之士哉?耰而不輟.子路行以告.夫子憮然曰:鳥獸不可與同群,吾非斯人之徒與而誰與?天下有道,丘不與易也. 18/6

이 단편은 걸익의 비장한 시대의식과 공자의 '그럼에도 불구하고' 세상을 바꾸어 보려는 역시 비감 어린 의지 표현이 독특한 감회를 전하고 있어 오랫동안 많은 사람들의 관심을 끌어 왔다. 이 단편의 주조主調는 도가적 은둔주의에 이끌리고 있으면서도 마지막 힘을 다해 공자의 참여적 태도를 옹호하고 있다. 외형적으로 현실참여는 옹호되고 있기는 하지만 이미 인간의 의지를 무력하게 휩쓸어 가는 시대의 도도한 흐름을 현실적으로 인정하고 있다. 따라서 공자의 말은 의연하거나 확신에 차 있다기보다 다만 비장한 느낌만을 주고 있을 뿐이다.

그것은 뒤이은 미자/7에서도 마찬가지다. 역시 은둔자인 장인丈人으로부터 질타를 받은 후 공자는 자로의 입을 빌어 다음과 같이 말하고 있으나 그 어느 곳에서도 현실을 주도하는 소신에 찬 능동성은 느껴지지 않는다.

자로子路가 수행하다가 뒤쳐져서 한 노인을 만났는데 그는 지팡이로 대 그릇을 메고 있었다.

(중략)

이튿날 자로가 가서 있었던 일을 고하니 선생님께서 말씀하셨다.

"은자隱者다."

자로로 하여금 되돌아가서 그를 뵙게 하였으나 가보니 이미 떠나고 없었다. 자로가 말했다.

"벼슬을 하지 않는 것은 의로운 일이 아닙니다. 어른과 아이의 범절도 없앨 수 없거늘 하물며 임금과 신하의 의를 어떻게 없앨 수 있겠습니까? 제 한 몸 깨끗이 하려다가는 큰 인륜을 어지럽히게 됩니다. 군자가 벼슬하는 것은 그런 의로움을 행하려는 것입니다. 도道가 행해지지 않는다는 것은 이미 알고 있습니다."

子路從而後,遇丈人以杖荷蓧.子路問曰:子見夫子乎?丈人曰:四體不勤,五穀不分,孰爲夫子?植其杖而芸.子路拱而立.止子路宿,殺鷄爲黍而食之,見其二子焉.明日,子路行,以告.子曰:隱者也.使子路反見之,至則行矣.子路曰:不仕無義.長幼之節,不可廢也.君臣之義,如之何其廢之?欲潔其身而亂大倫.君子之仕也,行其義也.道之不行,已知之矣. 18/7

방어적, 수동적 논리로 구성된 이러한 내용은 이들 단편이 논어 속에 흘러들 무렵 공자학파가 맞이하고 있던 정신적 위기를 보여 주는 것이다. 실제 도가사상의 만연이 전국시대를 배경으로 하고 있다는 것은 그것이 더욱 구제불능한 단계로 치닫고 있는 시대상황과 짝을 이루는 사상임을 말하고 있으며 그에 따라 공자주의는 당연히 입지를 좁혀 가게 되었을 것이다. 이 단편이 서로 호흡이 다른 두 단락으로 어설프게 엮어져 있는 것도 당시 설득력을 확장해 가는 도가사상의 위력 앞에서 공자학파가 느껴야 했던 현실적 당혹감을 생생하게 보여 주는 것이라 할 것이다.

미자/5에 나오는 초나라의 미치광이 접여楚狂接輿와의 야릇한 만남은 아마도 미자/7보다 좀 더 나중에 형성된 설화로 보인다.

초나라의 미치광이 접여가 노래를 부르며 공자 옆을 지나가면서 말했다. "봉이여! 봉이여! 어찌 그리 덕이 쇠하였느뇨. 지나간 것은 간할 수 없지만 올 것은 그래도 좇을 수 있으리니. 아서라. 아서. 지금 정치에 종사하는 자들은 위태로워라."

공자께서 내리셔서 그와 이야기하려 하셨으나 뛰어 달아나 피하므로 이야기를 나누지 못하셨다.

楚狂接輿歌而過孔子曰:鳳兮鳳兮,何德之衰!往者不可諫,來者猶可追.已而已而,今之從政者殆而.孔子下,欲與之言,趨而辟之,不得與之言. 18/5

미자/7에서 자로의 독백 부분을 제외한다면 거의 이 단편과 비슷한 구성이 될 것이다. 이 단편에서는 공문의 자기변명이 더 이상 보이지 않는다. 이인異人은 한껏 신비화되어 있고 공자는 그 신비 앞에서 단지 이류二流의 구도자로 설정되어 있을 뿐이다. 그래도 여기에서는 접여가 공자의 옆을 지나는 것으로 되어 있고 둘 사이의 직접적 접촉은 아직 회피되어 있다. 이 점은 앞서 장인丈人과의 만남에서 공자가 아닌 자로子路가 당사자로 등장하는 것과 같은 구성인데 헌문/42에 나오는 하궤자荷蕢者와의 만남도 마찬가지로 이 같은 '스치는 만남'임을 알 수 있다.

다시 말해서 신흥 도가사상이 공자사상의 주변을 맴돌며 그 존재를 과시하는 단계가 바로 논어 속의 도가사상이 취하고 있던 입장이었다. 이제 이 스치는 만남이 공자와 이인異人간의 직접적인 만남으로 바뀌고 이인이 공자에게 당당하게 그 자신의 광대무변廣大無邊한 세계에 대하여 웅변하거나 만나고 난 공자가 황망한 어조로 그 이인의 세계를 경탄하는 발언을 하면 바야흐로 '장자莊子의 세계'가 펼쳐지는 것이다.

결국 이 10여 개 단편의 대부분은 논어의 정신을 이해함에 있어 어느 정도 분리시켜 고려하지 않으면 안 될 후대의 위작들이다. 그것은 공자학파의 초기 호교론으로서, 전국시대의 막다른 상황을 맞아 공자학파가 겪어야 했던 정체성의 위기를 이해하는 역사적 의의는 지니겠지만 결코 공자정신의 본령을 담고 있지는 않다. 왜냐하면 공자는 이러한 도가적 경향의 단편들이 기초하고 있는 바와 같이 상황의 객관적 수위에 구애받았던 것이 아니라 언제나 자신이 서 있는 주체적 위치에서 그다음 단계의 행보를 당당히 내디뎠던 것이다.

도가사상은 현실의 감당할 수 없는 공격을 맞아 인간이 그의 정신 속에 판 호壕와도 같다. 바로 그 점이 공자학파와 달리 도가적 견해가 사뭇 관념이나 상상의 세계를 떠돌 수밖에 없었던 이유이기도 하다. 광대무변한 관념과 상상의 세계는 그들이 몸을 피해 있던 호의 현실적 협소성狹小性에서 비롯된 대상代償의 세계일 뿐이다. 따라서 이들 도가적 경향에 대하여 나름대로 공자의 입장을 밝힌 것이 있다면 그것은 미자/8의 다음과 같은 구절이 될 것이다.

(전략)

우중과 이일에 대해 말씀하셨다.

"숨어 살며 구애받지 않고 말했으나 몸은 맑음을 잃지 않았고 폐廢한 것이 권도權道에 맞았다. 나로 말할 것 같으면 이와는 다르니 가하다는 것도 없고 불가하다는 것도 없다."

逸民,伯夷,叔齊,虞仲,夷逸,朱張,柳下惠,少連.子曰:不降其志,不辱其身,伯夷叔齊與!謂柳下惠少連,降志辱身矣,言中倫,行中慮,其斯而已矣.謂虞仲夷逸,隱居放言,身中淸,廢中權.我則異於是,無可無不可. 18/8

도가와 직간접적으로 관련된 단편들 중에서 드물게 위작이 아닐 가능성이 있어 보이는 이 단편은 전국시대의 도가들의 정신적 선구자로 보이는 상고인 우중虞仲과 이일夷逸에 대한 공자의 언급을 담고 있다. 유하혜柳下惠나 소련少連처럼 상반된 행태의 인물들과 비교 평정하는 자리에서 언급된 것이라 전국시대의 도가적 경향에 대한 직접적 언급이라 볼 수는 없지만 그는 이 일련의 경향에 대하여 "나로 말할 것 같으면 이와는 다르다"고 분명히 못 박고 있다. 그리고 "가하다는 것도 없고 불가하다는 것도 없다"는 말을 통해 제3의 지양된 행태를 암시하고 있다. 도가와 관련하여 공문의 입장이 어디에 있는가 하는 것은 공자가 극히 개괄적으로만 가리킨 이 지대에서 찾아야 할 것이다.

9. 정치

논어는 그 자체가 탁월한 정치 교과서다. 그동안 논어가 일반 대중들 사이에서 무슨 인생론 정도로 막연하게 여겨져 온 것을 생각하면 이 점은 좀 더 강조될 필요가 있다. 논어는 수많은 정치적 단편들로 가득 차 있으며 이 때문에 중국의 공산화共產化 과정에서 논어란 단지 대다수 농민과 노예를 효율적으로 통치하기 위한 소수 귀족계급의 지배 이데올로기라고 호되게 비판받기까지 하였던 것이다.

그러나 논어를 정치 교과서로 규정하는 것은 한편으로는 다소 과장된 무엇처럼 여겨질지도 모르겠다. 왜냐하면 논어가 다루고 있는 정치의 논리는 너무 단순하고 이상적이기만 하여 보기에 따라서는 비현실적으로까지 느껴지기 때문이다. 거기에는 정치 입문생이 참고할 만한 처세훈도 없고 권력의 작용에 관한 현실성 있는 디테일도 없고 『맹자』에서와 같은 그럴듯한 정치이념도 없다. 그 때문에 크릴H. G. Creel 같이 공자에 대해 비교적 많은 연구를 한 사람도 노나라에 도둑이 많아지는 것을 걱정하는 계강자에게 공자가 "단지 당신께서 욕심부리지만 않는다면 설혹 상을 준다 하더라도 훔치지 않을 것입니다"[69] 하고 대답한 안연/19의 경우를 두고 이렇게 논평하였다.

이것은 훌륭한 설교일지는 몰라도 범죄의 만연을 해결하기 위한 실제

69) 季康子患盜,問於孔子.孔子對曰:苟子之不欲,雖賞之不竊. 12/19

적인 조언으로서는 전혀 의미가 없다. 물론 그때 공자의 목적이 실제적인 조언을 하려는 것이 아니었는지도 모른다. 그러나 만약 그러려고 하였다면 실제 그럴 수 있었다는 증거도 없다. 공자는 중국문화의 최고 거장으로서는 크게 성공하였지만, 만약 그때 실제적인 국가운영의 책임을 맡겼다면 그 일을 망치고 말았을 것이다.[70]

이런 관점이 많은 사람들로 하여금 공자의 정치학이 정치학 이전의 단순한 설교에 지나지 않는다는 생각을 하게 만든다. 그러나 이러한 점은 논어가 정치 교과서가 되는 데에 방해가 된다기보다 오히려 든든한 근거가 되고 이유가 된다.

실제 공자의 이 단순하고 이상주의적인 정치학을 배운 제자들은 모두 노나라의 중요한 정치인이 되었다. 자로와 자공, 염유는 물론 중궁, 민자건, 자유, 자하, 공서화 등도 모두 정치적으로 비중 있는 역할을 담당했다. 그들은 스승의 이상주의적이고 단순한 가르침을 허황되게 느끼지 않았고 오히려 다함없는 실천적 과제로 여겼다. 이러한 현실성은 어디서 오는 것일까?

논어를 보면 공자는 "정치"政를 "바로잡는 것"正으로 이해하면서 이 바로잡는 것은 위정자의 바른 몸가짐에서 비롯된다는 관점을 일관되게 보여 주고 있다.

계강자季康子가 공자에게 정치에 대해 묻자 공자께서 대답하셨다.

"정치란 바로잡는 일입니다. 당신이 올바름으로써 앞장선다면 누가 감히 올바르지 않겠습니까?"

---

70) 크릴(H. G. Creel), 『공자-인간과 신화』(이성규 역, 지식산업사) p.54

季康子問政於孔子.孔子對曰:政者,正也.子帥以正,孰敢不正? 12/18

따라서 여러 곳에서 공자는 정치의 본질을 다양하게 이야기하고 있지만 그것은 이 일관된 관점의 간단한 변주를 넘어서지 않고 있다.

계강자季康子가 물었다.
"권장하여 백성들로 하여금 공경스럽고 충성스러워지도록 하는 것이 어떻겠습니까?"
선생님께서 말씀하셨다.
"엄숙히 정사에 임하면 공경스러워지고 효성과 자애를 다하면 충성스러워집니다. 선을 거양하여 가르치는 것이 불가능하면 권장하게 됩니다."
季康子問:使民敬忠以勸,如之何?子曰:臨之以莊則敬,孝慈則忠.擧善而敎,不能則勸. 2/20

권장하는 것이 능사가 아니며 백성들을 바른 길로 인도하자면 원칙적으로 위정자인 당신이 바르게 행동하는 것이 유일하게 효과적인 방법이라고 공자는 확고한 입장을 표명했다. 이러한 입장에서 나온 여러 충고가 자기 자신의 향상에 대해 절망하고 있는 대부분의 위정자들에게 얼마나 공허하게 들렸을 것인지는 짐작하고도 남음이 있다. 그들은 정치가 무엇을 '하는 것'이라는 완고한 전제를 가지고 있었기 때문에 몸가짐의 문제가 얼마나 중요한 것인지 그것이 구체적 현실에서 어떤 결과로 나타나는 것인지 제대로 이해하지 못했다.

그러나 예나 지금이나 위정자의 존재의 문제는 그것이 숨겨진 것이면 숨겨진 것일수록 위정자의 모든 드러난 행위보다 더 빨리, 더 광범위하게, 더 속속들이 현실에 영향을 미친다. 공자는 이 보이지 않는 문제를 확고히 붙잡고 있었기 때문에 어떤 구체적 과제 앞에서도 이 단순한 원칙을 거침없이 적용할 수 있었다.

그러나 대부분의 사람들에게 위정자 자신의 "바른 몸가짐"其身正으로 압축되는 공자의 정치학은 한없이 단조롭게 여겨졌고 심지어 사람들은 공자의 이러한 입장을 막연히 정치학 이전의 그 어떤 것으로 간주해 왔다. 이는 맹자의 역성혁명 이론 등이 오히려 훨씬 본격적인 정치학처럼 인식되어 온 것과 명백한 대조를 이룬다.

그러나 공자의 원칙이 가진 의미를 제대로 이해하려면 바로 이 단조로움의 벽을 넘어서야 한다. 위정자의 바른 몸가짐이 온전히 전체 현실의 변화에 이어진다는 데에는 확실히 신비로운 측면이 있다. 이 단조로움 속의 신비로움을 이해하지 못하는 자는 설혹 무도無道한 자를 죽여 백성들을 유도有道한 데에로 이끌어 가고자 한 계강자의 계획을 공자가 반대하고 오직 계강자 자신의 바름만을 촉구한 공자의 태도도 끝내 이해하지 못할 것이다. 아니 그것을 논어 단편을 통해 어느 정도 이해한다 하더라도 오늘날 저 정치현실에서 벌어지고 있는 사정司正이니 부패 척결이니 하는 일련의 되풀이되는 조치가 그것만으로는 어떠한 새로움도 생산하지 못한다는 사실을 선뜻 수용하지 못할 것이다.

공자의 이 단조로운 정치학은 기실은 己所不欲,勿施於人이라는 공자의 보다 일반적인 원칙을 정치적 차원에 적용한 것이라 할 수 있다. '스스로가 하고자 하지 않는 한 우리는 타인에게 어떠한 것도 베풀 수 없으며, 오직 자기 자신이 하고자 함으로써만 우리는 남에게 나아갈 수 있고 남에게 베풀 수 있다'는 이 원칙은 공자의 권고이기 이전에 객관적 법칙이다.

그러나 계강자 등의 위정자들, 심지어는 그의 제자들마저 대부분이 교설의 진실을 이해하지 못했다. 어떻게 나의 향상이 정치라는 객관적 세계에 아무런 매개도 없이 이어질 수 있는지 그들로서는 이해가 되지 않았던 것이다. 맹자마저도 "한갓 착함이 세상을 바로잡기에는 부족하다"[71]는 말을 지지할 만큼 공자의 이러한 생각은 전통 유교에서도 진정한 의미에서는 받아들여지지 못하였다. 이 몰이해의 한 장면이 헌문/45에 극히 시사적인 한 단편으로 남아 있다.

자로가 군자에 대해 묻자 선생님께서 말씀하셨다.

"경敬으로써 자신을 닦는다."

자로가 말했다.

"그러할 뿐입니까?"

선생님께서 말씀하셨다.

"자신을 닦아 사람들을 편안케 한다."

자로가 말했다.

"그러할 뿐입니까?"

선생님께서 말씀하셨다.

"자신을 닦아 백성을 편안케 한다. 자신을 닦아 백성을 편안케 하는 것은 요임금과 순임금도 오히려 부심했던 것이다."

子路問君子.子曰:脩己以敬.曰:如斯而已乎?曰:脩己以安人.曰:如斯而已乎?脩己以安百姓.脩己以安百姓,堯舜其猶病諸. 14/45

---

71) 堯舜之道,不以仁政,不能平治天下.今有仁心仁聞而民不被其澤,不可法於後世者,不行先王之道也.故曰,徒善,不足以爲政,徒法,不能以自行.『孟子』離婁上

여기서 "경敬으로써 자신을 닦는다"는 말은 자로의 "그러할 뿐입니까?" 하는 불만족스런 반응에 따라 "자신을 닦아 사람들을 편안케 한다"는 데에까지 부연되지만 이는 자로의 이해력에 좀 더 근접해 가기 위한 공자의 노력일 뿐 근본적으로는 자신을 닦는다는 원칙에서 한 발짝도 더 나아가거나 물러선 것이 아니다. 따라서 如斯而已乎?를 "그렇게 할 뿐입니까?" 하는 공손한 반문으로 해석하여 공자가 그에 따라 노력해야 할 과제를 단계적으로 제시했다고 보는 종래의 해석은 이 대화의 민감한 쟁점을 전혀 이해하지 못하고 있다. 거기에서는 자로의 반문이 마치 공자의 더 차원 높은 답변을 유도하기 위하여 미리 짜 놓은 각본처럼 되어 있는데 이 어색함도 이 대화가 잘못 이해되어 왔음을 보여 주는 한 증거다.

공자는 사실 군자에 대해 무슨 거창한 개념정의를 기대하였음에 틀림없는 자로에게 "경敬으로써 자신을 닦는다"는 한 마디로써 일부러 그 어떤 곤혹을 안겨 주려 하였던 것이다. 그러나 그의 완고함에 부딪쳤기 때문에 공자는 "자신을 닦아 사람들을 편안케 한다"고 하는 말로 修己의 의의를 피력하는 대신 그것은 "요순도 오히려 부심했던 것이다" 하고 더 이상의 퇴로를 강하게 차단하였던 것이다. 그가 정치에 대해 생각했던 것은 오로지 질적인 그 무엇이었지 전혀 양적인 것이 아니었다. 양이 질에 종속한다는 것은 결코 양보할 수 없는 공자의 대원칙이었다.

따라서 공자의 이 단순한 정치학이 그 단순함만을 이유로 간과되어서는 안 된다. 중요한 것은 우리가 진정한 변화의 계기가 어떻게 마련되느냐 하는 것을 숙고하고 그 진정한 변화의 계기로서 위정자 자신을 바로잡는 일의 의의가 무엇인지를 깨달아야 한다는 것이다. 이 문제를 주목하고 있었던 사람은 뜻밖에도 정치 일선에 종사하고 있던 자공이었는데 그는 이와 직접 관련된 두 개의 단편을 남기고 있다.

자공子貢이 말했다.

"주紂의 선하지 못함이 알려진 것처럼 그렇게 심했던 것은 아니다. 그런 까닭에 군자는 하류에 처하기를 싫어한다. 천하의 악이 다 거기로 돌아가기 때문이다."

子貢曰:紂之不善,不如是之甚也.是以君子惡居下流,天下之惡皆歸焉. 19/20

자공子貢이 말했다.

"군자의 잘못은 마치 일식이나 월식과 같아서 잘못이 있으면 모든 사람들이 다 그것을 보게 되고 잘못을 고치면 모든 사람들이 다 그것을 우러르게 된다."

子貢曰:君子之過也,如日月之食焉.過也,人皆見之.更也,人皆仰之. 19/21

확실히 자공의 언급은 공자의 단도직입적인 그것보다 적지 아니 설명적인 측면을 지니고 있다. 그는 주紂의 실제 선하지 못함과 알려진 바 선하지 못함 사이에 차이가 있다는 미묘한 언급을 통하여 위정자와 천하 사이에 구조적으로 형성되는 일련의 상관관계가 있음을 시사하였다. 또 자장/21에서는 군자를 일월에, 민중들을 그 일월을 바라보는 사람들에 비유함으로써 역시 그러한 상관관계를 그려 내고 있다. 위정자의 자리는 단순한 자리가 아니라 모든 것이 증폭되는 특별한 자리라는 점이 자공의 관심을 끌었던 것이다. 이 점은 공자가 정사에 임하는 마음가짐에서 애쓰고 안일에 빠지지 말 것을 주지시킨 데에서도 발견되는 점이다.

자장子張이 정사에 대해 묻자 선생님께서 말씀하셨다.

"정사를 맡아 봄에 있어서는 안일에 빠지지 말아야 하며 정사를 수행함에 있어서는 충성으로써 해야 한다."

子張問政.子曰:居之無倦,行之以忠. 12/15

자로子路가 정사에 대해 묻자 선생님께서 말씀하셨다.

"먼저 하고 애써 하여라."

더 청하자 말씀하셨다.

"안일하지 마라."

子路問政.子曰:先之勞之.請益.曰:無倦. 13/1

이는 바로잡는 기능으로서의 정치를 담당하는 자가 자신의 임무 수행이 가지는 파급효과를 고려함이 없이 국소적 안일에 젖을 경우 전체 현실에 대해 자신도 모르게 미치게 될 해악을 경고한 것으로 보인다. 어떠한 체제의 사회에서든 민중의 저항을 불러일으키는 소수 지배층의 계급적 경직화는 모두 이러한 안일의 결과였다. 안일하게 누리고 있는 위정자의 자리는 실상 모든 백성들이 쳐다보고 그 무언가를 간절하게 기대하는 특별한 자리이기 때문이다.

그러나 이 문제를 보다 근접되게 관찰하려면 역시 공자가 다양하게 언급하고 있는 덕德에 대하여 주목할 필요가 있다. 위정자의 몸가짐과 세상을 바루는 것 사이에는 아무런 매개도 필요 없지만 양자를 잇는 현상학적인 관계점을 우리는 덕德이라 할 수 있다. 다행히 이 덕이라는 개념은 오랜 유교적 전통으로 인하여 한국인들에게는 가까운 생활 용어가 되어 있는데, 더욱 다행스러운 것은 그 생활용어로서의 덕이 논어에서 공자가 설파하는 덕과 크게 다르지 않다는 점이다. 이 점은 덕을 'virtue'나 'moral force'라는 용어를 통해서 이해해야 하는 서양인들에 비하면 커다란 이점이 아닐 수 없다.

공자는 덕을 주로 정치 지도자의 자질과 관련하여 언급하고 있다. 이 점은 아마 어느 정도는 봉건주의 시대의 권력질서라는 사회적 여건에 의해 더욱 강조된 측면이 있었을 것이다. 다시 말해서 덕에 대한 강조에는 패권의 추구라는, 춘추 말기를 먹구름처럼 휘덮고 있던 눈먼 유인誘因과 그러한 유인에 꼼짝없이 휩쓸리고 있던 무자비한 권력, 그리고 그 권력에 의해 짓밟히고 있던 대다수 민중의 고통이 작용하고 있었을 것이다.

그 때문에 공자는 덕을 무엇보다 외형적인 것에 대한 대응개념으로 설정하였다. 덕은 곳곳에서 "힘"力(14/35)에, "겉모습"色(9/17)에, "정령"政(2/3)에, "영토"土(4/11)에, "제재력"殺無道(12/20)에 대응하면서 그 본질을 드러낸다.

선생님께서 말씀하셨다.
"천리마는 그 힘을 칭찬할 것이 아니라 그 덕을 칭찬할 것이다."
子曰:驥不稱其力,稱其德也. 14/35

황간皇侃의 설명처럼 이 말은 "당시의 풍조가 덕을 경시하고 힘을 중시하였기 때문에 공자께서 비유를 들어 말씀하신 것"[72]임에 틀림없다. 그러나 이 말은 주자가 그의 『논어집주』에 인용한 윤돈尹焞의 해설처럼 "재주만 있고 덕이 없는 것"[73]을 경계하는 평면적 차원보

---

72) 于時輕德重力,故孔子引譬言之也.『論語義疏』

73) 尹氏曰,驥雖有力,其稱在德,人有才而無德,則亦奚足尚哉.『論語集註』

다는 한 차원 높은 의도를 지닌 것이다. 그것은 우리가 사물을 보는 눈, 특히 권력질서를 포함하여 정치현실을 보는 눈에 관하여 말하고 있다.

덕과 힘은 두 개의 대등하게 병렬된 요소가 아니다. 덕은 힘의 근원이며 현실적인 모든 힘의 출현과 소멸에 작용하고 있다. 그것은 마치 나무속에 흐르는 수액이 보이지 않게 나무를 자라게 하고 무성하게 하듯 현실의 표면적인 힘을 엮어 내고 연출한다. 따라서 천리마 이야기는 우리가 사물의 어느 측면에 시선을 주어야 하는지를 말해 주고 있는 것이다. 덕의 작용은 이인/25의 한 조그마한 단편 속에 아주 소박하면서도 우리의 상상력을 자극하는 모습으로 남아 있다.

선생님께서 말씀하셨다.

"덕은 외롭지 않고 반드시 이웃이 있다."

子曰:德不孤,必有鄰. 4/25

공자는 이 말을 결코 거창하거나 은밀한 어떤 것에 대한 암시로서 제시하지는 않았다. 그러나 우리의 지적 호기심은 이 짧은 말에서 몇 가지 사실을 분석해 낼 수 있다.

우선 덕은 외롭지 않다는 말은 춘추시대 말기의 현실 가운데에서 덕이 얼마나 소외되고 있었는지를 역설적으로 말해 주는 것임을 지적할 수 있다. 이 점은 위령공/4의 "유由야, 덕을 아는 자는 드물구나"[74] 하는 말에서도 잘 뒷받침되고 있다. 그러나 공자는 이 각박한 가운데서도 덕은 외롭지 않고 이웃이 있다고 말했다. 여기서 이웃隣

---

74) 子曰:由,知德者鮮矣. 15/4

은 역시 단순한 이웃이면서도 의미 있는 한 현상을 보여 주는 것이다. 즉 이 이웃은 바야흐로 거대한 연대를 지어 내는 고리라는 점이다.

고대 중국의 성왕들에 관한 전설적 이야기들은 사실 모두 이 고리와 관련이 있다. 문왕文王으로 추대된 주나라의 서백西伯도 이 이웃이라는 작은 고리의 어마어마한 연대를 통하여 주대 천년의 기틀을 마련하였다. 따라서 공자가 덕정을 강조한 것은 그가 그만큼 정치의 본질을 파악하고 있었기 때문이다. 이 점은 그가 외유 중에 만난 초나라의 대정치가 섭공과의 대화에서도 잘 나타나고 있다.

> 섭공葉公이 정치에 대해 묻자 선생님께서 말씀하셨다.
> "가까이 있는 자는 기뻐하고 멀리 있는 자는 오는 것입니다."
> 葉公問政.子曰:近者說,遠者來. 13/16

공자의 경험적 인식 방법을 전형적으로 보여 주고 있는 이 단편은 아무런 해설이 필요 없을 만큼 사실적으로 정치의 본질을 제시해 주고 있다. 덕에 대한 이해 없이 권력과 지배와 통합을 지향하는 것은 그런 뜻에서 본말이 전도된 것이라 할 수 있다. "군자는 덕을 마음에 두고 소인은 영토領土를 마음에 둔다"[75]는 공자의 말은 바로 이 점을 이야기한 것이다. 어쩌면 권력에 대한 추구는 덕에 대한 절망에서 비롯된 것이고 덕에 대한 절망의 양상이 바로 권력에 대한 추구인지도 모른다.

위정자의 덕을 현상학적 관계점으로 하여 바른 정치가 구현되는

---

75) 子曰:君子懷德,小人懷土.君子懷刑,小人懷惠. 4/11

이 전체 모습을 공자는 위정/1에서 함축적으로 표현하였다.

선생님께서 말씀하셨다.
"정치를 덕으로써 하는 것은 비유하자면 북극성이 제 자리를 지키고 뭇별들이 그를 둘러싸고 도는 것과 같다."
子曰:爲政以德,譬如北辰居其所,而衆星共之. 2/1

북극성은 움직이지 않는 특별한 별이다. 그러나 그 움직이지 않음을 통하여 그 별을 둘러싼 다른 뭇별들의 움직임에 일정한 질서를 부여한다. 이것은 남면南面이라는 유교의 독특한 통치 철학과 관련되는데 남면에 관해서는 위령공/5에 보다 명료한 공자의 설명이 남아 있다.

선생님께서 말씀하셨다.
"아무것도 하지 않고 다스린 이는 곧 순임금이실 게다. 실로 무엇을 하셨겠느냐? 스스로를 공경히 한 채 똑바로 남면하셨을 뿐이다."
子曰:無爲而治者,其舜也與.夫何爲哉?恭己正南面而已矣. 15/5

이는 모든 '하는 정치'에 대립하여 진정한 정치의 원리를 천명한 것이다. 남면 사상 안에는 하는 정치에 대한 의식적 경계가 포함되어 있다. 위정자는 그의 '함'을 통하여 그의 '됨'을 넘어서는 그 무엇을 창출하지 못한다. 모든 '함'은 '됨'의 테두리 안에서 이루어지는 것이다. 자기 안에서 미리 이루어지지 못한 것은 이 세상에서도 결코 이루어지지 못한다. 그러니 정치의 진정한 치중점이 어디에 있어야 하는지는 명백한 것이 아닌가? 공자의 정치학은 이 단순한 입장으로 시종하고 있다.

정치에 관한 공자의 이러한 근본적 입장은 자연히 "정치"政라는 개념을 일반인들이 생각하는 정치보다 훨씬 넓고 깊게 설정한다. 논어에는 이에 관한 많은 단편이 남아 있다. 그 중 위정/21은 가장 직접적으로 그 점을 보여 주고 있는 단편이라 하겠다.

어떤 사람이 공자에게 말했다.

"선생님께서는 어째서 정치를 하지 않으십니까?"

선생님께서 말씀하셨다.

"서경에 '효성스러우시오! 효성이야말로 형과 아우에게 우애를 다하게 하고 정사에까지 베풀어지는 것이오!' 하는 말이 있습니다. 이도 또한 정치니 어찌 그것만을 정치라 하겠소."

或謂孔子日:子奚不爲政?子日:書云,孝乎惟孝,友于兄弟,施於有政,是亦爲政,奚其爲爲政. 2/21

정치의 개념을 이렇게 넓게 잡고 대화의 상대방에게 그것을 보여 주는 것은 어느 정도는 공자의 의도적인 태도였을 것이다. 왜냐하면 그렇게 하는 것 자체가 정치를 둘러싼 모든 문제를 보다 근본적으로 생각하게 하는 기회를 부여하기 때문이다. 공자가 염유에게 보여 준 것도 그 중 전형적인 것이었다.

염자가 조정에서 돌아오자 선생님께서 말씀하셨다.

"어째서 늦었느냐?"

염자가 대답했다.

"정사政事가 있었습니다."

선생님께서 말씀하셨다.

"그의 일이다. 만약 정사가 있었다면 비록 내가 참여하고 있지 않지만 나도 더불어 그것을 알았을 것이다."

冉子退朝.子曰:何晏也?對曰:有政.子曰:其事也.如有政,雖不吾以,吾其與聞之. 13/14

적지 않은 해설자들이 취지가 명백한 이 단편을 두고 공자가 자신이 등용되지 못한 데에 따른 불편한 감정을 드러낸 것이라고 말한 것은 뜻밖이 아닐 수 없다. 여기서 그는 진정한 "정치"政가 무엇인지를 깨우쳐 주려 했을 뿐이다. 즉 '계강자의 조정에서 이루어지고 있는 것은 진정한 의미의 정치가 아니다, 그것은 단지 자신의 일을 도모하는 것에 불과하다, 만약 그가 바로잡는 일을 하고 있다면 비록 내가 그 일을 함께 도모하고 있지는 않지만 노나라에서 전개되고 있는 크고 작은 모든 실정에서 내가 그것을 간파할 수 있었을 것이다' 하는 것을 공자는 말하려 했던 것이다.

무엇이 진정한 정치냐 하는 것을 둘러싸고 공자와 염유가 보여 준 현격한 시각차는 학이/10에서 자공과 진자금陳子禽 사이에서 또다시 반복되고 있다.

자금子禽이 자공子貢에게 물었다.

"선생님께서는 어느 한 나라에 이르시면 반드시 그 나라의 정치 상태를 아십니다. 스스로 그것을 구하신 것입니까? 아니면 누가 얘기해 준 것입니까?"

자공이 말하였다.

"선생님께서는 온후함과 선량함과 공손함과 검약과 겸양을 기준으로 하여 그것을 얻는 것이오. 선생님께서 구하시는 것은 여느 사람이 구하는 것과는 다를 것이오."

子禽問於子貢曰:夫子至於是邦也,必聞其政.求之與,抑與之與?子貢曰:夫子溫良恭儉讓以得之.夫子之求之也,其諸異乎人之求之與. 1/10

공자에게 있어 한 나라 정치의 실상을 알게 되는 것은 어떤 구체적 정보에 접해서가 아니라 자신의 가치 척도에 기하여 그 나라의 인정과 물정을 보고 듣고 경험함으로써 피할 수 없이 일정한 판단에 이르는 것이다. 진자금은 공자가 그 나라 정치의 실상을 한눈에 꿰뚫어 보는 것이 자못 신통하게 보였을 것이다. 그리고 그는 그 실상으로의 접근 경위가 무엇인지를 알고 싶었을 것이다. 그러나 그가 가정한 두 가지 경위, 즉 스스로 정보를 구하는 것과 누군가가 정보를 제공하는 것은 모두 그러한 정보가 객관적으로 존재한다는 것을 전제로 한다.

이에 대해 자공은 공자께서 그 나라 정치의 실상을 아는 것은 공자가 객관적 정보를 입수하여서도 아니고 누군가가 그런 기성의 정보를 가져다주어서도 아니며 한 나라의 정치가 구현해야 하는 마땅한 덕성을 척도로 하여 그 나라의 실상을 파악하게 되는 것임을 피력한 것이다. 이처럼 질문과 대답이 서로 차원을 달리함으로써 독자로 하여금 한 차원 더 높은 세계에 대해 눈뜨게 하는 것은 논어 단편만이 가지는 특장이라 하겠다.

정치의 개념을 본질적인 깊이에서 사용한 흔적은 좀 더 여러 곳에서 확인할 수 있다. 이를테면 "그 경지에 있지 않으면 그 사리를 논의할 수 없다"는 뜻으로 사용된 不在其位,不謀其政(8/15, 14/27)이 "그 직위에 있지 않으면 그 정사를 논의해서는 안 된다"는 뜻으로 받아들여지고 있는 현상도 결국 政을 공자가 생각했던 만큼 본질적인 깊이에서 보지 않고 피상적인 눈으로 바라본 결과라 할 것이다.

제경공齊景公이 정치에 관해 물었을 때 공자가 "임금은 임금답고 신하는 신하다우며 아버지는 아버지답고 자식은 자식다워지는 것입니다"[76] 하고 말한 것이나 자로가 "위나라 임금이 선생님을 모시고 정치를 하면 선생님께서는 장차 무엇부터 하시겠습니까?" 하는 질문에 대해 "반드시 명칭을 바로잡겠다"[77] 하고 말한 것도 모두 정치를 특수한 영역으로 다루지 않고 인간사의 보편적 원리에서 다루고 있음을 여실히 보여 주는 단편들이다. 정치가 인간성의 단순한 연장선에 있다면 정치의 원리는 단지 인간의 원리이고 인간의 지향이 바로 정치의 지향이라는 공자의 단순한 정치학은 충분히 그 의의를 갖는 것이라 아니할 수 없을 것이다.

끝으로 봉건질서 재건론, 춘추 말기의 현실에서 공자의 정치적 입장이었다고 알려져 온 한 가설을 짚고 넘어갈 필요가 있다. 공자의 정치적 목적이 와해되어 가던 주대 봉건질서를 재건하는 것이었다는 주장은 서구 민주주의의 도입 과정에서 처음 제기되었고, 그것은 공산혁명 과정을 거치면서 거의 기정사실로 굳어지게 되었다. 그러나 실상 논어에는 공자가 주대 봉건주의를 재건하려 했다는 어떠한 증언도 남아 있지 않다.

주공周公에 대한 그의 남다른 존중이 그러한 주장의 근거라고 주장한다면 그것은 확실히 비약일 것이다. 또 팔일편의 첫 두 개 장에서

---

76) 齊景公問政於孔子.孔子對曰:君君,臣臣,父父,子子.公曰:善哉!信如君不君,臣不臣,父不父,子不子,雖有粟,吾得而食諸? 12/12

77) 子路曰:衛君待子而爲政,子將奚先?子曰:必也正名乎!子路曰:有是哉?子之迂也.奚其正?子曰:野哉!由也.君子於其所不知,蓋闕如也.名不正則言不順,言不順則事不成,事不成則禮樂不興,禮樂不興則刑罰不中,刑罰不中則民無所錯手足.故君子,名之必可言也,言之必可行也.君子於其言,無所苟而已矣. 13/3

공자가 삼가三家의 참람함에 대하여 언급하고 있지만 그것 역시 주대 봉건질서를 옹호한 증거라 하기에는 아무래도 무리가 있다. 그 밖에 공자가 주대 봉건질서를 재건하려 했다는 이렇다 할 입증 자료는 더 이상 눈에 띄지 않는다. 그렇다면 왜 봉건질서 재건론이 등장하였을까? 그것은 공자를 봉건질서 재건론자로 규정해 두어야 할 현대사회의 정치적 필요성 때문이라 할 수 있다. 그러한 주장을 하는 사람들의 대부분은 공자를 제대로 이해하기도 전에 먼저 공자에 대한 비판을 마련해 둔 사람들이며 바로 그들의 선입견에서 봉건질서 재건론이 태어났던 것이다. 논어를 온통 가득 채우고 있는 정치에 관한 명백한 여러 언급들을 제쳐 두고 구태여 그를 단순한 근왕주의자勤王主義者나 봉건적 위계질서의 신봉자로 격하시키기 위해 가당치도 않은 몇몇 단편을 억지로 그 증거라고 내세우는 안간힘은 기이한 느낌마저 줄 정도다.

공자는 국민투표를 통해 국민의 대표를 선출하여야 한다고 주장하지 않은 것과 마찬가지로 주왕周王을 중심으로, 그리고 노나라의 군주를 중심으로 봉건적 위계질서를 재확립해야 한다고 주장하지 않았다. 그가 당시의 지배적인 질서인 임금–신하–백성의 질서를 현실적인 질서로 받아들이고 있었던 것은 사실이다. 뿐만 아니라 그러한 질서를 뒤엎고 신하가 임금을 죽이거나 자식이 아비를 죽이는 어지러움을 개탄한 것도 사실이다.

그러나 그것이 공자의 목적이 봉건질서의 재건에 있었다는 결론을 당연히 도출하지는 않는다. 그것은 당시 군주가 무력화된 가운데 삼가三家 중심으로 형성되어 있던 권력질서를 공자가 사실상 인정하였다고 여기는 것과 마찬가지로 무의미한 접근 방법이다. 질서의 와해는 이미 오래 전부터 진행되어 왔던 것이고 그러한 현상은 훨씬 근본적인 문제점에서 비롯된 것인 만큼 표면적인 질서의 재정립이 아무런 의미를 가질 수 없다는 것을 그는 누구보다 잘 알고 있었다. 따라서 공자가 계강자의 참람함을 지적한 것에서 그 지적 이상의 의미를 찾는 것은 부질없는 일이다. 공자로서는 계강자가 노나라의 실권을 쥔 유력한 대부로서 스스로 바른 정치를 하는 것이 이상적인 권력구조의 확립을 피상적으로 도모하는 것보다 백 배나 더 중요한 일이라 여겼을 것이기 때문이다.

공자와 같이 인간 행위의 깊은 동기를 통찰하고 그 위에서 바른 행위의 길을 제시한 자에게 어느 한 시대가 확보한 정치적 비전—그것이 공화정이든 프롤레타리아 독재든—을 강요하는 것은 모든 정열의 시대가 흔히 그러했듯 본질을 비껴가는 일련의 역사적 착시錯視일 뿐이다. 그는 민주공화주의자가 아니었듯 봉건주의자도 아니었다. 그에게 봉건질서 재건론자의 누명을 씌우는 것은 손쉽게 규정하기 어려운 것을 손쉽게 규정하려는 자들의 값싼 술수에 지나지 않는다.

그는 정치가 폭력에 의존하는 것에 반대하였으며 오로지 바르고 정당한 것을 중심으로 전개되어야 한다는 것, 대다수 민중의 의로움에 입각하여 이루어져야 한다는 것을 강조하였을 뿐이다. 현실 정치가 그 중 어떤 쪽으로 전개되느냐 하는 것은 봉건제하에서나 공화제하에서나 똑같이 가능성이 있는 선택의 문제다.

10. 평범함과 비범함

논어의 많은 단편들에 경탄을 하다가도 우리는 가끔 공자의 진정한 비범함이 과연 어디에 있는가 하는 물음에 부딪칠 수 있다. 그것은 당대에 공자의 제자들이 느꼈던 바이기도 하다. 그들도 늘 스승의 비범함에 이끌려 그의 존재에 주목하고 그의 말을 경청하였지만 어느 순간에는 문득 그의 진정한 비범함은 무엇인가 하는 의문에 부딪쳤던 것 같다. 공자가 어떤 사람이냐 하는 섭공葉公의 질문에 자로子路가 대답하지 못했던 것은 그 전형적인 사례다. 이 점은 제자들이 스승의 모습을 그들의 시야 속에 확고하게 포착하지 못하고 있었음을 말해 주는 것이다.

제자들이 스승의 모습을 놓치는 때는 바로 그들이 평범함과 비범함, 용렬함과 위대함에 관하여 세속의 그릇된 가치관에 휘둘려 있을 때다. 그때 스승은 갑자기 계면界面이 흐려지고 제자들은 도대체 스승의 진정한 위대함은 어디에 있는가 하는 의문에 휩싸이는 것이다. 그래서 그들은 두 가지의 상이한 느낌 사이에서 당혹스러워진다. 하나는 그들을 송두리째 사로잡는 스승의 강렬한 힘에 이끌리는 것이고 다른 하나는 결국 이 세상의 그 어떤 탁월함, 그 어떤 위대함의 반열에도 들지 못하는 스승의 한갓됨에 대한 의혹이다.

그래서 그들은 상이한 두 느낌 사이에서 갖는 당혹감을 이렇게 정리하게 된다. 즉 "스승에게는 그 어떤 비범함이 있다. 그러나 스승은 그것을 평소에는 감추어 우리에게 보여 주지 않는다"고. 제자들의 이러한 태도를 보여 주는 단편이 논어에는 적지 않게 산재해 있는데 그 중에서도 술이/25는 그 점을 직접적으로 겨냥한 것이라 할 수 있다.

선생님께서 말씀하셨다.

"너희들은 내가 자신을 숨기고 있다고 보느냐? 나는 너희들에게 아무것도 숨기지 않았다. 나는 무엇을 하든 너희들과 함께하지 않은 것이 없으니 그것이 바로 나다."

子曰:二三子以我爲隱乎?吾無隱乎爾.吾無行而不與二三子者,是丘也. 7/25

여기에서 공자는 제자들에게 자신의 이면裏面을 단호하게 부인하고 있다. 이면이라는 것은 없다. 너희들과 함께해 온, 너희들이 쭉 보아 온 내가 바로 나다. 이면에 대한 부인은 제자들로 하여금 그들이 당혹스러워 했던 두 가지 상반된 느낌에로 되돌아갈 것을 요구한다. 이면의 설정으로 너희의 당혹감을 정리해서는 안 된다는 것이 공자의 숨은 의도였다. 말할 나위도 없이 거기에는 제3의 정리 방안이 있다는 것이 암시되어 있다. 그 점에서 자한/15는 마치 제자들의 이러한 당혹을 더욱 방조하는 것처럼 보인다.

선생님께서 말씀하셨다.

"밖에 나가서는 공경公卿을 섬기고 집에 들어와서는 아버지와 형을 섬긴다. 상사喪事에 임해서는 감히 애쓰지 않을 수 없다. 술에 취해 몽롱하게 지내지 않는다. 나에게 달리 무엇이 있겠느냐?"

子曰:出則事公卿,入則事父兄,喪事不敢不勉,不爲酒困.何有於我哉? 9/15

何有於我哉에 대한 그릇된 해석으로 그 독특한 의미가 온전히 가려져 왔던 이 단편은 앞서의 술이/25를 좀 더 부연한 말이라 할 수 있다. 제자들이 보아 온 공자 자신은 밖으로 공경을 섬기고 가정적으로는 부형을 모시고 상사에 임해 정성을 다하고 술로 허송세월하지 않는, 외형만으로 본다면 실로 평범한 생활인의 모습에 지나지 않는다. 여기서 공자가 말하고자 하는 것도 너희들은 이러한 내 모습의 이면에서 무언가를 찾으려 할 것이 아니라 바로 이 평범한 모습에서 무언가를 찾으라는 것이었다. 만약 제자들이 거기에서 이면裏面의 진실이 아닌 전면前面의 진실을 발견하기 위해서는 그들이 가지고 있는 기왕의 가치체계, 즉 위대함과 용렬함, 비범함과 평범함에 관한 세속의 선입견을 먼저 뛰어넘지 않으면 안 될 것이다.

이러한 생각은 술이/2에서도 "말없이 간파하고, 배우되 싫증 내지 아니하며, 사람을 가르침에 지치지 않는다. 나에게 달리 무엇이 있겠느냐?"[78] 하는 말로 반복되고 있고 전술한 술이/20의 자로와의 대화에서도 발견되고 있으며, 심지어는 학이/1의 學而時習之에서도 엿볼 수 있다. 유명한 선진/27의 "기수沂水에서 목욕하고 무우舞雩에서 바람을 쐬면서 읊조리며 돌아오는 것"[79]에 공자가 동조한 것도 역시 그러한 구도 속에 있다. 진정한 비범함은 평범한 삶을 떠나서 자체의 영역을 가지고 있는 것이 아니다. 이루고 이룬 끝은 모든 것을 제 본래의 자리로 돌려보낸 후 바로 그 평범한 삶이 갖는 보이지 않는 총체적 균제均齊 속에 있다. 따라서 이 문제에서도 공자의 일관성은 예외없이 적용되고 있다.

---

78) 子曰:黙而識之,學而不厭,誨人不倦,何有於我哉? 7/2

79) (전략) 點,爾何如?鼓瑟希,鏗爾舍瑟而作,對曰:異乎三子者之撰.子曰:何傷乎?亦各言其志也.曰:莫春者,春服旣成,冠者五六人,童子六七人,浴乎沂,風乎舞雩,詠而歸.夫子喟然歎曰:吾與點也. (후략) 11/27

공자의 이러한 평범성은 제자들이 아닌 세인들, 특히 광간지사狂簡之士들이 보기에는 대부분 수준 미달의 그 무엇이었다. 아마 극히 예외적인 경우를 제외하면 대부분의 경우 그는 이상한 내면적 가치들에 집착하는 무력한 유세가로 비치고 있었을 것이다. 그 정황의 아주 구체적인 한 사례가 역시 오독誤讀의 녹덩이 속에서나마 전해지고 있다는 것은 흥미로운 일이다.

의봉인儀封人이 자청하여 선생님을 만나 뵙고 말했다.

"군자가 이 정도라면 내가 일찍이 만나 보지 못한 바도 아니오."

종자가 그것을 보고는 나와서 말했다.

"여러분, 어찌 선생님의 초라한 신세에 낙담하십니까? 천하가 무도해진 지 오래되었으니 하늘은 장차 우리 선생님을 목탁木鐸으로 삼으실 것입니다."

儀封人請見曰:君子之至於斯也,吾未嘗不得見也.從者見之,出曰:二三子!何患於喪乎?天下之無道也久矣,天將以夫子爲木鐸. 3/24

의봉인儀封人—그들이 어떠한 사람들이었는지는 아무도 모른다. 그러나 단편은 이들이 공자를 만나기 위해 자청하여 찾아온 사람들임을 말해 주고 있다. 모르기는 하지만 그들은 결코 하잘것없는 사람들은 아니었을 것이다. 아마 그들도 정벌과 수탈과 탐욕으로 얼룩진 중국 대륙의 무질서를 개탄하는 지식인들이었을 것이다. 그리고 공자의 명망을 듣고 어쩌면 불원천리하고 먼 길을 찾아왔을지도 모른다. 어쨌든 그들은 초면의 공자와 상당 시간 동안 이야기를 나누었을 것이다. 그 시간은 서로를 대강 알아보기에는 충분한 시간이었을 것으로 여겨지지만 어떤 이야기가 오고 갔는지는 아무도 짐작할 수 없다.

단지 이 상면이 끝나던 순간 그들이 공자에게 내뱉은 한 마디가 바로 "군자가 이 정도라면 내가 일찍이 만나 보지 못한 바도 아니오" 하는 것이었다. 이 말은 그들이 처음 공자의 명망을 듣고 그를 만나 보기로 결심했을 때 그에 대해 걸었던 기대와 그 기대가 대면을 통해 무참히 깨어지는 상황을 잘 보여 주고 있다.

그들은 왜 실망하였을까? 단편은 그에 관해 이렇다 할 정보를 전하지 않고 대신 한 종자—자공이었을 가능성이 크다—의 소신에 찬 발언만을 전하고 있다. 그러나 논어 전편을 통하여 공자가 하고 있는 많은 말들을 생각해 보면 그들의 실망은 어쩌면 당연한 것이었는지도 모른다. 공자가 어떻게 그들의 기대를 만족시킬 수 있었겠는가? 많은 위정자들이 공자를 만났으나 결국 심드렁하게 돌아서고 만 것을 생각해 보자. 피상에 길들여진 그들의 감각에서 공자의 말은 격화소양을 넘어 무슨 먼 구름 밖의 뇌성처럼 도무지 와 닿지 않는 그 무엇에 불과했을 것이다. 그는 너무 평범했고 별난 그 무엇을 보여 주지 못하고 있었던 것이다.

그러나 실상은 공자의 이러한 평범함이 그대로 공자의 비범함을 보여 주는 것이다. 모든 단편에서 그는 숨길 수 없이 자기 자신의 비범함을 드러내고 있다. 그러나 결코 명시적이지는 않다. 오히려 외형상으로만 본다면 그는 "배운다"는 문제學와 "가르친다"는 문제誨를 제외하고는 모든 방면에서 자신의 부족함과 무능함을 탄식하고 있을 뿐이다. 공자의 비범함은 바로 이러한 외형적 겸손을 통해 더욱 빛나는 모습으로 다가온다. 이를테면 "성인의 경지와 어짊의 단계라면 내가 어떻게 감히 이르렀겠느냐. 다만 그것을 추구함에 싫증을 내지 않고 사람을 가르침에 지치지 않는다고 말할 수 있을 따름이다"[80] 하는 식의 말은 그 전형적인 것이다. 공서화公西華는 이 말에 대해 "바로 그것을 우리 제자들은 능히 배우지 못하겠습니다" 하고 정당하게 반응하였다. 공자의 비범성은 이렇듯 반어적 구도 속에서, 비명시적 방식으로 드러나고 있다.

그러나 우리가 논어를 세심하게 관찰한다면 공자가 자기 자신을 얼마나 특별한 존재로 파악하고 있었는가 하는 것도 알게 된다. 여기서 특별히 언급하고자 하는 것은 그의 비범함이 거의 명시적으로 드러난 몇몇 단편에 관한 것이다. 어떤 순간 그는 거의 명시적일 만큼 자기 자신의 비범성을 드러내고 있다. 물론 그것은 자만 따위와는 거리가 멀다. 따라서 전술한 단편처럼 자기 자신을 겸손하게 드러내는 것과 이들 단편이 서로 모순되는 것도 아니다. 그러나 이 몇몇 단편은 다른 단편에서 느낄 수 없는 독특한 공자의 자기 이해를 담고 있으며 대부분 어떤 정신적 긴장을 첨예하게 대동하고 있다는 특징이 있다. 그 몇 가지를 살펴보자.

"도道가 행해지지 않아 뗏목을 타고 바다 위에 떠도는 것 같구나. 나를 따를 자는 바로 유由일 게다."

자로子路가 그 말을 듣고 기뻐하자 선생님께서 말씀하셨다.

"유由는 용기를 좋아하는 것은 나보다 더 하나 뗏목감을 구할 바가 없구나."

子曰:道不行,乘桴浮于海.從我者其由與.子路聞之喜.子曰:由也好勇過我,

---

80) 子曰:若聖與仁,則吾豈敢.抑爲之不厭,誨人不倦,則可謂云爾已矣.公西華曰:正唯弟子不能學也. 7/36

無所取材. 5/7

여기서 주목할 만한 구절은 "도가 행해지지 않아 뗏목을 타고 바다 위에 떠도는 것 같다"는 말이다. 이 구절은 뒤이은 "나를 따를 자는 바로 유由일 게다" 하는 말에 이어지는 조건절로 되어 있는 탓으로 독립적인 주목을 받지 못해 왔을 뿐 아니라 황간皇侃 이래 그 뜻마저 중국 땅에서는 도가 행해질 가망이 없어 뗏목을 타고 바다 건너 구이九夷에 가서 살고자 하는 것으로 해석[81]됨으로써 그 진정한 의미가 제대로 알려질 기회가 없었다.

그러나 이 말은 공자가 자기 자신을 어떻게 이해하고 있었는지를 보여 주는 드문 단편 중의 하나다. 조그마한 뗏목 하나에 의지하여 망망대해에 떠 있다는 것은 바로 공자 자신의 처지를 보여 주는 것이다. 어떠한 기슭도 시야에 들어오지 않는 창해의 한가운데! 그와 한 조각 뗏목과의 외로운 연대! 그는 바로 그런 지점에서 자신을 느끼고 있다. 그리고 이런 우연치 않은 소묘 가운데에서 그는 자신에게 부여된 특별한 운명을 내비치고 있는 것이다.

몇 가지 증거는 더 이어지고 있다. 헌문/37에 나타나 있는 감동적인 모습이 그것이다.

선생님께서 말씀하셨다.

"아무도 나를 알지 못하는구나!"

자공子貢이 말했다.

"어찌 선생님을 알지 못하기야 하겠습니까?"

---

81) 孔子聖道不行於世,故或欲居九夷,或欲乘桴泛海,故曰道不行,乘桴浮於海也.『論語義疏』

선생님께서 말씀하셨다.

"하늘을 원망하지 않았고 사람을 탓하지 않았으며 아래로 배워 위에 달했다. 나를 아는 자는 저 하늘이구나!"

子曰:莫我知也夫!子貢曰:何爲其莫知子也?子曰:不怨天,不尤人,下學而上達,知我者其天乎! 14/37

"아무도 나를 알지 못하는구나!" 하는 한 마디에 뗏목을 타고 바다 위에 떠도는 것과 같다고 하던 그의 감회가 변함없이 나타나 있다. 공자를 이해함에 이러한 자기 이해를 포착하지 못하거나 소홀히 하면 오랜 외유를 포함하여 제자 교육 등 그의 지칠 줄 모르는 인생 행로의 숨은 계기를 놓치게 될 것이다.

그러나 이 비범함은 바로 밖에 나가서는 공경을 섬기고 집에 들어와서는 아버지와 형을 모시는 평범함에서 비롯된 것이다. 기수에서 목욕을 하고 바람을 쏘이며 돌아오는 것이 바로 그 비범함의 실체가 된다. 그리고 바로 그 때문에 그의 비범함은 다른 온갖 비범함을 능가하는 생명력을 지니게 되었다.

만약 그가 세상에서 흔히 볼 수 있는 비범한 자들처럼 거창한 이론의 제안자였거나 필부들로서는 근접도 못할 위업의 달성자였다면 그가 제시한 삶의 길은 훨씬 오래 전에 생명력을 다하고 말았을 것이다. 오직 하늘만이 알아주는 그 희유함과 비범함이 아무도 탐내지 않을 일상의 평범함을 실체로 하여 구현되었다는 것이 그의 길을 원천적으로 무너질 수 없는 길로 만든 요인이었다. 구축된 것은 반드시 무너지는 순간이 있다. 그러나 그는 아무것도 구축하지 않았다.

종종 운위되는 바, 평범함 속에 비범함이 있다든지 진리는 평범한 가운데에 있다는 말, 기타 평범성에 대한 허다한 예찬은 이 점에서 일단의 의의를 지닌다고 할 수 있다. 그러나 일차원적 평범성은 대부분의 경우 한 조각의 일상성이기를 넘어서지 않는다. 그것은 전체를 포용하고 있지 않으며 대개는 전체로부터 소외된 무력한 외곽일 뿐이다. 따라서 그러한 평범성은 모든 인간 영위를 꿰뚫고 종국적으로 귀착한 평범성에 대해서는 그 한 비유이거나 암시에 지나지 않는다.

공자는 나이 40에 이르러 현혹되지 않게 되었다고 스스로를 회고했다. 그 현혹되지 않음은 이 세상 그 어떤 외형적 권위와 광휘에도 눈멀지 않고 모든 것의 본질을 직시할 때에만 가능한 것이다. 일체를 관류한 후의 균제 된 평범함은 새털처럼 가볍지만 그 가벼움은 이미 일체를 들어 올릴 수도 있는 힘찬 가벼움인 것이다.

11. 지천명(知天命)

공자는 자신이 천명天命을 안 것이 나이 50에 이르러서였다고 밝힌 바 있다.[82] 즉 그는 비교적 나이가 많아서야 천명을 알게 되었던 셈이다. 그러나 천명이란 무엇인가? 하늘의 명령? 하늘의 명령이란 무엇인가? 이 호락호락하지 않은 용어를 궁금해한 것은 우리만이 아니라 당대의 제자들도 마찬가지였다.

> 자공子貢이 말하였다.
>
> "선생님의 문화론文化論은 들어 볼 수 있었으나 선생님께서 인성人性과 천도天道에 대해 말씀하시는 것은 들어 볼 수 없었다."
>
> 子貢曰:夫子之文章,可得而聞也.夫子之言性與天道,不可得而聞也. 5/13

자공의 이러한 말은 모르기는 하지만 천도天道에 관한 떨칠 수 없는 호기심 때문이었을 것이다. 이 천도는 천명과 그다지 멀지 않은 개념이었으리라고 여겨진다. 또 자한/1에도 "선생님께서는 이익과 명과 어짊에 대해서는 좀처럼 말씀하시지 않으셨다"[83]는 누군가의 증언이 남아 있다.

그러나 드물게 언급한 명 혹은 천명에 관한 단편을 자세히 관찰하

---

82) 五十而知天命 2/4

83) 子罕言,利與命與仁. 9/1

면 공자의 천명관天命觀이라 할 만한 것의 실체를 가늠해 볼 수 있다.

선생님께서 말씀하셨다.

"회回는 천명天命에 가까웠으나 자주 공허에 빠졌고 사賜는 천명을 받지 못하고 보배로운 것만 늘려 갔으나 짐작하면 자주 적중했다."

子曰:回也其庶乎,屢空.賜不受命而貨殖焉,億則屢中. 11/20

여기서 공자는 안연을 명에 가까웠다고 했고 자공은 명을 받지 못했다고 평가하고 있다. 말하자면 명에 대해서는 좀처럼 말하지 않았지만 안연과 자공을 비교 평가하는 자리에서 가볍게 명을 언급하고 지나간 셈이다. 이 명은 자공을 평가한 내용과 관련시켜 보면 앎을 짐작의 단계에 가두지 않고 그것에 자명성과 일이관지一以貫之를 부여하는 원천이 된다.

그러나 천명에 대한 본격적 접근은 우리의 일반적 인식이 범접하기 어려운 새로운 사태와 새로운 시계視界를 제공한다. 안연이 그에 가까웠기 때문에 겪어야 했던 특이한 공허함의 곤경은 안연을 다루는 자리에서 언급하였기 때문에 중복되게 언급하지는 않겠지만 공자 자신에게 바로 그러한 단계가 적용됨으로 인하여 암시된 그의 특별한 시계는 우리에게 경외감을 안겨 주기에 충분한 것이었다.

공백료公伯寮가 계손씨季孫氏에게 자로를 참소하자 자복경백子服景伯이 그 사실을 선생님께 알리며 말했다.

"그분은 확실히 공백료에 대해 미혹된 신임을 지니고 있지만 나의 힘은 오히려 그를 참시하여 광장에 내걸 수 있습니다."

선생님께서 말씀하셨다.

"도道가 장차 행해지는 것도 명이고 도가 장차 폐하는 것도 명이다. 공백료가 명을 어떻게 하겠는가!"

公伯寮愬子路於季孫.子服景伯以告曰:夫子固有惑志於公伯寮.吾力猶能肆諸市朝.子曰:道之將行也與,命也.道之將廢也與,命也.公伯寮其如命何! 14/38

우선 이 단편에서도 우리는 공자가 표명한 이러한 입장이 운명론과 어떤 관계를 가지는가 하는 물음을 던질 수 있을 것이다. 자로는 지금 정치적으로 위기에 처해 있다. 자복경백이 자로를 위하여 공백료를 처단할 의향까지 나타내었다는 것은 이 단편과 관련된 사태가 상당히 심각한 단계에 있었음을 말해 준다.

공자는 바로 이러한 단계에서 자복경백을 제지하면서 "도가 장차 행해지는 것도 명이고 도가 장차 폐하는 것도 명이다. 공백료가 명을 어떻게 하겠는가!" 하는, 완전히 다른 차원의 언질을 주고 있다. 만약 공자의 이러한 말이 천명이 있고 그것은 인력으로 어찌할 수 없기 때문에 우리가 할 수 있는 것은 단지 천명에 따르는 것뿐이라는 뜻이었다면 그것은 가장 흔한 의미의 운명론에 해당할 것이다. 이런 운명론에 대해서는 그러면 인간의 의지는 무엇인가 하는 반문이 당연히 뒤따르게 될 것이다.

여기서 공자가 말하는 천명은 인간과 무관하게 존재하면서 인간의 운명을 좌우하는 초월적 힘이나 계획 따위를 말하는 것은 물론 아니다. 그러나 만약 자신의 좁은 안목에서 선과 악을 구분하고 그 제한된 구도에서 자신이 옳다고 여기는 상황을 "나아가 취하기"進取 위해 물불을 가리지 않고, 그 과정에서 운명에 걷어차이고 거꾸러지면서도 스스로의 좁은 안목과 제한된 구도에 대해 아무런 의혹도 가지지 않는, 말하자면 철저히 선악의 판도에서 만사를 보는 사람이 있다면 그자에게 천명은 우선은 운명이다. 다시 말해서 그자에게 천명은 별 도리 없이 그가 생각할 수 있는 세계의 '저편'에 있으면서 그가 생각하는 세상의 방향을 그의 의지와는 상관없이 좌지우지하는 초월적 힘 또는 계획처럼 비춰질 수밖에 없는 것이다.

이러한 사람들은 모두 그들 자신의 제한된 인식 안에서 살아간다. 그 인식이 엮는 세계관은 바로 그들의 세계가 된다. 그리고 그 세계는 아주 단단하다. 만약 누군가가 이 단단한 세계의 피각을 뚫고 그 바깥의 경지를 호흡하고자 한다면 그는 우선 아직 자신이 알지 못하는 진정한 세계가 자신이 인식할 수 있는 세계의 바깥에 있다는 것을 상정하지 않으면 안 될 것이다. 실로 이것은 아직 자신이 알지 못한다는 점에서 우선은 자신의 바깥에 설정될 수밖에 없는 그 무엇이다.

이른바 "천명을 안다"知天命는 것은 바로 자기 자신의 인식이 제한되어 있다는 것을 정확히 인식하는 바탕 위에서만 이루어지는 것이다. 그리고 바로 그러한 인식을 견지할 수 있을 때, 그 바깥의 세계는 마치 우리가 그것을 인정한 것에 대한 보상처럼 우리의 판단과 행동과 거취를 그때그때 부지해 주는 힘으로 다가오는 것을 느끼게 될 것이다. 그것은 일차원적 선악의 세계를 어쥚을 통해 넘어섬으로써 더 높고 넓은 필연의 세계에로 진입하는 것이다.

이렇게 볼 때 헌문/38에서 공자가 자복경백子服景伯에게 한 말은 그로 하여금 스스로의 광간狂簡한 견해를 반조해 보도록 하기 위하여 던져 준 하나의 화두와도 같은 것이었다 할 수 있다. 따라서 사량좌謝良佐가 "비록 공백료가 참소하는 행동을 했지만 그 또한 명이다. 기실인 즉 공백료도 어찌할 수 없었던 것이다"[84] 하고 말한 것이나 윤돈尹焞이 "군자는 이해의 갈림길에 서더라도 천명에 좇음으로써 평온을 유지할 뿐이다"[85]고 한 것은 모두 이러한 세계의 편린을 보여 주는 것이라 하겠다. 때때로 이러한 세계가 운명론처럼 무력하게 보이는 것은 아직도 우리가 이러한 세계를 그 세계의 입장에서 보지 않고 여전히 제한된 이해利害와 선악의 구도를 통해 바라보기 때문이다.

지천명知天命, 즉 천명에 대한 인식은 무엇보다 선악의 문제를 넘어서는 단계에서 시작하는 인식이다. 공자가 "진실로 어짊에 뜻을 둔다면 악은 없다"[86]고 했을 때 그는 바로 어짊이 구현하는, 그리고 어짊만이 구현할 수 있는 새로운 인식의 세계를 바라보고 있었던 것이다. 따라서 풍우란馮友蘭이 공자는 40대까지는 도덕적 가치의 중요성을 의식하고 있었으나 50대 내지 60대에 이르러서는 천명을 알고 거기에 순종하였다는 점에서 초도덕적 가치도 의식하고 있었다는 지적은 일리 있는 지적이었다.[87]

다만 명은 천명, 운명, 숙명 중에서 천명을 뜻한다고 한 것은 천명도 운명도 아직은 피상적으로 보았기 때문이다. 공자가 말한 명에는 운명이 관련되어 있다. 왜냐하면 우리가 아직도 이해선악이라는 미망의 세계를 떠나지 못하고 있다는 점을 고려해야 하기 때문이다. 명에서 운명을 아무런 조건도 없이 배제한다면 명은 그 본질의 중요한 한 측면을 상실하게 될 것이며 결국 또다시 평면적 인식의 대상으로

---

84) 謝氏曰:雖公伯寮之愬行,亦命也.其實公伯寮無如之何.『論語集註』

85) 尹氏曰:君子於利害之際,安之以命而已矣.『論語精義』

86) 子曰:苟志於仁矣,無惡也. 4/4

87) 풍우란(馮友蘭),『中國哲學思想史(*A Short History of Chines Philosophy*)』(정인재 역, 형설출판사, 1989) p.77

떨어져 왜곡되는 것을 피할 수 없을 것이다. 선악의 세계를 넘어선다는 것은 그 세계를 떠나는 것이지만 동시에 그 세계의 지양된 차원에 복귀하는 것이기도 하기 때문이다. 운명은 어디까지나 지양되는 것이지 제거되는 것이 아니다.

명은 공자가 자신의 나이 60이 되어 도달한 경지라고 술회한 이순耳順과 밀접한 관계가 있는 듯하다. 耳順의 順은 "거슬리는 바가 없음" 즉 無所違逆으로 풀이된다. 범조우范祖禹는 이 이순에 대하여 "귀에 들리는 모든 것이 도道 아닌 것이 없다"[88]는 말로 아주 간략하면서도 정확히 그 개념을 설명했다. 이는 말하자면 50에 얻었다는 지천명의 경지가 인식의 측면에 걸쳐서 구체적으로 구현된 것을 뜻한다. 그러나 귀에 들리는 모든 것이 어떻게 모두 다 도라 할 것인가? 여전히 미망에 사로잡힌 온갖 말들, 패권 추구에 영일이 없는 권력자들의 훤화, 이 모든 것들을 과연 도라고 할 수 있을 것인가?

그러나 어진 마음은 그 모든 것을 관통하여 그 속에서 도를 본다. 그리고 그 어느 것에 대해서도 그 존재를 인정하고 받아들인다. 그것은 모든 것이 '필연'으로 자리 잡는 순간이다. 그러나 그것은 그로 하여금 운명론자의 무력에 빠뜨리는 것이 아니라 새로운 용기와 의욕에로 인도한다. 그 자리에서 비로소 그는 능히 사람을 사랑하기도 하고 미워하기도 하는 것이다. "일흔이 되어서는 마음 내키는 대로 행하더라도 법도를 넘지 않았다"[89]는 것은 바로 이러한 일련의 터득이 일신에 온전히 구현된 단계를 묘파한 것이라 하겠다.

공자의 만년이 도달한 위대한 인식의 단계는 여러 군데에서 더 확

---

88) 六十而耳順者,耳之所聽,無非道也.『論語精義』

89) 七十而從心所欲,不踰矩. 2/4

인된다. 이를테면 다음과 같은 단편도 그러하다.

선생님께서 말씀하셨다.

"너희들은 왜 시를 배우지 않느냐? 시는 그로써 깨어 일어날 수 있고 그로써 살필 수 있고 그로써 어울릴 수 있으며 그로써 원망할 수 있다. 또 가깝게는 아버지를 섬기고 멀리로는 임금을 섬기며 새와 짐승과 풀과 나무의 이름도 많이 알게 된다."

子曰:小子何莫學夫詩?詩,可以興,可以觀,可以群,可以怨,邇之事父,遠之事君,多識於鳥獸草木之名. 17/19

하늘은 아무 말도 하지 않지만 사철의 운행과 만물이 자라는 것을 통하여 전술傳述할 그 무엇을 남김없이 보여 주고 있다. "사철"四時의 운행과 만물의 생육은 모든 사람들에게 공통적으로 보이는 환경적 요소들이다. 뿐만 아니라 이 사철의 운행과 만물의 생육과 같은 환경에는 저 공백료의 참소와 양호陽虎의 공포정치와 환퇴의 위협 같은 어지러운 세상사가 모두 포함되어 있다. 바로 이 모든 것들이 전술傳術할 진리를 간직하고 있다.

공자의 말은 자공으로 하여금 자신의 말을 통해서 알고자 하는 모든 것이 이미 만상에 구현되어 있다는 것, 자신의 한계를 타개하고 나면 지천명의 단계를 거쳐 바로 자신의 눈앞에서 그 모든 것을 보게 될 것임을 암시한 것이다. 자한/5는 삶과 죽음의 갈림길에서 공자가 드물게 토로한 바 그 장엄한 세계를 전하고 있다.

선생님께서 광匡 지방에서 위기에 처하셨을 때 말씀하셨다.

"문왕文王은 이미 돌아가셨으나 문文은 여기에 남아 있지 않느냐! 하늘이 이 문文을 없애고자 했다면 후에 죽을 자들은 이 문文과 함께하지 못하였을 것이다. 하늘도 이 문을 없애지 않는다면 광匡 사람들이 나를 죽인들 무엇하겠느냐?"

子畏於匡,日:文王旣沒,文不在茲乎!天之將喪斯文也,後死者不得與於斯文也.天之未喪斯文也,匡人其如予何? 9/5

광匡에서 이 말을 한 것은 어쩌면 생애의 마지막이 될지도 모르는 위기상황에서 공자가 자신의 죽음이 가지는 의미를 제자들에게 표명해야 하겠다는 판단에 기인한 것인지도 모른다. 그는 마치 문왕의 죽음이 문文의 단절에 이어지지 않았듯이 자신의 죽음이 자신이 가르치려 한 진리의 좌절에 이어지지 않을 것임을 술회한 것이다.

여기서 그는 자기 자신의 삶의 의미와 죽음의 의미를 오직 문文에 걸고 있으며 사실상 자기 자신을 천명 안에서 이해하면서 문에 복속시키고 있다. 그러면서도 그는 결국 자신이 있든 없든 영구불멸하게 존재할 문에 대해 완전한 믿음을 표명하고 있으며 그런 피력을 통해 죽음 앞에서도 자신이 아무것도 잃을 것이 없다는 자약함을 보여 주었다. 이 말은 제자들에게 진정한 믿음과 용기와 평온이 무엇인지를 제시해 주었을 것이다.

이처럼 아주 드물게나마 공자는 일상적 인식을 뛰어넘어 그가 성취한 지천명의 세계를 보여 주고 있다. 그것은 필연의 세계며 단순히 높은 지적 능력 앞에 노출되는 세계가 아니라 바로 어짊, 공자가 가장 궁극적인 의미를 실어 강조하는 그 어짊의 성취 앞에서 비로소 노출되는 세계다. 그러나 모름지기 이러한 논의는 공자가 우려했던 바와 같이 바람직한 것이 되지 못할 것이다. 왜냐하면 그것을 논의할 단계에서는 대개 그것은 포착되지 않고 그것이 포착될 단계에서는 그러한 논의가 사실상 무의미해지기 때문이다.

그가 어짊의 경우에서와 마찬가지로 명命에 대해 좀처럼 말하지 않았다는 것은 참으로 합당한 태도였다. 다만 우리는 하나의 예감처럼 위대한 역설의 순간이 있다는 것, 그 역설을 함유한 세계는 우리의 일상적인 인식에서는 알 수 없는 제3의 힘으로 존재한다는 것을 인정해 두는 것이 좋을 것이다. 공문孔門의 전통에서 신비주의는 추구되지도 않지만 배척되지도 않는다. 이도 또한 공문의 슬기로운 점의 하나다.

III
논어읽기의 문제들

1. 논어읽기에 관한 역사적 제약

논어는 대화 중심의 구어체 문장이 주종을 이루고 있기 때문에 문어체 문장과는 달리 애초부터 난삽한 문리文理로 치장되기는 어려운 조건을 지니고 있었다. 따라서 오늘날 우리가 보는 논어 문장은 누구나 인정하는 바와 같이 짧고 간결하다. 그러나 그 짧고 간결한 문장은 일찍부터 많은 해석상의 논란을 야기해 왔다. 거기에는 한문이라는 표의문자表意文字 특유의 모호성과 다의성多義性이 일조를 한 것이 틀림없지만 그보다 훨씬 근본적인 원인을 제공한 것은 논어의 세계만이 지닌 저 특별한 높음과 심오함이었다 할 수 있다.

논어 단편 하나하나는 모두 춘추 말기의 현실을 초인적인 진실성으로 헤쳐 나갔던 한 인물의 정신세계를 담고 있다. 따라서 그 인물의 희유성만큼이나 그 인물의 정신세계를 투명하게 들여다본다는 것은 어려운 일이 아닐 수 없는 것이다.

그러나 그것은 논어 자체에 당연히 수반되는 것으로서 논어읽기의 불가피한 조건이기는 하지만 여기서 말하고자 하는 문제점은 아니다. 논어읽기의 문제점은 바른 논어읽기를 끊임없이 방해하고 있는 문화적 제약을 말하는 것으로서 전자와는 다른, 역사적으로 형성된 그 무엇이다. 이 형성된 무엇과 관련하여 가장 먼저 말할 수 있는 것이 거대한 문화체계로서의 유교다.

논어에 있어서 유교는 무엇이고 그것은 논어읽기에 어떤 영향을 끼쳤을까? 우선 논어는 유교라는 거대 문화를 유발시킨 원천이었지만 논어의 성립 배경에는 적어도 역사적 유교는 없었다는 점을 상기할 필요가 있다. 다시 말해서 논어는 유교로부터 자유로웠던 역사단계에서 태어났던 것이다. 그러나 이 선후관계는 종종 잊혀져 왔다. 즉 논어에서 비롯된 유교가 도리어 논어를 역으로 규정하곤 했던 것이다. 그 결과 유교의 상징적 전적으로 자리매김 된 논어는 그 문화의 폐쇄적이고 상투화된 논리체계에 저항할 수 없이 연루되어 버렸다. 그것은 바로 논어를 보는 시각, 즉 논어의 해석에 결정적 영향을 미치게 되었다.

사람들은 더 이상 논어를 논어 그 자체로서 바라보지 않고 전체 유교의 정수精髓이자 근거로서만 바라보게 되었다. 오늘날 우리에게 전해지고 있는 여러 논어 해석은 바로 그러한 기본 입장에서 도출되고 전승된 것들이며 그 점에서 유교라는 거대 문화의 속성과 공과功過를 겹겹이 두르고 있는, 짧게는 수백 년, 길게는 이천 년이 넘는 역사의 무게에 짓눌려 온 것들이다.

과거의 학문적 전통을 실제 이상으로 존중하는 중국의 전통은 이러한 현상을 더욱 악화시킨 요인이었다. 이를테면 현존하는 해석 중에서 가장 오래된 것은 공안국孔安國과 마융馬融, 정현鄭玄 등의 해석[1]인데 그들은 전한前漢 또는 후한後漢 때의 사람으로 그때는 이미 논어가 관학으로서의 위상을 확고히 한 때였다. 후대의 다른 주석가들과 마찬가지로 이들도 관학자로서 적지 않은 논어 단편에 대하여 그릇된 해석을 남겼다. 하안何晏의 덕분으로 이들의 해석은 한·위대漢魏代의

---

1) 『논어집해』에 발췌 수록된 공안국의 주(注)는 하안 등에 의해 조작된 위작이라는 설이 있다. 『한서』 예문지에 공안국의 주해가 있다는 기록이 없고 『논어집해』에 수록된 공안국의 주도 의심받을 만한 내용을 적지 아니 지니고 있기 때문이다. 공안국의 현존 주해가 위작이라는 주장을 펼치고 있는 글로는 심도(沈濤)의 『논어공주변위(論語孔注辨僞)』 등이 있다. 그러나 아직은 공안국의 주가 위작이라는 확증은 없다.

다른 여러 해석들과 함께 후세에 전해졌지만 그것은 도움이 되기도 한 반면 적지 않은 단편에 대한 그릇된 해석의 전통을 물려주었다.

논어 해석에 관한 한 획기적 전기를 마련했다고 할 수 있는 주자의 『논어집주論語集註』도 일천여 년 전에 이 선배들이 닦아 놓은 길을 적지 아니 답습했고 새로운 해석을 시도하는 경우에도 이 선배들이 내린 해석으로부터 영향을 받지 않을 수 없었다. 따라서 공안국보다 더 오래 전에 형성된 『맹자』나 『중용』 등에서 발생한 논어 오해가 요지부동의 정설로 받아들여진 것은 피할 수 없는 결과였다. 한 마디로 말해 이천 년에 걸친 논어 해석의 세월은 전통의 권위로 엮여진 거대하고 끈질긴 문화적 질곡이었다.

그러나 더 중요한 역사적 제약은 이러한 구체적 방면에서보다 훨씬 근원적인 방면에서 이루어졌다. 즉 유교는 그 사유의 인습적 특성을 통해 해석자가 논어의 소리를 자유롭게 청취하고 그 진실에 자유롭게 다가서는 것을 방해해 왔다는 것이다. 다소의 굴곡에도 불구하고 유교는 한대漢代 이래 거대한 지배문화로서의 체계를 면면히 유지해 왔는데 그것은 그 안에서 육성되는 모든 개별적 정신들을 틀 잡는 거푸집으로서 긍정적, 부정적 의미를 지니는 것이다. 따라서 그 지배문화의 틀 안에서 육성된 정신에서 아무리 획기적인 논어 해석을 시도했다 하더라도 그 지배문화가 주는 기본 제약을 완전히 넘어서 전개되지는 못하였다.

만약 논어 해석을 둘러싸고 주자朱子와 정약용丁若鏞과 오규 소라이荻生徂徠 간에 어떤 차별성이 있다면 그것은 이러한 장기적이고, 거대하고, 지배적인 제약 속에서 이루어진 국소적 차별성에 불과한 것이다. 바로 그 공통된 제약을 우리는 지금 『논어집주論語集註』와 『논어고금주論語古今注』 그리고 『논어징論語徵』에서 똑같이 느끼고 있는 것이다.

그러나 지난 한 세기의 문화적 변동은 이 유교라는 지배문화 체계에 실로 커다란 단층을 형성시켰다. 이 단층은 갖가지 충격과 혼란을 안겨 주기도 했지만 한편으로는 인식의 방면에서 실로 오랫동안 지녀 보지 못했던 자유를 안겨 주었다. 문화의 다양성은 거대 단일 문화가 주는 억압, 이른바 진리의 이름으로 행해지는 억압으로부터 우리를 자유케 하는 계기가 되었다. 비록 완벽한 것은 아닐는지 모르나 우리는 이 자유를 활용할 수 있다는 점에서 춘추 말기를 살았던 공자의 정신세계를 헤집고 들어가기에는 그 어느 시대보다 유리한 시대에 살고 있는 것이다.

다만 우리는 뚜렷한 이유 없이 이 자유를 활용할 엄두를 내지 못했을 뿐이다. 그러기에는 논어를 둘러싼 막연한 권위의 부피가 우리에게 너무 크고 외외하게만 느껴져 왔다. 이제 우리가 이 자유를 활용하고자 한다면 우리는 저 '벌거벗은 임금님'에 나오는 순진무구한 아이와 같이 되지 않으면 안 된다. 다시 말해서 우리는 이천오백 년이라는 장구한 세월의 권위에 아랑곳하지 않고 바로 논어의 진실에 뛰어들어 우리 자신의 눈으로 그것을 보고 그 본 바를 용기 있게 말해야 하는 것이다.

필자의 『새번역 논어』에서의 논어 이해는 바로 이러한 기본 인식하에서 수행되었다. 전통적 권위는 철저히 배제되었다. 『맹자』나 『중용』은 「마태복음」만큼도 참고되지 않았다. 그 결과 논어 단편의 해석은 과거의 해석과는 적지 않게 그 모습을 달리하게 되었다. 그것은 결코 논어의 현대적 해석이라고 불릴 만한 것은 아니다. 왜냐하면 그것은 원칙적으로 우리 시대가 확보한 인식의 자유를 활용한 것이지 우리 시대가 획득한 새로운 지식체계를 활용한 것은 아니기 때문이다. 우리가 활용할 수 있는 것은 어느 시대나 우리의 경험 안에 있는 진실일 뿐이다.

사실 전술한 바에서 우리는 논어 해석에 관한 역사적 제약을 강조했지만 그 제약을 개연성 이상으로 강조할 수는 없다. 최악의 시대적 제약 속에서 내린 최악의 해석도 거기에는 어느 정도는 해석자의 진실이 포함되어 있다. 그 진실은 설혹 미약하더라도 그 진실의 절대적 성격이 바뀌는 것은 아니다. 그 점을 간과하거나 과소평가할 때 우리는 논어 해석을 놓치기 전에 아마 논어 그 자체를 놓치게 될지도 모른다. 왜냐하면 논어야말로 바로 그러한 진실이 그 당시에도 있었음에 틀림없는 시대적 제약을 거침없이 타개하면서 구현된 희유한 사례이기 때문이다.

이제 여기에서 제시하고자 하는 것은 몇몇 논어 단편에 대한 그동안의 해석상 오류를 규명하려는 것이지만 이런 규명 가운데에서 위에서 언급한 논점들이 구체적으로 확인될 수 있을 것으로 믿는다. 이미 다수의 해석상 오류는 다른 자리를 통해서 언급한 바 있다.

따라서 여기에서는 그러한 자리에서 언급되지 않은 몇몇 단편의 해석상 오류만을 소재로 하여 다루기로 하겠다. 다만 다른 자리, 특히 제1편 제1장과 제2편 제1장 등에서 다룬 잘못읽기의 문제는 공자사상의 극히 핵심적인 내용과 관련되어 있어서 여기에서 다루는 기타 단편들의 잘못읽기보다 어쩌면 훨씬 중요한 것들이라 할 수 있다. 이 점에서 논어읽기에 관해서는 이들 몇몇 장이 이 제3편에 동시에 속하는 것으로 보고 반드시 병행하여 고찰할 필요가 있다는 점을 환기해 두고자 한다.

본편에서는 논어읽기에 있어서 여러 오류가 발생하게 된 구체적인 원인과 오류의 유형이 검토될 것인데 다른 자리에서 소개된 잘못읽기의 사례들도 당연히 그 범위에 포함될 것이다.

2. 잘못읽기의 여러 유형

가. 잘못읽기의 제1유형

논어에서 해석상 오류가 발생하는 데에는 몇 가지 뚜렷한 이유가 있는데 그 중 하나이자 가장 보편적인 것이 바로 공자의 사유체계에 대한 이해의 부족이다. 이 말은 공자의 사유가 체계적 특징을 지니고 있다는 사실을 전제하는 것으로서 그 내용은 제2편을 통하여 다각적으로 검토한 바와 같다.

많은 사람들은 논어가 한문을 원문으로 하고 있기 때문에 논어에 대한 접근의 정도는 당연히 한문에 대한 접근의 정도에 비례하는 것처럼 잘못 생각하고 있다. 물론 논어에 대한 접근은 한문에 대한 이해를 필연적으로 요구하지만 한문에 대한 이해는 우리를 논어의 입구에까지만 인도할 뿐 그 이상의 역할을 하지는 못한다. 그 입구를 지나 논어가 펼쳐 보이는 본격적인 장관을 여실히 목도하기 위해서는 한문에 대한 이해 따위와는 전적으로 다른 유형의 이해가 필요하다.

이를테면 공야장/23과 같은 단편은 한문에 대한 어학적 능력이 얼마나 제한된 역할밖에 못하는지, 그리고 공자의 사유체계에 대한 이해가 논어 단편의 해석에 있어서 얼마나 결정적인 역할을 하는지를 전형적으로 보여 주는 것이라 할 수 있다.

子曰:伯夷叔齊,不念舊惡,怨是用希.

종래의 해석 선생님께서 말씀하셨다.

"백이와 숙제는 **옛날의 악을 염두에 두지 않았고 그래서 원망을 하는 일이 드물었다.**"

새 해석 선생님께서 말씀하셨다.

"백이와 숙제는 **구악을 생각했던 것이 아니라 그것이 드물게 쓰이는 것을 원망하였다.**"

종래의 해석대로 풀이하자면 백이숙제는 과거 누군가가 그들에게 행한 악이 있었더라도 이를 마음속에 품지 않았기 때문에 남을 원망하는 일이 거의 없었다는 말이 된다. 간혹 "옛날의 악"을 "옛 원한"이라 하는 경우도 있고 "원망을 하는" 대신 "원망을 듣는"으로 풀이하는 경우도 있으나 근본적인 차이는 없다.

그러나 이러한 해석은 유감스럽게도 공자의 의도를 전혀 종잡지 못하고 있다. 그 원인은 바로 "구악"舊惡에 관한 공자의 사유체계를 이해하지 못한 데에 있다. 물론 논어 전편에 걸쳐 구악에 대한 구체적 설명이 나오는 단편은 없다. 따라서 구악이라는 짧은 어휘에서 이 어휘를 둘러싼 사유체계까지 간취한다는 것은 사실 쉬운 일은 아니었을 것이다. 그러나 양화/16에 나오는 다음 단편은 공야장/23에서 결여된 구악에 대한 설명을 충분히 대신해 주는 것이라 할 수 있다.

선생님께서 말씀하셨다.

"옛날에는 사람들에게 세 가지 병통이 있었는데 오늘날에는 그것이 없어지지 않았나 한다. 옛날의 과격한 이는 거리낌 없이 행동했으나 오늘날의 과격한 이는 제멋대로 행동한다. 옛날의 자긍하는 이는 고지식했으나 오늘날의 자긍하는 이는 성내고 사납게 군다. 옛날의 어리석은 이는 솔직했으나 오늘날의 어리석은 이는 속이려 들 뿐이다."

子曰:古者民有三疾,今也或是之亡也.古之狂也肆,今之狂也蕩.古之矜也廉,今之矜也忿戾.古之愚也直,今之愚也詐而已矣. 17/16

이 단편에서 "고질"古疾을 둘러싼 공자의 사유체계에 "구악"舊惡을 대입시켜 보자. 구악은 고질과 마찬가지로 공자로서는 회복시켜야 할 세계였고 공야장/23은 바로 그 점을 말한 것이다. 공자는 이상적인 사회로서 병이 없는 세상, 악이 없는 세상을 목표로 하지 않았다. 어느 시대나 그러한 희망의 일차원성은 오히려 새로운 병과 악을 낳는 순환고리가 되었을 뿐이다. 그는 다만 병과 악이 자기폐쇄성에 떨어지지 않고 원시적 순결을 유지하기를 바랐던 것이다.

알려진 바와 같이 백이와 숙제는 무왕의 은나라 정벌을 저지하지 못하자 주나라에서 나는 곡식을 먹지 않겠다 하여 수양산에 들어가 고사리만 캐어 먹다가 굶어 죽은 은말의 현자들이다. 그들의 가슴속에 맺힌 원념怨念은 폭력을 폭력으로 바꾸되 그 그릇됨을 알지 못하는 以暴易暴, 不知基非 무왕과 그가 이끄는 신흥세력, 그리고 그 권력이 만연시키고 있는 그릇된 논리, 즉 악惡을 악으로 인정하지 않고 호도, 분식하는 신악新惡의 지배였고 공자는 바로 그러한 백이숙제의 고사를 해석하는 과정에서 스스로의 중요한 사유체계를 드러냈었던 것이다.

잘못읽기는 바로 공자의 이러한 사유체계, 다분히 반어적이고 역설적인 인식의 체계를 소화하지 못하는 데에서 생겨나고 있다. 그러다 보니 백이숙제는 옛 원한 따위는 오래 마음에 두지 않았다는, 기왕의 설화에는 나오지도 않을 뿐 아니라 그 설화와 어울리지도 않는 엉뚱한 사실史實이 생겨나는가 하면 怨是用希도 "원망, 이것을 쓰는 적이 드물었다"는 식의 비틀린 구문 해석에 의존하거나 "是用은 곧 是以다"는 식의 무리한 자의字意 해석을 하지 않을 수 없었던 것이다.[2] 이쯤 되면 한문에 대한 박식은 도움이 되기는커녕 오히려 장애가 되었다고 해도 과언이 아니다.

또 하나의 사례를 들어 보자. 위령공/32에 대한 종래의 그릇된 해석도 마찬가지로 공자의 사유체계에 대한 이해 부족이 빚어낸 전형적 오류에 속한다.

子曰:君子謀道,不謀食.耕也,餒在其中矣.學也,祿在其中矣.君子憂道,不憂貧.

종래의 해석 선생님께서 말씀하셨다.
"군자는 도道를 도모하지 먹는 것을 도모하지 않는다. **밭갈이에도 굶주림이 그 가운데에 있을 수 있지만** 배움에는 녹이 그 가운데에 있다. 군자는 도를 근심하지 가난을 근심하지 않는다."

새 해석 선생님께서 말씀하셨다.
"군자는 도道를 도모하지 먹는 것을 도모하지 않는다. **밭갈이에는 굶주림이 그 가운데에 있고** 배움에는 녹이 그 가운데에 있다. 군자는 도를 근

---

2) 이와 관련하여 술이/16을 반증으로 제시하는 사람이 있을 수 있을 것이다. 즉 공자가 자공에게 백이숙제에 관한 말을 하면서 "어짊을 구해서 어짊을 얻었는데 또 무엇을 원망했겠느냐?"(求仁而得仁,又何怨?) 하고 말했으니 이 단편에서도 백이숙제가 무언가를 원망했다는 풀이는 할 수 없을 것이라는 말이다. 그러나 이러한 평면적이고도 형식적인 일관성의 추구야말로 공자의 사유구조에 대한 몰이해를 야기하는 원인 중의 하나다. 공야장/23의 원망과 술이/16의 원망은 각각 서로 다른 문맥 가운데에서 쓰이고 있기 때문이다. 공야장/23을 자세히 관찰하면 술이/16에서와는 달리 원망이 우리가 통상 사용하는 일상적 의미의 원망, 즉 탓을 외부에 돌리기 위한 원망과 다르다는 것을 쉽게 알 수 있을 것이다.

심하지 가난을 근심하지 않는다."

이 단편에서 오해의 부분은 耕也,餒在其中矣라는 짧은 문장 하나에 걸쳐 있지만 이 핵심적 부분이 오해되고 있다는 것은 결국 이 단편이 통째로 이해되지 못하고 있다는 것을 말해 준다. 종래의 해석은 언뜻 볼 때 새 해석과 유사해 보인다. 그러나 "밭갈이에도 굶주림이 그 가운데에 **있을 수 있지만**"이라는 어정쩡한 해석은 이 해석이 밭갈이와 배움에 관한 공자의 사유체계를 전혀 간파하지 못하고 있음을 보여 주고 있다. 일본의 주석가인 히라오카 다케오平岡武夫는 다음과 같이 솔직히 말하고 있다.

"耕也餒在其中" 이 구절은 예로부터 독자를 고민스럽게 하고 있다. 해석이 여러 갈래로 나뉘어진다. 나는 이렇게 생각한다. 농업 생산에 힘쓰더라도 천재天災나 인해人害로 인하여 기아에 봉착하는 것에서는 벗어날 수 없다. 공자 당시에 있어서는 오히려 그러한 위험성이 더 컸으며 농경이라는 말은 재해 관념을 그 이면에 수반하고 있었을 것이다. 바로 그렇기 때문에 "耕也餒在其中"이라 말한 것이다.[3]

대부분의 해석과 궤를 같이하는 이러한 입장은 역시 주자나 하안을 비롯한 역대 중국 주석가들의 해석을 따른 것이다. 주자는 "밭을 가는 것은 먹을 것을 도모하는 바이지만 반드시 먹을 것을 얻을 수 있는 것은 아니다"[4]고 하여 이 단편을 여전히 전통적 모호성의 선상

---

3) 平岡武夫,『論語』(集英社, 1980)

4) 耕,所以謀食,而未必得食.『論語集註』

에서 풀이하고 있다.

그러나 우리가 공자의 사유체계를 이해하면 이 단편의 의미는 자명한 것이 된다. 밭갈이란 먹을 것을 도모하는 일을 상징하고 있고 먹을 것을 도모하는 일의 본질은 '굶주림'이다. 따라서 밭갈이의 결과가 설혹 부유함이 되더라도 그것으로 인하여 밭갈이의 본질이 변하는 것은 아니다. 부의 핵심은 여전히 굶주림이다. 그것은 논리적으로도 그렇고 경험적으로도 그렇다. 부는 먹어야 사는 인간 존재의 원초적 제약성을 가려 주지 못하며 오히려 그것을 입증하는 것일 뿐이다. 따라서 밭갈이의 본질은 절대적으로 굶주림이다. 반대로 배움의 본질은 절대적으로 복록이다. 그의 현재의 수준이 어떠하든 그 위치에서 딛는 한 발자국의 배움은 똑같이 그 무엇으로도 바꿀 수 없는 복록을 안겨 준다.

위령공/32는 공자의 사유체계에서 볼 때 이처럼 아무런 모호성도 없는, 동경銅鏡과도 같이 맑은 울림을 지닌 하나의 단편일 뿐이다. 다만 "밭갈이"耕와 "배움"學, "굶주림"餒과 "복록"祿에 대한 고도의 추상성을 이해할 수 있을 때에만 그러하며 우리가 상식의 잣대만을 고집한다면 그것은 불가피하게 독자를 괴롭히는, 모순으로 가득 찬 메시지가 될 수밖에 없는 것이다.

그뿐만 아니다. 자한/17은 너무나도 널리 알려져서 그에 대한 그동안의 관행적 해석을 오역이라고 지적하는 것은 무모한 도발처럼 여겨질 지경이다. 그러나 이 단편 또한 공자의 사유체계에 대한 몰이해가 낳은 대표적 오해에 속한다.

子曰:吾未見好德如好色者也.

종래의 해석 선생님께서 말씀하셨다.

"**나는 여색 좋아하듯** 덕을 좋아하는 자를 보지 못하였다."

새 해석 선생님께서 말씀하셨다.

"**나는 보임새 좋아하듯** 덕을 좋아하는 자를 보지 못하였다."

말할 나위도 없이 해석의 핵심은 "호색"好色이라는 말이다. 보임새를 좋아한다는 뜻으로 사용된 호색이라는 말이 여색을 좋아한다는 뜻으로 왜곡된 데에는 『맹자』 양혜왕하梁惠王下편에 나오는 寡人好色이라는 말이 중요한 변수로 작용한 가운데 「공자세가」에 남겨진 한 일화가 결정적인 기여를 한 것으로 보인다. 「공자세가」의 기록은 다음과 같다.

> 위나라에 머문 지 한 달쯤 되었을 때, 영공이 부인과 함께 수레를 타고 환관인 옹거를 동승시킨 가운데 출타하는데, 공자는 뒷수레를 타고 따라오게 하면서 위세를 떨치며 시내를 지나갔다. 이에 공자께서 말씀하시기를 "나는 色을 좋아하듯 德을 좋아하는 자를 보지 못하였다" 하셨다.
>
> 居衛月餘,靈公與夫人同車,宦者雍渠參乘,出,使孔子爲次乘,招搖市過之.孔子曰:吾未見好德如好色者也. 『史記』「孔子世家」

주자가 그의 『논어집주』에 인용함으로써 더욱 널리 알려지게 된 이 일화는 好色을 영공의 부인이자 스캔들의 주인공이었던 남자南子

와 관련시켜 해석하는 빌미가 되었던 것 같다.[5] 그러나 이 일화는 사마천이 수집했던 다른 많은 공자 관련의 일화들과 마찬가지로 그 신빙성이 극히 희박할 뿐 아니라 십중팔구는 자한/17을 기초로 하여 만들어진 거짓 행적이다. 따라서 好色이 원래 어떤 뜻으로 쓰였는가 하는 것은 이 엉성한 일화나 『맹자』에서의 용법을 떠나 자한/17을 통하여 직접 찾아지지 않으면 안 된다.

문제는 공자의 모든 말은 엄밀한 논리를 지니고 있으나 "여색을 좋아하는 것"은 덕을 좋아하는 것과 아무런 논리적 연관성도 갖지 않는다는 사실이다. 여색을 좋아하는 것은 어쩌면 본능의 집요함에 수렴하는 것일 수는 있지만 그렇다고 해서 덕을 좋아하는 것에 대해 대비항목으로 선택될 여하한 이유도 갖지 않는다. 공자의 발언에서는 "여색을 좋아하듯"이라는 표현과 같이 논리적 연관성이 결여된, 단순 수사학을 찾아볼 수 없다.

그러나 "보임새를 좋아하는 것"好色은 "덕을 좋아하는 것"好德과 정확한 대비를 이루며 따라서 논리적 연관성을 갖는다. 보임새를 좋아하는 것은 인간의 욕구에서 빼놓을 수 없는 구성적 요소이며 따라서 그 자체로서는 잘못된 것이 아니다. 다만 그 보임새를 완성시키는 것은 덕이기 때문에 덕을 좋아함이 없이 보임새만을 좋아하는 것은 결국 일의 순서를 거스르는 것이 된다. 따라서 호덕을 강조한 것은 공자가 "일하는 것을 우선으로 하고 그 결과는 나중으로 하는 것이 덕을 숭상하는 것이 아니겠느냐?"先事後得, 非崇德與?(12/22)고 강조했던 바 바로 그것이다. 결과를 먼저 보려는 것은 그 반대, 바로 호색인 것이

---

5) 이 기록은 色을 여색으로 보는 입장에 유리한 자료처럼 인용되고 있지만 만약 色이 "위세를 떨치며 시내를 지나간 것"을 의미한다면 반드시 그러한 입장에 유리한 자료만은 아니다.

다. 그것은 오히려 모든 악의 근원이 된다. 따라서 보임새를 좋아하는 것이 덕의 대비항목으로 선택된 것은 완전한 논리적 연관성을 갖는다.

뿐만 아니라 『시경』이나 『서경』 등 논어 이전의 어떠한 전적에서도 色이 여색의 의미로 사용된 전례가 발견되지 않고 있다는 것도 주목할 필요가 있다.[6] 단지 논어에서 色이 여색을 의미하는 것으로 해석되어 온 사례가 두 곳에서 더 발견되는데 그 중 학이/7에 나오는 賢賢易色의 色은 역시 여색의 의미로 잘못 해석되어 온 경우이고, 계씨/7에 나오는 戒之在色의 色은 여색을 의미하는 것으로 보이기는 하지만 전국시대에 만들어진 위작 단편임이 분명하기 때문에 결국 논어에서도 여색을 의미하는 色의 용례는 발견되지 않고 있는 셈이다.

짐작하건데 色은 안색, 외모, 외양을 의미하는 중립적 용어로 사용되다가 점점 좋은 안색, 좋은 외모, 좋은 외양을 함께 의미하게 되었고 그것이 전국시대에 가서는 여자의 아름다운 외모나 성적 매력女色으로 발전해 간 것으로 보인다. 결국 자한/17에서 사용한 好色이라는 표현은 공자가 好德이라는 전통적 표현에 대응하는 표현으로 독창적으로 구성해 넣었던 것이 분명해 보인다. 따라서 이를 아무런 의미도 가지기 어려운 후대의 호색으로 해석해 온 것은 역시 공자의 사유체계에 대한 이해의 부족에서 빚어졌다고 할 수밖에 없을 것이다.

덕과 관련된 사유체계상의 몰이해가 빚은 오해는 이인/11의 또 다른 단편에서도 발견되고 있다.

---

6) 『서경』에 나오는 열 번의 色 가운데에서 네 번이 여색의 의미로 사용되었으나 그 네 번은 시사적이게도 모두 위고문(僞古文)에 속해 있다.

子曰:君子懷德,小人懷土.君子懷刑,小人懷惠.

종래의 해석 선생님께서 말씀하셨다.

"군자는 덕을 마음에 두고 소인은 **편히 살 곳**을 마음에 둔다. 군자는 **법에 대한 두려움**을 마음에 두고 소인은 **수혜**受惠를 마음에 둔다."

새 해석 선생님께서 말씀하셨다.

"군자는 덕을 마음에 두고 소인은 **영토**領土를 마음에 둔다. 군자는 **엄히 정죄**定罪**되는 것**을 마음에 두고 소인은 **적당히 양해**諒解**되는 것**을 마음에 둔다."선생님께서 말씀하셨다.

역자마다 다양한 시도를 하느라 그동안의 해석 사례는 결코 일정하지 않다. 여기에서 종래의 해석으로 소개된 것은 주자의 해석에 좇은 가장 빈도 높은 해석일 뿐이다. 주자는 『논어집주』에서 다음과 같이 말하고 있다.

덕을 마음에 둔다는 것은 그 고유의 착함을 보존하는 것을 말한다. 땅을 마음에 둔다는 것은 그 처한 곳의 편안함에 빠져드는 것을 말한다. 형刑을 마음에 둔다는 것은 법을 두려워한다는 것을 말한다. 혜惠를 마음에 둔다는 것은 이익을 탐하는 것을 말한다.

懷德,謂存其固有之善.懷土,謂溺其所處之安.懷刑,謂畏法.懷惠,謂貪利.

주자는 모든 논어 주석가들처럼 懷土의 해석에 고심했던 것 같다. 그가 고주古注를 받아들이지 않고 성리학적 상상력을 발휘하여 접근한 것은 결국 "처한 곳의 편안함에 빠져드는 것"이었다. 주자의 이러한 해석을 곧이곧대로 받아들인 제임스 레게는 小人懷土를 아예 "the small man thinks of comfort"라고 번역하고 있다. 이 해석은 懷德을 "그 고유의 착함을 보존하는 것"存其固有之善으로 본 것에 대비하여 懷土를 그러한 노력 없이 현 상태에 안주하는 것으로 본다는 점에서 비록 충분하지는 못하지만 성리학적 관점에서 懷德과 懷土가 대구를 이루고 있는 이유를 나름대로 설명하고 있다. 그러나 이것은 공자의 진의가 아니며 어디까지나 성리학적 상상력의 소산일 뿐이다.

그렇다면 이 단편의 진정한 의미는 무엇인가? 문제가 되는 懷土는 懷德과 대립된다는 점에서 그 의미가 모색되지 않으면 안 된다. 덕은 마음의 일편一片에 지나지 않는다. 그 점에서 덕은 한 뼘의 영토土도 가지고 있지 않다. 그러나 이 덕은 비록 조그마한 마음의 진실에서 출발하지만 저절로 이웃을 얻고[7], 나라를 얻고, 이윽고 천하까지도 얻을 수 있는 특별한 힘을 발휘한다. 그러나 소인은 단지 그 결과에 연연할 뿐이다. 그는 덕을 쌓아 먼 곳의 사람들이 스스로 오게 하는 것[8]이 아니라 자신의 세력을 확장하여 영토土를 넓혀 갈 생각만 하는 것이다.

춘추시대를 일관하여 수많은 제후들과 대부들이 그들의 지배 영역 확대를 위해 얼마나 집요하게 패권을 추구했던가를 돌이켜 보면 이 단편의 의도는 자명하게 드러나리라 믿는다. 따라서 이 단편에서 말하는 군자와 소인은 다른 여러 단편에서와 마찬가지로 주로 정치 지도자의 유형으로 제시되었다고 보아야 할 것이다. 이렇게 이해할 때

7) 子曰:德不孤,必有隣. 4/25

8) 葉公問政.子曰:近者說,遠者來. 13/16

덕德과 토土는 정확한 대립개념이 된다.[9]

懷刑과 懷惠에서도 주자의 해석은 공자의 말이 지닌 고도의 추상성을 따라잡지 못하고 있다. 주자는 刑을 객관적으로 존재하는 법法(사회질서를 유지하는 제반 금제의 뜻)으로, 惠를 구체적인 혜택으로 봄으로써 이 말이 지시하는 바 인간 심리의 깊은 심연 속에서 이루어지고 있는 은밀한 선택을 간과하고 있다. 인간의 내면에서 보이지 않게 이루어지고 있는 이러한 심리적 정향定向은 인간의 표면적인 말과 행동을 결정짓는 것이면서도 좀처럼 의식의 수면 위로 떠오르지 않고 따라서 주제적으로 포착될 기회도 갖지 못하는 것이 보통이다.

그러나 진실이란 언제나 자기 자신에게 엄한 기준을 적용할 줄 아는 사람의 마음에만 존재한다. 아무리 커다란 외형적 진실도 원천은 역시 자기 자신에 대한, 자기 자신만이 아는 이 엄정함에 근거한다. 刑은 바로 공자가 이런 의미로 사용한 고도의 추상적 척도다. 군자의 엄숙함과 타인에 대한 관대함도 스스로에 대해 적용하는 이 준열한 척도, 刑의 발현인 것이다.

懷惠는 바로 이런 의미의 懷刑에 정확히 대칭되고 있다. 좁은 세계에 갇혀, 좁은 눈으로, 좁게 바라보는 소인의 심리적 선택은 자기 자신의 행위에 거꾸로 모든 판단기준을 부회附會하는 것이다. 그는 모든

9) 이 단편의 진실에 접근하기 위한 최초의 노력은 황간(皇侃)에게로 거슬러 올라간다. 그의 착상은 나름대로 기발한 것이었다. 그는 우선 군자를 임금으로, 소인을 일반 백성으로 보았다. 그 결과 이 단편의 뜻은 "임금이 덕에 안주하면 백성은 그 땅에 안주한다"는 뜻이 된다. 이 해석은 비록 기발하기도 하고 이천(伊川) 등 이 해석을 지지하는 세력이 만만치 않기도 하지만 역시 잘못된 해석임에는 틀림없다. 따라서 형병(邢昺)이나 주자가 이 설에 따르지 않고 적어도 군자와 소인의 개념을 일반적인 경우에서와 같이 완성된 인간과 왜소한 인간으로 본 것만은 올바른 선택이었다 할 수 있다.

경우에서 자기합리화를 꾀한다. 어떤 절대적인 기준 없이 척도는 편리한 대로 휘어지고 관점은 그때그때의 필요에 따라 이번에는 이곳에, 다음에는 저곳에 설정된다. "오직 가장 지혜로운 자와 가장 어리석은 자만이 옮기지 않는다"[10]는 말이 바로 이 점을 말하고 있다. 따라서 자기 자신은 모든 경우에 정당화되는 것 같지만 결국 그 어느 경우에도 정당화되지 못하는 것이다. 그럼에도 그는 자신의 모든 행위가 정당화되고 양해될 수 있으리라는 기대 속에서 선택하고 행동한다. 이것이 懷惠의 비극이다.

그러나 공안국孔安國은 懷刑을 "법에 안정하는 것"安於法이라 하여 역시 이 단편에 대한 바른 해석의 기회를 놓치고 말았다. 때문에 懷惠도 단지 "소인은 법에 안정할 줄 모르고 단지 이익과 은혜에 안정할 줄 알 뿐이다"[11] 하는 피상적 해석을 얻게 된다.[12]

어짊과 관련된 단편도 제대로 된 해석을 얻지 못하는 경우가 많다. 이는 어짊 자체의 개념이 간단하게 정의되기 어려운 측면을 지니고 있기 때문이라 할 것인데 그 중 가장 대표적인 경우로서 이인/7을 들 수 있다.

子曰:人之過也,各於其黨.觀過,斯知仁矣.

---

10) 子曰:唯上知與下愚不移. 17/3

11) 小人不安法,唯知安利惠也. 『論語集解』

12) 황간(皇侃)은 이 부분의 해석에서도 역시 전술한 懷德과 懷土에서 동원했던 전제를 활용하여 기묘한 해석을 소개하고 있다. 즉 "임금이 형벌로써만 백성을 다스리려 들면 백성은 이익과 혜택에만 안주하게 된다"는 아주 그럴듯한 경고문이 만들어지게 되었다. 주자마저도 거부한 이 해석은 물론 잘못된 전제에서 출발한 잘못된 해석일 뿐이다.

종래의 해석 선생님께서 말씀하셨다.

"사람의 잘못은 각자 자기 **집단에 따라 다르다. 잘못을 보면 그가 어진 정도를 알 수 있다.**"

새 해석 선생님께서 말씀하셨다.

"사람의 잘못이란 각자 자기 **집단에 치우쳐 있는 것이다. 이 잘못을 보는 것이 곧 어짊을 아는 것이다.**"

사실 논어에 어짊을 언급한 단편은 많지만 공자의 독특한 언급 방식 때문에 그 단편들을 통하여 어짊에 대한 개관을 얻기는 대단히 힘들다. 이 단편은 그런 가운데에서 어짊에 대해 근접된 전망을 제공하는 몇 안 되는 단편 중의 하나다. 그러나 이 단편에 대한 해석은 공안국 이래 천편일률적으로 빗나가 공자의 원래 발언 의도와는 비슷하지도 않다는 것은 실로 안타까운 일이 아닐 수 없다. 공안국은 다음과 같이 이 단편을 해석했다.

당黨은 당류黨類다. 소인이 군자의 행실을 하지 못하는 것은 소인의 허물이 아니다. 마땅히 용서하고 책하지 말아야 한다. 허물을 보아서 현명한 자와 어리석은 자가 각각 제가끔의 위상을 갖게 한다면 그것이 곧 어짊을 도모하는 일이다.

黨,黨類也.小人不能爲君子之行,非小人之過也.當恕而無責之.觀過使賢愚各當其所,則爲仁也. 『論語義疏』

공안국의 이러한 해석은 황간皇侃이 "농부가 밭을 갈지 못하면 그의 잘못이 되지만 글을 쓰지 못하면 그것은 농부의 잘못이 아니다"[13] 고 한 해석으로 이어져 이 단편에 관한 고주의 흐름을 결정하였다. 이러한 해석은 자로/25나 미자/10에서 언급된 바와 같이 수하의 사람에게 "모든 능력이 갖추어져 있기를 요구하지 않는 것"無求備을 주제로 하는 셈이 된다. 물론 그것은 공자의 의도를 헤아리지 못한 공안국의 잘못된 착상일 뿐이다.

고주는 이러한 잘못된 해석을 경문에까지 소급시켜 경문의 人之過也를 民之過也로 바꾸어 버리는 무모한 도발까지 감행하였는데 문제는 民자가 人자로 교정된 후에도 형병이 공안국의 해설을 사실상 그대로 추종하였고 정이천程伊川이나 윤돈尹焞, 주자 등의 송유들도 이러한 공안국의 견해를 벗어나지 못한 채 절반쯤 답습하는 해석에 머무르고 있다는 사실이다. 오늘날 널리 채택되고 있는 윤돈의 해석은 다음과 같다.

윤씨가 말하였다.
"군자는 후한 데에서 과실을 짓고 소인은 박한 데에서 과실을 짓는다. 군자는 남을 사랑하는 데에서 지나치게 되고 소인은 박정한 데에서 지나치게 된다. 그 부류에 따라 서로 다른 과오를 살펴보면 그가 어진지 어질지 못한지를 알 수 있다."
尹氏曰:君子失於厚,小人失於薄.君子過于愛,小人過於忍.各於其類觀之,仁不仁可知矣.『論語精義』

13) 小人不能君子之行,則非小人之失也.猶如耕夫不能耕乃是其失,若不能書則非耕夫之失也.若責之,當就其輩類,責也.『論語義疏』

이 해석은 民이 人으로 교정된 만큼 黨을 군자와 소인의 부류로 바꾸고 있지만 기본적으로는 여전히 공안국의 착상을 따르고 있다. 다만 觀過,斯知仁矣는 仁자를 둘러싸고 완전히 해석을 바꾸었다. 결국 송유宋儒들의 해석은 공안국의 해석으로부터 완전히 자유롭지 못했다. 그 때문에 오히려 문장의 후반 부분은 공안국의 해석보다 더 착종되고 말았다.

여기서 기본적인 발상의 착오는 人之過也와 各於其黨을 어떻게 연결 짓느냐 하는 부분에서 빚어졌다고 할 수 있다. 말하자면 人之過는 各於其黨**"이다"**라고 해석해야 할 것을 人之過는 各於其黨**"하다"**라고 해석함으로써 고주도 신주도 모두 이 단편의 본지本旨에 다가설 기회를 놓쳐 버리고 말았던 것이다. 바르게 해석된 단편은 가물거리던 어짊의 세계를 한층 가깝게 우리 앞에 끌어오는 새로운 경험을 안겨 준다. 어짊은 무엇보다도 자기 자신을 포함한 모든 인간의 한계를 겸허히 자각하는 데에서 비롯한다는 사실을 이 단편은 명확히 하고 있기 때문이다.

마지막으로 한 가지의 사례를 더 들어 보자. 헌문/25에서 잘못 읽혀지고 있는 공자적 사유체계는 다른 일군의 단편에서도 역시 잘못 읽혀지고 있는 일련의 사유체계를 전형적으로 대표하고 있다.

子曰:古之學者爲己,今之學者爲人

종래의 해석 선생님께서 말씀하셨다.

"옛날의 배우는 사람들은 자기를 위해 배웠으나 요즈음의 배우는 사람들은 **남에게 알려지기 위해** 배운다."

새 해석 선생님께서 말씀하셨다.

"옛날의 배우는 사람들은 자기를 위해 배웠으나 요즈음의 배우는 사람들은 **남을 위해** 배운다."

이 단편은 특별히 애매한 용어가 개입해 있는 경우가 아니다. 그럼에도 불구하고 古之學者爲己가 비교적 정확히 해석되는 것에 비해 今之學者爲人은 끊임없이 잘못 해석되는 것을 볼 수 있다. 이 단편에 대해서는 역시 공안국의 가장 오래된 해석이 남아 있는데 그는 爲己履而行之,爲人徒能言之라 하여 爲己는 몸소 실천하는 것을, 爲人은 헛되이 말만 할 줄 아는 것을 뜻한다 했다. 다시 말해서 공안국은 다른 많은 단편에서 볼 수 있는 바와 같이 실천과 말의 문제로 이 단편을 해석한 것이다. 이렇게 해석할 수 있었던 것은 爲人을 "남에 대하여", "남 앞에서" 혹은 "남에게 보이기 위하여" 정도로 보았기 때문이다.

정자程子는 이 단편을 실천과 말의 구도로 보지는 않았지만 爲人을 보는 시각은 공안국이나 하안何晏, 형병邢昺의 노선을 그대로 따르고 있다. 그는 문제가 된 爲人을 "남에게 드러나 알려지기를 원하는 것"欲見知於人也으로 보았다.

그러나 이 단편에서 공자가 爲人이라 말한 것은 표현된 그대로 "남을 위하여"라는 뜻이다. 부연할 필요도 없고 감추어진 의미를 찾느라 궁리할 필요도 없다. 말 그대로 "옛날의 배우는 사람들은 자기를 위해 배웠으나 요즈음의 배우는 사람들은 남을 위해 배운다"는 것이다. 적지 않은 현대의 해석들 중에서는 바로 이 같이 "남을 위해"라고 바르게 번역해 놓고도 해설이니 상론이니 하는 부분에 들어가서는 여전히 그 의미가 "남에게 자기를 드러내고 알리기 위해" 배우는 것으로 풀이하고 있는 것이 많다. 이는 번역의 외양에도 불구하고 이 단편의 의미를 제대로 간파하지 못하고 있음을 보여 주는 것이다. 따라서 라우D. C. Lau도 이런 전통적인 견해에 입각하여 이 단편을 다음과 같이 영역할 수밖에 없었다.

> "Men of antiquity studied to improve themselves : men of today study to impress others."

그가 공자의 진정한 의도를 알고 있었다면 뒷문장의 impress도 앞 문장과 동일하게 improve로 번역하였을 것이다.

공안국 이래의 모든 해석들이 爲人을 표현된 그대로 자연스럽게 받아들이지 못한 이유는 남을 위해서 배우는 것이 왜 잘못된 것인지 이해할 수 없었기 때문이다. 그렇다면 왜 공자는 "남을 위하여 배우는" 今之學者의 경향을 개탄하였을까?

이 물음에 대한 답은 논어 안에 널브러져 있다. 논어는 도처에서 타인에 대한 어설픈 베품을 경고하고 있기 때문이다. "자기가 하고자 하지 않는 바를 남에게 베풀지 말아라"[14] 하는 말로 집약되는 이 중요한 관점은 "실로 어진 자는 스스로 서기를 바라서 남을 세우고 스스로 통달하기를 바라서 남을 통달시킨다"[15]는 말에 이르러 명쾌한 해답을 제시하고 있다. 자기 자신 안에서 이루어지는 변화 없이는 그 어떠한 노력도 남을 근본적으로 변화시킬 수 없다. 남으로 가는 통로는 바로 나다. 나의 바깥에서 남을 만나는 것이 아니라 진정

---

14) 己所不欲,勿施於人. 12/2, 15/24

15) 夫仁者,己欲立而立人,己欲達而達人. 6/30

한 만남은 나를 벗어나지 않고 이루어진다. 여기에 공자의 일관된 사유체계가 있다. 공자는 이를 "서"恕라 불렀던 것이다. 이 원칙을 벗어나 섣부르게 이루어지는 모든 "남을 위하는 것"爲人은 결국 아무것도 변화시키지 못하는 도로徒勞에 그치고 만다.

따라서 "요즈음의 배우는 사람들은 남을 위하여 배운다"는 말에는 다른 많은 공자의 말에서와 같이 반어의 힘이 작용하고 있다. 爲人을 "남에게 보이기 위하여"로 풀이하는 전통적 해석에서 이 반어의 생동하는 힘이 거세되어 있다는 것은 새삼스레 말할 필요가 없을 것이다.

참고로 이 단편의 해석에 관하여는 그동안 주자의 그늘에 가려져 주목받지는 못하였지만 일찍이 송유宋儒 장식張栻의 정확한 해석이 있었다는 것을 소개해 두고자 한다.

> 배움은 자기를 완성시키는 것이다. 외물外物을 완성시키려는 것은 단지 자기를 완성시키는 것에서 미루어 가는 것일 따름이다. 따라서 옛날의 배우는 사람들은 자기를 위했을 뿐이다. 자기가 확립되면 남을 위하는 도道는 반드시 그 가운데에 있다. 만약 남을 위하겠다는 마음이 있으면 이는 바깥으로 떠돌며 그 근본을 버리는 것이 된다. 근본이 확립되지 않으면 자신을 완성시킬 수가 없으니 장차 무엇으로 남에게 미칠 것인가!
> 學以成己也.所爲成物者,特成己而推而已,故古之學者爲己而已.己立,而爲人之道固亦在其中矣.若存爲人之心,則是循於外而遺其本矣.本旣不立,無以成身,而又將何以及人乎. 張栻,『癸巳論語解』

중요한 것은 이러한 공자의 사유체계에 대한 몰각이 논어 단편에 대한 전체 잘못읽기 사례의 약 삼분의 이에 걸쳐 작용하고 있다는 사실이다. 자로/21의 不得中行而與之,必也狂狷乎 등 중용中庸에 관련된 일련의 단편이 그러하고, 위령공/24의 己所不欲,勿施於人 등 전술한 헌문/25의 古之學者爲己,今之學者爲人 계열의 사유체계를 담고 있는 일련의 단편이 그러하며, 기타 이인/4의 苟志於仁,無惡也 등 어짊에 관련된 일련의 단편과 옹야/3의 不遷怒,不貳過, 술이/2나 자한/15의 何有於我哉, 선진/20의 回也其庶乎,屢空.賜不受命而貨殖焉,億則屢中 등 이미 다른 자리에서 언급한 여러 빛나는 단편들에 대한 오해가 모두 그러하다. 따라서 이들 잘못읽기가 논어 단편 중에서도 공자의 핵심적인 사상을 보여 주는 최고의 단편들에 걸쳐 집중적으로 나타나고 있는 것은 결코 우연이 아닐 것이다.

이제 여기에서 공자의 사유가 일련의 체계적 특성을 띠고 있다는 점에 대해서는 약간의 언급을 해둘 필요가 있을 것이다. 그것은 공자의 사유가 체계적 특징을 가지고 있다는 것을 인정하고 싶지 않는 경우가 예상되기 때문이다. 그러한 경우에는 사유에서 체계란 현실을 파악하기 위한 그 시대 나름의 패러다임이고 따라서 대개는 역사 상황에 따라 상대적으로 설정되는 것이 아니겠는가 하는 의문이 포함되어 있을 것이다.

그러나 공자에 관한 한 이러한 생각은 대체로 기우에 해당한다. 사유는 그 자체가 체계다. 어떠한 사유도 체계적으로만 수행되며 체계적이지 않은 사유는 사유 이전의 즉물성에 머물러 있거나 사유 이후의 공허한 초월성으로만 존재할 것이다. 체계가 역사적 상황에 따라 상대적 속성을 가지기 쉬운 것은 사실이지만 문제는 그 사유가 얼마나 본질적인 깊이를 천착하고 있느냐 하는 데에 달려 있다.

우리가 논어의 사유에서 발견하는 체계는 논어 단편 자체가 오늘날에도 가지고 있는 여전한 계시력啓示力만큼이나 여전히 유효한 것이다. 왜냐하면 공자가 다루었던 문제는 비록 그 시대의 문제였지만 그것은 공자라는 특별한 인물의 사유에 의해 바로 그 문제의 초시대적 차원—그 문제를 시대적 문제로 발현시킨 진앙의 깊이—을 거침없이 관철하고 있기 때문이다. 그 점에서 위대한 사유란 기실은 위대한 체계라 할 수 있다.

나. 잘못읽기의 제2유형

다음으로 들 수 있는 것은 공자의 체험에 충분히 접근하지 못함으로 인하여 빚어진 잘못읽기다. 그 중 일부는 전술한 사유체계에 관한 몰각과 어느 정도 중첩되고 있다. 사실 논어에는 공자가 삶의 현장에서 느끼고 깨우친 생생한 감각을 담은 단편들이 많다. 이러한 단편들은 공자가 그 말을 하게 된 배경의 체험에 어느 정도는 접근할 것을 요구하고 있다.

한 편의 시에 감응하기 위해서는 독자는 그 시인이 도취 속에서 시구를 길어 올리던 상황에 공명할 수 있어야 한다. 다시 말해서 시인이 시구를 쟁취해 내기 위해 소요하던 의식의 제일 바깥 변경을 독자도 스스로 소요해 보아야 한다는 것이다. 하물며 공자의 어렵사리 진술된 단편들을 이해함에 있어서야! 이제 그 예를 보자.

子曰:以約失之者,鮮矣. 4/23

종래의 해석 선생님께서 말씀하셨다.

"검약함(다잡음)으로써 실수(실패)하는 자는 드물다."

새 해석 선생님께서 말씀하셨다.

"다잡고도 그것을 잃어버리는 자는 드물다."

이 단편이 전하는 메시지에는 긴장감이 감돌고 있다. 이것은 저 변경에서 온 결전의 생생한 전황보고서다. 우선 이 단편에서 約을 검약儉約으로 새긴 것이 난센스다. 논어에 나오는 約자로서 검약을 의미하는 경우는 단 한 차례도 없다. 約자를 딱 떨어지게 담아 낼 정확한 우리말 역어가 없다는 것은 유감스러운 일이지만 約은 말하자면 세상의 평균적 가치관에 스스로를 풀어놓지 않는 것, 그에 대치하여 스스로를 스스로의 척도하에 다잡아 두는 외롭고도 긍지에 찬 행위를 말한다. 말하자면 "어질지 못한 자는 자신을 다잡은 상태에 오래 머무르지 못한다"[16]고 할 때의 約과 같은 선상에 있는 것이다.

이에 관한 한 約을 검약으로 본 공안국의 설을 반박하면서 約은 "다잡는다"는 뜻纏束이며 감히 "흐트러지지 않는 것"不敢放肆을 의미한다고 본 정약용의 견해[17]나 수렴검속收斂檢束의 의미로 본 남계南溪 박세채朴世采의 견해[18]가 한층 근접한 해석이라 하겠다.

失을 실수나 실패로 새기는 것도 이 숙연한 단편을 한없이 조잡하게 만들고 있다. 제임스 레게가 번역한 "The cautious seldom error"도 마찬가지인데 그런 평범한 의미라면 왜 이 단편이 논어에 수록되었는지가 의심스러울 지경이다. 失은 실수나 실패가 아니라 잃어버리는 것을 말한다. 그것은 "배움에 있어서는 미치지 못한 듯한 자세

---

16) 子曰:不仁者,不可以久處約,不可以長處樂.仁者安仁,知者利仁. 4/2

17) 補曰:約纏束也,故竦然束躬不敢放肆謂之約.約而爲過失者罕矣.孔曰:俱不得中,奢則驕佚招禍,儉約無憂患.駁曰:非也.單言約者未必儉約也.『論語古今注』

18) 南溪曰:約者收斂檢束之謂.節約雖見於南軒說恐非正義.『東儒四書解集評』

로 하여라. 오히려 그것을 잃어버릴까 두렵구나"[19]의 잃어버림과 같고 "앎이 그에 미쳤더라도 어짊이 그것을 능히 지키지 못하면 비록 그것을 얻더라도 반드시 잃고 말 것이다"[20]의 잃어버림과 같다.

그렇다면 무엇을 잃어버리는 것인가? 오해의 진정한 원인은 바로 여기에 있다. 무엇을 잃어버리는지는 공자와 어느 제자와의 사이에서는 당연한 전제였을 것이다. 이 당연한 전제가 전제되지 못했을 때 해석이 그르쳐지는 것은 필연적이다. 문장에 명시적으로 나타나 있지 않은 것, 혹은 이 단편에서처럼 지시대명사之로만 나타나 있는 것에 대한 몰이해가 단편의 의미를 왜곡하거나 터무니없는 뜻으로 몰고 가는 것은 비단 여기에서만이 아니다.

공야장/26은 널리 알려진 단편이다. 우리는 여기에서 또 한 번 之라는 지시대명사의 정체를 이해하지 못함으로써 발생하는 오해를 보게 된다.

顔淵季路侍.子日:盍各言爾志?子路日:願車馬,衣輕裘,與朋友共,敝之而無憾.顔淵日:願無伐善,無施勞.子路日:願聞子之志.子日:老者安之,朋友信之,少者懷之.

종래의 해석 (전략) 자로가 말하였다.
"선생님의 뜻 듣기를 원합니다."
선생님께서 말씀하셨다.
"늙은이들은 편안하게 해주고 벗들은 믿음직하게 해주고 젊은이들은 감싸

19) 子日:學如不及,猶恐失之. 8/18

20) 子日:知及之,仁不能守之,雖得之,必失之.知及之,仁能守之,不莊以涖之,則民不敬.知及之,仁能守之,莊以涖之,動之不以禮,未善也. 15/33

주고 싶다."

새 해석 (전략) 자로가 말하였다.

"선생님의 뜻을 듣기 원합니다."

선생님께서 말씀하셨다.

"늙은이들은 그것을 누리고 벗들은 그것을 믿고 젊은이들은 그것을 품는 것이다."

주자의 해석을 포함한 일반적인 해석은 老者安之를 문법적으로 之는 바로 老者이자 그 목적격 인칭대명사로 생각하고 있다. 이런 오해 때문에 安은 공자 자신을 주어로 하는 동사가 되어 결국 해석은 다음과 같이 귀결된다.

늙은이老者, 그之를, 나는(주어 생략), 편안하게安, 해주고 싶다.(문맥에서 유추)

주자가 老者,養之以安.朋友,與之以信.少者,懷之以恩. 즉 "늙은이는 편안하게 봉양하고 벗들은 믿음으로 함께하며 젊은이들은 은혜로써 감싸 준다"고 주를 단 것이 바로 이러한 잘못된 구문 해석에 의한 것이다. 그러나 이 문장은 구태여 힘들여 해석할 필요가 없는 주어+동사+목적어 형태의 단순한 문장일 뿐이다. 따라서 세 구절 속의 동사 安, 信, 懷의 주어는 공자가 아니라 각각 老者, 朋友, 少者다.

죽음을 앞두고 무의미와 초조에 빠진 늙은이들, 바른 길에 대한 믿음을 잃고 비분이나 낙백에 몸을 맡긴 공자의 벗들, 아무런 소망도 갖지 못하고 무력하게 기성의 판도 속으로 빠져드는 젊은이들—이러한 시대상이 공자로 하여금 "늙은이들은 그것을 누리고 벗들은 그것을 믿고 젊은이들은 그것을 품는 것이다"는 소원을 피력하게 한 것이다. 여기에서 "그것"之이 결국 무엇이냐 하고 묻는다면, 모든 것은 다시 원점으로 돌아가고 말 것이다. 만약 그것이 보다 구체적으로 설명 가능한 것이었다면, 또 보다 구체적으로 설명할 필요라도 있었다고 한다면 공자도 구태여 그것을 "그것"이라고만 표현하지 않았을 것이다. 이 단편에 대하여 한대에도 송대에도 제대로 된 해석이 없었던 것은 결국 "그것"之과 관련된 공자의 체험에 직접 뛰어들지 못하고 "그것"之을 문맥 속에서 단지 바라만 보고, 단지 해석하기에만 급급했기 때문이라 할 것이다.

논어에 나오는 공자의 다양한 말이 우열을 가진다고 말하기는 대단히 어렵겠지만 논어 전편을 통하여 이 공자의 소원은 그 어느 단편보다 빛나는 한 마디에 속한다. 그 빛나는 한 마디가 그릇된 해석에 묻혀 왔다는 것은 결국 한 위대한 인격의 감동적 소회所懷에 접할 기회를 이천여 년 이상, 그 바로 곁에서, 헛되이 유실하고 있었다는 안타까운 이야기가 된다.

공자가 그 말을 한 상황과 그 말의 체험적 차원을 충분히 고려하지 못함으로서 해석의 방향이 빗나가고 만 경우는 좀 더 여러 곳에서 사례를 찾을 수 있다. 不在其位, 不謀其政(8/15, 14/27)이 "그 직위에 있지 않으면 그 정무를 논의하지 않는다"고 해석되고 있는 것도 그 중의 하나다. 만약 그와 같다면 터무니없는 지위에서 천자나 제후의 정무를 논한 사람으로서 공자보다 더한 사람이 없을 것이다. 이는 位와 政을 올바로 이해하지 못한 결과다. 不患無位, 患所以立(4/14)의 해석도 마찬가지다. "벼슬자리 없음을 고민하지 말고 그런 자리에 설 것을 고민하라"는 해석은 결과적으로 공자의 뜻을 크게 속화하고 있다.

위정/12의 중요한 단편도 역시 그런 차원에서 빚어진 잘못읽기의 대표적 사례에 속한다.

子曰:君子不器.

종래의 해석 선생님께서 말씀하셨다.

"**군자는 어느 한 가지 용도로만 사용되는 그릇과 같은 존재**가 아니다."

새 해석 선생님께서 말씀하셨다.

"**군자는 그릇**이 아니다."

대부분의 번역서들이 짧은 원문을 비교적 길게 번역하지 않을 수 없었던 것은 고주古註와 신주新註가 일관되게 이 단편을 잘못 읽고 있는 데에 기원을 두고 있다. 주자는 "그릇이라는 것은 각각 그 쓰임에만 적합하여 서로 기능을 상통할 수 없다. 덕을 이룬 선비는 몸에 갖추지 못한 것이 없기 때문에 두루 쓰이지 않음이 없으니 특별히 한갓 재주와 한갓 기예에만 한정되지 않는다"[21]고 주를 달았다. 이 주자의 주는 사실 포함包咸의 해석을 좇은 것인데 하안何晏은 그의 해석을 다음과 같이 정리, 소개하고 있다.

이 장章은 군자라는 사람은 한 가지 업業만을 지켜 얽매이지 않음을 밝힌 것이다. 그릇이라는 것은 용도를 갖는 물건이다. 마치 배가 바다에 뜰 수 있지만 산에 오르지 못하고 수레가 육지에 다닐 수 있지만 바다

---

21) 器者,各適其用,而不能相通.成德之士,體無不具,故用無不周,非特爲一才一藝而已.『論語集註』

를 건너지 못하는 것처럼 군자는 재주와 과업이 두루 넓어서 그릇이 한 가지만을 지키는 것과는 같을 수 없는 것이다.

此章,明君子之人不係守一業也.器者給用之物也.猶如舟可汎於海,不登山.車可陸行,不可濟海.君子當才業周普,不得如器之守一也.『論語義疏』

이러한 오해의 전통은 이 단편을 통하여 공자의 체험 내용을 추체험하려 하기보다 단지 넉 자의 자구를 통해 무언가 이치를 캐어 보겠다는 생각을 앞세움으로써 야기된 것이다. 그 결과 공자의 생생한 인식은 사라지고 죽은 문리文理의 얼개만 남게 되었다.

이 단편은 공자의 자의식적 체험, 즉 스스로를 기능적 존재와는 다른 존재로서 느낀 은밀한 체험에서 비롯되고 있다. 이 말은 결코 군자가 두루 소용이 닿는 존재, 상통相通하는 존재라는 말이 아니다. 공자의 체험 안에 그러한 것은 없다. 따라서 공자의 말은 아무런 수식 없이 "군자는 그릇이 아니다" 혹은 "군자는 그릇이 되지 않는다"라고 번역할 수밖에 없는 것이다.

공자의 자의식적 체험은 그릇의 기능성에 비견할 때 오히려 어떤 무기능성을 의미한다. 거기에는 약간의 거세감마저 포함되어 있다. 그러나 바로 거기에 반전의 포인트가 숨어 있다. "그릇이 아니다"라는 자의식 속에서 그는 자신의 특별한 의미와 역할을 느끼고 있었던 것이다. 그것은 이미 그릇의 의미, 그릇의 역할과는 다른 것이었다. 그리고 바로 그 의미와 역할에 대한 자의식이 그로 하여금 한평생 지칠 줄 모르는 사명감에 불타게 한 원천이었던 것이다.

선진/1도 뿌리 깊고 질긴 오해의 전통을 지니고 있다.

子曰:先進於禮樂,野人也.後進於禮樂,君子也.如用之,則吾從先進.

종래의 해석 선생님께서 말씀하셨다.

"**예악에 대한 옛사람의 태도는 야인이었다. 예악에 대한 오늘날 사람의 태도는 군자다.** 만약 실제 활용한다면 나는 **예악에 대한 옛사람의 태도**를 따르겠다."

새 해석 선생님께서 말씀하셨다.

"**예악에 먼저 나아가는 자는 야인이다. 예악에 나중 나아가는 자는 군자다.** 만약 실제로 활용한다면 나는 **예악에 먼저 나아가는 쪽**을 따르겠다."

주자는 공안국에서 비롯하여 하안을 거쳐 정명도程明道에로 이어져 온 일관된 해석을 보편화시킨 주역이었는데 그는 이 말을 다음과 같이 풀이하였다. 즉 옛사람들은 문질文質의 균형을 이루고 있었으나 사람들은 야인처럼 질박했다고 말하고 있고 오늘날 사람들은 문文이 질質을 압도하는 문폐에 치우쳐 있으나 오히려 군자처럼 균형을 이루고 있다고 하는 바 공자는 이런 잘못된 평가를 소개한 뒤 그렇다면 자신은 차라리 군자가 아닌 야인, 즉 옛사람들을 따르겠다고 하여 당시 사람들의 문에 치우친 점을 깨우치려 하였다는 것이다. 나름대로 앞뒤를 맞추기 위해 고심한 흔적이 역력한 이 해석은 여러 면에서 허점을 드러내고 있다.

우선 先進과 後進을 先輩와 後輩, 즉 옛사람과 오늘날 사람으로 본 공안국의 첫 단추 끼우기에 잘못이 있었다. 뚜렷한 용례도 없는 이런 자의적 해석은 아무리 고심 끝에 만들어졌다 하더라도 타당성을 인정받을 근거가 없다. 그런 뜻이었다면 논어 안에도 적지 않은 사례가 있는 古之人이나 今之人 따위의 표현을 두고 하필 그토록 오해의 여지가 많은 先進, 後進이라는 용어를 골라 썼을 리 만무한 것

이다.[22]

또 백보 양보하여 先進이 옛사람이라는 주장을 받아들이더라도 先進於禮樂,野人也라는 문장에서 저 복잡 야릇한 해석은 나오지 않는다. 그런 복잡한 해석이 나온 것은 先進을 옛사람이라는 뜻으로 보았기 때문에 옛사람은 곧 야인이 되었고, 문장 말미에서 공자가 그 야인을 지지하였기 때문에 어떤 식으로든 공자가 군자를 제쳐 두고 굳이 야인을 선택한 이유가 밝혀져야 했기 때문이다.

논어 전체를 통하여 군자가 일관되게 이상적인 인간상으로 제시되고 있음에 비추어 볼 때 유독 이 단편에서 공자가 군자를 외면하고 야인을 선택한 것은 논어 주석가들을 무척 곤혹스럽게 하였던 것이다. 그러나 문장을 쥐어짜듯 비틀어서 겨우 도출해 낸 의미는 단지 "요즈음 사람들은 문폐에 치우쳐 있는 만큼 옛사람들의 질박했던 측면을 본받아야 한다"는 것이다. 그런 뜻이었다면 공자가 무엇 하러 암호 같은 용어에 반어 같지 않은 반어까지 구사해 가며 이토록 난삽무비하게 말할 필요가 있었겠는가!

이 단편의 정체에 대한 가장 근접한 해석은 비록 주자가 간과함으로써 거의 주목받지 못하고 말았지만 장횡거張橫渠에 의한 다음과 같은 해석이다.

장자張子께서 말씀하셨다.

"모든 것이 갖추어지기를 기다리지 않고 예악에 힘쓰는 것이 先進於禮

---

22) 주자에 앞서 형병(邢昺)은 先進과 後進을 옛사람과 요즈음 사람으로 본 것이 걸렸던지 先進을 공자의 이유 이전에 벼슬길에 나아간 양공(襄公), 소공(昭公) 당시의 제자들로, 後進을 외유 후에 벼슬길에 나아간 정공(定公), 애공(哀公) 당시의 제자들로 의미를 바꾸어 보았지만 해석은 오히려 더 구차해져서 주자를 비롯한 다른 송유들마저도 그의 해석을 외면하고 말았다.

樂이다. 모든 것이 갖추어진 후에야 예악에 이르는 것이 後進於禮樂이다. 중니께서 빈천한 자로 하여금 반드시 문文이 갖추어진 후에 예악에 나아가게 하면 예악을 마침내 얻어 행하지 못하게 되는 고로 야인에 대해 말씀하시면서 이른바 '자기 처지 밖에서 원하지 않는다'는 원칙을 반드시 따르겠다 하신 것이다."

張子曰:不待備而勉於禮樂,先進於禮樂者也.備而後至於禮樂,後進於禮樂者也.仲尼以貧賤者必待文備而後進,則於禮樂終不可得而行矣,故曰謂野人而必爲所謂不願乎其外也.『論語精義』

장횡거의 시각은 문장의 근본 구도를 이해하고 있다. 특히 이 단편에서 대화의 상대방과는 이심전심으로 전제하고 있지만 문장 가운데에서는 명시적으로 나타나지 않는 부분에 대하여 장횡거가 "모든 것이 갖추어지기를 기다리지 않고"不待備라 하여 정확히 부연한 것은 이 단편에 대한 바른 해석의 기틀을 잡은 것이었다. 다만 "갖추어진다고 한 것"備을 "문이 갖추어지는 것"文備으로 부연한 것이나 野人을 굳이 "가난하고 천한 자"貧賤者라고 구체화한 것은 약간의 흠이기는 하나 이 단편의 기본 구도를 저해하지는 않고 있다.

이 단편에서 간취할 수 있는 중요한 사실은 공자가 교육의 생리를 터득하고 있었다는 것이다. 탁월한 교육자로서 공자는 교육의 방법론이 극소수의 군자들의 조건에 관련될 것이 아니라 마땅히 대부분의 야인들의 조건에 관련되어야 할 것이며 그런 한 예악을 가르쳐서 그 예악 안에 깃들인 정신에 접하게 하는 것이 바른 순서이자 훨씬 효율적인 방법임을 알고 있었던 것이다. 이 방법은 바로 그 정신을 개념화하여 모든 사람들의 인식 안에 억지로 구겨 넣으려고 시도하는 오늘날의 죽은 교육 방법에 비하면 엄밀한 의미에서 산 교육이라 할 수 있다.

선진/1에 대한 오랜 오해는 같은 취지의 단편이라 할 수 있는 팔일/8에 대한 오해와도 불가분의 관계를 가지고 있다.

子夏問曰:巧笑倩兮,美目盼兮,素以爲絢兮,何謂也?子曰:繪事後素.曰:禮後乎?子曰:起予者商也,始可與言詩已矣.

종래의 해석 자하子夏가 물었다.

"'짓는 웃음 고와라, 반짝이는 눈매 어여빼라, **흰 바탕에 고운 무늬 베풀었네**' 하는 것은 무엇을 말한 것입니까?"

선생님께서 말씀하셨다.

"**그리는 일은 흰 바탕이 갖추어진 뒤에 한다**는 뜻이다."

자하가 말하였다.

"**예는 나중이라는** 뜻인가요?"

선생님께서 말씀하셨다.

"나를 일깨워 주는 자는 상商이다. 비로소 함께 시를 말할 수 있게 되었구나.

새 해석 자하子夏가 물었다.

"'짓는 웃음 고와라, 반짝이는 눈매 어여빼라, 순수한 바탕이 고운 무늬 되었네' 하는 것은 무엇을 말한 것입니까?"

선생님께서 말씀하셨다.

"**그리는 일이 있은 후에야 순수함이 살아난다**는 뜻이다."

자하가 말하였다.

"**예가 있은 후라는** 뜻인가요?"

선생님께서 말씀하셨다.

“나를 일깨워 주는 자는 상商이다. 비로소 함께 시를 말할 수 있게 되었구나.”

이 단편은 禮後乎라는 말을 둘러싸고 종래의 해석과 새 해석이 정반대되는 만큼 조금도 타협의 여지가 없다. 뿐만 아니라 그 해석 결과에 따라 예에 대한 공자의 근본 견해가 뒤바뀌기 때문에 이 문제는 단지 한 단편에 대한 해석에만 그치지 않는다.

주자는 이 단편에서 倩盼을 사람의 “좋은 기질”美質로 보았고 그 좋은 기질을 예로써 가다듬는 것은 흰 밑바탕에 채색을 베풀어 그림을 그리는 것과 같다고 해석하였다. 이런 해석에서는 예를 단지 문식 정도의 첨가적 요소로 보는 시각이 온존한다. 또 그런 시각에서는 예가 없더라도 기질이 존재할 수 있는 것으로 이해된다. 그러나 예는 기질을 꾸미는 것이 아니라 있게 하는 것이다. 예는 좋은 바탕과 개념적으로 구분될 수는 있지만 현실적으로 분리될 수는 없다. 따라서 이 단편에 대한 바른 착상은 정이천程伊川의 다음과 같은 해석에서 찾아진다.

이천伊川선생이 해석하여 말씀하시되 “마치 흰 바탕이 그리기를 기다려 현란해지듯 아름다운 기질은 예를 기다려 덕을 이룬다. 자하가 이를 깨우쳐 준 고로 공자께서 나를 일깨웠다 하신 것이다.”

伊川解日:美質待禮以成德,猶素待繪以成絢.子夏能喩,故日起予.『論語精義』

주자는 정자의 이러한 해석이 자신의 해석과 일치하지 않을 수도 있다는 점에서 자못 부담을 느꼈던 것 같다. 그는 정자의 설은 범씨, 사씨, 양씨의 설과는 달리 원문을 고지식하게 따르지 않았음을 지적하기도 하였고[23] 정자의 설은 오히려 "예를 기다려서야 기질이 있게 된다는 뜻은 아니냐"는 어느 제자의 날카로운 질문에 대하여 정자의 뜻은 오히려 질質이 더 중요함을 말한 것이었다고 황급히 그 의미를 제한하기도 하였는데[24] 이는 그가 정자의 해석을 적당히 우회하기 위해 고심했음을 말해 주고 있다. 그는 확실히 "충성스러움이나 믿음성"忠信 따위의 바탕이 먼저고 예는 나중이라는 생각을 하고 있었다.

그러나 이러한 생각은 선진/1과도 정면으로 배치되는 것이다. 뿐만 아니라 繪事後素를 "그리는 일은 흰 바탕이 갖추어진 뒤에 한다"로 해석하는 것은 문법적으로도 무리가 있다. 이 문장은 "繪事가 있은 後에 素해진다"는 가장 단순한 문법으로 풀어야 하는 것이다.

그러면 그리는 일을 우선하듯 예를 우선한다는 것은 무엇을 뜻하는가? 예 자체는 마치 물그릇과 같이 그 자체는 물이 아니지만 물을 담을 수 있는 유일한 수단이다. 그릇이 없이도 물을 상정할 수는 있지만 실제 그릇이 없다면 물은 존립할 수가 없다. 개념적으로만 생각한다면 물의 우선성은 확실하다. 주자는 이런 점에서 질質의 우선성을 강조했던 것이다. 그리고 그것이 바로 송대 성리학의 입장이었다. 그러나 공자는 이론가가 아니었다. 그는 실제 목이 타는 많은 사람들에게 물을 길어다 준 실천가였고 실천가로서의 그는 물그릇을 우선했다.

---

23) 程子始正其先後之序則得之.然,其日,質待禮,素待畵者,不若范謝楊說之爲恊於文也.『論語或問』

24) 問.伊川云:美質待禮以成德,猶素待繪以成絢.却似有質須待禮,有素須待絢.日:不然.此質却重.『朱子四書語類』

결국 이 단편은 선진/1과 더불어 공자가 예에 방법론적 우선성을 인정하고 있었음을 기록한 것으로서 예에 관한 공자의 기본 입장을 천명한 극히 중요한 단편이라 할 수 있다. 주자는 공자의 방법론적 입장을 체험하지 못한 상태에서 이 단편을 그의 주된 관심 사항이었던 성리학적 입장에서 그릇되게 풀이하고 있었던 것이다.

단편의 체험적 차원을 간과할 때 빚어지는 오해는 위령공/26에서도 엿볼 수 있다.

子曰:吾猶及史之闕文也.有馬者借人乘之,今亡矣夫!

종래의 해석 선생님께서 말씀하셨다.

"나는 그래도 사관이 모르는 부분을 비워 놓는 일과 말 가진 사람이 남에게 빌려 주어 타게 하던 일을 볼 수 있었지만 지금은 다 없어졌다."

새 해석 선생님께서 말씀하셨다.

"나는 오히려 사관이 기록하지 못한 것에 이르렀다. 말 가진 자가 사람을 빌려 그것을 타게 하려 하나 지금은 아무도 없구나."

종래의 해석에 준해서 해석한 한 역자는 다음과 같이 주를 달았다.

거의 모든 학자들이 이와 비슷한 해석을 하고 있으나 아무래도 글 뜻이 분명하지는 않다. 대체로 세상의 좋은 풍습이 사라져 가고 있음을 탄식한 말로 보는 수밖에 없다.[25]

---

25) 金學主, 『論語』(서울大學校出版部, 1985)

글 뜻만 분명치 않은 것이 아니다. 吾猶及史之闕文也로 일단 문장이 끊어짐에도 불구하고 有馬者借人乘之까지 吾猶及에 연결시킨 것은 구문構文상으로도 크게 무리한 해석이다.

요는 史之闕文에 관건이 놓여 있다. 이 구절에 포함된 공자만의 내밀한 체험이 이해할 수 있었다면 어쩌면 그 이하 문장은 쉽게 접근할 수 있었을 것이다. 우리는 먼저 공자가 이 단편에서 사관을 언급하고 있는 이유를 생각해 보아야 한다. 사관은 누구인가? 비록 공자보다 후세의 사람이지만 사마천을 예로 들어 보자. 그의 『사기』, 특히 열전을 읽어 본 사람이라면 사관에게 역사 편찬이란 단순한 역사의 기록이기를 넘어 무언가를 진지하게 찾아 헤매는 일련의 과정이라는 점을 이해할 수 있을 것이다. 이를테면 「백이숙제열전」에서 그는 불선한 자의 영화와 선한 자의 불행을 놓고 다음과 같이 참담한 물음을 던지고 있다.

> 혹자는 "천도天道는 사사로움이 없으니 언제나 착한 사람의 편이 된다"고 하였다. 그렇다면 백이숙제는 과연 착한 사람이라 하겠는가? 어진 덕을 쌓고 품행이 조촐하기를 그같이 하도고 마침내 굶어 죽었으니 말이다. 또 70명 제자 중에서 중니는 유독 안회만을 배우기를 좋아하는 사람이라 칭찬하였는데 그런 회는 자주 끼니를 잇지 못하여 지게미와 쌀겨도 마다하지 않다가 마침내 일찍 세상을 떠나고 말았다. 하늘이 착한 사람에게 베풀어 준 것이 과연 무엇인가?
> 도척盜跖은 날마다 무고한 인명을 죽이고 사람의 간으로 회를 쳐서 먹고 포악방종한 수천 명의 도당을 모아 천하를 횡행하였지만 끝내 천수를 누리고 살았다. 이런 것은 대체 무슨 덕을 따라서 그렇게 되었는가? 여기에 든 것은 가장 두드러지게 드러나는 것들이다.

근세에 이르러서는 그 하는 짓이 방종하여 남에게 못할 짓을 마음내로 하고도 종신토록 호강하며 살고 부귀가 자손에까지 이어지는 예도 적지 않다. 이에 비해 한 발을 내딛는데도 땅을 가려서 밟고 말 한 마디를 하는데도 때가 되어서만 말하고 길을 가는데도 지름길로 가지 않고 공정한 일이 아니면 나서지 않았음에도 불구하고 오히려 재앙을 만난 경우가 수없이 많다. 나는 심히 의혹하니 이른바 천도란 옳은 것인가 그른 것인가?余甚惑焉, 儻所謂天道, 是邪非邪?

그러나 사마천은 결국 그것을 찾지 못하였다. 모든 진정한 역사 서술에는 이러한 의지와 그 의지의 좌절이 독특한 '역사적 비장함'으로 채색되어 있는 것이 보통이다. 특히 고대 사회에서 史는 단순한 사관이기를 넘어 거의 지식인을 대변하는 위치에 있었기 때문에 이러한 추구는 거의 불가피한 史의 속성이었을 것이다.

공자가 사서들을 읽고 과거의 역사적 사실들에 대해 정통했다는 것은 의심의 여지가 없는 일이다. 그는 사관의 궁극적 목표가 어디에 있는지 누구보다 잘 알고 있었을 것이다. 그리고 그는 어느 제자에게 솔직히 고백했다. 자신이 바로 그 목표에 이르렀노라고. 그 목표란 바로 "사관이 기록할 수 없어서 비워 놓을 수밖에 없었던 글"史之闕文, 곧 그가 모든 역사적 사실과 당대의 현실 가운데에서 찾아낸 길道이었다. 이제 그는 그것을 실현코자 하나 그의 뜻을 구현해 줄 위정자는 없다. 그는 이러한 현실을 "말 가진 자가 사람을 빌어 그것을 타게 하려 하나 지금은 아무도 없구나" 하는 비유적 표현으로 말했다. 그는 곳곳에서 거절당했고 몰이해되었던 것이다.

결국 이 잘못읽기는 闕文을 "闕한 文"으로 읽지 않고 "文을 闕함"으로 읽은 탓인데 이러한 독법은 논어 단편의 소리에 귀를 기울이기보다 먼저 단편의 자구를 풀이하여 해석에 이르려는 훈고학적 태도가 진정한 메시지의 전달을 가로막아 왔기 때문이라 할 것이다.

공자의 고유한 체험과 관련된 단편들은 대체로 짧은 특징을 지니고 있는데 비교적 긴 문장들이 객관적 사실이나 인물을 설명하거나 평가하는 경우가 많은 것과는 달리 이들 단편은 체험 그 자체를 형상화한 것들이 많아 단지 외물外物을 보는 시각으로만 볼 경우 쉽사리 그릇된 해석에 빠지고 만다. 자로/23도 그 전형적인 사례라 할 수 있다.

子曰:君子和而不同,小人同而不和.

종래의 해석 선생님께서 말씀하셨다.
"군자는 서로 융화하고 **뇌동雷同하지 않으며** 소인은 **뇌동하고** 서로 융화하지 못한다."

새 해석 선생님께서 말씀하셨다.
"군자는 서로 융화하나 **같지는 않고** 소인은 **똑같으면서도** 서로 융화하지 못한다."

여기에서도 우리는 공자가 이와 같은 말을 하게 된 데에는 공자 나름의 체험과 필요성이 있었다는 점을 충분히 유념해야 할 것이다. 이 단편의 해석에서 핵심은 역시 同이라는 말을 '부화뇌동'의 뜻으로 볼 것이냐 단지 '같다'는 뜻으로 볼 것이냐 하는 것이다.

우선 두 해석은 서로 판이하게 다른 해석이라는 점을 분명히 해 두어야 할 것 같다. 뇌동의 뜻으로 볼 경우 전체 문장은 同과 和의 상호 차별성, 특히 同이 和의 사이비에 해당한다는 것을 드러내는 것이 된다. 그러나 같다는 뜻으로 볼 경우 同은 和의 사이비로서가 아니라 그 어떤 속성, 관점, 행태 따위의 동일성 내지 동질성을 의미하는 것이 된다. 공자의 진의가 후자에 있다는 것을 입증하기란 쉬운 일이 아니다. 다만 이 단편과 같이 그 성립이 공자의 체험과 단단히 결부되어 있는 경우 그 진의의 보증은 역시 체험에 고유한 방식으로만 이루어진다. 그것은 언제나 논리적 입증보다 빠르고 강력하다.

종래의 해석이 同을 뇌동으로 해석하게 된 데에는 물론 『좌전』 소공昭公 20년조에 나오는 한 일화가 크게 작용한 것이 틀림없다. 일화는 다음과 같다.

> 제경공齊景公이 사냥터에서 돌아오는 길에 양구거梁丘據가 마중을 나오자 경공은 기뻐하며 "양구거만이 나와 잘 융화된다"唯據與我和矣고 칭찬하였다. 이에 재상인 안자晏子가 그것은 뇌동하는 것이지 융화하는 것이 아니라고 지적하면서 뇌동同과 융화和의 차이를 길게 설명하였다. 그가 예를 들어 가며 설명한 것을 간단히 요약하면 신하는 임금이 잘못하는 것이 있으면 그 점을 지적하여 시정토록 하는 것이 옳은 일이며 임금의 말에 무조건 맞장구만치는 것은 옳지 않으니 이는 마치 서로 다른 수많은 맛들이 어울림和으로써 국맛을 내는 것과 같아서 물로 물을 간맞추어서야以水濟水 누가 그것을 먹겠느냐는 것이다.

이 일화는 나름대로 의미를 가지고 있음에 틀림없다. 그러나 이 일화는 자로/23의 해석을 뒷받침하기에는 그 내용이 너무 구체적이다. 그것은 임금과 신하라는 특별한 관계를 다루고 있고 정치를 바르게 한다는 특별한 목적을 가지고 있다. 따라서 이 일화를 군자와 소인의 행태를 설명하는 자로/23에 그대로 적용하기는 극히 위험한 일이라 아니할 수 없다. 자로/23을 읽으면서 이 일화의 특수한 조건을 떠올릴 사람은 아무도 없을 것이기 때문이다.

바른 해석은 자로/23 자체가 전하는 공자의 체험에 귀를 기울일 때에만 가능해진다. 정약용마저도 "화동和同에 대한 논의로서 이보다 더 자세히 말할 수는 없다"[26]고 칭찬한 『좌전』의 일화는 이 단편의 진실을 오랫동안 가로막아 온 장애에 불과하다. 따라서 우리는 장식張栻이나 오규 소라이荻生徂徠 등이 외롭게 추종한 고주古註를 다시 회복시키지 않으면 안 될 것이다. 하안이 소개한 고주는 이 단편을 다음과 같이 다소 피상적이지만 정당한 각도에서 풀이했기 때문이다.

> 군자는 마음이 화목하나 그들이 보는 견해는 각각 다른 고로 같지 않다고 하였다. 소인은 즐기고 좋아하는 바가 같으나 제가끔의 이익을 다투는 고로 화목하지 못하다 하였다.
>
> 君子心和,然其所見各異,故曰不同.小人所嗜好者同,然各爭其利,故曰不和也.『論語義疏』

논어 단편에 대한 오해가 이처럼 공자의 체험에 근접하지 못함으로 인하여 발생하는 경우는 더 많은 사례를 가지고 있다. 이미 다른 자리에서 언급한 위정/13의 先行其言,而後從之이라든가 공야장/4의 賜也如何.子曰:女器也 또 공야장/12의 我不欲人之加諸我也,吾亦欲無加諸人 등 자공과 관련된 일련의 단편에 대한 오해는 공자와 자공과의 은밀한 인간적 관계에서 어떤 과제가 서로 인지되고 있었던가 하는 것을 세밀하게 관찰하지 못함으로써 빚어진 것이다.

---

26) 和同之辨,莫詳於此. 丁若鏞,『論語古今注』

공야장/14의 子路有聞,未之能行,唯恐有聞과 헌문/45의 如斯而已乎 등 자로와 관련된 일련의 단편도 그러하며 옹야/3의 不遷怒,不貳過, 선진/20의 回也,其恕乎,屢空 등 안연과 관련된 일련의 단편도 역시 마찬가지다. 기타 자로/28의 切切偲偲怡怡如也,可謂士矣와 위령공/37의 君子貞而不諒 등에 대한 잘못읽기도 역시 이 제2유형에 속하는 잘못읽기의 전형적인 사례들이라 할 것이다.

다. 기타의 잘못읽기

이상에서 언급한 두 가지, 곧 공자의 사유체계에 대한 이해의 부족이나 공자의 체험에 대한 직접적 접근의 부족은 논어 단편에 대한 잘못읽기의 커다란 두 유형이다. 양자는 대체로 하나의 단편에 겹쳐서 작용하기도 하기 때문에 그것은 엄밀하게 말해서 유형이라 하기보다는 가장 전형적인 두 측면이라 할 수 있을 것이다. 그러나 논어 해석에는 굳이 이러한 유형으로 나눌 수 없는 개별적인 원인에 의한 다수의 잘못읽기 사례가 있다. 그 중 하나가 팔일/24다.

팔일/24는 논어 단편의 잘못읽기 중에서는 확실히 특이한 유형에 속한다. 이런 잘못읽기가 발생한 까닭은 아마 공자는 성인이고 재세 당시 이미 많은 사람들로부터 추앙을 받았으며 또 추앙받아 마땅하다는 선입견이 작용한 탓인지도 모른다. 그러나 이 단편의 오해 역시 다른 많은 오해의 경우와 같이 한문 문장 자체가 공교롭게도 오해의 가능성을 지니고 있었기 때문이다. 먼저 종래의 해석과 새 해석을 대비해 보자.

儀封人請見曰:君子之至於斯也,吾未嘗不得見也.從者見之,出曰:二三子!

何患於喪乎?天下之無道也久矣,天將以夫子爲木鐸.

종래의 해석 의봉인이 **선생님을 뵙기를 청하며** 말하였다.
"군자들이 이곳에 오면 내가 만나 보지 못한 적이 없었소."
제자들이 만나 뵙게 하였다. (의봉인이) 나와서 말하였다.
"여러분, 어찌 선생님의 초라한 신세에 낙담하십니까? 천하가 무도해진 지 오래되었으니 하늘은 장차 **선생님을** 목탁으로 삼으실 것입니다."

새 해석 의봉인儀封人이 **자청하여 선생님을 만나 뵙고** 말했다.
"군자가 이 정도라면 내가 일찍이 만나 보지 못한 바도 아니오."
종자가 그것을 보고는 나와서 말했다.
"여러분, 어찌 선생님의 초라한 신세에 낙담하십니까? 천하가 무도해진 지 오래되었으니 하늘은 장차 **우리 선생님을** 목탁木鐸으로 삼으실 것입니다."

종래의 해석은 請見을 "뵙기를 청하며"로 해석하였다. 확실히 請見만을 두고 보면 종래의 해석이 보다 일반적인 경우임에 틀림없다. 그러나 請見이 뵙기를 청하여 상면이 이루어지는 것까지를 의미상으로 포함하는 경우도 적지 않으니 전자로 해석한 형병邢昺도 『논어주소論語注疏』에서 二三子 이하를 설명하면서 "의봉인이 선생님 뵙기를 마치고 문을 나와 제자들에게 말하기를"儀封人旣請見夫子出門乃語諸弟子曰이라 하여 請見을 후자의 용례로 구사한 바 있고, 『맹자』에서도 賈請見而解之 즉 "제陳賈가 (맹자를) 만나 뵙고 해명하겠습니다" 하는 문장을 볼 수 있다. 그럼에도 불구하고 이 請見을 너무 일반적인 경우로만 고려한 것이 그 이하의 모든 문장을 오해로 이끌어 간 원인이었다고 볼 수 있다.

그러나 그 이하의 모든 문장해석을 분석해 보면 종래의 해석은 온갖 곳에서 허점을 보이고 있다. 먼저 請見이 "뵙기를 청하며"로 해석됨으로써 曰 이하는 의봉인이 공자의 어느 제자에게 하는 말이 되었고, 그 뜻도 "군자들이 이곳에 오면 내가 만나 보지 못한 적이 없었소" 하는 뜻으로 되고 말았다. 이 해석은 왜 잘못된 해석인가?

먼저 君子之至於斯也의 斯는 '이곳'이라는 처소격 지시대명사가 되었다. 이는 반드시 불가능한 것은 아니라 할지라도 극히 유례가 드문 경우다. 만약 그런 뜻으로 하는 말이었다면 斯 이외의 다른 표현을 썼을 것이다. 또 이 문장은 之자의 개입으로 명사구名詞句를 이루고 있다. "군자들이 이곳에 오면" 하는 뜻의 문장이라면 구태여 之자를 넣어 명사구를 만들 필요가 없을 것이다. 학이/10에 나오는 문장 夫子至於是邦也(선생님께서 어느 나라에 이르시면)는 바로 이 두 가지 무리함을 조명해 주는 거울과 같은 사례다. 거기에는 斯라는 표현도 없고 명사구도 만들어지지 않았다.

새 해석은 바로 이 두 가지 문제점을 명쾌히 해결해 준다. 請見이 "청하여 뵙고"가 되는 만큼 당연히 曰 이하는 의봉인이 공자에게 직접 하는 말이 된다. 또 그 뜻은 "군자의 이에 이름" 즉 "군자가 이 정도라면" 하는 실망에 찬 언사일 뿐이다. 술이/15에 바로 이 구문의 용례로서 爲樂之至於斯也가 있다. 직역하면 "음악을 함의 이에 이름"이다. 전자는 부정적 입장에서, 후자는 긍정적 입장에서 접근한 차이가 있을 뿐 양자 모두 평가를 내용으로 하는 문구라는 점에서 일치해 있다.

吾未嘗不得見也는 종래의 해석이나 새 해석이나 해석 자체에는 큰 차이가 없다. 다만 종래의 해석에 따르면 단순한 면회의 성격이 강하고 새 해석에 따르면 기다림 끝에 조우한다는 성격이 강함은 물론이다. 이 부분에 있어서도 술이/27에서 쓰인 得見의 용례[27]는 새 해석이 더 타당함을 뒷받침하고 있다.

그렇다면 吾未嘗不得見까지의 의미는 다음과 같은 것이 된다. 의봉인—일행은 두세 명이었을 것이다—이 공자의 소문을 듣고 공자를 찾아왔다. 그들은 공자와 얼마 동안 대화를 나눈 후 "군자가 이 정도밖에 안 된다면 우리가 일찍이 만나 보지 못한 바도 아니오" 하는 실망의 뜻을 공자에게 노골적으로 표했다. 의봉인과 그 일행은 아마 광간지사狂簡之士들이었을 것이다. 왜냐하면 논어의 전체 분위기에서 볼 때 공자의 주변에 흔히 출몰하는 '뜻있는 사람들'은 거의 대부분 이런 형태의 "나아가 취하고자"進取 하는 단순한 의욕에 불타는 자들이었기 때문이다.

이 씁쓸한 만남을 한 종자가 지켜보고 있었다. 그는 스승이 있는 앞에서 무어라 말할 수 없었기에 밖으로 나와서 그들에게 말했다. 즉 從者見之,出曰은 종래의 해석에서처럼 "종자가 면회를 시켜주었더니 (의봉인이 면회 후) 나와서 말했다"는 것이 아니라 "종자가 그것을 보고 나와서 말했다"는 것이다. 따라서 見도 '현'으로 읽을 것이 아니라 '견'으로 읽어야 한다. 후자가 자의상으로나 구문상으로나 정황상으로나 훨씬 자연스럽다는 것은 말할 나위도 없다. 종래의 해석은 從者見之와 出曰 사이에 너무 비약이 크고 만약 그런 뜻이었다면 出曰 앞에 바뀐 주어(의봉인)가 등장해야 하는 것이 원칙이다. 따라서 出曰은 마땅히 從者에 걸리는 술어이고 二三子 이하의 말도 종자의 말이 되어야 한다.

---

27) 子曰:聖人吾不得而見之矣,得見君子者,斯可矣. 7/27

二三子 이하의 말을 의봉인의 말로 해석한 무리함은 何患於喪乎? 에서 또다시 탈을 일으킨다. 즉 왜 의봉인이 제자들의 마음을 어떻게 알고 何患於喪乎?라는 느닷없는 말을 하였는지 설명이 되지 않는 것이다. 종래의 해석과 같은 구도에서라면 차라리 의봉인은 何患於喪乎? 대신 "여러분! 나는 이제야 왜 당신들이 이분을 기꺼이 추종하고 있는지 알겠소" 하는 말로 시작했어야 옳을 것이다. 따라서 何患於喪乎?는 도무지 이유가 없는 것이다.

그러나 새 해석에 눈을 돌려 보면 何患於喪乎?는 그 의미가 명백해진다. 그것은 당연히 어느 제자의 말이고 단지 "어찌 선생님의 초라한 신세에 낙담하십니까?" 하는 단순한 뜻으로서 앞서 그들이 공자 앞에서 보여 준 노골적 실망을 가르켜 한 말이 되기 때문이다.

그러나 이러한 분석보다 더 확실한 잘못읽기의 증거가 종래의 해석 안에 들어 있다. 즉 생면부지의 의봉인이 단 한 번 공자를 만나보고 신앙고백에 가까운 소신을 피력했다는 것은 종래의 해석이 잘못임을 그 어떤 분석보다 힘 있게 웅변해 준다. 만약 이 단편이 제18 미자편에 있었다면 위작이 될지언정 그런 해괴한 사건이 가능했을는지도 모른다. 그러나 논어 전반부에 걸쳐서 공자는 제자들 이외의 사람들로부터 이런 식의 인정을 받아 본 일이 없다. 아니 엄밀하게 말해서 이러한 소신은 공자의 제자들 가운데에서도 안연이나 자공 등 소수의 제자를 제외하고는 좀처럼 찾아보기 힘든 것이었다.

결국 팔일/24는 몰이해되는 공자의 모습을 어느 제자가 그의 소신과 함께 기록으로 남긴 것임에 틀림없다. 기록자는 이 기록으로 무언가를 후세에 전하고자 하였을 것이다. 그러나 그의 뜻은 예기치 않은 후세 사람들의 선입견으로 인하여 오래 잠들어 있어야 했다. 공자에 대한 광간지사들의 몰이해를 내용으로 한 이 단편이 그 해석에서마저 완전한 몰이해에 가려져 왔다는 것은 어쩌면 이 단편의 기구한 운명인지도 모르겠다.

학이/13도 논어의 일반적인 잘못읽기 유형과는 거의 관계가 없는 잘못읽기의 사례다. 비록 공자의 말이 아닌 유자有子의 말이기는 하지만 이 단편은 초기 교단의 비밀을 간직한 대단히 중요하고 의미 있는 단편이라는 점에서 특별히 주목할 필요가 있다. 이 단편도 그 본래의 모습을 되찾기 위해서는 전술한 팔일/24와 마찬가지로 지금까지의 해석에 덧붙여진 부질없는 역사와 권위부터 걷어 내는 작업을 요구하고 있다.

有子曰:信近於義,言可復也.恭近於禮,遠恥辱也.因不失其親,亦可宗也.

종래의 해석 유자有子께서 말씀하셨다.
"약속한 것이 의로움에 가까우면 그 말은 실천할 수 있다. 공손함이 예에 가까우면 치욕을 멀리할 수 있다. **가까이할 만한 사람을 잃어버리지 않는다면 역시 그를 받들어 종주를 삼을 수 있다."**

새 해석 유자께서 말씀하셨다.
"믿음직함은 의로움에 가까우니 말한 것을 지킬 수 있다. 공손함은 예에 가까우니 치욕을 멀리할 수 있다. **(이처럼) 그 친한 것을 잃지 않음으로써 또한 종통**宗統**을 이어갈 수 있다."**

사실 이 단편에 대한 잘못읽기의 원인은 무엇보다 표의문자인 한자의 가공할 모호성과 비효율성이라 할 수 있다. 자의字意 자체의 다의성은 그렇다 치더라도 과거, 현재 등 시제도 구분되지 않고 사동형인지 피동형인지도 분명치 않으며 심지어 동사인지 명사인지 형용사인지도 분명치 않은 원시적 언어가 바로 한자다. 특히 한자는 이 단편에서 그 위력을 발휘하듯이 굴절어인 우리말의 하고, 하니, 하면, 하므로, 하지만 등이 보여 주는 구절과 구절 간의 연결기능에서는 거의 무기능에 가까운 기능을 가지고 있다.

첫 부분인 信近於義,言可復也에서부터 이러한 문제점들이 대두하고 있다. 우선 자의字意의 문제로서는 信을 주자처럼 언약에서의 신용約信이라는 뜻으로 볼 것인가 일반적인 믿음성의 뜻으로 볼 것인가의 문제가 있고 復을 회복이라는 뜻으로 볼 것인가 이행한다履는 뜻으로 볼 것인가의 문제가 있다. 그 중 信은 믿음직함이라는 원칙적인 해석을 함이 옳으나 주자의 해석처럼 약속의 믿음성으로 축소 해석하는 것도 전후관계상 무방해 보이고 復은 소수의 이견이 없지 않으나 대체로 이행한다는 뜻에 견해가 일치하고 있다.

문제는 信近於義를 "信이 義에 가까우면"이라고 해석한 주자식의 구문 해석에 결정적인 잘못이 있다는 것이다. "… 하면"이라는 풀이로 인하여 단편의 뜻은 유자의 진의를 한 순간에 비껴가고 말았다. 여기서 信近於義는 "信은 義에 가까우니"로 해석했어야 했다. 주자는 그의 해석을 뒷받침하기 위하여 왜 信이 義에 가까워야 할 필요가 있는지를 누누이 설명하고 있다.[28] 물론 그러한 노력은 유자의 진의에 접근하는 데에는 아무런 도움이 되지 못하고 있다.

따라서 잇따르는 恭近於禮,遠恥辱也도 자의상의 문제가 전혀 없음에도 불구하고 恭近於禮 부분이 "공손함이 예에 가까우면"이라고 해

---

28) 所謂約信而合宜,則言必可踐.何也?日:人之約信,固欲其言之必踐也.然其始也,或不度其宜焉,則所言將有不可踐者矣.以爲義有不可,而遂不踐,則失其信,以爲信之所在,而必踐焉,則害於義.二者無一可也.若約信之始,而又求其近於義焉,則其言無不可踐,而無二者之失矣.『論孟或問』

석함으로써 역시 그 해석을 그르치고 말았다. 따라서 뒷부분인 遠恥辱也가 아무 이상 없이 "치욕을 멀리할 수 있다"고 해석했지만 문장은 이미 돌이킬 수 없는 방향으로 나아가게 되었다. 여기서도 恭近於禮는 "공손함은 예에 가까우니"로 해석해야 했던 것이다.

그러나 여기까지도 그다지 큰 문제는 야기되지 않는다. 학이/13을 종잡을 수 없는 혼돈으로 몰고 간 것은 바로 因不失其親,亦可宗也라는 마지막 문구의 해석을 둘러싸고 야기되었다. 먼저 종래의 가장 일반적인 해석의 원천인 주자의 해석은 다음과 같다.

> 因은 依와 같다. 宗은 主와 같다. … 의지依支하는 사람이 그 친할 만한 사람을 잃지 아니하면 그를 높여서 주인主을 삼을 수 있다.
>
> 因,猶依也.宗,猶主也.… 所依者,不失其可親之人,則亦可以宗而主之矣.『論語集註』

이 어정쩡한 해석을 주자는 그의 제자와 대화하는 자리에서 다음과 같이 부연 설명하고 있다.

> 사람이 의지할 사람을 가지고자 하면 반드시 그 사람이 훌륭한 사람인지를 살펴본 후에 그 사람에게 의지하니 자신에 있어서는 친할 만한 사람을 잃지 않는 것이요 그 사람 역시 그렇게 함으로써 종주宗主가 될 수 있는 것이다.
>
> 人欲有所依,必度其人之賢,而後依之,則在我,不失其所親,而彼亦可以爲宗主矣.『論孟或問』

因을 의지한다 또는 의탁한다 즉 "귀의"歸依라는 말에서 사용된 예와 같은 依의 뜻으로 본 것도 크게 무리하지만 親을 친근히 할 만한 훌륭한 사람이란 뜻으로 본 것도 역시 지나친 비약이라 할 것이다. 그는 전체적으로 이 단편을 "믿음성이 의로움에 가까워지고 공손함이 예에 가까워지더라도 그가 친근히 할 만한 사람을 잃으면 역시 가상嘉尙하기에는 부족하다"[29]는 뜻으로 이해하고 있다. 다시 말해서 유자의 말은 배우는 자가 그의 생애에서 훌륭한 스승이나 인도자를 만나는 것이 얼마나 중요한 것인지를 강조한 말로 해석되었던 것이다. 그러나 안타깝게도 주자의 이러한 견해는 구차한 상상력의 소산에 지나지 않았다.

因不失其親,亦可宗也에 대한 이러한 주자식의 해석에 불만을 품고 새로운 해석을 시도한 것은 주로 청대의 유학자들이었다. 유보남劉寶楠, 정수덕程樹德, 대망戴望 등은 因을 변女이 생략된 姻으로 보았다. 따라서 해석은 "혼인을 함에 있어서 그 親을 잃지 않는다면 역시 존경을 받을 수 있다"[30]는 정도의 뜻이 된다. 이러한 해석의 근거는 서개徐鍇의 『설문통론說文通論』에 인용된 "禮曰:姻不失其親.故古文省女爲妻" 등의 몇몇 유사문장인데 어마어마한 한문 전적 가운데에서 용케도 찾아낸 이 유사문장을 근거로 因이 姻의 생문省文이라고 가정, 새로운 해석을 시도한 것은 안타까운 느낌마저 든다.

그럼에도 불구하고 청대 이후 이 해석이 널리 풍미한 것은 청대 고증학의 해박함이 일부 분야에서의 성과에도 불구하고 철학적으로는 얼마나 초라한 것이었는가를 여실히 보여 주는 것이기도 하다. 웨일

---

29) 信近義矣,恭近禮矣,而或失其所親焉,則亦不足尙也.『論孟或問』

30) 이 뜻도 대단히 모호하다. 따라서 因을 姻으로 보는 자들도 각각 親의 해석을 둘러싸고 견해차를 보이고 있다.

리Arthur Waley가 "자신의 친정을 배반하지 않을 여인과 결혼하여라. 그러면 그녀를 안심하고 네 조상에게 소개할 수 있으리라"Marry one who has not betray her own kin, And you may safely present her to your Ancestors.고 영역한 것이나 라우D. C. Lau가 조금 더 새롭게 해석해 보겠다고 해서 "결혼하여 처가와 좋은 관계를 증진시킴에 그 자신의 친척의 호의를 잃지 않을 수 있다면 그는 일족의 종주로 존경받을 만하다"If, in promoting good relationship with relatives by marriage, a man manages not to lose the good will of his own kinsmen, he is worthy of being looked up to as the head of the clan.고 영역한 것은 모두 이 청대의 가당치 않은 착상에 근거한 것이다.

우리는 이제 학이/13을 통하여 논어의 단편 하나가 얼마나 다양하게 해석될 수 있는가, 그리고 경우에 따라서는 얼마나 갈피를 잡을 수 없는 혼란에 빠지기도 하는가를 보게 된다. 학이/13의 진정한 해석은 다음과 같다.

신信은 믿음성으로서 특히 말에서의 믿음직함을 뜻한다. 그리고 그것은 의로움에 가까운 것이다. 우리는 이 가깝다는 표현의 특별한 의미에 주목해야 한다. 왜냐하면 가깝다는 말의 체계적 의미가 바로 이 문장 전체의 의미를 결정하기 때문이다. 즉 공자의 죽음 이후 의로움은 아무도 확호히 정립하기 힘들게 되었지만 그래도 그에 '가까운' 믿음직함信만은 잃지 않을 수 있다는 뜻으로서의 가까움이다. 그리고 가까운 그 믿음직함으로써 가히 말言을 지킬復 수 있다는 뜻이다.

공손함이 예에 가깝다고 한 말도 역시 공자의 죽음으로 예는 이미 무엇이 예인지 단언하기 어렵게 되었지만 그에 가까운 공손함을 잃지 않음으로써 최소한 치욕은 면할 수 있을 것이라는 뜻이다.

그렇다면 문제가 되었던 마지막 문장 因不失其親,亦可宗也의 의미는 확연히 드러난다. 그것은 의와 예 등의 본령은 이미 세우기 어렵게 되었지만 그에 親한 것, 곧 믿음직함이나 공손함처럼 우리들에게 아직도 남아 있는 요소들其親을 잃어버리지 않음不失으로써因 공자로부터 이어받은 가르침의 종통을 이어 갈 수 있다는 의미다. 이렇게 해석하고 보면 문장에서 특별한 의미로 풀이해야 할 단어는 하나도 없다. 유자는 달리는 표현할 수 없는 꼭 그런 표현으로 말했을 뿐이다. 어려운 내용을 담고 있는 것도 아니고 숨은 뜻을 안고 있는 것도 아니다.

그동안 이 단편에 대하여 쉽사리 바른 해석이 나오지 못했던 것은 무엇보다 곧바로 잡히지 않는 이 문장 하나를 두고 유자가 어떤 교훈을 말하고 있을 것이라는 막연한 기대가 바른 착상을 가로막아 왔기 때문이라 생각한다. 그것은 사실 주자에 앞서 정명도程明道가 다음과 같이 거의 근접한 해석을 내렸음에도 불구하고 주자가 그것을 수용하지 못하고 외면했을 정도로 강했다.

명도明道께서 말씀하셨다.
"믿음직함은 본래 의로움에 미치지 못하고 공손함은 본래 예에 미치지 못한다. 그러나 믿음직함은 의로움에 가깝고 공손함은 예에 가깝다. 믿음직함은 의로움에 가까우므로 그것으로써 가히 말을 지킬 수 있다. 공손함은 예에 가까우므로 그로써 가히 치욕을 멀리할 수 있다. 공손하고 믿음직하여 예와 의로움에 친근한 바를 잃지 않으면 그로써 역시 종통을 이어갈 수 있다. 이 말은 예와 의로움은 비록 얻어 보지 못하지만 공손하고 믿음직한 자는 얻어 볼 수 있다는 말이다."
明道曰:信本不及義,恭本不及禮,然信近於義,恭近於禮也.信近於義,以言可復也.恭近於禮,以遠恥辱也.因恭信而不失其所以親近於禮義,故亦可宗也.如言禮義雖不可得見,得見恭信者斯可矣.『論語精義』[31]

결국 학이/13은 공자 사후 일정 시점에서 유자를 중심으로 공자학단을 재구성하려는 움직임이 있었을 때 유자가 학단의 재구성에 관한 기본 입장을 피력한 말로 보인다. 따라서 이 작은 단편은 『맹자』나 『예기』 등 논어 이외의 자료에 전설처럼 남아 있는 유자와 초기 학단에 관한 기록을 뒷받침하는 중요한 역사적 증거이기도 하다.[32]

또 하나의 특이한 잘못읽기의 사례는 위정/20이다. 이 단편은 공자와 계강자가 정사를 놓고 나눈 대화인데 이 단편에 대한 잘못읽기의 원인은 논어사論語史와 관련이 있는 바 역시 잘못읽기의 어떤 유형에도 속하기 어려운 특이한 경우라 할 수 있다.

季康子問:使民敬忠以勸,如之何?子曰:臨之以莊則敬,孝慈則忠.擧善而敎,不能則勸.

종래의 해석 계강자가 물었다.

"백성들로 하여금 공경스럽고 충성스러워지며 부지런히 힘쓰게 하려면 어떻게 해야 합니까?"

공자께서 대답하셨다.

"엄숙히 정사에 임하면 공경스러워지고 효성과 자애를 다하면 충성스러워집니다. **선한 사람을 등용하여 무능한 사람을 가르치면 백성들은 부지**

---

31) 程伊川도 역시 이에 준한 해석을 하고 있다. 『論語精義』

32) 유자와 초기 학단과의 관련성을 입증하는 『맹자』 등의 기록에 대하여는 제1편 제자론(Ⅰ-3-나) 참고

런히 힘쓰게 될 것입니다."

새 해석 계강자季康子가 물었다.

"권장하여 백성들로 하여금 공경스럽고 충성스러워지도록 하는 것이 어떻겠습니까?"

선생님께서 말씀하셨다.

"엄숙히 정사에 임하면 공경스러워지고 효성과 자애를 다하면 충성스러워집니다. **선을 거양하여 가르치는 것이 불가능하면 권장하게 됩니다."**

종래의 해석이 문의를 종잡지 못하고 헤매게 된 까닭은 황간본皇侃本 논어의 경문이 착종된 데에서 비롯되었다. 황간본 논어는 고려본高麗本 논어와 더불어 불필요한 첨자添字가 많기로 악명이 높은데 대부분의 첨자는 之, 也 등의 어조사로 문장의 뜻에 영향을 미칠 정도는 아니나 위정/20만큼은 원문이 季康子問:使民敬忠以勸,如之何?子曰:臨民之以莊則民敬,孝慈則忠.擧善而教不能則民勸으로 民자가 세 번이나 불필요하게 들어가 있다. 앞의 두 民자는 그래도 문장의 뜻을 크게 저해하지 않으나 마지막에 들어간 民자는 문장의 구조와 뜻을 완전히 뒤바꾸는 역할을 했다.

즉 마지막 문장은 포함包咸이 그렇게 보았듯이 "선한 사람을 천거해 쓰고 능하지 못한 자를 가르치면 백성들은 힘쓰게 된다"[33]는 뜻이 되었고 황간皇侃도 이에 맞추어 "만약 백성들 중에 선한 자가 있으면 천거하여 벼슬을 주고 만약 백성들 중에 능치 못한 자가 있으면 가르쳐서 능하도록 하니 만약 이렇게만 할 수 있다면 백성들은 다투어 권

33) 擧用善人而教不能者,則民勸之也.『論語義疏』

모勸慕의 행동을 하게 될 것이다"[34]고 했다. 이에 따라 使民敬忠以勸, 如之何라는 질문도 덩달아 그 의미를 그르치고 말았음은 말할 나위도 없다.

형병의『논어정의論語正義』에 이르러 다양한 고증을 거쳐 황간본 논어 경문에 불필요하게 들어가 있던 民자가 빠질 수 있었지만 해석은 안타깝게도 종래의 해석을 답습하게 되었다. 결국 종래의 해석은 勸에 관련된 두 의미, 즉 "권하다"勵는 뜻과 "힘쓰다"勉는 뜻 중 후자를 선택함으로써 바른 해석의 실마리를 놓치게 되었으며 그 결과 擧善而教不能則勸도 擧善而教,不能則勸[35]으로 읽지 않고 擧善,而教不能,則勸으로 읽고 만 것이다. 不能은 "능하지 못한 사람"不能之人:邢昺, 不能者教之:朱子이란 뜻이 되어 문맥은 엉뚱한 곳으로 흘러가게 되었다. 이 점은 청유淸儒들이나 정약용丁若鏞은 물론 오늘날의 모든 주석가들도 꼼짝없이 따르고 있는 만큼 한때의 과오가 얼마나 오랫동안 얼마나 많은 사람들에게 영향을 미치는지를 단적으로 보여 주고 있다.

이처럼 논어 해석의 전통이 주는 무게로 인하여 잘못된 이해가 고쳐지지 못하고 있는 사례로는 학이/9를 더 들 수 있다.

曾子曰:愼終追遠,民德歸厚矣.

종래의 해석 증자께서 말씀하셨다.

"부모의 장사를 신중히 치르고 조상의 제사를 정성껏 지내면 백성의 덕이

34) 若民中有善者,則擧而祿位之.若民中未能善者,則教令使能.若能如此,則民競爲勸慕之行也.『論語義疏』

35) 擧善而教,不能則勸과 동일한 구문으로는 12/24에 나오는 忠告而善道之,不可則止를 들 수 있다.

두터워질 것이다."

새 해석 증자께서 말씀하셨다.

"일의 끝을 신중히 하고 먼 것을 추구하면 백성의 덕이 두터워질 것이다."

愼終追遠을 상喪과 제祭에 관련시킴으로써 최초로 오보를 디딘 사람은 공안국이었다. 그는 "愼終이라는 것은 상을 당해 그 슬픔을 다하는 것이다. 追遠이라는 것은 제사를 지냄에 그 공경스러움을 다하는 것이다. 임금이 능히 이 두 가지를 행할 수 있으면 백성은 그 덕에 화하여 모두 후함에 돌아가게 된다"[36]고 하였다. 황간皇侃은 이 공안국의 해석을 지지하였다. 그러나 황간은 그러면서도 "'처음에는 잘하더니 끝까지 잘하기는 어렵네' 하는 말처럼 끝은 마땅히 신중히 해야 하며 오래된 일은 기록하여 잊지 않는 것이 곧 追遠이라는 설도 있다"[37]며 다른 해석의 예를 소개하고 있다. 이 때문에 愼終追遠은 언제나 상례와 제례에 관련시키는 것이 통설이 되었고 그 이상의 새로운 해석은 언제나 부수적으로만 제기되었다.

愼終追遠을 상례와 제례에 구애됨이 없이 자유롭게 해석해 보려는 시도는 송대의 유학자들에게서도 끊임없이 나타났다. 그러나 그들은 황간이 두 설을 서로 섞이기 어려운 것으로 본 것과는 달리 두 설을 절충하는 입장에 섰다. 이를테면 정이천程伊川은 "愼終追遠은 상례와 제례에만 그치는 것이 아니다"고 했고 여씨呂氏는 "상례와 제례는

36) 孔安國日:愼終者,喪盡其哀也.追遠者,祭盡其敬也.人君能行此二者,民化其德,而皆歸於厚也.『論語義疏』

37) 一云:靡不有初,鮮克有終,終宜愼也.久遠之事,錄而不忘,是追遠也.『論語義疏』

愼終追遠의 일단일 뿐이다"[38]고 했다. 이 노선을 따라 주자도 먼저 愼終追遠이 역시 상례와 제례에 관한 것임을 설한 다음에 "대개 끝이란 사람이 소홀하기 쉬운 것이라 능히 삼가는 것이, 먼 것은 사람이 잊기 쉬운 것이라 능히 좇는 것이 두터움의 도다"[39] 하고 덧붙였다. 이러한 절충의 결과 단편의 해석은 아무리 자유롭게 전개되더라도 다시 상례와 제례로 되돌아오는 경향을 지니게 되었다.

그러나 이제는 공안국의 상례와 제례에서 愼終追遠을 완전히 해방시킬 때가 되었다. 공안국의 해석은 증자를 효와 결부시켜 놓은 『효경』의 영향권에서 태어난 것일 뿐이다. 따라서 상례와 제례는 愼終追遠의 일단도 아니라는 점을 이제 분명히 해야 한다. 특히 제례가 잔존해 있는 한 遠은 아무리 자유롭게 해석되더라도 시간적으로 과거와 관련된 것이라는 고정관념에서 벗어나지 못한다. 遠은 위령공/12의 "사람이 먼 생각이 없으면 반드시 가까운 근심이 있다"[40]는 구절에 나오는 바로 그 遠이며 원칙적으로 과거와 무관한 遠이다. 따라서 상례와 제례를 완전히 탈피하지 않으면 학이/9의 진정한 의미는 결코 회복되지 않을 것이다.

결국 학이/9는 일의 시초보다는 끝을 삼가고 눈에 가까이 보이는 것보다는 눈에 보이지 않는 원대遠大한 것, 근본적인 것을 지향해야 한다는 증자의 수준 높은 가르침이다. 이 단편이 그동안 상례와 제례에 얽매여 왔고 심지어 오늘날까지도 여전히 왜곡된 모습으로만 답습하고 있다는 것은 바로 논어 잘못읽기에서 전통의 권위가 얼마나

---

38) 伊川解曰:居喪盡禮,祭祀致誠,愼終追遠之大者也.凡事,能愼於終,不忘於遠,足以化民歸於厚德也.又語錄曰:愼終追遠,不止爲喪祭.…呂氏曰:喪祭者,愼終追遠之一端耳.『論語精義』

39) 蓋終者,人之所易忽也,而能謹之.遠者,人之所易忘也,而能追之,厚之道也.『論語集註』

40) 子曰:人無遠慮,必有近憂. 15/12

줄기차게 작용하고 있는지를 단적으로 보여 주는 것이 아닐 수 없다.

술이/13은 공자의 체험에 접근하지 못한 데에서 빚어진 잘못읽기의 유형으로 볼 수도 있는데 그 밖에도 다른 특별한 원인이 개재된 것으로 추측되고 있다.

子曰:富而可求也,雖執鞭之士,吾亦爲之.如不可求,從吾所好.

종래의 해석 선생님께서 말씀하셨다.
"**부유함을 가히 구할 수만 있다면** 비록 채찍 잡는 선비라도 나 또한 할 것이다. 그러나 만약 **부유함을 구할 수 없다면** 내가 좋아하는 바를 따르겠다."

새 해석 선생님께서 말씀하셨다.
"**부유하고도 구할 수만 있다면** 비록 채찍 잡는 선비라도 나 또한 할 것이다. 그러나 만약 **(부유하고는) 구할 수 없다면** 내가 좋아하는 바를 따르겠다."

쟁점은 역시 富而可求也라는 한 마디에 가로놓여 있다. 원문은 분명히 富而可求也로 되어 있지만 주자는 그의 주해에서 富若可求로 해설하고 있다. 그러나 而는 若에 준하여 쓰일 근거가 전혀 없다. 이는 적어도 '자신이 처한 상황에서는 부유함과 도를 구하는 것이 양립할 수 없다'는 공자 나름의 자각에 접근하지 못함으로써 구한다求는 것이 실상 도를 구한다求道는 뜻임을 이해하지 못한 탓으로 볼 수 있을 것이다.

그러나 求의 목적어가 생략되어 있다는 사실만으로 求의 목적어를

富로 본 데에는 어딘가 석연치 않은 구석이 있다. 짐작컨대 거기에는 한대의 논어 해석이 官學의 주요 부분이었고 심지어 제왕에게 강학될 만큼 지배계층에 공여되고 있었다는 점을 감안할 때 첫 단추를 끼우며 의도적으로 곡해하였을 가능성을 상정해 볼 수 있다. 만약 부유함이 다른 단편에서와는 달리 구도求道와 절대적으로 상치되는 조건으로 제시된다면 지배계층은 물론 고급관료 위주의 당시 유학자들마저 스스로의 설 땅을 잃어버리는 셈이 되었을 것이다. 기록상 그릇된 해석의 비조격인 정현鄭玄은 다음과 같이 해석하였다.

"부귀란 구한다 해서 얻어지는 것이 아니므로 마땅히 덕을 닦아서 얻어야 한다."

富貴不可求而得之,當修德以得之.『論語集解』

그는 실로 부유하지는 못하였지만 자신의 말대로 학문에 노력한 결과 무수한 제자들을 거느렸고 말년에는 대사농大司農의 벼슬을 제수받기도 하였다. 또 그의 해석을 『논어집해』에 수록한 하안何晏은 위魏나라 조조曹操의 의붓아들로서 이부상서吏部尙書를 역임하기도 했다.

위정/16의 攻乎異端,斯害也已의 해석에서도 이와 비슷한 동기의 작용을 가정해 볼 수 있다. 즉 "이단을 공격하는 것은 해로울 뿐이다" 하는 문장이 "이단을 전공하는 것은 해로울 뿐이다" 하는 뜻으로 해석되어야 했던 것은 유교의 호교론적 필요성에 기인한 듯하다. 유교가 법가사상 등 다른 쟁쟁한 학문들 사이에서 정론으로서의 권위를 유지하기 위해서는 이단에 대한 공격과 경계가 불가피했을 것이고, 그런 입장에서 만약 이단에 대한 공격을 해로운 것으로 해석했다면 유학으로서는 방어 이외에는 그 어떠한 공격수단도 보유하지 못하였을 것이기 때문이다. 공자의 원래 의도와는 사뭇 먼 이러한 호교론적 고려는 결국 攻을 전공으로 몰고 간 또 하나의 부자유한 학문적 조건이었을 것이다.

라. 논어 속의 논어 잘못읽기

논어에 대한 잘못읽기의 역사를 따져 보면 대단히 흥미로운 한 가지 사실을 발견할 수 있다. 즉 논어에 대한 최초의 잘못읽기는 논어가 채 성립하기도 전에, 다시 말해서 논어가 성립하는 과정에서 벌써 모습을 나타내었다는 사실이다. 이 특이한 현상을 담고 있는 대표적인 단편으로 자로/28을 들 수 있다.

子路問曰:何如斯可謂之士矣?子曰:切切偲偲怡怡如也,可謂士矣.朋友切切偲偲,兄弟怡怡.

오해된 뜻 자로가 물었다.
"어떠하여야 가히 선비라 할 수 있겠습니까?"
선생님께서 말씀하셨다.
"서로 간절히 권면하고 화락하게 지내면 가히 선비라 할 수 있다."

원래의 뜻 자로가 물었다.
"어떠해야 가히 선비라 할 수 있겠습니까?"
선생님께서 말씀하셨다.
"간절하고, 진지하고, 흐뭇하면 가히 선비라 할 수 있다."

이 단편은 원래 可謂士矣로 공자의 말이 끝나는 단편이다. 뒷부분의 朋友切切偲偲,兄弟怡怡는 누군가에 의해 나중에 덧붙여진 것이다. 어떻게 이 뒷부분이 덧붙여진 것이라고 단정할 수 있을까? 그것은 바로 이 단편 자체가 지닌 진실의 강한 자명성自明性에 의해 알려진다.

선비의 됨됨이를 묻는 자로의 질문에 대해 공자는 그가 아니라면 어느 누구도 할 수 없는 멋진 대답을 하고 있는 것이다. 切切偲偲怡怡如也,可謂士矣! 이 얼마나 명쾌한 한 마디인가! 짧은 한 마디 말로 이토록 정확히 하나의 상태를 묘파해 내는 것은 오직 공자라는 강한 통일성과 전체성을 갖춘 인격을 통해서만 나올 수 있는 것이다.

切切은 간절한 모습을 형용하고 있다. 즉 문제의식에 사로잡힌 모습, 그 심연의 한가운데에 감연히 선 모습이다. 偲偲는 사려하는 모습을 말한다. 이는 문제 해결의 실마리를 추적하는 자의 진지한 모습이다. 怡怡는 희열에 찬 모습, 흐뭇해하는 모습을 말한다. 인식의 산마루에서 트인 지평을 바라보는, 이 세상 그 어떤 기쁨으로도 대체할 수 없는, 깨달음의 쇄락감이다. 이 세 가지는 논리적으로는 전후 관계로 연결되지만 실제 삶에서는 스스로의 끊임없는 향상 속에 언제나 순환하며 존재한다. 우리말 번역이 원문의 간결함과 당당함을 충분히 살려 내지 못하는 것은 실로 유감스러운 일이다. 切切偲偲怡怡如也,可謂士矣라는 말에서 우리는 이천오백 년이라는 시간의 간격을 전혀 느끼지 못할 만큼 변함없이 절실하고 진지하며 기쁜 인식의 세계를 발견할 수 있다.

그러면 朋友切切偲偲,兄弟怡怡는 누가 왜, 무슨 뜻으로 추가하게 되었을까? 추측컨대 이 추가는 논어 형성 초기에 이 단편이 무척이나 막연하게 여겨지고 있었음을 간접적으로 말해 주는 것이 아닌가 한다. 즉 이 단편에 대한 여러 가지 해석 가능성을 하나의 정설로 통일할 필요가 있었을 것이라는 말이다. 그래서 어느 갸륵한 정성을 지닌 자에 의해 친절하게 부연된 것, 혹은 원문을 고칠 의도는 없었으나 원문의 옆에 주를 단 것이 본의 아니게 원문으로 오해되어 전사 과정에서 원문에 포함된 것이 바로 朋友 이하의 열 자였다.

그는 切切偲偲를 벗들과, 怡怡를 형제와 연관시킴으로써 이 막연함이 해결될 뿐만 아니라 그것이 바로 공자의 진의였다고 확신했었던 것 같다. 물론 그것은 공자의 의도를 완전히 빗나가는 것이었다. 그는 이 단편을 선비의 대인관계에 있어서의 필요한 자세로 오해하였던 것 같다. 배우는 단계의 젊은이들에게 있어서 우선 강조되고 있던 대인관계는 바로 가족관계와 친구관계였던 것이다. 그런 의미에서 이 잘못된 첨가문은 전술한 잘못읽기의 유형에서 본다면 공자의 체험에 대한 접근도의 부족으로 야기된 잘못읽기의 전형적인 경우에 속한다 할 수 있다.

어쨌든 이 빗나간 부연은 논어 안에 수록되었고 이 단편의 눈부신 광채를 오랜 세월 동안 가로막아 왔다. 후대의 주석가들은 切切偲偲를 切磋之貌皇侃니 切責之貌馬融니 責以善과 進於德范氏, 尹氏이니 하는 뜻으로, 또 怡怡는 和順之貌馬融니 和從之貌皇侃니 하는 뜻으로 풀이하여 이 빗나간 부연을 속절없이 추종할 수밖에 없었다. 그러나 朋友 이하는 이제 논어에 대한 최초의 잘못읽기로 정의되지 않으면 안 된다. 이 확호하고 유보 없는 단정만이 이 단편 속에 들어 있는 공자 본래의 맑은 육성을 되찾게 할 것이다.

논어 안에 들어 있는 논어 잘못읽기의 또 다른 흔적은 제20편인 요왈편에서 찾아볼 수 있다.

(전략)

“선생님께서 말씀하셨다.

“군자가 혜택을 주고 헛수고는 하지 않으며 일을 시키더라도 원망을 듣지 않으며 바라지만 탐하지는 않으며 의연하지만 교만하지는 않으며 위엄이 있지만 사납지는 않은 것이다.”

자장이 말했다.

“무엇을 혜택을 주고 헛수고는 하지 않는다는 것입니까?”

선생님께서 말씀하셨다.

“백성이 이로운 바에 따라 이롭게 하는 것이 곧 혜택을 주고 헛수고는 하지 않는 것이 아니겠느냐? 일할 만한 것을 택하여 일을 시키니 또한 누가 원망할 것이냐?”

(후략)

子張問於孔子曰:何如斯可以從政矣?子曰:尊五美,屛四惡,斯可以從政矣.子張曰:何謂五美?子曰:君子惠而不費,勞而不怨,欲而不貪,泰而不驕,威而不猛.子張曰:何謂惠而不費?子曰:因民之所利而利之,斯不亦惠而不費乎?擇可勞而勞之,又誰怨?欲仁而得仁,又焉貪?君子無衆寡,無小大,無敢慢,斯不亦泰而不驕乎?君子正其衣冠,尊其瞻視,儼然,人望而畏之,斯不亦威而不猛乎?子張曰:何謂四惡?子曰:不敎而殺謂之虐.不戒視成謂之暴.慢令致期謂之賊.猶之與人也,出納之吝,謂之有司. 20/2

여기서 잘못읽기와 관련하여 주목할 필요가 있는 구절은 惠而不費라는 말이다. 이 말은 무엇을 의미할까?

惠而不費.

오해된 뜻 **혜택을 주되 헛수고는 하지** 않는다.

원래의 뜻 **혜택을 끼치고 나눠 주지** 않는다.

문의 자체가 지닌 미묘성 때문에 원문은 물론 우리 말 해석까지도 언뜻 그 의미가 짐작되지 않을는지 모른다. 따라서 우선 원래의 뜻인 "혜택을 끼치고 나눠주지 않는다"는 어색한 번역에 대해서도 잠시 인내할 필요가 있다. 역어 선택의 곤란함은 이 짧은 구절에 이르러서 가장 유감없는 예시를 보여 주고 있기 때문이다.

원래 이 말은 공자의 사상 중에서도 가장 중요하고 핵심적인 한 내용을 겨냥한 것으로 보인다. 그것은 바로 공자가 자공子貢이나 자로子路, 중궁仲弓 등과의 대화에서 심각하게 다루었던 문제, 즉 한 인간이 다른 사람에게 나아가고 영향을 주는 것은 어떤 방식으로 이루어지는가 하는 문제를 이 말이 다루고 있다는 사실이다.

공자는 언제나 자기 자신을 벗어나지 않는 가운데에서의 노력을 통해서 천하를 이롭게 한다는 확고한 통찰을 가지고 있었다. 이 惠而不費라는 말은 진정한 베풂의 구조를 설파하는 것으로는 그 이상의 표현이 있을 수 없을 만큼 명쾌한 표현이다. 費는 일반적으로 쓰는 것, 소모하는 것을 의미하며 마치 빗자루처럼 쓸수록 닳거나 독 안의 곡식처럼 퍼내면 줄어드는 것을 뜻한다. 말하자면 자선이나 구휼救恤 같은 것이 바로 費의 대표적인 것이다. 그러나 공자가 생각한 진정한 惠는 그런 것이 아니다. 그것은 써도 닳아지지 않고 퍼내어도 줄어들지 않는다. 그리고 바로 그러한 혜택만이 진정한 혜택, 진정한 베풂이 된다는 뜻이다. 惠而不費는 진정한 베풂이 가지는 특성을 설명하

기 위한 말이었다.[41]

따라서 잇따르는 因民之所利而利之,斯不亦惠而不費乎? 즉 "백성이 이로운 바에 따라 이롭게 하는 것이 곧 혜택을 주고 헛수고를 하지 않는 것이 아니겠느냐?" 하는 '논어 안의 해석'은 이 惠而不費에 대한 최초의 그릇된 해석이다. 비록 子曰로 되어 있지만 공자의 말이 아닌 것이 분명한 이 해석은 백성에게 이로움을 주려 할 때는 그것이 정말로 백성에게 이로운지를 잘 따져 보고 베풀어야 하며 그렇지 못할 경우 자신은 혜택을 준다고 하더라도 백성에게는 아무런 도움이 되지 않는 결과를 초래할 수도 있다는 뜻에 불과하다.

그러나 이 해석은 아무런 내용을 지니지 않는다. 공자의 말 중에서 이런 하나마나 한 말은 없다. 따라서 惠而不費는 분명히 공자가 직접 말한 의미심장한 진술에 틀림없지만 이 말이 요왈편에 수록될 때에는 因民之所利 이하의 그릇된 해석이 붙음으로써 정체를 드러낼 가능성을 거의 완전히 잃어버리게 되었다고 볼 수 있다. 만약 惠而不費가 이 모든 불리한 조건 속에서도 그 자신의 정체를 드러내고 인정받을 수 있다면 그것은 이 짧은 사자성어四字成語가 담고 있는 결코 영원히는 숨겨질 수 없는 진실이 스스로 우리의 인식을 향해 암묵적으로 역할을 하는 탓이라 할 것이다.

勞而不怨도 역시 논어 안에 수록된 논어 구절에 대한 오해의 경우인데 이 경우는 惠而不費와 달리 그것이 오해라는 증거를 논어 안에 가지고 있다. 이 말의 원래의 의미는 이인/18에 수록되어 있다. 이

---

41) 惠而不費는 『좌전』 양공(襄公) 29년조에 惠而不費라는 표현이 나오는데 역시 같은 의미로 보인다. 이는 惠而不費가 공자의 독창적 구성이 아니라 전승된 지혜의 일단임을 말해주는 것으로서 그렇다면 이 지혜의 부연이라 할 수 있는 己所不欲,勿施於人이나 己欲立而立人 등 논어의 백미를 이루는 사상도 역시 전승되어 온 지혜의 일단이었다 할 것이다. 공자는 "전술하였을 뿐 지어 내지 않았다"(述而不作)고 스스로 밝힌 바 있다.

원래의 의미와 요왈/2에 수록된 와전된 의미를 비교해 보면 다음과 같다.

勞而不怨.

오해된 뜻 **애는 쓰되 원망하지** 않는다.(이인/18에서의 뜻)

원래의 뜻 **일을 시키더라도 원망을 듣지** 않는다.(요왈/2에서 와전된 뜻)

설명하기에 따라서는 이인편의 勞而不怨과 요왈편의 勞而不怨은 한자가 가진 유별난 다의성으로 인하여 우연히 그 외형이 같게 되었지만 실제로는 처음부터 서로 다른 의미로 쓰인 것이고 따라서 어느 하나가 다른 하나의 와전이라고 보기는 어렵다고 주장할 수도 있을 것이다. 그러나 과연 그럴까? 논어의 많은 곳에서 볼 수 있는 공통된 해석상의 논란처럼 이 논란을 두고도 우리는 실증을 위한 그 어떤 제3의 잣대를 가지고 있지 않다. 유일한 방법은 여기에서도 변함없이 이 사자성어를 앞에 두고 이천오백 년 전에 살았던 한 사나이의 심중을 면밀히 탐색하는 길밖에는 없다. 바로 그에 좇아 말할 수 있는 것이 요왈편의 勞而不怨은 이인편의 勞而不怨이 거두절미한 상태로 통용되다가 엉뚱한 뜻으로 와전된 경우라는 사실이다.

사실 요왈/2에서 "다섯 가지 아름다움"五美이라 일컬어진 것 중 세 가지는 그 원래의 자리가 밝혀져 있다. 勞而不怨은 이인/18이, 泰而不驕는 자로/26이, 威而不猛은 술이/40이 각각 그 원래의 자리다. 惠而不費와 欲而不貪도 역시 원래의 자리가 있었겠지만 거두절미한 사자성어로만 남아 떠다니다가 요왈편의 기록자에 의해 재구성되고 편입되었을 것이다. 그 중 欲而不貪은 원래의 뜻을 아주 정확히 전하고 있지만[42] 惠而不費는 전술한 바대로 그 뜻이 완전히 왜곡되고 말았으며 勞而不怨도 역시 왜곡된 모습으로 수록되었다.

어쨌든 그것이 원래부터 이인/18과 별개의 의미를 지녔을 가능성은 없다. 왜냐하면 勞而不怨이라는 말은 "일할 만한 것을 택하여 일을 시키니 또한 누가 원망할 것이냐?"擇可勞而勞之, 又何怨? 하는 뜻으로 해석되기에는 구문상의 조건이 거의 맞지 않고 무엇보다 그 내용에 있어서 전혀 공자다운 데가 없기 때문이다.

마지막으로 들 수 있는 또 하나의 사례는 논어 편집자의 잘못읽기라 할 수 있는 것이다.

자공子貢이 말하였다.

"선생님의 문화론文化論은 들어 볼 수 있었으나 선생님께서 인성人性과 천도天道에 대해 말씀하시는 것은 들어 볼 수 없었다."

子貢曰:夫子之文章,可得而聞也.夫子之言性與天道,不可得而聞也. 5/13

정자와 주자는 이 단편에 대하여 자공이 평소에는 공자가 인성과 천도에 대하여 좀처럼 말하지 않다가 어느 날 처음으로 인성과 천도에 대하여 말하는 것을 듣고는 너무나 감탄하여 이러한 말을 한 것으로 해석하였으나 이는 성리학자들의 아전인수에 지나지 않는다. 이 단편은 표현된 그대로 공자가 인성과 천명에 대하여는 거의 말하지 않았기 때문에 들을 기회가 없었다는 객관적 진술일 뿐이다. 그렇다

42) 欲而不貪에 대한 설명 欲仁而得仁, 又焉貪에 있어서도 欲仁而得仁의 원형은 술이/16의 求仁而得仁으로 보인다.

면 왜 이 단편은 논어 안에 들어 있는 논어 잘못읽기의 사례가 되는가? 그것은 이 단편이 제자들을 비롯한 여러 인물에 대한 평가만을 모은 공야장편에 들어 있다는 사실에 있다.

이 단편이 인물평가가 아님에도 불구하고 공야장편에 실린 것은 논어 편집자가 이 단편의 可得而聞과 不可得而聞을 자공이 스스로의 지적 능력에 대해 고백한 것으로 잘못 해석하였고, 그래서 이 단편을 자공을 평가할 수 있는 자료로 착각하였기 때문이다. 즉 논어 편집자는 이 단편의 진정한 해석이나 성리학자들의 해석과는 또 다른 제3의 해석을 하고 있었으니 그는 자공의 말이 "선생님께서는 평소 문장뿐만 아니라 인성과 천도에 대해서도 자주 말씀하셨지만 나 자신의 능력 부족으로 문장은 알아들을 수 있었으나 인성과 천도에 대해서는 무슨 말인지 알아들을 수 없었다"는 고백의 의미로 그릇 해석하여 이 단편을 공야장편에 분류하고 말았던 것이다.

비록 많지 않은 사례이기는 하지만 이들 단편은 논어 단편에 대한 논어 안의 잘못읽기라는 점에서 논어 바로읽기가 수행해야 할 작업 대상이 얼마나 뿌리 깊은 것이고 우리가 그 인습과 그릇된 권위의 벽을 넘어서기 위해서는 얼마만큼의 용기와 믿음이 필요한지를 여실히 보여 주는 사례들이라 할 것이다.

3. 논어 바로읽기의 과제들

논어읽기가 일반적인 독서와 다른 측면이 있다면 그것은 바로 논어 자체가 일반적인 전적과는 다른 것이기 때문이라 할 수 있다. 논어에 대하여는 이미 많은 사람들이 그 읽기의 특수성을 지적한 바 있는데 그 지적을 간추려 본다면 한마디로 "논어는 읽으면 읽을수록 더 새롭고 더 깊은 의미에 접하게 된다"는 것이다. 얼핏 보기에 대수롭지 않은 지적 같지만 그 난해함 때문이 아니라 의미의 깊고 넓음 때문에 거듭하여 읽을 수 있는 전적은 인류사에 결코 많지 않았다.

일찍이 정자程子도 "내가 십칠팔 세 때부터 논어를 읽었는데 당시에 이미 문장의 뜻을 깨우쳤으나 그것을 더 오래 읽음으로써 의미가 더 심장함을 깨달았다"[43]고 했고 또 "논어를 읽음에 다 읽고 나서도 아무렇지도 않은 사람이 있는가 하면 다 읽고 난 후에 그 가운데에 한두 구절을 얻어 기뻐하는 자도 있고 다 읽고 난 후에 그것을 좋아할 줄 아는 자도 있으며 다 읽고 난 후에 곧 저도 모르게 손이 춤추고 발이 뛰는 자도 있다"[44]고 했는데 역시 논어가 가진 특별한 깊이를 지적한 것이다.

논어읽기의 이러한 특수성은 논어가 허구가 아닌 실제라는 점,

---

43) 程子曰:頤自十七八讀論語,當時已曉文義,讀之愈久,但覺意味深長.

44) 程子曰:讀論語,有讀了全然無事者,有讀了後其中得一兩句喜者,有讀了後知好之者,有讀了後直有不知手之舞之足之蹈之者.『論語集註』序說

『노자』나 『장자』처럼 어떤 사상의 주관적 서술이 아니라 한 희유한 인격을 중심으로 전개된 구체적 대화의 기록이라는 점에서 비롯된 것이다. 깊이를 알 수 없는 심연처럼 논어는 우리에게 다함없는 한 세계를 열어 보이고 있다. 이 때문에 논어를 읽는 일은 어두운 객석에 앉아서 무대 위의 현란한 연극을 보듯이 논어의 세계를 관람하는 것이 아니라 그 세계에 뛰어드는 일이며 그 세계와 씨름하는 일이다.

그리고 그 세계와 씨름하기 위해서는 논어의 경험과 스스로의 경험을 포개어 보는 진지성이 필요하다. 두 경험이 포개어질 때 그 두 경험 사이에는 창조적 상조相照가 일어난다. 그것은 마치 두 개의 소리굽쇠가 일정한 영역 안에서 서로 접근할 때 이루어지는 공명현상共鳴現象과도 같다. 논어는 아직도 울리는 하나의 소리굽쇠다. 그리고 그 옆에 또 하나의 소리굽쇠, 즉 우리의 지각과 판단과 경험과 사려의 총체가 있다.

사실 우리 경험의 가장 깊은 곳에는 공자의 지고한 경험과 동질적인 경험이 포함되어 있다고 할 수 있는데 다만 그것이 왜곡되거나 잠들어 있는 경우가 많을 뿐이다. 공명은 그 왜곡되거나 잠든 경험으로 하여금 제 본래의 위상과 역할을 갖추게 한다. 그 점에서 논어읽기는 단순한 독서가 아니라 행동이고 실천이다. 그것은 논어의 경험을 '그때'가 아닌 '지금'의 것으로, '저곳'이 아닌 '여기'의 것으로 만드는 일련의 과정이기도 하다. 사실 그것은 공자가 이미 溫故라고 불렀던 바의 것으로서 溫故는 논어읽기에 관한 한 지금도 변함없는 준칙이 된다.

이 준칙에 바르게 입각하여 읽혀진 경우 논어는 그 글보다 뜻이 먼저 읽혀진다는 기묘한 독서 체험을 불러일으킨다. 그것은 한두 글자의 뜻을 파악하기 위하여 그 자의와 용례를 백방으로 뒤적이는 경우가 있음에도 불구하고 여전히 의미 있는 체험이자 원칙이라 할 수 있다. 왜냐하면 공자의 경험 내용이 가진 두드러진 진실성은 비록 글자를 매개로 하고 있음에도 불구하고 우리 경험 속의 동질적 변수를 직접 울리며 다가오고 우리는 그 직접성이 매개로서의 글자보다 오히려 더 직접적이라고 여기게 되기 때문이다.

일반적으로 논어에 대한 이해와 해석상의 오류는 이 직접성을 잃어버림으로써 빚어지는 것이다. 이를테면 한위대漢魏代 고주의 많은 오류는 바로 경직된 훈고학적 관심이 이러한 경험의 직접적 상호교호를 차단함으로써 발생한 것이었다. 단적인 예로 훈고학적 관심은 단편과 단편의 배치에도 일정한 의미를 부여하여 하나의 단편을 그에 앞서거나 뒤서는 단편과의 연관 속에서 해석하는 기묘한 관행을 낳기도 했는데 이로 인하여 그릇된 해석에 이른 예가 한두 단편에 그치지 않고 나아가 장章의 구분에까지 영향을 미쳐 다수의 그릇된 합장合章을 만들어 내기도 하였다. 바로 논어 단편이 던져 주는 메시지를 직접 간취하지 못하고 자구와 편집에서 무언가 미언대의微言大義를 캐어 보겠다는 그릇된 방향 설정이 낳은 결과였다.

심지어 훈고학적 관심은 학이學而편과 위정爲政편의 배치에도 일정한 의도가 있는 것으로 판단하여 "이는 먼저 배운 후에야 정치를 하여 백성을 교화함을 밝힌 것이며 고로 위정편을 학이편 다음으로 한 것이다"[45] 하는 견강부회의 논리를 낳기도 하였다.

이 문제는 논어 해석 방법으로서의 소위 '이경석경'以經釋經의 문제에 이어진다. 이경석경은 논어읽기에서 가장 중요한 방법이라 할 수 있지만 원칙적으로 그것은 하나의 단편을 논어의 전체 정신 가운데에서 이해하고 동시에 논어의 전체 정신을 각 단편에 구체화된 제반

45) 是明先學後乃可爲政化民,故以爲政次於學而也.『論語義疏』

의미의 종합을 통해 파악하는 것이다. 따라서 특정의 단편을 또 다른 특정의 단편을 통해 이해하는 것도 이 기본구도를 떠나서 이루어지는 것이 아니다. 전체가 개입되지 않은 상태에서 개별 단편과 단편을 기계적으로 연결시켜 시도하는 이경석경은 한위대 경전 해석에 흔히 등장하는 것으로 그것은 논어의 경험을 해석자의 경험 안에서 되살리지 못함으로써 숱한 해석을 그릇된 방향으로 이끌고 갔던 것이다.

청대의 고증학적 관심도 역시 일정하게 경험의 직접적 상호 교호를 방해하는 역할을 하였는데 고증학적 관심은 논어 단편의 해석을 지나치게 『좌전左傳』이나 『주례周禮』 등의 기록에서 근거를 찾아 짝을 맞추고서야 직성이 풀리는 해석 방법을 고집함으로써 논어 단편이 그 자체로서 직접 전달하고 있는 명백한 의미마저 놓치고 마는 결과를 초래하였다. 유보남劉寶楠의 『논어정의論語正義』나 정약용의 『논어고금주論語古今注』가 범한 숱한 오류에서 바로 이러한 청대 고증학의 뿌리 깊은 영향을 발견할 수 있다.

오늘날에도 논어읽기에서 오류가 발생하는 주요 원인 중 하나는 이처럼 논어의 자구를 통해 문의를 추정하려는 데에서 온다. 이러한 추수적追隨的 태도는 자구로 표시되지 않은 화자들 간의 당연한 경험적 전제를 전혀 고려하지 못함으로써 오도된 착상과 그에 따른 무리한 해석을 낳는 것이다. 이를테면 공야장/26에서 공자가 스스로의 소원이라고 밝힌 바, "늙은이들은 그것을 누리고 벗들은 그것을 믿고 젊은이들은 그것을 품는 것이다"老者安之, 朋友信之, 少者懷之가 어느 시대에도 제대로 해석되지 못했던 것은 바로 경험이 자구 해석을 이끌지 못하고 오히려 자구에 이끌려 왔기 때문이다.

논어읽기에서 이러한 측면은 비단 논어 단편의 그릇된 해석이 표면적으로 드러나는 경우에만 국한된 것은 아니다. 오히려 훨씬 더 흔히는 제대로 해석된 단편에 있어서 그 이해의 깊이를 둘러싸고 야기되고 있다. 이를테면 無友不如己者와 같은 짧은 문장도 그렇다. 이 문장은 "자기만 못한 자와 벗하지 말라"는 해석에 외형상 아무런 이상이 없다. 일견하여 너무나 평범하고 당연한 말이기 때문에 오히려 뚜렷한 느낌을 갖지 못하고 스쳐 지나기 쉬운 구절이다. 그러나 이 단편의 경험이 우리의 경험에 침투하게 되면 이 말은 미묘한 양감을 지니게 된다. 즉 이 말은 자기보다 못한 사람하고만 벗하기 쉬운 인간 본성의 취약점을 겨냥하고 있기 때문이다.

공자의 안목은 인간이 자신의 어리석음을 둘러싸고 취할 수 있는 온갖 행태를 꿰뚫고 있다. 모든 인간에게 부여된 지혜와 성숙의 절대적 요구를 이해하고 그 요구에도 불구하고 스스로의 어리석음에 대하여 갖는 절망을 이해하고 그 상황을 직시하지 않으려는 온갖 도피적인 행태와 그 행태 속에 깃들인 정체성에의 불안을 이해할 때 無友不如己者는 비로소 적실하고 힘찬 요구로 다가온다. "… 하지 말라"는 공자의 요구는 기로에 선 한 인간에 대한 가차 없는 요구라 할 수 있다. 실천적 고비를 넘어선 인간에게서만 나올 수 있는 이러한 요구의 직설성直說性은 진리에 대하여 객관적, 제3자적인 언급만을 무료히 되풀이하고 있는 오늘날의 저 숱한 '학문적' 접근과는 명백히 차원을 달리하고 있는 것이다. 우리에게 익히 알려져 있는 학이편 제1장도 예외가 아니다.

선생님께서 말씀하셨다.

"배워서 때에 따라 익히니 또한 기쁘지 않으냐? 벗이 있어 멀리서 찾아오니 또한 즐겁지 않으냐? 남이 알아주지 않아도 섭섭해하지 않으니 또한 군자가 아니냐?"

子曰:學而時習之,不亦說乎?有朋自遠方來,不亦樂乎?人不知而不慍,不亦君子乎? 1/1

아무도 이 단편을 놓고 그 의미를 모른다고 생각하거나 난해하다고 여기지 않을 것이다. 그러나 이 단편을 통하여 공자는 무엇을 말하고자 한 것일까? 훨씬 중요하면서도 놓치기 쉬운 문제가 不亦說乎, 不亦樂乎, 不亦君子乎라는 반복된 문구에 가로놓여 있다. 공자가 세 가지 삶의 모습을 "기쁨"說과 "즐거움"樂과 "군자"君子로 제시하면서 그것을 不亦~乎라는 표현과 결합시키고 있는 것을 주목해 볼 필요가 있는 것이다. 이는 바로 그 세 가지 삶의 모습이 일반적인 가치관에서는 도무지 기쁨, 즐거움, 또는 군자로 받아들여지지 못하는 속된 현실을 배경으로 하고 있다. 세상의 기쁨은 입신양명 등 세속적 욕망의 성취에, 세상의 즐거움은 부귀와 환락에, 세상의 군자는 단지 높은 신분에 있다고 받아들여지고 있는 현실 속에서 공자는 실로 역설적인 한 유형을 제시하고 있는 것이다.

바로 그런 점에서 亦은 인생관과 가치관에 걸친 하나의 아이러니다. 이 亦 속에 공자의 당당함이 있고 웃음과 여유가 있다. 不亦~乎는 이 단편의 탁월한 트릭이다. 그것은 마치 기왕의 세속적 가치관 사이에 끼어드는 듯한 모습을 취하고 있지만 바로 그렇게 함으로써 듣는 사람으로 하여금 이 역설적 제안을 생각해 볼 여유를 갖게 한다. 듣는 자는 전혀 강요되는 느낌을 받지 않고 자율적으로 가치관의 재검토라는 문제에 다가갈 수 있게 된다. 亦은 단연 이 단편의 생동점이다. 이를테면 성리학이 그 뛰어난 인식능력에도 불구하고 놓치고 있었던 것은 바로 이러한 유의 생동성이었다.

학이/1은 이러한 이해에 의해 비로소 무미건조한 교설이기를 넘어 그 속에 날카로운 콘트라스트를 포함하고 있는 위대한 요구가 된다. 이러한 경우는 논어 가운데에서 얼마든지 더 많은 사례를 들 수 있을 것이다.

『새번역 논어』는 유교의 일반 원칙, 전통적 해석의 권위를 돌아보지 않고 논어 단편이 직접 들려주는 소리에 귀를 기울이고 그것이 직접 열어 보이는 정경에 주목하면서 수행한 번역이다. 비록 나름대로의 한계 안에 있는 것이기는 하겠지만 그 결과는 실로 적지 않은 논어 단편에 대한 번역과 해석을 바꾸는 것으로 귀결되었다.

오늘날 주자의 논어 해석을 바탕으로 하면서 그 일부분에 걸쳐 수정 보완을 가한 전형적인 현대 한글 번역서들을 기준으로 하여 『새번역 논어』가 그동안의 잘못읽기를 바로잡은 경우들을 열거하면 대개 다음과 같다.[46]

제 1편	學而	7, **9**, 10, **13**	4/16
제 2편	爲政	8, **11**, 12, 13, 14, **16**, 20	7/24
제 3편	八佾	**8**, 24	2/26
제 4편	里仁	**2**, 4, 7, 11, 14, **23**, 26	7/26
제 5편	公冶長	2, 7, 12, 14, 22, 23, 26	7/28
제 6편	雍也	3, **16**, 27, 29, 30	5/30
제 7편	述而	**2**, 11, 13	3/40
제 8편	泰伯	4, 15, 21	3/22
제 9편	子罕	5, **7**, 10, **15**, 17	5/31
제10편	鄕黨	–	0/28
제11편	先進	**1**, 2, 20	3/27

46) 제시된 수치는 초판의 69개보다 세 개가 줄어든 66개이다. 또 『새번역 논어』 초판에서 '종래의 해석'이 소개된 경우는 75개로 그 수치가 또 다르다. 개정판은 66개로 양쪽 모두 통일시켰는데, '종래의 해석'을 구태여 배척한다고 보기 어려운 몇몇 사소한 새 해석을 제외한 결과다.

第12편	顔淵	2, 16	2/25
第13편	子路	2, 14, 21, **23**, 28	5/30
第14편	憲問	**25**, 27, **28**, **29**	4/47
第15편	衛靈公	13, **15**, 24, 26, 32, **35**, 37	7/42
第16편	季氏	-	0/14
第17편	陽貨	3	1/26
第18편	微子	-	0/11
第19편	子張	12	1/25
第20편	堯曰	-	0/ 3
			66/521

※ 굵은 글씨로 표시된 단편은 기왕의 소수설 중에 동일한 견해가 있는 것으로 판명된 경우임

이 분포를 보면 뚜렷한 특징이 드러난다. 우선 마지막 다섯 개 편에서는 잘못읽기의 문제가 거의 발생하지 않고 있다는 것을 알 수 있다. 다섯 개 편 중에서 그래도 가장 신뢰도가 높은 양화편에 한 개의 잘못읽기가 있는 것을 제외하면 자장편의 하나는 단지 사소한 부분에 걸친 것이다.

그 반면 전 열다섯 편에서는 역시 기록자의 관점에 다소의 문제가 있는 것으로 보이는 향당편을 제외하고는 거의 모든 편에 걸쳐서 잘못읽기가 발생하고 있는데 그 숫자는 공야장편의 여덟 개를 필두로 위정편과 이인편, 위령공편의 일곱 개 등 평균 너덧 개에 이르고 있다.

특히 제1편에서 제5편에 이르는 다섯 개 편 중에서는 예악이라는 특수 주제를 다루고 있는 팔일편을 제외하고는 전체 단편수의 약 25% 이상에서 전통적으로 오류가 발생하여 왔다는 것을 알 수 있다. 그다음으로는 제6 옹야편과 제9 자한편, 제13 자로편, 제15 위령

공편이 약 15% 안팎의 오류율을 보이고 있다.

제1,2,4,5편에 가장 많은 잘못읽기가 발생하고 있는 원인은 아마도 이 앞부분에 가장 수준 높은 단편들이 집중되어 있는 것과 관련이 있는 듯하다. 위정편은 공자의 발언 중에서 반어적 발언을 가장 많이 포함하고 있는데 거의 대부분 위작으로만 구성된 계씨편에 반어적 발언이 거의 포함되어 있지 않고 따라서 해석상 논란도 거의 없다는 점을 생각하면 위정편의 반어적 발언은 자구 해석만으로 의미를 건져 올리려 한 전통 유가들의 평면적 접근에 대하여 그 본래의 면목을 감추어 왔다고 볼 수 있을 것이다.

이인편은 최고 수위의 단편을 특히 많이 포함하고 있는 편으로서 그동안 잘못 읽혀 온 일곱 개의 단편 역시 경험의 직접적 상호교호가 없이는 그 실상을 드러내기 어려운 단편에 전형적으로 속하는 것들이다. 공야장편에서 발생한 잘못읽기는 공야장편이 주로 공자의 제자들에 대한 인물평으로 구성되어 있는 것과 관련이 있는 것 같다. 서로를 익히 잘 알고 있는 스승과 제자 사이에서의 섬세한 감각이 살아 있는 이러한 단편에서는 전술한 잘못읽기의 제1유형과 제2유형이 더 나타나기 쉬운 것이다.

이 밖에도 『새번역 논어』는 위에 열거하지 않은 적지 않은 단편의 해석을 바꾸었는데 이는 적어도 과거의 지배적 해석보다는 새 해석이 더 타당성이 있다고 판단하였기 때문이다. 다만 새 해석이 절대적으로 타당하냐 하는 종국적 판단에 있어서 여러 가지 사유로 유보적 입장을 견지하고 있다는 점에서 위에 열거한 단편들과 다소 차이를 지니고 있을 뿐이다. "후세의 안목 있는 선비를 기다린다"는 허울 좋은 명분에 따라 꼼짝없이 구차한 옛 주석만 답습하는 것보다는 원전과 직접 맞서서 새로운 해석을 시도해 보는 것이 더 뜻 깊은 일이 될 것이라고 생각한다. 이러한 입장에서 시도한 새 해석이 팔일/6 외에도 공야장/24, 옹야/13 및 25, 향당/15, 선진/5 및 22, 헌문/34, 위령공/39 등 십수 개에 이른다.

다산 정약용丁若鏞은 『논어고금주論語古今注』를 집필하고 나서 그의 형 약전若銓에게 보낸 편지에서 "이제야 이 밖에 새로 더 보충할 것이 없다고 말할 수 있겠습니다"[47]고 자부하였다. 그러나 그러한 자부에도 불구하고 오늘날에 와서 보는 그의 작업 결과는 여전히 많은 오류와 독단, 간과로 점철되어 있음을 우리는 보고 있다. 그것을 구태여 모든 시대가 가진 운명적 제약이라고는 생각하지 않지만 정약용의 경우는 그 어떠한 해석도 논어를 완벽하게 해석하는 데에는 한계가 있을 수밖에 없음을 잘 보여 주고 있는 셈이다.

실제 위정/23의 子張問十世章이나 팔일/9의 夏禮吾能言之章, 팔일/10의 禘自旣灌而往者章, 팔일/21의 哀公問社於宰我章, 팔일/23의 子語魯大師樂章, 태백/16 師摯之始章, 자로/22의 不占而已矣, 그리고 향당편의 몇몇 단편처럼 당시의 예악제도나 관습과 깊숙이 관련되어 있는 단편은 원래의 의미를 정확하게 짚어 내는 데에 적지 않은 어려움이 있다. 또 꼭 그러한 부분이 아니라 하더라도 옹야/28의 子見南子章, 술이/28의 亡而爲有 이하, 향당/28의 色斯擧矣章, 안연/10의 愛之欲其生 이하, 위령공/39의 有敎無類 등도 여전히 그 정확한 의미에 대해 모호한 점이 있는 단편들이다.

나는 그것이 보다 훌륭한 해석자에 의해 감추어지지 않고 드러날 수 있기를 바란다. 그러나 이들 단편뿐만 아니라 모든 단편들이 좀 더 심도 있게 그 의미를 드러내는 것은 역시 우리의 경험과 논어의

47) 始謂此外無可新補者. 『丁茶山全書』 詩文集·書

경험이 외롭게 서로 상조相照하는 가운데에서 이루어지는 것이지 결코 기왕의 논어 해석사를 주도해 온 저 끈질긴 권위와 관습의 힘이 지배하는 가운데에서는 아닐 것이다.

Ⅳ
공자와 그의 시대

1. 생애 탐구가 지닌 제한

사람들은 흔히 "사상은 환경으로부터 나온다"고 말한다. 이 말은 당연한 말이기는 하지만 동시에 여간 조심해서 적용하지 않으면 안 된다. 왜냐하면 많은 사람들이 그런 말을 하면서 사상을 단지 환경이라는 틀이 찍어 낸 주조물鑄造物 정도로 생각하기 때문이다. 그러한 생각은 사상의 창조적인 측면을 희생시킨다.

그럼에도 불구하고 사람들은 한 사람의 사상가를 이해하기 위해 무엇보다 먼저 그의 환경을 살펴본다. 그의 가계家系를 조사하고 성장 과정을 살펴보며 소속된 계층의 특성을 분석하여 그의 사상 형성에 결정적 영향을 준 역사적, 사회적 조건을 탐색한다. 문제는 이러한 노력들이 부질없다는 것이 아니라 흔히 사람들은 이러한 노력을 통해 확보한 정보들 틈에서 길을 잃어버리고 만다는 데에 있다. 실제 어떤 사상은 단지 환경의 피상적 반조返照에 불과한 경우가 있다. 이런 경우는 대개 그 사상에 창조적 내용이 결여되어 있어 환경이 변화할 경우 그 사상도 함께 생명력을 잃어버리는 것이 보통이다. 그러나 그렇지 않은 사상이 있다. 논어의 경우가 바로 그렇다.

논어는 바로 그 반대다. 논어는 환경으로부터 나왔지만 환경을 넘어선다. 그것은 논어가 환경의 이것 또는 저것에 얽매이지 않고 이것 또는 저것의 이면에 가로놓인 훨씬 본질적인 문제들에 도전하여 바야흐로 그것을 관철해 내었기 때문이다. 그렇기 때문에 논어의 일차적 환경을 뒤적거려서 거기에서 논어의 진면목을 찾으려는 시도는 모두 헛수고로 귀결될 수밖에 없다.[1] 따라서 그 역逆, 즉 본질적인 접근의 유효성이 성립한다.

나는 계강자를 공자의 제자로 잘못 알고 논어를 읽은 대학 일년생의 논어 이해가 논어의 환경을 낱낱이 연구한 노 철학교수의 논어 이해보다 더 못해야 할 아무런 이유가 없다고 믿는다. 확실히 그는 몇몇 단편의 해석에 오류를 범할 것이고 또 몇몇 단편은 놓쳐야 할는지 모른다. 그러나 그런 불이익이 그로 하여금 철학교수의 그것보다 더 나은 논어 이해에 도달하는 것을 근본적으로 방해하지는 않는다.

적어도 최초의 제자들은 이 점을 잘 이해하고 있었다. 그래서 그들은 논어를 편집하면서 공자의 생년월일과 가계를 언급하지 않았고 그의 어린 시절이나 성장기의 사건들을 언급하지 않았고 그의 외유 경로나 그 노정에서 있었음에 틀림없는 무수한 일화들을 언급하지 않았다. 왜냐하면 그 모든 것은 공자의 진면목을 기록으로 남기고자 하는 그들의 의도에 비추어 결코 본질적인 의미를 지닌 것이 아니었고 따라서 논어 위정/4에서 공자가 스스로 밝힌 짤막한 한 토막의 자전적 회고에도 미치지 못하는 것임을 잘 알고 있었기 때문이다.

제자들의 시대가 가고 공자가 점점 신화나 전설이 되면서 비로소 최초의 제자들이 관심을 두지 않았던 사실들, 즉 그의 출생과 가계와 이런저런 행적과 일화에 대한 관심이 대두하기 시작하였다. 이러한 관심은 오늘날에 이르기까지 수많은 공자전孔子傳을 출현시킨 원천이었는데 그 최초의 것이자 가장 권위 있는 것이 사마천에 의해 기록된

---

1) 이를테면 크릴이 그의 『공자, 그 인간과 신화(*Confucius, The man and the Myth*)』에서 '시대의 상하에' 선 대단히 흥미로운 공자상을 그려 내었음에도 불구하고 공자의 진정한 정체성에 관한 한 철저히 무력성을 노출하고 있는 것은 바로 공자와 춘추시대라는 환경을 너무 직접적으로 대응시켰기 때문이라고 할 수 있다.

『사기』「공자세가孔子世家」다. 그러나 「공자세가」는 바로 그러한 전기를 구성하는 일이 얼마나 명백한 한계를 갖는지를 보여 준 최초의 기록이기도 하다.

「공자세가」는 논어에 기록된 몇몇 단편들을 그 당시까지 전승되어 오던 신통치 못한 몇몇 일화들과 서투르게 조합한 것에 불과하다. 이는 제대로 된 공자의 행장을 구성해 보고자 하는 우리의 염원에도 불구하고 우리가 바라는 공자의 행적과 주변 정보들은 전승되거나 기록될 기회를 갖지 못한 채 이미 오래 전에 역사의 저편에 묻혀 버리고 말았음을 보여 주는 것이다.

그럼에도 불구하고 사람들은 남아 있는 기록과 상상력에 의거해서라도 가급적 그의 전기를 보다 생생하게 재구성해 보려는 노력을 포기하지 않는다. 우선 우리는 이러한 노력이 그릇된 인식욕에서 비롯된 것일 수 있다는 점을 경계해야 한다. 때때로 그러한 노력은 공자에 대한 진정한 이해를 증진시키기보다 오히려 그것을 가로막는 요인이 되기 때문이다. 마치 우리가 어떤 사람을 제대로 이해하려고 노력하는 대신 그의 사진과 간단한 프로필에서 더 손쉽게 구체성을 느끼고 그것만으로 이미 그에 관한 중요한 사항을 대부분 이해했다고 여기는 것과 같다. 공자와 같은 특수한 인격에 있어서는 그러한 방법은 전혀 빗나간 방법이 된다.

따라서 우리가 오늘날 그의 생애와 시대를 다시 한번 재구성하고 각종 전승들을 비판적으로 재인식하려는 것은 그러한 작업을 통해서 비로소 공자를 완전히, 객관적으로 이해하려는 것이 아니라는 점을 잊지 말아야 한다. 그를 알고 그를 이해한다는 것은 언제나 특별한 그 무엇이다. 공자는 그 당시, 자신과 오랜 생활을 같이해 온, 자신의 환경을 어느 누구보다 잘 아는 제자 자공에게도 이렇게 말했다.

"아무도 나를 알지 못하는구나!"

莫我知也夫! 14/37

따라서 그의 생애와 시대를 이해하는 것은 공자를 이해하는 데에 필요한 한 측면이기는 하겠지만 그것만으로는 단순한 정보 이외의 아무것도 아니다. 논어에 표현된 본질적인 정신이 그의 생애와 시대에 개입할 때 비로소 그것은 약간의 의미를 가질 뿐이다. 그렇다면 사상은 환경으로부터 나온다는 말은 논어에 관한 한 오히려 그 역이 더 잘 성립하는지도 모른다. 즉 환경은 특별한 사상에 의하여 비로소 규정되고 의미를 얻는다고. 논어는 환경으로부터 나왔지만 다른 많은 정신적 업적들과는 달리 드물게 환경을 넘어설 수 있었기 때문이다. 그리고 그 점을 유념하는 한에서만 공자의 생애와 시대를 돌아보는 일도 비로소 생산적인 어떤 것이 될 수 있을 것이다.

2. 출생과 성장, 자아 정립

공자는 B.C. 551년[2] 노魯나라의 도성都城이었던 곡부曲阜[3] 인근의 창평향昌平鄕 추읍鄒邑에서 태어났다. 그가 노나라에서 태어났다는 것은 장차 그가 인류의 위대한 정신적 좌표가 되는 데에 특별한 행운이었다. 노나라는 지리적으로 춘추시대의 역사가 펼쳐지는 중원中原의 한 가운데에 위치해 있었고 주대周代 문화의 건설자인 주공周公과의 특별한 인연으로 인하여 문화적 보고寶庫를 이루고 있었기 때문이다.

「공자세가」의 기록에 의하면 그의 아버지는 숙량흘叔梁紇이라는 사람으로서 안씨顔氏의 딸 징재徵在와 "야합"野合하여 공자를 얻었다 한다. 그 기록 중 야합이라는 표현은 후대의 유학자들을 당혹스럽게 했다. 그러나 그의 출생에 관한 이런 저런 설화들이 거의 믿을 만한 것이 되지 못한다는 점을 고려했으면 그들이 구태여 당혹해할 필요는 없었을 것이다. 진실을 말하자면 공자의 아버지가 숙량흘叔梁紇이라는 사실부터가 대단히 미심쩍은 것이다. 왜냐하면 『좌전』 양공襄公 10년

---

2) 공자의 생년월일에 관하여는 양공(襄公) 22년, 즉 B.C. 552년설과 양공 21년, 즉 B.C 551년설이 있다. 『사기』「공자세가」는 양공 22년으로 기록하고 있지만 『춘추공양전(春秋公羊傳)』이나 『춘추곡량전(春秋穀梁傳)』은 모두 양공 21년으로 기록하고 있다. 1952년 대만 정부는 관계 학자들과 함께 각종 역법을 추산하고 간지(干支)를 검토하였다. 검토 결과 공자의 생년월일에 관해서는 1085년 북송(北宋) 때 공자의 46세손 공종한(孔宗翰)이 편찬한 『공자가보(孔子家譜)』가 가장 신빙성이 높은 것으로 알려졌는데 최종적인 공자의 생년월일은 B.C. 551년(魯襄公 22년) 9월 28일(음력 8월 27일, 周正 10월 27일)로 고증되었다.(차주환, 『孔子』, 삼성문화재단 참조)

3) 곡부(曲阜)라는 지명은 수(隋)대에 가서야 쓰이기 시작하였다. 춘추시대에는 뚜렷한 지명 없이 단지 노나라의 도(都)로만 불리었다.

(B.C. 563년)조의 기록을 보면 노나라가 벽양偪陽을 공격하였을 때 추읍郰邑[4]의 흘紇이라는 사람郰人紇이 초인적인 힘으로 성문을 들어 올려 전공을 세웠다는 기록이 나오는데 누군가가 이 『좌전』의 추인흘郰人紇과 논어 팔일/15의 추인지자鄹人之子를 연결시켜 그를 공자의 아버지로 각색한 것으로 보이기 때문이다.

니구산尼丘山에 기도를 하여 공자를 낳았다는 「공자세가」의 기록도 니구산이라는 명칭과 그의 자字, 仲尼 및 이름丘과의 유사성에서 빚어진 설화적 연상에 불과한 것으로 보인다. 또 니구산의 가운데가 움푹 꺼진 것은 공자의 정수리가 함몰되어 있었다는 설화로 그럴듯하게 꾸며졌을 것이다. 따라서 그의 부모와 그의 출생에 얽힌 설화는 더 많고 복잡하지만 대부분 무의미하고 황당하여 단순히 소개할 만한 가치도 없는 것들이다.

논어에서 확인할 수 있는 몇 가지 확실한 정보는 가족관계의 일부에 지나지 않는다. 즉 공자는 둘째아들로서 형이 있었으며 백어伯魚라는 이름의 아들 하나와 딸 하나가 있었다는 것이 그 전부다. 조금 더 부연하면 아들 백어가 공자보다 먼저 죽었다는 사실(11/8), 그리고 형의 딸을 공자가 남용南容이라는 자에게 시집보내었으며(5/2), 딸 하나는 공야장公冶長이라는 자에게 시집보내었는데 딸을 그에게 시집보내려고 결심했을 당시 사위가 될 공야장은 어떤 사건으로 구속 상태에 있었다는 사실(5/1) 정도다. 그 밖에 부모와 처에 관한 기록은 논어에서는 찾아볼 수 없다.

어린 시절 혹은 젊은 시절에 관한 신빙성 있는 정보도 거의 눈에

4) 추읍(郰邑)의 郰는 때로는 鄒 혹은 陬, 鄹 등으로 쓰인다.

띄지 않는다. 그가 태어나자 곧바로[5] 아버지가 죽었고 그의 어머니가 24세 때에 죽었다는 기록도 역시 믿기 어려워 보인다. 전설적 영웅을 둘러싼 설화구성에서 가부장적 권위를 가진 아버지의 존재는 대체로 장애요소가 된다. 따라서 공자가 태어나자마자 공자의 아버지가 죽었다든가 공자의 형이 이복형이자 불구자였다는 기록은 사실이라기보다 아마 순舜임금의 성인됨을 부각시키기 위해 설정한 그의 불우한 가족관계—맹인인 아버지, 드센 계모, 교만한 이복동생, 그리고 이들이 모두 순을 죽이려고 했다는 기괴한 관계—처럼 단지 설화 구성상의 필요에 의해 설정된 것으로 볼 수 있을 것이다. 오히려 자한/15에서 미루어 보면 그의 어머니는 그가 장성한 어떤 시점에서야 죽었고 그의 아버지와 형은 그가 제자들을 거느리고 있던 장년에도 여전히 생존해 있었던 것으로 보인다.[6]

그가 어려서 소꿉장난을 할 적에 항상 조두俎豆, 祭器를 늘어놓고 제를 올리는 시늉을 하였다는 「공자세가」의 기록도 역시 어린 시절의 공백을 메우기 위한 상투적인 설화구성으로 보아야 할 것이다.

그러나 논어 자한/6에서 그가 직접 고백한 말, 즉 "나는 젊어서 미

---

5) 『공자가어(孔子家語)』에는 3세 때에 죽은 것으로 기록되어 있다.

6) 선생님께서 말씀하셨다.
"밖에 나가서는 공경(公卿)을 섬기고 집에 들어와서는 아버지와 형을 섬긴다. 상사(喪事)에 임해서는 감히 애쓰지 않을 수 없다. 술에 취해 몽롱하게 지내지 않는다. 나에게 달리 무엇이 있겠느냐?"(子曰:出則事公卿,入則事父兄,喪事不敢不勉,不爲酒困.何有於我哉?) 9/15
논어에는 父母라는 말이 모두 아홉 번 사용되었지만 父兄이라는 말은 두 번밖에 사용되지 않았다. 한 번은 공자에 대하여(9/15), 또 한 번은 자로에 대하여(11/23) 사용되었는데 공자는 둘째아들이었고 자로는 막내아들이었다. 父兄이 아버지와 형을 구체적으로 뜻한다기보다 단지 가정의 윗사람을 뜻할 뿐이고 9/15의 말도 공자 자신의 구체적 행동이 아닌 일반론일 뿐이라고 볼 수도 있겠으나 두 경우에만 父母라는 표현 대신 父兄을 쓴 것은 두 경우의 구체적 가족관계를 의식한 결과로 보이며, 특히 9/15는 어디까지나 공자의 자기표현이지 일반론이라고 볼 이유가 없다.

천하였기 때문에 보잘것없는 일들에 대해 다능하게 되었다"[7]고 한 말은 주목할 필요가 있다. 이 말은 자신의 다능함이 자신의 환경의 특수성 때문에 비롯된 것이니까 제자들이 본질적이지 않은 부분까지 본받을 필요는 없다는 뜻에서 한 말인데, 이 말에서 우리는 그가 귀한 가문 출신이 되지 못했기에 각종 기예를 익혀야 할 필요가 있을 정도의 사회적, 경제적 배경을 지니고 있었음을 짐작할 수 있다.

제자인 금로琴牢의 증언으로 추록된 "나는 쓰이지 않았기 때문에 예藝에 능하게 되었다"는 말도 역시 그가 젊은 시절에 적당한 소임을 가지기 어려웠기 때문에 기예의 방면에 두각을 나타내게 되었음을 말해 주는 것으로 보인다. 이 점은 그가 열다섯 살 무렵에 학문에 뜻을 두게 되었다는 위정/4의 기록과도 연관성을 갖는다.

선생님께서 말씀하셨다.

"나는 열다섯에 배움에 뜻을 두었고 서른에 정립되었으며 마흔이 되어서는 현혹되지 않았고 쉰이 되어 천명을 알게 되었고 예순이 되어서는 귀가 순응하였으며 일흔이 되어서는 마음 내키는 대로 행하더라도 법도를 넘지 않았다."

子曰:吾十有五而志于學,三十而立,四十而不惑,五十而知天命,六十而耳順,七十而從心所欲,不踰矩. 2/4

그가 열다섯 살 무렵에 학문에 뜻을 두게 되었다는 것은 인간과 세상에 대하여 비록 추상적인 것일지라도 그 어떤 강한 지향을 지니게

---

7) 大宰問於子貢曰:夫子聖者與?何其多能也?子貢曰:固天縱之將聖,又多能也.子聞之曰:大宰知我乎!吾少也賤,故多能鄙事.君子多乎哉?不多也.牢曰:子云,吾不試,故藝. 9/6

되었다는 말일 것이다. 이러한 지향은 물론 가까이 체험할 수 있는 사회 환경의 영향 속에서 생겨났을 것이다. 열다섯 살이면 한 사회의 국면이 지닌 본질적인 문제점을 충분히 감지할 수 있는 연령이다. 훗날 그가 스스로의 소망 중 하나로 "젊은이들이 그것을 품는 것"少者懷之(5/26)을 말한 것도 바로 자신의 젊은 시절을 통한 이러한 체험이 뒷받침되어 있었기 때문으로 보인다.

여기에서 그가 학문에 뜻을 두게 된 개인적인 동기를 살펴보는 것은 대단히 중요한 의미를 갖는다. 전술한 바와 같이 그는 젊어서 미천하였기 때문에 그 신분적인 한계가 그로 하여금 학문에 매진하게 하였을 것이라는 사실이다. 그가 만약 대부의 신분을 가지고 있었다면 어쩌면 그러한 동기는 부여되지 못했을 수도 있다. 신분사회의 한계 안에서 미천한 신분은 그로 하여금 인간의 보편적 가치에 착안케 하였을 것이고 그것은 학문이라는 아마도 유일한 출구를 찾게 하였을 것이다.

젊은 시절의 공자를 성인의 씨앗 정도로 여기는 우리의 선입견은 젊은 공자를 둘러싼 이러한 조건들을 사상捨象시키기 쉽다. 특히 젊은 날의 공자를 그의 신분에 대한 자의식을 통하여 이해하려는 것은 공자의 위대성을 손상시키는 일이라고 여기기 쉬울 것이다. 그러나 그의 위대성은 바로 그의 인간적인 한계와 약점 위에서 피어난 것이지 결코 직접적으로 주어진 속성이 아니다. 젊은 공자는 고귀한 신분의 젊은이들 앞에서 부끄러워도 해보았을 것이고 세속적 가치관에 밀려 흔들리기도 해보았을 것이다. 그것을 부인한다면 40의 나이에 이루었다는 불혹不惑도 우리는 부인해야 할 것이다.

그러나 그는 학문을 통하여 그에게 최초의 자극을 준 제 조건들을 지양하여 모든 인간들이 평등하게 지향해야 할 대도大道를 찾게 되었다. 이 점은 맹자가 그 성년의 사고에 있어서마저 신분에 얽힌 자의식을 완전히 떨쳐 버리지 못하고 왕자王者와 유세가의 관계에 대하여 강박적으로 집착한 것과 뚜렷한 대조를 이루는 것이라 할 수 있다.[8]

20대에 들어서면서 그의 생각과 고민은 점점 구체화되고 보다 주제적인 모습을 갖추어 갔을 것이다. 위령공/31의 단편은 아마 그 즈음의 그의 모습을 재구성하는 데에 무엇보다 중요한 단서라 하겠다.

> "나는 일찍이 종일토록 먹지 않고 밤새도록 자지 않으면서 생각해 보기도 하였으나 무익했고 배우는 것만 못하였다."
>
> 吾嘗終日不食,終夜不寢,以思,無益.不如學也. 15/31

그가 회상하고 있는 그 "일찍이"嘗가 언제인지는 정확하지 않지만 스무 살 전후에 바로 그러한 체험을 하고 있었다고 보아도 크게 무리하지 않을 것이다. 그의 말은 홀로 생각하기보다 앞선 경험과 지혜로부터 배우는 것이 효율적이라는 뜻에서 한 말이지만 그 말의 본래의 취지와 관계없이 "종일토록 먹지 않고 밤새도록 자지 않으면서 생각했다"는 말은 우리를 단연 경탄케 한다. 약점도 단점도 지니고 있었던 젊은 공자가 범인凡人들과 진정으로 다른 점이 있었다면 그것은 바로 이런 점이었을 것이다.

기록에 의하면 그는 결혼하여 20세 되던 해 아들 이鯉를 낳았던 것 같고 또 잇달아 딸도 낳았다. 20세라는 연령은 신빙성이 있다고 보기 어렵지만 어쨌든 그는 남들과 별 차이 없이 적절한 연령에 가정을 가

---

8) 이를테면 『맹자』 공손추(公孫丑) 상편, 제1장에서 맹자가 관중(管仲)이나 안자(晏子) 같이 되는 것을 불명예스럽게 여긴 것에 이러한 자의식이 드러나 있다.

졌던 것 같다. 물론 그러한 생활상의 변화가 그의 지향에 다소 부담이 되었을는지는 몰라도 삶의 진실을 찾기 위한 그의 행보를 방해하지는 못하였을 것이다.

젊은 시절의 교우관계에 대하여는 아무런 기록이 남아 있지 않다. 역사상 인류의 스승으로 기록되는 대부분의 사람들이 그러하듯 공자에게 벗은 성장기를 제외하고는 그리 의미 있는 존재가 되지 못했을 것이다. 스승과 제자만이 현실성이 있는 관계가 되기 때문에 이론상 대등함을 전제로 한 교우관계는 현실적인 관계가 될 수 없기 때문이다. 그도 역시 벗들이 있기는 하였겠지만 설혹 있었다 하더라도 공야장/26에서 공자가 스스로의 소원 중 하나로 "벗들이 그것을 믿는 것"朋友信之에 대해 언급하고 있다는 사정에서 유추해 보면 지향을 함께하고 그에서 비롯된 정신세계를 공유할 만큼의 벗은 되지못하였을 것이다.

모르기는 하지만 벗들은 공자를 인정할 수 없었을 것이고 그를 단지 괴팍한 이상주의자 정도로 간주하였을 것이다. 벗들이 있었음에 틀림없고 또 향당/23이나 24에 비추어 볼 때 그들에 대하여 신의도 돈독히 유지했지만 그들과의 구체적 관계가 논어에 거의 나타나지 않고 있는 것은 바로 그러한 사정에 기인한 것으로 추정된다. 반면 제자들은 연령이 젊다는 점에서 사고가 경직되지 않았고 또 공자의 가르침에 대하여 늘 열린 태도를 유지하고 있었기 때문에 공자는 그들의 아직 채워지지 않은 가능성의 영역과 교호하는 현실성을 가질 수 있었던 셈이다.

청년 시절의 빛나는 정신적 전개는 "내 나이 서른에 섰다"고 회상할 만큼 확고한 한 단계에 이르게 되었다. 비단 그의 진술이 없었다 하더라도 한 인간에게 있어서 그의 인생관과 세계관이 정립되는 것은 보통 서른 살을 전후해서라 할 수 있다. 그렇다면 다음과 같은 가정은 단지 가정으로만 그치지는 않을 것이다. 즉 우리가 논어에서 만나는 수많은 통찰들, 인간과 세상을 꿰뚫어 보는 힘찬 한 마디 한 마디는 늦어도 그의 나이 서른 전후에 이미 형성되어 있었을 것이라는 점이다. 이러한 이해는 어떤 의미를 갖는 것일까?

우리에게 알려진 공자의 모습은 대부분 그 만년의 모습이다. 거의 모든 공자의 초상은 주름진 얼굴에 긴 수염을 가진 노인이다. 따라서 공자가 남긴 빛나는 말들을 우리는 관습적으로 그의 노성老成함과 연결시키고 있다. 장년의 공자, 특히 청년 공자를 우리는 쉽사리 상상하지 못한다. 우리는 그의 20대 혹은 30대, 심지어 40대까지도 만년의 공자가 출현하기 위한 잠복기 정도로 막연히 생각하고 있다. 그러나 공자는 스스로 "서른에 섰다"三十而立고 말했다. 위대한 인격이 스스로를 정립한 것은 서른이었다. 그 이후는 스스로도 언명한 것처럼 일련의 숙성에 해당하는 셈이다. 이러한 인식은 논어의 인격적, 지적 요구 수준을 노년의 그것으로 간주하며 연령의 안전지대에 도피해 있는 젊은 논어 독자들의 이완된 의식을 바로잡는 데에 기여할 수 있을 것이다.

젊은 공자와 관련하여 구체적인 일화가 이곳저곳에 더 산재해 있기는 하지만 대부분 신빙성이 없는 것들이다. 그 중 널리 알려진 몇 가지를 소개하자면 다음과 같다.

『좌전』 소공昭公 17년조에는 27세의 공자가 이웃 소국小國인 담郯나라의 군주를 찾아가 고대의 관제官制에 대해 배웠다는 기록이 있다. 이는 고대 관제에 대해 많이 알고 더구나 소호씨少皞氏의 후손이라는 담나라 군주가 공자에 대한 지식 제공자가 되기에 알맞다는 점에서 비롯된 후대의 소문일 것이다.

그보다 훨씬 믿을 수 없는 것은 공자가 34세 때 주周나라에 찾아가 문물제도를 둘러보고 노자老子에게 도를 배웠다는 이른바 '공자관주' 孔子觀周의 설화이다. 그가 주나라에 찾아갔다는 것은 춘추시대의 가장 위대한 한 인물을 그 시대의 형식적 중심지와 애써 결부시키고자 한 설화적 노력으로 보인다. 또 공자가 노자에게 도를 배웠다고 하는 것은 도가사상의 근원이 유가의 그것보다 상류에 있는 것처럼 만들고자 한 도가측의 헛된 노력에 지나지 않는다. 이러한 부질없는 노력은 『장자』에 이르면 더욱 극심한데 이는 도가류의 사상이 이미 기성의 권위로 자리 잡은 유가에 도전해야 하는 후발주자의 입장에 있었음을 간접적으로 고백하는 것일 뿐이다.

공자도 스스로 밝히고 또 자공子貢도 증언한 바와 같이 그는 뚜렷한 스승 없이 전승된 문화적 자양을 바탕으로 몸소 절차탁마하여 자신의 입지를 구축하였음에 틀림없다.[9] 뚜렷한 스승이 없거나, 스승을 찾다가 그 어느 곳에서도 찾지 못하거나, 또는 찾았다고 여긴 스승에게서 여전히 한계를 발견하고 드디어 혼자만의 힘으로 길을 찾게 되는 것은 인류사의 모든 위대한 인물들에게 공통적으로 발견되는 특징이기도 하다.

또 하나의 주목할 만한 기록은 『좌전』 소공昭公 7년조에 나오는 것으로 맹희자孟僖子가 유언을 통해 공자의 위대성을 예언했다는 기록이다. 냉정한 문헌학자들은 이 기록의 신빙성을 대부분 의심하지만 한편으로는 공자의 생애에서 이 기록이 가지는 극적인 의미를 고려하

---

9) 子曰:溫故而知新,可以爲師矣. 2/11
子曰:三人行,必有我師焉.擇其善者而從之,其不善者而改之. 7/23
衛公孫朝問於子貢曰:仲尼焉學?子貢曰:文武之道,未墜於地,在人,賢者識其大者,不賢者識其小者.莫不有文武之道焉,夫子焉不學?而亦何常師之有? 19/22

여 그 가능성을 조심스레 가늠해 보기도 한다. 기록은 다음과 같다.

구월에 공昭公이 초나라에서 돌아왔다. 맹희자孟僖子는 공을 수행하는 과정에서 의례를 능숙히 하지 못한 것을 부끄럽게 여겨 곧 그 방면의 공부를 시작했는데 조금이라도 예를 아는 자가 있으면 곧 그를 좇았다. 그는 죽음에 임하여 가신들을 불러 모아 놓고 말했다.

"예란 사람의 근간이오. 예가 없으면 설 수가 없소. 내가 듣기에 장차 크게 통달한 사람이 나올 터인데 그의 이름은 공구孔丘라 하오. 성인의 후예인데 송나라에서 멸망한 가문이오. 그의 조상인 불보하弗父何는 송나라 군주의 자리를 아우인 여공厲公에게 양보하였고 정고보正考父에 이르러서는 대공戴公, 무공武公, 선공宣公의 세 군주를 섬겼으며 벼슬이 상경上卿에 있었지만 더욱 공경스러웠소. … 장손흘臧孫紇이 말하기를 '성인의 밝은 덕이 있는 자가 당대에 빛을 보지 못하면 그 후손 중에서 반드시 크게 통달한 사람達人이 나타난다'고 했으니 지금 그 말이 바로 공구孔丘에게 적중하려 하고 있소. 내가 만약 죽게 된다면 꼭 열說 : 孟懿子과 하기何忌: 仲孫何忌 곧 南宮敬叔를 그분에게 부탁해서 그분을 섬기고 예를 배움으로써 맹씨가의 위상을 보전토록 하시오."

그리하여 맹의자孟懿子와 남궁경숙南宮敬叔은 중니仲尼에게 가르침을 받았다.

맹희자孟僖子, 仲孫貜은 소공昭公 24년에 죽었다. 그러므로 이 유언이 사실이었다면 그것은 가장 늦게 잡아도 공자가 34세 되던 해가 된다. 따라서 많은 학자들은 이 『좌전』의 기록이 허구일 것이라고 믿는다. 크릴도 이 유언 속에 공자의 위대성이 예언되어 있고 왕가의 후예라는 공자의 가계가 언급되어 있다는 점에서 이 기록을 의심하고 있다. 그러나 논어 위정/5에서 맹희자의 아들 맹의자가 공자에게 효도를 묻고 있고 심지어 위정/6에서는 손자인 맹무백까지 대를 이어 가르침을 받고 있는 것을 볼 수 있다.

따라서 맹희자의 이 유언을 전적으로 허구라 단정하기도 어려운 것이 사실이다. 특히 공자 사후 맹무백이나 그의 아들 맹경자孟敬子(맹희자의 증손)가 공자의 제자인 증삼曾參, 曾子을 존경하며 가르침을 받을 정도로 맹씨가와 공문孔門의 인연이 각별한 것을 보면 『좌전』 기록 당시 이 사실은 맹씨가에 전해 내려오고 있던 유훈遺訓이었는지도 모른다. 그렇다면 이 사실은 30대 초반의 공자를 주목한 맹희자의 모종의 발언에 약간의 과장과 극적 구성이 가해진 것으로 볼 수도 있다. 어쨌든 이 기록의 사실성을 받아들이지 못한다 하더라도 이 기록의 정황과 같이 당시의 젊은 공자가 이미 누군가에 의해 예의 주시되고 있었을 가능성마저 배제할 수는 없을 것이다.

결국 젊은 시절의 공자와 관련하여 확실히 믿을 만한 기록은 그가 열다섯 살에 학문에 뜻을 둔 후 집요한 열과 성으로 이에 매진, 서른 살 무렵에 정립되었다는 공자 자신의 진술밖에 없다. 이 행적 아닌 행적에 담길 수 있는 내용은 논어 전체에서 드러나는 저 장대한 광경임에 틀림없다. 청년 공자는 이미 인간을 판단하는 두 범주로서 소인과 군자의 개념을 설정하였을 것이고 그 각각의 행동양태를 꿰뚫어 보았을 것이다. 그는 이미 교언영색巧言令色의 거짓됨을 통해 말없는 자기 실천躬行의 의의를 이해했을 것이다.

그리고 그 모든 것의 너머에서 바야흐로 모든 사람이 깨달아야 할 필연의 세계, 거대하게 일렁이는 어짊仁의 바다를 목도하고 있었을 것이다. 그의 본격적인 사회활동이 개시된 것으로 보이는 30대 이전, 그는 자기의 일신 위에 이처럼 전례 없이 장대한 세계를 세우고 있었음에 틀림없다.

3. 역사적 상황과 공자학단의 성립

이제 여기에서 우리는 공자의 15세에서 30세에 이르는 이러한 자기정립에 영향을 미치고 조건을 부여한 시대적 상황을 둘러볼 필요가 있다. 바로 사상은 우선 환경으로부터 나오기 때문이다.

지상의 환경은 어느 시대나 다 어느 정도의 혼란과 악에 물들어 있기 마련이지만 공자가 살았던 춘추시대 말기는 확실히 그 정도가 과거에 비해 더 진행된 상태에 있었다. 그 조건은 크게는 역시 주왕조의 조락凋落에서 비롯된 것이었다. 그가 살았던 시점은 주왕조周王朝로서는 내리막길에 속하는 시점이었다. 무왕武王이 은왕조殷王朝를 타도하고 세운 주왕조周王朝는 B.C. 1122년부터 시작되어 공자가 태어날 무렵에는 이미 5세기를 훨씬 경과하고 있었다. 중국 역대 왕조들의 평균 수명을 생각하면 공자는 왕조의 생명이 거의 다한 시대에 태어난 셈이다.[10]

원래 주왕조周王朝는 무왕武王에 의해 성립된 후 소위 봉건제封建制에 의하여 다스려졌다. 왕조의 도읍은 호경鎬京에 있었으나 넓은 중국 대륙을 모두 직접 통치한다는 것은 어려운 일이었기 때문에 왕실의 가족이나 왕조 성립에 공이 많은 신하를 봉토封土에 군주로 봉하여 그 지역을 다스리게 하였다. 이를테면 노魯나라는 무왕의 아우였던 주공周公

---

10) 주왕조는 B.C. 256년까지 지속되기는 했지만 전국시대에는 형식적 존재마저 유지하지 못한 상태였으므로 공자의 시대는 사실상 주왕조의 마지막을 이루고 있었다.

단旦이 봉해진 나라였다. 물론 그는 왕실을 보좌하느라 실제 노나라에 부임하지는 못했고 아들인 백금伯禽을 대신 보내었다.

또 위衛나라에 봉해진 강숙康叔, 조曹나라에 봉해진 조숙曹叔, 채蔡나라에 봉해진 채숙蔡叔 등이 모두 무왕의 친형제들이었고 진晋나라에 봉해진 당숙우唐叔虞는 무왕의 아들이었으며 이 밖에 연燕나라에 봉해진 소공昭公, 등藤나라에 봉해진 착숙錯叔 등이 역시 무왕의 친척이었다. 또 제齊나라에 봉해진 태공망太公望은 주왕조 건설의 최대 공신이었다. 이러한 크고 작은 나라들은 모두 71개에 이르렀다고 하는데 그 중 약 3분의 2는 무왕과 친척이 되는 희姬씨였다고 한다.

초창기에 주로 주공周公에 의해 새로운 문화의 전통을 수립한 주왕조는 대를 거듭하는 가운데에 점점 초기의 결속이 흐트러지기 시작하였다. 제7대 의왕懿王 때부터 왕실은 현저히 쇠약을 드러내었는데 제10대 여왕厲王 때에는 정치가 포악해졌고 이에 분노한 백성들이 난을 일으켜 왕이 체彘(현재 산서성霍縣)로 달아나는 사태까지 발생하였다.

결국 제13대 평왕平王 때에는 융구戎寇가 모반한 제후국과 동맹하여 호경鎬京을 쳐들어오자 이를 피해 B.C. 771년 도읍을 낙읍洛邑으로 옮김으로써 이른바 동주東周시대가 시작되었다. 이때부터 힘센 나라의 제후들이 세력을 과시하며 약한 나라를 겸병하기 시작하였고 결국 B.C. 651년에는 최초의 한족 동맹이 구축되어 제齊나라 환공桓公이 패자覇者의 자리에 오르는 제국 질서의 재편이 이루어졌다. 그 후 제후국들 간의 패권추구는 영일이 없었고 그 과정에서 주왕실은 손바닥만한 영토와 최소한의 체면마저 유지하기 어려운 상태에 이르고 말았다.

이를테면 양왕襄王 20년(B.C. 632년) 진晋나라의 문공文公은 온溫에서 제후들을 소집하고 두 번째로 패자의 자리에 올랐는데 이 회합에 진문공은 양왕을 불렀다. 이러한 행동은 물론 복종하지 않는 제후국들을 위협하고 자신이 실질적인 패자의 자리에 올랐음을 과시하기 위한 것이었다. 양왕은 내키지 않았지만 진문공의 초빙에 응하는 것이 형식적 지위나마 보전하는 길이라 여겼기에 사냥을 명분으로 하양에 들러 그를 패자로 임명하고 제후들로부터 엎드려 절 받기 식의 배알을 받았다.

이러한 권력질서의 문란은 주왕실과 제후국들 사이에서만 발생한 것이 아니라 제후국들의 내부 질서에서도 나타나고 있었다. 노나라의 경우를 예로 들면 이른바 삼환三桓의 대두가 그것이다. 세 귀족 가문家門을 뜻하는 삼환은 삼가三家라고도 불리었는데 삼환三桓이라는 명칭은 이들 가문이 노나라 환공桓公(B.C. 712~B.C. 694)의 세 아들에게서 비롯되었기 때문에 붙여진 이름이었다.

환공에게는 장공莊公이 된 맏아들을 제외하고도 세 명의 서자 경보慶父, 아牙, 우友가 있었는데 이들은 각각 맹손씨孟孫氏, 숙손씨叔孫氏, 계손씨季孫氏라 불리는 막강한 세 가문家門의 시조가 되었다.[11] 대부의 신분을 지니고 있던 이들은 대를 이어가면서 점차 세력을 확장, 대략 4대 후에는 군주의 힘을 거의 무력화시킬 정도가 되었고 그 중 계손씨 가문이 가장 강력한 세력을 구축하였다.

『좌전』 소공昭公 25년(B.C. 517년)의 기록을 보면 송나라의 대부 악기樂祁가 당시 계손씨에 의해 전횡되고 있던 노나라의 실정을 그 군주

11) 맹(孟), 숙(叔), 계(季)는 각각 형제 서열에서 첫째, 셋째, 막내라는 뜻이다. 맹손씨(孟孫氏) 가문의 시조가 된 경보(慶父)는 장공(莊公)에 뒤이은 둘째아들이었고 『춘추』도 이에 따라 맹손씨 가문의 성을 일률적으로 중손(仲孫), 즉 둘째로 표기하고 있다. 맹손(孟孫)은 『左傳』의 호칭인데 이는 경보가 둘째이기는 하지만 서자 중에서는 첫째이기 때문에 관례적으로는 맹손(孟孫)이라 부르게 되었다는 설이 가장 유력하다.

에게 이렇게 고하고 있다.

노나라의 정권이 계씨季氏에게 있은 지 이미 삼세三世이옵고 노나라의 임금이 정권을 잃은 지가 이미 사공四公에 이르렀습니다. 백성의 지지를 받지 않고 자신의 뜻을 펼칠 수 있었던 자가 일찍이 없었습니다. 나라의 임금은 그래서 자기 백성들을 보살피는 것입니다. 시에 말하기를 "민심이 떠나가니 근심만 가득하도다" 하였습니다. 노나라 임금은 백성들의 지지를 잃었습니다. 그러니 어찌 자신의 뜻을 펼 수 있겠습니까? 조용히 명을 기다리면 그래도 괜찮겠지만 움직이면 반드시 근심하게 될 것입니다.

政在季氏三世矣.魯君喪政四公矣.無民而能逞其志者,未之有也.國君是以鎭撫其民.詩曰,人之云亡,必之憂矣.魯君失民矣,焉得逞其志也.靖以待命猶可,動必憂.『左傳』昭公 25年

이 기록은 노나라의 정권이 삼가三家, 특히 계씨季氏의 수중에 떨어진 것이 이미 공자가 태어나기 반세기 전부터였음과 그 정도가 공실의 권한을 완전히 무력화시킬 정도였음을 말해 주고 있다. 실제 양공襄公 11년(B.C. 562년), 삼환은 계무자季武子의 발의로 삼군三軍을 편성하여 각자 일군一軍씩을 거느리게 되었다. 원래 노나라는 후작侯爵의 나라로 주周의 제도에 따라 이군二軍을 두고 있었고 모두 공실에 속해 있었다. 그러던 것을 공실의 영토를 세 구역으로 나누어 그 구역별로 군을 조직하여 삼환이 각각 하나씩을 거느리게 되었던 것이다. 군의 소유는 단지 군사적인 장악만을 의미하는 것이 아니라 징세권을 포함한 광범위한 정치적, 사회적 지배권의 확보를 의미하는 것이었다. 공실은 맹씨가와 숙씨가에서 유보한 일부 권한에 의존하여 간신히 명맥만 이어갈 수밖에 없었다.

소공 5년 이들은 다시 소공의 나이가 어린 점을 이용하여 중군中軍을 폐지한다는 명목하에 공실의 영토를 사분四分, 그 중 둘은 계씨가 차지하고 나머지 둘은 맹씨와 숙씨가 하나씩을 차지하여 공실을 완전히 배제시켜 버렸다. 공실은 이른바 공貢이라는 미명하에 삼환이 적당히 제공하는 재정에 의존할 수밖에 없게 되었다. 그것은 주왕실과 제후국과의 불안한 관계를 제후국 내부의 질서에서 재연한 것이었다.

명목상의 권력과 실질적인 권력의 이처럼 불안한 구도는 결국 소공 25년(B.C. 517년)에 비극적 충돌로 나타나게 되었다. 오랜 세월에 걸쳐 자존심이 상할 대로 상한 소공은 일부 측근들의 은밀한 모의를 받아들여 드디어 계씨가의 종주인 계평자季平子를 제거하기 위한 무력도발을 감행했다. 이 거사는 극히 은밀하게 추진되었는데 최초의 발단은 계평자에게 불만을 가지고 있던 한 친척이 소공의 아들 공위公爲에게 계씨를 제거할 것을 상의한 것이었다. 공위는 형제들과 상의한 뒤 한 측근을 넣어 아버지의 의사를 타진케 하였다. 소공은 펄쩍 뛰며 제안자를 야단쳤지만 이를 계기로 의중을 감춘 채 은밀히 그 가능성을 엿보게 되었다. 그는 계씨와 사이가 나쁜 명문 장씨가臧氏家와 후씨가郈氏家에 도움을 요청하여 그 중 후씨가의 지원을 약속받았다.

거사는 숙손소자叔孫昭子가 잠시 노도魯都를 떠나 지방에 가 있는 사이에 단행되었다. 계평자의 집을 급습하여 주요 측근을 살해하는 것으로 시작된 무력도발은 일순 성공하는 듯이 보였다. 위기에 몰린 계평자는 대臺에 올라가 소공에게 협상을 요청하였다. 기수沂水 밖에 가 있을 터이니 과연 자신이 무슨 죄가 있는지 살펴보아 달라고 요청하였으나 소공은 거절하였다. 비읍費邑에 가두어지기를 요청하였으나 역시 거절하였으며 마지막으로 외국으로 망명하는 것을 허용해 달라는 요청마저 소공은 역시 거절하고 말았다. 아마 소공이 적당한 선에서 계평자의 제안을 받아들여 타협하였더라면 어느 정도는 군주의 위상을 회복할 수 있었을는지도 모른다. 그러나 소공의 지나치게 비타협적인 태도는 오히려 사태를 그르치고 말았다.

사령탑인 숙손소자의 출타로 이 엄청난 정변을 두고도 입장을 정리하지 못하고 있던 숙손씨 가문은 가신인 사마종려司馬鬷戾를 중심으로 긴급회의를 소집하였다. "계씨가 있는 것과 없는 것 중 어느 것이 우리에게 유리한가" 하는 문제를 놓고 토의를 벌인 결과 중신들은 "계씨가 없으면 숙손씨도 없다"는 일치된 결론을 내렸다. 사마종려는 계씨가에 사람들을 데리고 가서 승리의 안도감에 손을 놓고 있던 소공의 세력을 기습하였다. 눈치를 보고 있던 맹씨가孟氏家마저도 상황이 역전되었음을 간파하고 긴급히 가세하였다.

단합된 삼환의 세력은 소공으로도 당해 낼 수가 없었다. 소공은 제齊나라로 달아날 수밖에 없었고 그 후 7년 동안의 망명생활 끝에 결국 귀국도 하지 못한 채 진晋나라에서 객사하고 말았다. 군주가 없는 노나라의 상황이 어떠했을까 하는 것은 가히 짐작할 수 있는 일이다. 어차피 명분밖에 남지 않은 군주였지만 소공의 망명으로 7년간 노나라는 계씨를 정점으로 한 삼환의 지배하에 완전히 들어가고 말았던 것이다.

이 정변과 그로 인한 소공의 망명은 공자의 나이 35세 때의 일이었다. 이미 그 나름대로의 인생관과 세계관이 정립된 나이였겠지만 이 정치적 사건은 공자에게 커다란 영향을 끼쳤을 것이다. 「공자세가」는 소공의 망명이 있은 얼마 후 공자가 제나라를 방문한 사실을 기록하고 있다. 「공자세가」는 그 연대를 정확히 기록하지 않았지만 여러 사건들의 순서로 볼 때 빠르면 공자가 35세 되던 해로, 늦어도 40세 이전의 어떤 시점이 되도록 구성해 놓고 있다. 이 기록 때문에 공자가 제나라로 간 것은 망명한 임금을 수행하려 한 것이었다는 가정이 폭넓게 받아들여지게 되었다.

그러나 공자의 제나라 방문을 소공의 망명과 연계시키는 것은 공자의 주된 목표가 봉건적 위계질서의 회복이었다고 보았기 때문이다. 「공자세가」에는 공자가 제나라에서 고소자高昭子의 가신이 되어 제경공과 통하려 하였다는 사실, 소韶를 듣고 석 달 동안 고기 맛을 몰랐다는 사실(7/15), 경공이 공자를 이계尼谿의 땅에 봉하려 하였다가 명재상 안영晏嬰의 반대로 이를 취소한 사실, 그리고 제경공과 대화한 사실(12/12, 18/3)이 이때의 것으로 기록되어 있을 뿐이다. 기록 내용은 거의 믿기 어려운 것이며 제경공과의 대화도 안연/12만 신빙성이 있는데 그마저 이 무렵의 대화라고 단정할 아무런 근거가 없다. 더구나 공자가 제나라에서 소공을 찾아뵈었다는 사실은 이 불확실한 전기에도 전혀 나타나지 않고 있다. 따라서 공자가 제나라를 방문한 것만은 분명해 보이지만 그것이 언제이며 왜 제나라를 방문하였는지는 알 수 없다.

이른바 천하주유 중에 공자가 제나라에 들렀다는 기록이 없기 때문에 제나라에 간 것은 그 이전의 어떤 시점이었을 것으로 추정되고는 있지만 그것도 어쩌면 제나라 방문이 천하주유의 일환이었음에도 후세의 사람들이 소공의 망명과 연결시키느라 20여 년을 앞당겨 버린 결과인지 알 수 없는 일이다. 따라서 그 시기를 확실히 단정하는 것은 어렵지만 현재로서는 「공자세가」가 기록하고 있는 35세에서부터 약 10년 사이의 어떤 시점으로 불만족스럽게 추정해 둘 수밖에 없을 것이다.

장년의 공자가 겪어야 했던 세습 대부들의 전횡은 계평자가 죽은 이후 새로운 양상으로 전개되어 갔다. 그 양상이란 바로 삼환三桓이 데리고 있던 배신陪臣들이 똑같은 방식으로 삼환의 권위에 도전해 왔다는 사실이다. 말하자면 그것은 연쇄적인 권위의 박리剝離 현상 같은 것이었다. 논어에는 바로 이러한 현상을 지적한 단편이 수록되어 있다.

공자께서 말씀하셨다.

"녹을 주는 권한이 공실을 떠난 지가 이미 오세이고 정권이 대부의 손에 떨어진 지가 이미 사세인 까닭에 삼환의 자손들도 이제는 쇠미해져 가고 있다."

孔子日:祿之去公室,五世矣.政逮於大夫,四世矣.故夫三桓之子孫微矣. 16/3

신빙성이 떨어지는 자료가 가장 많은 제16 계씨편에 수록되어 있기 때문에 공자가 정말 이런 말을 하였을 가능성은 적어 보이지만 이 말이 당시의 정치적 실정을 근접하게 표현하고 있다는 것은 의심의 여지가 없다. 삼환들 중에서도 유독 계씨가의 배신陪臣인 양호陽虎나 공산불뉴公山不狃가 이러한 권력 투쟁의 주역들이었다는 것은 우연이 아니라 일종의 업보였는지도 모른다.

양호陽虎에 의한 정변은 정공 5년, 공자의 나이 47세 되던 B.C. 505년에 일어났다. 계평자季平子의 가신이던 양호는 무소불위의 권력을 휘두르던 계평자가 죽고 아직은 젊은 그의 아들 계환자季桓子가 뒤를 잇자 서서히 세력을 확장하기 시작하였다. 그는 절대권력의 갑작스런 공백 상태가 야기되었을 때 무인지대에 떨어진 권력을 움켜잡기 위해 흔히 출현하는 무법자의 전형적인 경우였다. 그는 계평자의 장례식에서부터 의전을 둘러싸고 계평자의 가신이었던 중량회仲梁懷와 반목하기 시작하더니 불과 3개월 만에 마각을 드러내어 중량회 등 반대파를 축출하거나 무자비하게 죽여 없앤 후 계환자를 잡아 가둔 상태에서 그와 맹약을 맺기에 이르렀다.

제후들의 경우와 마찬가지로 이러한 맹약은 대부분 새로운 권력질서를 상호 인정하고 준수하기로 약정하는 행위인데 말할 나위도 없이 그것은 권력을 거머쥔 자의 일방적이고도 위협적인 요구를 반영하는 것이었다. 그는 한편으로는 공포 분위기를 조성했고 다른 한편으로는 이러한 인물들에게서 흔히 발견할 수 있는 독특한 규합 능력을 발휘하여 소외 세력들을 끌어들임으로써 노나라의 권력을 사실상 한 손에 거머쥐게 되었다.

정공 6년 그는 정鄭나라를 치러 가면서 길을 빌려 달라는 요청도 하지 않은 채 위나라를 통과해 갔고 돌아오는 길에서는 일부러 계씨와 맹씨에게 위나라 도읍을 관통하여 가도록 지시함으로써 위령공衛靈公의 심사를 긁어놓기도 하였다. 이로써 그는 노나라를 넘어 제후들의 세계에서도 악명을 떨치게 되었다. 결국 그 해, 그는 주사周社에서 정공과 삼환을 불러 모아 놓고 맹약을 맺었다. 물론 그것은 권력 장악을 명실공히 완수하였음을 만천하에 공포하는 것이었다.

양호의 권력 장악은 정공 8년까지 약 4년간 지속되었다. 계환자를 죽이려는 무리한 욕심만 부리지 않았다면 그의 권력은 좀 더 지속되었을지도 모른다. 살해의 위협을 느낀 계환자는 한 가신의 도움을 얻어 포위망을 뚫고 맹씨가孟氏家로 피해 들었고 미리 정보를 입수하여 대비하고 있던 맹씨가에서는 계환자를 도와 양호의 세력을 공격했다. 삼환은 평소에는 서로 견제하고 갈등했지만 결정적인 시기에는 반드시 이처럼 정족鼎足의 운명체임을 확인하곤 했다. 이 싸움에서 양호가 패했고 결국 그는 제나라를 거쳐 진晋나라로 도망가고 말았다.

이로써 약 4년에 걸친 양호의 공포정치는 종말을 고했지만 그것은 노나라의 지배계층에 큰 상처를 남겼다. 그의 공포정치는 살해의 위협에 쫓기던 계환자가 그의 가신인 임초林楚에게 도움을 요청했을 때 임초가 도와줄 수 없음을 밝히며 한 말에서 생생하게 드러나고 있다.

"양호가 정권을 잡아 노나라가 모두 복종하고 있는 터에 그의 뜻을 어기면 죽음을 초래하게 됩니다."

陽虎爲政,魯國服焉,違之徵死. 『左傳』 定公 8年

심지어는 맹씨측의 공격에 쫓겨 패주하면서 양호 자신도 그 비슷한 말을 했다고 『좌전』은 기록하고 있다.

"노나라 사람들이 내가 도망간다는 말을 들으면 죽음의 공포에 떨던 차에 좋아할 텐데 나를 추격할 겨를이 있겠는가?"

虎曰:魯人聞余出,喜於徵死,何暇追余. 『左傳』 定公 8年.

이러한 기록은 그 사실성史實性 여부를 떠나 양호의 공포정치가 얼마나 혹심했는지를 말해 주는 데에 부족함이 없다. 이 기간 중에 양호는 공자를 자기편으로 끌어들이기 위해 노력했고 공자는 이를 적절히 회피했던 것으로 보인다. 특이하게도 논어에 남아 있는 이 기록은 아직도 읽는 사람에게 어딘가 모르게 당시 공포정치의 분위기와 함께 노련하면서도 자기중심적이던 양호의 사람됨을 전해 준다.

양화陽貨가 공자를 만나려 하였으나 공자께서 만나지 않으시자 공자께 돼지를 선물로 보냈다. 공자께서 그가 없을 때를 틈타 사례하러 갔는데 길에서 그를 만나게 되었다. 그가 공자에게 말했다.

"오시오. 내 당신과 할 말이 있소."

그가 말했다.

"보배로운 것을 품고 있으면서도 나라를 혼미하게 내버려둔다면 어질다 할 수 있겠소?"

그가 말했다.

"할 수 없을 것이오. 나랏일에 간여하기를 좋아하면서도 자주 기회를 놓친다면 지혜롭다 할 수 있겠소?"

그가 말했다.

"할 수 없을 것이오. 해와 달은 가고 세월은 나와 함께하지 않소."

공자께서 말씀하셨다.

"알겠습니다. 내 장차 관직을 맡겠습니다."

陽貨欲見孔子,孔子不見,歸孔子豚.孔子時其亡也,而往拜之,遇諸塗.謂孔子曰:來,予與爾言.曰:懷其寶而迷其邦,可謂仁乎?曰:不可.好從事而亟失時,可謂知乎?曰:不可.日月逝矣.歲不我與.孔子曰:諾.吾將仕矣. 17/1

이 짧은 단편은 여러 가지 사실을 말해 주고 있다. 우선 40대 후반의 공자는 이미 양호가 눈독을 들일 만큼 중요한 정치적 인물로 성장해 있었다는 사실이다. 또 양호마저도 공자를 "어짊"仁과 "지혜"知에 관련시켜 언급할 정도로 공자의 주의주장을 개괄적으로 파악하고 있었다. 이는 공자의 공식 활동 기간이 우리가 알고 있는 것보다 훨씬 많이 외유 이전의 기간에 걸쳐 있었음을 시사하는 것이다. 따라서 공자학파는 늦어도 40대 초반, 이르면 30대에 이미 형성되어 있었을 것으로 보인다.

어쨌든 양화/1에서 미루어 볼 때 공자는 양호의 치세를 비교적 회피적인 자세로 넘겼던 것 같다. 대신 이 기간 중에 공자는 자기연마와 제자들에 대한 교육에 더욱 힘을 쏟았을 것이다. 자로는 이미 공자의 중요한 제자로 입문해 있었던 것으로 보이며 자공이나 안연, 염유 등이 이 기간 중이나 그 전후에 문하생이 되었을 것으로 보인다. 위정/9, 공야장/10, 자로/14 등을 보면 그의 제자 교육은 어느 정도 체계를 갖추고 이루어졌던 것으로 보인다. 이를테면 시간을 정하여 일정한 장소에서 역사든 시든 기타 고문헌이든 일정한 주제를 가지고 이야기하고 토론하거나 자습 후 의문 나는 사항을 질문하는 식이다. 말하자면 일종의 아카데미를 설립한 셈인데 그는 이 아카데미에 그의 각별한 정열을 쏟았을 것이다.

특히 이 시기를 전후하여 안연顔淵을 만난 것은 그의 생애에서 이루 말할 수 없는 기쁨이자 보람이었을 것이다. 그에게 안연이 어떠한 존재였는가를 제대로 이해하는 것은 공자라는 인물을 이해하는 데에 결정적인 관건이 된다.

4. 활동

양호의 공포정치가 종료된 이후 공자에 관련된 여러 기록은 갑자기 다채로워진다. 특히 노나라를 떠나기 전까지, 다시 말해서 공자의 50대 전반에 「공자세가」나 『좌전』 등은 공자의 공직 취임을 언급하고 있는데 이러한 공자의 사환仕宦 경력은 오랫동안 진위 논란을 불러일으켜 왔다. 확실히 그는 양호의 치세가 끝날 무렵까지 이렇다 할 관직을 맡지 않았음에 틀림없다. 물론 『맹자』 만장하萬章下편에 공자가 일찍이 회계를 담당하는 위리委吏가 되기도 하였고 소나 양을 키우는 승전乘田이 되기도 했다는 기록이 있는데 이는 신빙성이 낮기도 하지만 설혹 사실이라 하더라도 주자의 해석처럼 가난하여 일종의 직업상 선택한 것이지 여기서 말하는 정치를 위한 관직 취임과는 거리가 먼 것이라 할 것이다.

그러나 『좌전』에 의하면 공자는 52세 되던 정공定公 10년 제나라와 축기祝其, 夾谷라는 곳에서 평화조약을 체결하는 자리에 정공을 수행하여 참석하였다. 이 회합에서 공자는 무력시위를 벌여 유리한 분위기를 조성하려는 제나라측의 시도를 예의에 어긋난다 하여 물리쳤고 맹약을 맺는 단계에서는 제나라측에서 제시한 굴욕적인 조건을 수정하여 빼앗겼던 세 곳의 땅을 되찾기도 하였다는 것이다.[12] 통상 국군

---

12) 『사기』 「공자세가」에도 역시 같은 기록이 있는데 내용은 더 자세하지만 더 조잡하다. 이는 공자의 정공 수행이 당시 세간에 여러 모습으로 구전되고 있었음을 말해 주는 것으로서 그것이 실제 사실이었을 가능성과 함께 구체적 내용에서는 과장과 허구가 개재되었을 가

을 수행하는 외교적인 업무는 어느 나라나 그 나라에서 학문이 뛰어난 사람이 맡는 것이 보통이기 때문에 공자가 이런 임무를 수행했다는 것은 충분히 가능성이 있는 이야기라 할 것이다.

『좌전』은 이에 관한 기록 가운데에서 제나라의 이미犂彌가 제나라 군주에게 "공구孔丘는 예는 알고 있으나 용기는 없습니다"孔丘知禮而無勇라고 하며 무력시위가 주효할 것이라고 권유하는 말이 나오는데, 이미의 말은 과연 그것이 실제 발언이었는지 여부를 떠나서 당시 중원의 정치 판도에서 노나라의 공자가 어떤 인물로 받아들여지고 있었는지를 보여 주는 중요한 단서가 된다.

그러나 그가 중도中都의 읍재邑宰를 거쳐 정공 11년 사공司空이 되었고 정공 12년에는 사구司寇가 되어 재상의 역할까지 겸임攝하였다는 「공자세가」의 기록에 이르면 문제는 달라진다. 『좌전』에는 단지 그가 사구가 된 적이 있었음을 간접적으로 기록하고 있다. 즉 기록은 정공 12년조가 아닌 정공 원년조에 나오는 것으로서 소공이 진晉나라에서 객사하고 여섯 달 만에 시체가 노나라에 돌아왔으나 아직 감정의 앙금이 해소되지 않았던 계평자季平子가 소공의 묘를 노나라 선대 군주들의 묘역에 쓰지 않고 그 입구 남쪽에 썼다는 것을 기록한 끝에 "공자가 사구司寇가 되자 묘지 바깥에 도랑을 파서 소공의 묘와 선대 군주들의 묘가 한 경내에 들게 하였다"는 말이 짧게 부기附記되어 있을 뿐이다.

그렇다면 중도재中都宰며 사공司空, 사구司寇의 경력은 과연 실제였다고 보아야 할 것인가? 논어에는 그 점을 확실히 해줄 만한 결정적인 내용이 포함되어 있지 않다. 오히려 논어는 그 점을 더욱 혼란스럽게

능성을 아울러 시사하는 것이라 하겠다.

하는 서로 착종된 정보들로 가득 채워져 있다. 우선 공자가 결코 관직에 취임하지 않았을 것이라는 추측을 가능하게 하는 단편이 적지 않게 눈에 띈다. 위정편에 나오는 다음 단편은 그 중 가장 주목할 만한 것이다.

어떤 사람이 공자에게 말했다.

"선생님께서는 어째서 정치를 하지 않으십니까?"

선생님께서 말씀하셨다.

"서경에 '효성스러우시오! 효성이야말로 형과 아우에게 우애를 다하게 하고 정사에까지 베풀어지는 것이오!' 하는 말이 있습니다. 이도 또한 정치니 어찌 그것만을 정치라 하겠소."

或謂孔子曰:子奚不爲政?子曰:書云,孝乎惟孝,友于兄弟,施於有政,是亦爲政,奚其爲爲政. 2/21

우선 이 단편은 최소한 이 대화의 시점까지 공자가 뚜렷한 관직을 가지지 않았음을 말해 주고 있다. 그러나 이 대화의 시점이 언제였는지 모르기 때문에 그가 생애 내내 관직을 가지지 않았다고 단정할 수는 없다. 다만 공자가 이 소신을 일관성 있게 유지했다면 구태여 관직을 가질 필요는 없었을 것이다. 그는 세상을 바루는 일政을 아주 폭넓게 이해했고 따라서 그의 말처럼 협의의 정치만을 그 수단이라 보지 않았음이 틀림없다. 젊은이들을 가르치는 일, 세상에 바른 귀감이 되는 일 등이 바로 그가 이해한 정치의 폭넓은 수단이었을 것이기 때문이다.

전술한 양화/1도 그때까지 공자가 관직을 가지지 않았음을 확실히 말해 준다. 그러나 이 단편 역시 문제가 되는 50대 전반의 경력까지 밝혀 주지는 못한다. 자로/20에서 자로가 “오늘날 정치에 종사하는 자들은 어떠합니까?” 하고 물었을 때 “아아. 종지 그릇만한 사람들이야 무슨 셈할 것이나 있겠느냐?”[13] 하고 답한 것도 역시 그가 관직에 있지 않았음을 시사하고 있지만 50대 전반의 문제에 관해서는 마찬가지로 증거가 되지 못한다. 반면 몇몇 단편은 비록 단정적인 것은 아니지만 그가 관직에 있었음을 강하게 암시하고 있다. 이를테면 향당편의 몇 구절은 확실히 그렇다.

마구간이 불타자 선생님께서 조정에서 돌아와 말씀하셨다.

“사람이 다쳤느냐?”

그러나 말에 대해서는 물어 보지 않으셨다.

廏焚.子退朝,曰:傷人乎?不問馬. 10/17

여기서 말하는 “조정에서 돌아와”退朝라는 말은 정규 관직에 종사하는 자에게 쓴 것으로 보아야 할 것이다. 뿐만 아니라 향당편 제2장은 그가 조정에서 상대부上大夫나 하대부下大夫와 이야기할 때 서로 다른 태도에 대해 말하고 있다. 연속되는 제3장, 제4장, 제5장도 그가 정규 관직을 가지고 있었음을 전제할 때만 훨씬 자연스런 것이 된다. 또 양화/1에서 양호陽虎가 공자에게 관직을 권했을 때 공자가 “알겠습니다. 내 장차 관직을 맡겠습니다” 하고 말한 것도 일반적인 해석처럼 양호의 요구를 적당히 따돌리기 위해 둘러댄 것이 아니라 이 단편의 기록자가 양호의 치세가 끝난 후 공자가 관직을 맡았음을 생각

---

13) 子貢問曰:何如斯可謂之士矣?子曰:行己有恥,使於四方,不辱君命,可謂士矣.曰:敢問其次.曰:宗族稱孝焉,鄉黨稱弟焉.曰:敢問其次.曰:言必信,行必果,硜硜然小人哉,抑亦可以爲次矣.曰:今之從政者何如?子曰:噫!斗筲之人,何足算也? 13/20

하여 말미에 그 같은 대답을 임의로 구성해 넣었을 가능성이 있다.

이 애매한 자료들 앞에서 우리는 지나치게 결론에 집착할 필요는 없을 것이다. 그가 관직을 가졌든 가지지 않았든 그 자체가 결정적인 문제는 아니다. 일반적으로 동양사회에서 모든 지식인들이 그들 자신의 존재를 확인하는 자리는 '출사'出仕와 '은둔 수양'이 상호 갈등하는 자리였지 어느 한편이 더 결정적인 위상을 가지거나, 양자가 아무런 갈등 없이 조화하는 자리는 아니었다. 따라서 공자가 관직을 가졌다 하더라도 그러한 사실 자체가 공자의 존재에 그 어떤 위대성을 더하는 것도 덜 하는 것도 아닐 것이다.

다만 논어만을 통해서 볼 때 이 문제에 관해서는 역시 위정/21에서 공자 자신이 한 말, "어찌 그것만을 정치라 하겠소?"가 전술한 향당편의 몇 가지 단편에도 불구하고 가장 결정적이고도 의미 있는 기조가 되어야 할 것으로 보인다. 다시 말해서 공자는 관직에 오르는 것이 그의 이상을 실현하는 유일한 방편이라고는 결코 생각하지 않았고 그렇다면 아마 그의 자유를 구속하는 '책임 있는' 관직에는 취임하지 않았을 것으로 보인다.

그러나 양호의 치세가 끝난 후 공자가 중요한 정치적 위상을 갖게 된 것은 틀림없어 보이는데 그것은 이 시기 후에 그가 돌연 외유를 떠나게 된 것과도 어떤 함수관계를 가지고 있는 것으로 보인다. 우선 전술한 바와 같이 공자는 정공定公 10년 제나라와의 회합에 정공을 수행하여 외교적인 공적을 세웠는데 이는 그를 일약 국제 정치무대의 주요 인물로 격상시키는 계기가 되었을 것이다.

그러나 공자의 정치적 위상 제고를 보여 주는, 어쩌면 그보다 더 결정적인 지표는 정공定公 12년 자로子路가 계환자季桓子의 가재家宰가 된 것이라 할 수 있다. 계씨가에서 자로를 발탁한 것은 양호나 공산불뉴와는 다른, 주인을 배반하지 않을 확실한 충성심이 필요했기 때문이기도 하고 양호陽虎에 의해 유린되었던 권력질서를 회복하는 데에 공자와 그의 학단이 긍정적인 기여를 할 것이라는 계산도 없지 않았을 것이다. 논어 옹야/8에는 자로子路가 계씨의 가재家宰가 되는 과정에서 있었던 것으로 보이는 한 대화가 남아 있다.

계강자가 물었다.
"중유仲由에게 정사를 맡길 수 있겠습니까?"
선생님께서 말씀하셨다.
"유는 과단성이 있습니다. 정사를 맡는 데에 무슨 문제가 있겠습니까?"
계강자가 물었다.
"사賜에게 정사를 맡길 수 있겠습니까?"
선생님께서 말씀하셨다.
"사는 능란합니다. 정사를 맡는 데에 무슨 문제가 있겠습니까?"
계강자가 물었다.
"구求에게 정사를 맡길 수 있겠습니까?"
선생님께서 말씀하셨다.
"구는 재능이 많습니다. 정사를 맡는 데에 무슨 문제가 있겠습니까?"
季康子問:仲由可使從政也與?子曰:由也果,於從政乎何有?曰:賜也,可使從政也與?曰:賜也達,於從政乎何有?曰:求也,可使從政也與?曰:求也藝,於從政乎何有? 6/8

즉 젊은 계강자는 공자의 제자들 중에서 자로를 그의 아버지 계환자季桓子에게 천거하였고 계환자는 이를 수용하였던 것으로 보인다.

비록 공자 자신은 직접 정치에 간여하지 않았는지 모르지만 공문의 제2인자인 자로가 계씨가의 가재가 되었다는 것은 노나라 정치와 공문이 가장 긴밀한 관계로 정립되었음을 의미하는 것이었다.

어쨌든 이 기여의 시기에 공자는 정공定公을 특유의 조언으로 자문했던 것 같다. 논어에 남아 있는 정공과 관련된 두 개의 단편[14]을 보면 정공은 자신의 유명무실해진 위상을 회복하는 문제에 여전히 집착했던 것으로 보인다. 그러나 그 회복을 위해 스스로 어떤 노력이 필요한지는 거의 고려하지 못했고 단지 자신은 군주이기 때문에 당연히 군권君權을 휘두를 자격이 있다는 식의 당위론에 강박적으로 매달려 있었다. 공자는 이런 정공의 태도에 대해 그가 진정으로 노력해야 할 것이 무엇인지를 깨우쳐 주었다.

계씨가의 가재가 되어 자로가 행한 일 중 가장 큰일은 『좌전』이 기록한 바처럼 삼가三家의 근거 읍성을 헌 것이었다. 이 기사는 『춘추』 정공 12년(B.C. 498년)조에 공식 기록으로 남아 있는 만큼 그 근거가 확실하고 또 그 해의 중대한 사건이었다. 그러나 왜 삼가의 읍성을 헐었느냐 하는 해석은 간단하지가 않다. 공자의 자문을 받은 자로가 세 대부들의 권한을 약화시켜 공실의 권위를 회복하기 위한 것이었다는 전통적 해석은 확실히 단순한 해석이다. 왜냐하면 삼가 중 적어도 계씨와 숙씨 가문은 스스로 그들의 읍성을 헐었기 때문이다.

맹씨, 숙씨, 계씨 가문은 당시 그들의 근거 성읍으로 각각 성成, 후郈, 비費읍을 가지고 있었는데 이들 식읍食邑은 과거 그들이 공실의 권위

---

14) 定公問:君使臣,臣事君,如之何? 孔子對日:君使臣以禮,臣事君以忠. 3/19
定公問:一言而可以興邦,有諸?孔子對日:言不可以若是.其幾也,人之言日,“爲君難,爲臣不易”.如知爲君之難也,不幾乎一言而興邦乎?日:一言而喪邦,有諸?孔子對日:言不可以若是.其幾也,人之言日,“予無樂乎爲君,唯其言而莫予違也”.如其善而莫之違也,不亦善乎?如不善而莫之違也,不幾乎一言而喪邦乎? 13/15

에 도전했을 때 경제적 군사적 보루로 사용했던 성들이다. 그러나 그들의 거점이 사실상 노나라 도읍이 되고부터는 오히려 이들 식읍은 그곳에 임명한 읍재邑宰들이 그들의 권위에 도전하여 반란을 일으키는 거점이 되었다. 비읍의 경우에는 이미 35년 전인 소공昭公 12년 계씨가의 가신 남괴南蒯가 그곳에서 반란을 일으켜 계씨를 축출하려 한 적이 있었다. 또 양호의 정변 때만 해도 양호의 유력한 동조자였던 공산불뉴公山不狃는 바로 비읍費邑의 읍재였다. 따라서 세 읍성을 허무는 것은 어느 정도까지는 정공과 삼환들의 공통의 이해관계에서 나온 약속이었을 것으로 보인다.

그 과정을 보면 먼저 숙손씨가 후郈읍을 헐었다. 두 번째로 계손씨가 비費읍을 헐려 하자 읍재였던 공산불뉴公山不狃가 비읍의 사람들을 이끌고 도읍을 습격했다. 이 기습공격으로 한때 정공定公과 삼환이 모두 위기에 빠지기도 했으나 공자의 공격명령으로 사태가 급전되어 반란자들은 제나라로 도망갔고 비읍은 예정대로 헐리게 되었다. 『좌전』에 기록된 공자의 이 공격명령에 대하여는 간혹 위작의 의혹이 제기되기도 하지만 그 정황이 비교적 상세하고 긴박감이 넘치게 기술되어 있어 당시 공자가 비교적 영향력 있는 위치에 있었음을 강하게 시사하고 있다. 기록은 다음과 같다.

> 계씨가 장차 비읍을 허물려 하자 공산불뉴와 숙손첩이 비읍 사람들을 이끌고 노나라 도읍을 습격했다. 공公과 삼자三子는 계씨의 궁에 피해 들어가 계무자가 쌓은 대臺에 올라갔는데 비읍 사람들이 공격함에 이겨내지 못하고 공公의 옆에까지 육박해 왔다. 이때 중니仲尼, 孔子가 신구수申句須와 악기樂頎에게 명하여 내려가 치게 했다. 비읍 사람들은 패하여 달아났고 국인國人들은 그들을 추격하여 고멸姑蔑에서 패배시켰다. 『좌

전』 정공定公 12년.

마지막으로 성成읍을 헐려 하자 맹씨가에서 강력히 저항했다. 이유는 도읍에서 멀지 않은 북쪽의 성이라 이를 허물 경우 제나라의 침략을 용이하게 한다는 것이었으나 실제로는 맹씨가의 입장에서 볼 때 가신들의 반란 가능성이 상대적으로 적고 읍성 존치의 필요성이 높았기 때문이었을 것이다. 이 저항에 대해서는 정공이 직접 공략에 나섰지만 이겨 내지 못했다.

맹손씨의 성을 허무는 일이 실패로 돌아간 것은 공자나 자로에게 새로운 정치적 위상 변화를 맞게 했을 것으로 보인다. 양호의 치세가 점점 잊혀져 가는 만큼 공자나 자로의 역할도 줄어들었을 것이고 삼환들의 정치적 위상이 다시 제자리를 잡아감으로써 공자나 자로의 행보와 새로운 갈등을 빚었을지도 모른다. 축기祝其에서의 외교 담판 이후 약 4년 간 지속된 공자의 정치적 활동은 이로써 중대한 위기를 맞게 되었던 것이다.

5. 외유

가. 위나라로 가다

『사기』「공자세가」에 의하면 공자는 정공定公 14년(B.C. 496년) 56세의 나이로 드디어 노나라를 떠난다. 이 연도는 확실하지는 않지만 다른 가능성은 정공 13년 정도만이 가능해 보인다. 그로부터 장장 12년간에 걸쳐 지속된 이 기나긴 외유는 어떤 이유로, 무엇을 바라 떠나게 되었는지가 오랜 논란의 대상이 되었다.

이와 관련하여 「공자세가」에 수록된 내용은 다음과 같다. 제나라는 노나라가 공자를 재상에 앉히자 노나라가 강대해질 것을 우려하여 미녀 80명으로 구성된 가무단歌舞團을 노나라에 보냈고 계평자와 정공은 이를 즐기느라 정사를 게을리 했다. 이를 본 자로子路가 공자에게 노나라를 떠날 때가 되었다고 권고한다. 공자는 정공이 교제郊祭를 지내고 제육祭肉을 대부들에게 나누어 주는지를 보고 결정하자고 했으나 정공은 제육을 나누어 주지 않았다. 그래서 공자는 결국 노나라를 떠나고 말았다. 다분히 연극적인 느낌을 주는 이 구성은 논어에도 그 한 단면이 나오고 『맹자』에도 언급되어 있을 만큼 널리 알려진 것이었다.[15] 그러나 이 일화는 실제라고 보기에는 그 내용이 너무 허무맹랑한 것이 사실이다.

---

15) 齊人歸女樂.季桓子受之,三日不朝.孔子行. 18/4
曰:孔子爲魯司寇,不用.從而祭,燔肉不至,不稅冕而行.不知者,以爲爲肉也.其知者,以爲爲無禮也.乃孔子則欲以微罪行.不欲爲苟去.君子之所爲,衆人固不識也.『孟子』告子下篇

논어를 중심으로 믿을 만한 기록을 면밀히 분석해 볼 때 이 긴 외유의 목적은 대략 다음과 같은 몇 가지 각도에서 추론해 볼 수 있다. 우선 전술한 바처럼 양호의 공포정치를 겪고 나서 과도기적으로 참여한 공자와 자로가 원래의 위상을 회복한 계평자 등에 의해 다시 소외되었거나 배척되었을 가능성이다. 만약 이러한 가능성을 극대화한다면 외유는 일종의 정치적 망명이었다는 설도 구성될 수 있을 것이다. 자로子路가 외유에 동반했다는 사실은 미약하나마 이 설에 대한 중요한 정황적 뒷받침이 되고, 그것은 다시 「공자세가」의 허황된 이야기 중에서 자로가 먼저 공자에게 노나라를 떠나자고 권유했다는, 결코 허황되지만은 않은 이야기와도 맥이 닿는다.

그렇다면 공자의 외유는 적극적 선택이었다기보다는 정치적 여건에 의해 이루어진 어쩔 수 없는 선택이었을 가능성이 많다. 따지고 보면 「공자세가」의 기록도 기본적으로는 공자의 출국이 정치적 여건의 변화에 의한 것임을 말하고 있는 점에서 궤를 같이하고 있는 셈이다.

그러나 그의 출국이 비록 어쩔 수 없는 선택이었다 할지라도 그가 노나라를 떠나서 보낸 12년이라는 세월은 짧지 않은 세월이고, 이 세월 동안 그는 나름대로 삶의 목표를 갖지 않을 수 없었을 것이다. 주로 위나라와 진채에서 보낸 12년의 세월 동안 그는 무엇을 하였으며 무엇을 삶의 목표로 생각하고 있었을까? 여기에서 우리는 그가 노나라에서 가졌던 것과는 다른 삶의 목표를 가지게 되었을 것으로 가정할 필요는 없다. 춘추문화가 지니고 있던 보편주의와 국제주의도 그가 국외에서라 하여 특별히 다른 지향을 가지게 하지는 않았을 것이다.

그렇다면 일반적으로 널리 유포되어 있는 바와 같이 그를 정치적으로 등용해 줄 권력자를 만나는 것이 외유의 주요 목적이었다는 설은 재고할 필요가 있다. 이 설은 공자가 죽은 후 그의 생애에 대한 관심이 등장하던 전국시대에 이미 형성되어 있었던 것 같은데 논어 안에서도 미자/3 등에 그 흔적을 남기고 있을 만큼 유서 깊은 설이다. 특히 이 설은 크릴이 적극적으로 받아들여 오늘날에도 광범위하게 인정받고 있는데 그는 공산불뉴公山不狃나 필힐佛肸 같은 반역자들의 부름에도 공자가 선뜻 호응했었다는 사실은 바로 공자가 얼마나 간절히 그러한 기회를 간구하고 있었는가 하는 것을 단적으로 보여 주는 것이라 주장했다. 양화/5 및 7에 대한 크릴의 지나치게 자의적인 해석은 결국 공자의 여행을 돈키호테의 시대착오적 여행에 비유하는 결과를 낳았을 뿐이다.

그러나 이 전통적 견해는 공자에 대한 중요한 오해일 뿐 아니라 외유의 의미를 크게 통속화시키고 있다. 만약 공자가 스스로 발탁되어 자신의 철학과 경륜을 펼치고자 했다면 어느 한 나라에서 뚜렷한 관직도 갖지 않은 채 길게는 3년씩이나 머무를 필요는 없었을 것이다. 그가 한 나라에 3년씩이나 체재하면서 과연 무엇을 했겠는가 하는 물음을 설정해 보면 종래에 막연하게 이해해 왔던 외유의 목적은 대부분 모호해지고 만다. 그의 외유 목적이 그를 등용해 줄 권력자를 찾는 것이었다는 설은 어쩌면 전국시대 유교 계열의 유세가들이 의식적, 무의식적으로 확산시킨 것인지도 모른다. 왜냐하면 학문을 밑천으로 벼슬을 구하는 속유俗儒들에게 공자가 그들의 행태를 앞서 실천하였다는 것은 그들의 삶의 방식을 지지하는 든든한 근거가 되었을 것임에 틀림없었을 것이기 때문이다.

따라서 여기에서도 우리는 앞서 사환仕宦 논란에서 가장 중요한 기준이 되었던 그 자신의 말, "이도 또한 정치니 어찌 그것만을 정치라 하겠소?"를 다시 한번 중요한 기준으로 삼아야 할 것이다. 즉 그의 외유는 비록 정치적 환경의 변화에 의해 소극적으로 이루어졌지만 이방異邦을 전전하며 그가 간절히 바란 것은 결코 자신을 등용해 줄 위정자나 그를 통하여 자신의 역량을 발휘할 수 있는 기회가 아닌 무언가 다른 것이었음에 틀림없다. 그것이 무엇이었는지를 알아보기 전에 우선 그의 여행에 관한 몇몇 정보들을 더 점검해 보자.

그의 외유 경로는 확실하지는 않지만 위衛나라, 진陳나라, 채蔡나라가 그 중 가장 주요한 체재국이었고 송나라, 조나라, 정나라는 단지 거쳐 갔거나 잠시 머물렀던 것으로 보인다. 다시 말해서 공자의 외유 경로는 극히 제한되어 있었던 셈이다. 그는 진晋나라나 초나라 같은 대국에 가지 않았을 뿐 아니라 심지어 제나라에도 가지 않았다. 이 점에서 전통유교가 공자의 외유를 '천하주유'天下周遊라는 거창한 이름으로 불러온 데에는 그의 외유에 요순의 천하순수天下巡狩나 최소한 시황제始皇帝의 제국순무帝國巡撫에 준하는 권위를 부여하고 싶은 값싼 동기가 있었음에 틀림없다.

「공자세가」에 나오는 공자의 외유 경로는 몇몇 군데에서 착종되어 있기는 하지만 자세히 관찰하면 사마천의 비교적 면밀한 조사 결과라는 것을 알 수 있다. 그는 애써 공자의 외유 일정과 그때그때의 중요한 역사적 사건들을 연관시킴으로써 공자가 그 나라에 머무를 때가 언제였는지를 알리려 노력하고 있다.[16] 따라서 외유 경로에 관한 「공자세가」의 기록에 대해서는 그것을 비판적으로 검토하는 것이 그것을 무시하는 것보다 현명할 것으로 보인다. 다만 외유 과정은 그야말로 연결되지 않는 단편적인 이야기들밖에 남아 있지 않다. 「공자

---

16) 이를테면 "공자가 마침내 진(陳)나라에 이르러 사성정자(司城貞子)의 집에 머물렀다. 한 해 정도 지나서 오왕 부차(夫差)가 진나라를 쳐서 세 읍을 빼앗고 돌아갔다"(孔子遂至陳, 主司城貞子家.歲餘,吳王夫差伐陳,取三邑而去.) 등의 표현.

세가」는 이 단편적인 이야기들을 엮어 그의 여행기를 만들었지만 결국 그 단편성을 극복하지는 못했다. 우리가 할 수 있는 것은 이 단편적인 이야기들을 통해 어렴풋이 그의 외유 과정을 짐작하는 일뿐이다.

처음 공자는 위衛나라로 갔다. 자로/9는 아마 이때의 것으로 보이는 한 정경을 소묘해 보이고 있다.

선생님께서 위나라에 가셨을 때 염유가 마차를 몰았다. 선생님께서 말씀하셨다.

"사람들이 많구나."

염유가 말했다.

"이미 사람들이 많아졌으니 무엇을 더해야 합니까?"

선생님께서 말씀하셨다.

"풍요하게 해야 한다."

염유가 말했다.

"이미 풍요하게 되었다면 무엇을 더해야 합니까?"

선생님께서 말씀하셨다.

"가르쳐야 한다."

子適衛,冉有僕.子曰:庶矣哉.冉有曰:旣庶矣,又何加焉?曰:富之.曰:旣富矣,又何加焉?曰:敎之. 13/9

위도衛都의 번화하고 분주한 거리 풍경을 보며 고국을 등진 초로初老의 이방인과 그의 젊은 제자가 나눈 무심하면서도 울림이 깊은 한 토막의 대화는 우리가 인간적으로 상정할 수 있는 그 어떤 여수旅愁나 설렘조차도 보여 주지 않고 있다. 오히려 대화는 한없는 의연함과 함께 앞으로 펼쳐질 12년간의, 아니 남은 인생 전체의 여정을 통하여 그가 변함없이 관심을 기울이고 간절히 희구할 바가 무엇인지를 암시해 주고 있는 것처럼 보인다.

「공자세가」에 따르면 이곳 위나라에서 공자는 자로子路의 처형댁인 안탁추顏濁鄒의 집에 머물렀다고 한다. 이곳에서 공자는 위령공衛靈公으로부터 약간의 재정적 지원을 받는 한편 요주의 인물로 감시를 받았던 것 같다. 이는 당시로서도 위령공이나 기타 위정자들의 눈에 공자의 외유 목적이 어디에 있는지 모호해 보였기 때문이 아닌가 여겨진다. 이를 우려한 공자는 약 열 달을 머문 뒤 진陳나라를 향해 떠났으나 목적을 달성하지 못하고 불과 몇 달 만에 위나라로 되돌아왔다고 한다. 이 기록은 신빙성이 있어 보이는데 그 이유는 아마 광匡 지방에서의 예상치 못한 횡액으로 더 이상 나아갈 수 없었기 때문으로 보인다.

광匡은 위衛와 진채陳蔡라는 공자 외유의 두 거점을 잇는 요충지인데 이곳을 공자는 최소한 세 번은 경유한 것으로 보인다. 따라서 이 횡액이 「공자세가」의 기록처럼 반드시 이 첫 번째 경유 시에 있었는지는 단언하기 어렵다. 「공자세가」도 광匡에서의 횡액은 두 번이었다고 적고 있다. 어쨌든 이 횡액에 관하여 논어는 두 개의 단편을 통해 기록을 남기고 있지만 그 내용과 이유는 전혀 밝혀져 있지 않다.

「공자세가」는 광의 사람들이 공자를 양호陽虎로 오인하여 과거 양호가 그들을 포악하게 대했으므로 일행을 포위했다고 하고 있으나 이 횡액이 그런 오해에서 비롯되었다고 하기에는 너무 불합리해 보인다. 짐작컨대 이 사건은 공자의 행동을 곱게 보아 주지 않는 광 사람들의 그 어떤 과민한 반응이 발단이었을 것으로 여겨진다.

어쨌든 광에서의 이 사건은 공자를 표적으로 하여 야기된 것으로 보이는데 자한/5에 따르면 공자는 한때나마 죽음을 피하기 어렵다고 판단한 듯하다.[17] 중요한 것은 그러한 사실보다 이 위기 속에서 공자가 남긴 빛나는 한 마디가 아닐 수 없다.

선생님께서 광匡 지방에서 위기에 처하셨을 때 말씀하셨다.

"문왕文王은 이미 돌아가셨으나 문文은 여기에 남아 있지 않느냐! 하늘이 이 문文을 없애고자 했다면 후에 죽을 자들은 이 문文과 함께하지 못하였을 것이다. 하늘도 이 문을 없애지 않는다면 광匡 사람들이 나를 죽인들 무엇하겠느냐?"

子畏於匡,曰:文王旣沒,文不在茲乎!天之將喪斯文也,後死者不得與於斯文也.天之未喪斯文也,匡人其如予何? 9/5

광匡의 사람들이 나를 죽이려 하지만 내가 죽는다 해서 문文이 없어지지는 않는다—이 영감에 찬 한 마디는 그가 스스로를 완전히 천명에 복속시키고 있음을 보여 준다. 죽음의 위기 속에서 그의 자기 인식은 최고봉에 이른다. 죽음을 뛰어넘는 신념의 세계가 제시되었고 그것은 그 위기 속에서 함께 공포에 사로잡혔던 제자들에게 지울 수 없는 인상을 남겼을 것이다.

술이/24에 남아 있는 이와 비슷한 한 단편은 이 단편에 관한 몇 가지 정보를 더해 준다.

선생님께서 말씀하셨다.

"하늘이 나에게 덕을 내셨는데 환퇴桓魋가 나를 어찌 하겠느냐?"

子曰:天生德於予,桓魋其如予何! 7/24

---

17) 子畏於匡,顔淵後.子曰:吾以女爲死矣.曰:子在,回何敢死? 11/24

『장자』에 "공자가 광匡 지방에 유세하였더니 송宋나라 사람들이 수겹으로 둘러쌌다"[18]는 말이 나오고, 황간皇侃은 『논어의소論語義疏』에서 "송나라에 있으면서 광인匡人들이 포위하는 액을 만나셨다"[19]고 기록한 것을 보면 자한/5의 광인匡人은 위衛나라 사람이 아니고 송宋나라 사람일 가능성이 많다. 그렇다면 광에서의 횡액은 환퇴로부터 핍박받은 것과 동일한 사안이거나 최소한 일련의 사안일 것으로 보인다. 이 점은 다시 술이/24와 자한/5가 하나의 발언에 대한 서로 다른 두 제자의 기억을 각각 기록한 것이 아닌가 하는 의문을 갖게 한다.

실제 술이/24의 말미인 其如予何는 자한/5의 말미와 동일하면서도 그 앞부분인 "하늘이 나에게 덕을 내셨다"天生德於予는 말은 전혀 공자의 말답지가 않다. 그리고 자한/5는 문장 전체가 논리 정연하지만 술이/24는 도무지 문맥이 통하지 않는다. 따라서 술이/24는 자한/5의 발언에 대한 부실한 기억에 근거한 것일 가능성이 높다. 이 점에 대해서는 최술崔述도 거의 같은 견해를 피력하고 있다.[20]

---

18) 孔子遊於匡,宋人圍之數帀,而弦歌不惙. 『장자』 추수(秋水)편.

19) 明日遂行.初往曹,曹不容,又往宋.在宋,遭匡人之圍,又往陳,遇吳伐陳,陳大亂,故乏絕糧食矣. 『論語義疏』 衛靈公 제2장 在陳絕糧

20) 또한 살피건대 『좌전』 정공(定公) 6년조에 말하기를 "정나라를 쳐서 광(匡) 땅을 빼앗았는데 갈 때는 위나라에 대해 길을 빌리자는 요청도 없이 갔다" 했으니 이는 광이 정나라 동쪽에 있음이다. "돌아올 적에는 양호(陽虎)가 계씨와 맹씨로 하여금 위나라 도읍의 남문으로 들어가게 하였다" 했으니 이는 광이 위나라 남쪽에 있음이다. 노나라가 비록 광을 취하기는 하였으나 지킬 만한 세력이 되지못하여 두씨(杜氏)는 광이 진(晋)나라의 차지로 돌아갔을 것으로 추정한다. 장자(莊子)와 순자(筍子)는 모두 광을 송나라의 읍으로 여기고 있다. 정나라 동쪽 위나라 남쪽이라면 송나라로 가기는 가깝고 진(晋)나라로 가기는 멀다. 진나라가 핍양(逼陽)을 멸망시키고는 그 땅을 송공(宋公)에게 주었다. 광을 취할 때에 송나라는 마침 진나라를 섬길 때였으므로 광은 송나라에 돌아갔을 것이다. 이치가 혹 그러하나 이 일은 이미 송나라를 지나갈 때의 일과 내용상 서로 비슷하고 또 그 시기가 서로 같은 바 만약 광이 또다시 송나라 땅이라면 광에서 위기에 처한 일과 송나라를 지나갈 때의 일이 기실은 본래 하나의 일이 아니었나 한다. 환퇴(桓魋)가 공자가 진(陳)나라로 간다는 소식을 듣고 광으로 나아가 광인(匡人)들로 하여금 그를 노리게 한 것이지만 후세의 사람들이 두 일로 잘

양자가 동일한 사건에 관련되었음을 전제한다면 이 부실한 기억은 그 동일한 사건이 환퇴桓魋와 관련된 사건임을 밝혀 주고 있다. 환퇴는 송나라의 명문 귀족으로 송나라 경공景公의 총애를 한 몸에 받고 있었다. 다만 그 총애는 충성스런 신하에 대한 군주의 신임이라기보다 비위나 맞추는 측근에 대한 어리석고 줏대 없는 군주의 심리적 의존 비슷한 것이었다. 환퇴는 대체로 그 사람됨이 세속적이고 물욕이 강했는데 송나라 환난의 시초도 결국 이 환퇴의 물욕과 경공의 비정상적 총애에서 비롯되었다. 경공의 아우가 가진 네 마리의 백마白馬를 환퇴가 탐내자 경공은 아우로부터 그 중 두 마리를 빼앗아 환퇴에게 주었다. 이 일로 인하여 경공의 아우들과 일부 대부들이 소蕭에서 반란을 일으키는 등 공실의 파탄이 초래되었지만 환퇴에 대한 경공의 편애는 여전히 계속되었다.

훗날 환퇴는 경공에 대해 군신의 예도 갖추지 않는 무례한 태도를 보이다가 급기야 구슬美珠 한 개를 가지고 경공과 사이가 틀어지기 시작, 결국 제齊나라로 달아났고 그 과정에서 그의 많은 형제들도 모두 망명길에 오르는 등 송나라의 이 유서 깊은 명문거족은 멸문滅門에 가까운 비참한 최후를 당하고 말았다.

환퇴가 광에서 공자를 궁지에 몰아넣은 것은 백마사태가 있고 수

못 나누게 된 것이 아니라고 내가 어찌 단정하겠는가. 자한편에 말하기를 "하늘도 이 문을 없애지 않는다면 광(匡) 사람들이 나를 죽인들 무엇하겠느냐?" 하였고 술이편에 또한 말하기를 "하늘이 나에게 덕을 내셨는데 환퇴(桓魋)가 나를 어찌 하겠느냐?" 하였으니 두 개 장의 말뜻이 꼭 같다. 이는 역시 동일 시점의 동일 사안에 관한 말로 보이는데 기록하는 자가 각각 들은 바를 기록함으로써 그 표현이 다소 달라진 것이지 반드시 공자께서 평생을 두고 매번 환난을 당하셔서 이런 말이 생긴 것은 아니다. 그러므로 광에서 위기에 처한 일이 송나라를 지나갈 때의 일과 함께 절대 하나의 사건처럼 보이기 때문에 그것을 두 일로 나누어 버리는 것을 두려워하는 바이다. 그러나 『춘추』와 『좌전』에 명백한 글이 없는지라 지금 감히 갑작스럽게 합하여 하나로 할 수는 없다. 잠시 두 일을 그대로 두고 옛일에 해박한 선비가 나타나 바로잡기를 기다린다. 崔述, 『洙泗考信錄』

년이 지난 시점으로 환퇴가 경공의 총애를 업고 권력을 전횡하며 그의 물욕을 마음껏 채우고 있을 때였다. 이때의 일화로 『예기』에 수록된 자유子游의 말은 다음과 같다.

"옛날 선생님께서 송나라에 계실 때 환사마桓司馬, 桓魋가 스스로 석곽石槨을 만드는데 삼 년이 걸려서도 완성되지 못하는 것을 보시고 '이렇게 사치할 바에야 차라리 죽으면 빨리 썩는 것이 낫다'고 하셨다"
昔者夫子居於宋,見桓司馬自爲石槨,三年而不成.夫子曰,若是其靡也.死不如速朽之愈也. 『禮記』 檀弓上

환퇴의 속물근성과 물욕을 생각하면 이 정도의 일은 충분히 있을 법한 일이다.

이제 이러한 정보 위에서 「공자세가」의 기록을 추가해 보자. 「공자세가」에 의하면 공자가 송나라에서 큰 나무 아래에서 제자들과 예의에 대해 강습하고 있었는데 환퇴가 공자를 죽이려 했고 그 나무도 뽑아 버렸다고 한다. 이 여러 정보를 종합하면 우리는 광에서 공자와 제자들이 겪은 횡액에 대해 그 구체적인 전개 과정은 알 수 없다 하더라도 그 원인은 대충 짐작할 수 있게 된다.

우선 환퇴는 자신의 속성상 예禮니 의로움義이니 하는 덕목을 가르치며 남의 나라를 전전하는 이 늙은이와 그의 추종자들이 도무지 비위에 거슬렸을 것이다. 석곽石槨에 관한 공자의 전술한 발언은 아마 전해지지 않은 몇 가지 원인들과 함께 그의 분통을 터트리게 하였을 것이다. 또 공자의 제자 사마우司馬牛가 바로 환퇴의 아우 사마우와 동일인일 수도 있다는 일반적 가정—실제 그럴 가능성은 거의 없어 보이지만—을 받아들인다면 공자에 대한 환퇴의 적개심은 상당한 이유를 지니는 셈이 된다. 강습하는 자리에 있던 큰 나무를 뽑아 버렸다는 것도 그것이 설혹 이 사건에 덧붙여진 설화에 지나지 않을는지는 모르지만 환퇴가 공자의 교수敎授 행위를 탄압하고 방해했음을 암시하고 있다는 점에서 나름대로의 사료적史料的 가치를 지니는 것이라 할 수 있다.

결국 이 일화를 통해 드러나는 선명치 못한 한 장의 그림은 한 위대한 정신과 세속적 정신 사이의 필연적이고도 전형적인 충돌을 보여 주는 것이다. 환퇴가 못 견뎌 한 것은 공자이기를 넘어서 공자가 선포하는 사문斯文이었고 그런 의미에서 이 일화는 모든 역사 속에서 끊임없이 되풀이되는 비극의 한 표본이었다.

광에서의 이 위기는 다행히 어느 누구의 희생도 초래하지 않고 넘어갔던 것으로 보인다. 선진/24에는 이 위기의 마지막 국면으로 보이는 한 대화가 남아 있는데 그것은 이러한 상황이 공문의 일관된 행보에 대하여 하등의 장애가 되지 못하였음을 보여 주고 있다.

선생님께서 광匡 지방에서 위기에 처하셨을 때 안연顔淵이 뒤쳐졌다 오니 선생님께서 말씀하셨다.
"나는 네가 죽은 줄 알았다."
안연이 말했다.
"선생님께서 계시는데 제가 어찌 감히 죽겠습니까?"
子畏於匡,顔淵後.子曰:吾以女爲死矣.曰:子在,回何敢死? 11/24

위나라로 되돌아온 공자는 위나라의 대부 거백옥蘧伯玉의 집에 머물렀다. 이때 공자는 위령공의 부인 남자南子의 요청에 응해 그녀를 만났는데 이 사실은 논어에도 기록되어 있다. 물론 위나라는 외유 기간 중에 적어도 세 번은 들른 나라이기 때문에 남자를 만난 것이 정확히 어느 때였는지는 알 수 없으나 영공이 B.C. 493년(애공 2년, 공자 59세)에 죽었기 때문에 그 이전이었을 것으로 추정된다.

남자南子는 공자가 외유 기간의 절반을 머무른 위나라의 정치상황을 이해하는 데에 빼놓을 수 없는 중심인물이다. 그녀는 위령공衛靈公의 부인이라고만 언급되어 있는데 영공이 송나라에서 데려와 재취로 삼은 것 같다. 뛰어난 미모와 정염을 지녔던 것으로 보이는 이 여인은 단지 군주의 부인으로만 역할하지 않고 스스로 측근들을 거느리고 정치세력을 이루고 있었는데 정공定公 14년에는 남자 일당을 제거하려던 대부 공숙수公叔戌가 영공에게 내쫓겨 노나라로 달아나기도 하였다.

『좌전』 정공 14년조에 의하면 영공은 부인 남자를 위하여 송조宋朝를 불러왔다고 한다. 송조宋朝는 송나라의 공자公子 조朝로서 대단한 미남자였던 모양이다. 공자마저도 "축타祝鮀와 같은 말재간이 없다면 송조宋朝와 같은 미모를 지녔다 하더라도 요즈음 세상에서는 남아나기 어렵겠구나!"[21] 하는 말에서 그의 수려한 용모를 인용했을 정도였다. 영공이 왜 자신의 부인을 위해서 이런 미남자를 데리고 왔는지는 알려져 있지 않으나 짐작하는 것은 어려운 일이 아니다. 영공은 한마디로 욕심이 많은 사람이었고 그 욕심은 재물은 물론 여자에 이르기까지 유감없이 발휘되었다. 그리고 모든 무르익은 욕심에서 볼 수 있듯이 그 욕심은 스스로의 극한점에서 변태적인 성장을 해나갔을 것이다.

태자 괴외蒯聵는 이를 부끄럽게 여기고 있던 중 외교적인 일로 송나

21) 子日:不有祝鮀之佞,而有宋朝之美,難乎免於今之世矣! 6/16

라의 한 지방을 지나다가 그곳 사람이 부르는 노랫소리를 듣게 되었다. "이미 당신의 암퇘지로 정했는데 어찌하여 우리의 아름다운 수퇘지는 돌려보내지 않는가" 하는 것이었다. 괴외는 이를 듣고 부끄럽게 여긴 나머지 위나라로 돌아와 희양속戱陽速을 앞세워 남자를 죽이려 했다. 이러한 사태를 볼 때 괴외는 남자의 친자親子는 아니었을 것으로 여겨진다. 그러나 희양속이 약속을 저버렸을 뿐 아니라 이를 눈치 챈 남자가 달아나며 "괴외가 나를 죽이려 한다"고 울부짖자 영공은 남자의 손을 잡고 누대樓臺에 올라가 몸을 피함으로써 화를 모면했다. 실패한 태자 괴외는 송나라로 달아났다가 나중에는 진晋나라의 조간자趙簡子에게 몸을 의탁했다.

그 후 애공哀公 2년에 위령공이 세상을 뜨자 남자南子는 영郢을 후계자로 삼으려 했다. 영郢 또한 남자의 친자인지 여부는 불확실하다. 그러나 영郢은 극구 사양했고 그 바람에 망명 중인 괴외蒯聵의 아들 첩輒이 군주의 자리에 오르니 그가 곧 출공出公이다. 이때부터 위나라에서는 출공出公과 망명 중인 그의 아버지 괴외蒯聵 간에 일련의 권력투쟁이 벌어지게 되었다. 대국 진晋나라까지 개입된 이 부자간의 권력 다툼을 둘러싸고 공문의 입장이 어느 쪽을 지지하였느냐 하는 것은 어리석은 질문이 될 것이다.

정약용丁若鏞은 이 관계에서 괴외를 강력히 변호하면서 출공은 마땅히 아버지 괴외에게 군주의 자리를 넘겨주었어야 했으며 그것이 공자의 뜻이었다고 주장했지만 실제 공자학단에서는 어느 쪽을 특별히 지지하거나 반대하는 것은 중요한 것이 아니었다. 다만 후일 괴외가 무력정변의 형태로 군주의 자리를 차지한 것에 대해 공자와 그의 제자들은 정약용의 견해와는 반대로 결코 지지하지 않았던 것이 분명

해 보인다.[22]

공자가 남자를 만난 것은 괴외가 송나라로 달아난 후, 아직 영공이 살아 있을 때였다고 보여진다. 그러나 공자가 남자를 만나 무슨 대화를 나누었는지는 어느 자료에도 기록된 바가 없다. 때때로 이런 자료의 부족은 갖가지 상상력을 부추기기도 하는데 「공자세가」에서 "남자南子가 휘장 안에서 답례함에 허리에 찬 구슬 장식이 맑고 아름다운 소리를 내었다"고 한 것도 이러한 상상력의 소산임이 분명하다. 자로子路는 이 만남에 강한 불만을 표시했다.

> 선생님께서 남자南子를 만나시니 자로子路가 못마땅해하였다. 선생님께서 맹세하여 말씀하셨다.
>
> "내가 잘못한 것이 있다면 천벌을 받겠다. 천벌을 받겠다."
>
> 子見南子,子路不說.夫子矢之曰:予所否者,天厭之!天厭之! 6/28

공자가 남자를 만난 이유, 또 자로의 불만에 대해 공자가 맹세까지 한 이유는 자세히 밝혀져 있지 않다. 「공자세가」는 이 만남을 공자가 거절하였으나 어쩔 수 없어 만나게 되었던 것으로 기술하고 있다. 그렇다면 이 만남에 별다른 의미를 부여할 필요는 없을 것이다. 그러나 당시 남자가 영공을 좌지우지할 정도의 세력을 가지고 있었고 공자에 대하여 나름대로 궁금함과 기대를 가지고 있었다면 공자로서는 이 초빙에 응할 충분한 이유가 있었다고 할 수 있다. 그는 정치권력자들로 하여금 조금이라도 정치의 본질을 돌아보게 하는 일이라면

---

22) 정약용이 이러한 견해를 필요 이상으로 지지한 데에는 어쩌면 사도세자와 정조대왕의 특별한 관계를 의식한 것이었는지도 모른다.

외면하지 않았고 특히 자신에게 기대를 가지고 만나고자 하는 사람이라면 그가 필힐佛肹이든 공산불뉴公山不狃든 철부지 소년이든 가리지 않았던 것이다.

그의 가르침에 관한 한 "비록 한 삼태기의 흙을 부어서라도 나아감이 있다면 나는 갈 것이다"[23]고 한 원칙은 결코 제자들에게만 적용되는 것이 아니었다. 이 점은 매우 중요한 의미를 가진다. 자신에 대한 어느 누군가의 기대는 특별한 소명召命 의식으로 충만해 있던 공자에게는 비상한 관심사로 다가왔던 것이다. 공산불뉴가 그를 불렀을 때 그가 한 말, "무릇 나를 부르는 자라면 어찌 하찮은 자이기야 하겠느냐?"[24] 하는 말은 공자의 특별한 자기의식의 지평에서 바라보면 주목할 만한 의미를 띠고 있다. 확실히 어느 누군가가 공자를 부른다면 그자는 이미 장삼이사와는 다르다. 공자는 조금이라도 가능성이 엿보이는 사람이라면 신분의 고하나 노소를 가지지 않고 만났고 이야기를 나누었다. 따라서 공자가 필힐이나 공산불뉴와 같은 정치적 반란자들의 부름에 긍정적인 태도를 보였다는 것은 아무것도 이상할 것이 없는 것이다.

최술崔述이 그 사실을 터무니없는 조작에 불과하다고 구구절절이 반박하고 그것을 『수사고신록洙泗考信錄』의 가장 대표적인 업적으로 자부한 것이라든가 반대로 크릴이 바로 그 사건을 통하여 공자가 자신의 이상을 실현시킬 수 있는 정치적 지위에 얼마나 집착했으며 기나긴 외유는 바로 그런 지위를 찾아 헤맨 과정이었다고 강변한 것은 모

---

23) 子日:譬如爲山,未成一簣,止,吾止也.譬如平地,雖覆一簣,進,吾往也. 9/18

24) 公山弗擾以費畔,召.子欲往.子路不說日:末之也已.何必公山氏之之也.子日:夫召我者,而豈徒哉?如有用我者,吾其爲東周乎. 17/5

두 공자의 태도를 자의적으로 해석한 결과며 그러한 태도 속에서 공자만이 가질 수 있는 내면적 계기를 읽어 내지 못한 탓이었다. 남자와의 만남에도 예외 없이 이런 측면이 있었을 것이다. 물론 그것은 만남 이상의 결과를 낳지는 못했을 것으로 보인다.

공자가 위령공衛靈公을 만난 것이 사실이라면 아마 그 시기는 첫 방문 때가 아니면 두 번째 방문 때였을 것이다. 그러나 위령공/1은 단지 뜬소문이었을 가능성이 크다. 영공은 공자에게 진陳치는 법에 대해 물었고 공자는 "제기祭器를 다루는 일이라면 일찍이 들은 것이 있으나 군사軍事에 대해서는 미처 배우지 못했습니다"[25] 하고는 이튿날 위나라를 떠나고 말았다 하는데 이는 공자의 외유 목적이 쓰임을 받기 위한 것이라는 관점에서 시도된 후대의 극적 구성으로 보인다. 그러나 위령공/1이 어느 정도라도 사실에 기초하여 작성된 것이라면 위령공은 공자에 대해 아는 바가 거의 없었고 또 알고 있었다 하더라도 그런 방면에 대해서는 전혀 관심이 없었다 할 수 있다.

나. 진채행(陳蔡行)

위나라를 떠난 공자는 다시 진陳나라를 향해 떠났다. 「공자세가」는 진나라로 가는 과정에서 조曹나라와 송宋나라, 정鄭나라를 거쳤으며

---

25) 衛靈公問陳於孔子.孔子對日:俎豆之事則嘗聞之矣.軍旅之事,未之學也.明日遂行. 15/1 『좌전』에는 이 단편에서 공자가 한 말과 비슷한 말을 마지막 위나라 체재를 마치고 공자가 노나라로 돌아갈 때 위나라의 실권자였던 대부 공어(孔圉)에게 하고 있다. 공어가 대부 태숙질을 공격할 뜻을 비쳤을 때 공자는 "제례(祭禮)에 대해서는 일찍이 배운 적이 있으나 군사(軍事)에 대해서는 들어 본 적이 없습니다"(胡簋之事,則嘗學之矣.甲兵之事,未之聞也) 하고 말하고 있기 때문이다. 둘을 객관적으로 비교해 볼 때 『좌전』의 기록에 다소 문제가 있는 것으로 보인다. 태숙질에 대한 공격은 정치적 강제력을 행사하는 것이기는 하지만 군사행동으로 보기는 어렵기 때문이다.

전술한 환퇴의 핍박도 이때에 있었다고 기록하고 있으나 사실 여부를 확인하기는 어렵다. 다만 정나라에서 있었다는 일화 하나는 짚고 넘어갈 필요가 있다.

공자가 정나라에서 잠시 제자들과 길이 어긋났을 때 누군가가 홀로 서 있는 공자를 보았다. 그는 자공을 만나 "동문 밖에 한 사람이 서 있는데 머리는 요임금을 닮았고 목은 고요皐陶를 닮았으며 어깨는 자산子產을 닮았지만 허리 이하는 우임금보다 세 촌이 짧으며 고달파 보이는 것이 집을 잃은 개와도 같았다"고 전했다. 공자는 자공으로부터 이를 전해 듣고 흔연히 웃으며 탄식하듯 말했다.

> "형상이야 그러하겠느냐마는 집을 잃은 개와도 같다는 것은 실로 맞는 말이구나!"[26]
>
> 形狀未也,如喪家之狗,然乎哉,然乎哉.

이 일화에서 공자의 대답은 그다운 감각을 지니고 있고 "집을 잃은 개", 혹은 "상갓집 개"喪家之狗와 같다는 말 또한 오랜 역사를 통해 많은 사람들의 공감을 얻어 왔다. 따라서 이 일화는 공자에 대한 후대의 이미지 형성에 적지 않은 기여를 한 것이 사실이다.

사마천은 「공자세가」를 집필하기 위해 곡부曲阜를 비롯한 여러 사적지를 둘러보고 많은 자료를 수집한 것 같은데 자료를 취사선택하는 과정에서 이처럼 특별한 의미가 있는 것은 사실 여부를 떠나 일단 취재함으로써 후세의 판단에 맡기는 태도를 취하고 있다. 그러나 이

26) 『공자가어(孔子家語)』 입관(入官)편. 여기서 喪家之狗는 "집을 잃은 개"라는 해석과 "상을 당한 집의 개"라는 해석이 양립하고 있으나 취지를 살리자면 전자가 옳다고 여겨진다.

일화는 바로 전국시대에 형성된 공자상을 전형적으로 대변하고 있다. 사마천이 이를 수집하여 「공자세가」에 집어넣은 것은 바로 자신의 그러한 공자관을 피력한 것이기도 한데 여기서 공자는 전국시대적으로 '편집'되어 있다는 점을 주목할 필요가 있다. 편집의 메커니즘은 집 잃은 개와 같은 공자, 즉 '보여진 공자'를 다시 공자가 스스로 자의식화하고 내면화한다는 것이다. 이 과정을 거치면 공자는 묘하게도 그 위대성을 손상당하지 않은 채 모든 사람들에게 좀 더 손쉽게 다가갈 수 있는 존재가 된다.

생전의 공자는 제자들에게나 위정자들에게나 손쉽게 다가갈 수 없는 존재였다. 공자는 모든 사람들에게 걸림돌이었고 그 걸림은 모든 사람들로 하여금 스스로를 바꾸게 하는 위력을 지니고 있었다. 안연, 자공, 자로와 같은 제자들은 예외이기는커녕 그 전형적 예시였다. 그러나 전국시대를 경유하는 동안 이 생생한 장치들은 없어지고 마는데 그러한 과정을 이 일화는 잘 보여 주고 있다. 감추어진 본질은 성인이면서도 현실에서는 집 잃은 개와 같았다는 공자의 모습을 통하여 모든 사람들은 아무런 '걸림 없이' 그를 숭배하고 받아들일 수 있었던 것이다.

「공자세가」에는 이처럼 전국시대적으로 교묘하게 편집된 공자상이 자주 등장한다. 이를테면 "들소도 아니고 호랑이도 아닌데 광야에서 헤매고 있다"匪兕匪虎, 率彼曠野는 시구를 거론하며 "나의 도가 잘못된 것은 아니냐? 나는 여기서 무엇을 해야 하겠느냐?" 하는 공자의 물음에 대하여 세 제자가 보인 견해도 역시 그렇다. 자로는 "아마 우리가 아직 어질지 못하고 알지 못하기 때문이 아닐까요?" 하고 대답하였고, 자공은 "선생님의 도가 너무 크기 때문에 천하가 받아들이지 못하는 것입니다. 어찌하여 그 수준을 약간 낮추시지 않으십니까?" 하고 대답하였다. 그러나 안연은 "받아들여지지 않는 것이 무슨 문제이겠습니까? 받아들여지지 않은 연후에 더욱 군자의 참 모습이 드러나는 것입니다" 하고 대답하였다. 제자들, 특히 안연의 대답에 전국시대적으로 말끔하게 정리된 공자상이 잘 드러나 있다. 정리되었다는 것은 더 이상 숨 쉬지 않는다는 뜻이다.

따라서 미자/6의 "새나 짐승과는 함께 떼 지어 살 수 없느니 내가 이 사람의 무리와 함께하지 않는다면 무엇과 함께하겠느냐? 천하에 도가 있다면 나도 굳이 바꾸려 들지 않을 것이다"[27] 하는 공자의 자의식도 역시 전국시대에 유가들의 내면풍경을 그려 낸 것으로서 전술한 「공자세가」의 관점을 선도하고 있는 것이라 할 수 있다.

긴 여정 끝에 진陳나라에 도착한 공자는 사성정자司城貞子의 집에 기숙하였다고 한다. 진나라는 채나라와 더불어 제후국들 중에서도 약소국에 속하는 나라들이다. 두 나라는 일찍이 초楚나라의 영왕靈王에 의해 멸망당해 초의 한 지방으로 편입되었다가 영왕이 죽은 후 평왕平王이 민심회유책의 일환으로 다시 세워 준 나라들이다. 공자가 구태여 이들 약소국에 오래 머무른 까닭은 제대로 밝혀져 있지 않다.

진나라는 무왕이 주왕조를 세운 후에 순舜임금의 후손을 찾아내어 봉한 나라이기 때문에 특별한 문화적 전통이 남아 있었는지는 모르지만 그것이 공자가 굳이 이 나라를 찾아간 이유라고 보기는 어렵다. 현재로서는 패권 추구에 영일이 없는 제齊, 진晋, 초楚에서는 자신의 뜻이 받아들여질 가능성이 없기 때문에 패권 추구 아닌 제3의 수단

27) 長沮桀溺耦而耕,孔子過之,使子路問津焉.長沮曰:夫執輿者爲誰?子路曰:爲孔丘.曰:是魯孔丘與?曰:是也.曰:是知津矣.問於桀溺.桀溺曰:子爲誰?曰:爲仲由.曰:是魯孔丘之徒與?對曰:然.曰:滔滔者天下皆是也.而誰以易之?且而與其從辟人之士也,豈若從辟世之士哉?耰而不輟.子路行以告.夫子憮然曰:鳥獸不可與同群,吾非斯人之徒與而誰與?天下有道,丘不與易也. 18/6

이 필요했던 약소국을 선택하였다는 그동안의 설이 그래도 가장 그럴듯해 보인다. 이미 한 번 멸망당했던 두 나라는 자신의 충고에 귀를 기울여 줄 것으로 생각했을 것이란 말이다. 특히 선진/27에서 공자가 자로子路, 증석曾晳, 염유冉有, 공서화公西華에게 "만약 어떤 사람이 너희를 알아주면 어떻게 하겠느냐"고 물었을 때 자로가 한 대답도 이 설과 관련하여 시사하는 바가 있다.

> "천승의 나라가 대국들 사이에 휘말려 군사 정벌에 시달리고 그로 인하여 기근에 허덕이더라도 제가 힘쓰면 대략 삼 년 안에 용기를 가질 뿐 아니라 그 타개책을 알게 할 수 있습니다."
>
> 千乘之國,攝乎大國之間,加之以師旅,因之以饑饉,由也爲之,比及三年,可使有勇,且知方也. 11/27

자로의 정책적 관심이 큰 나라들 사이에서 시달리고 있는 천승지국千乘之國과 관련되어 있다는 것은 진채행陳蔡行과 정서적으로 상응하는 바 있으며 이는 외유 일정 수립에 자로의 영향력이 작용했을 가능성도 아울러 시사하고 있다.

공자는 진나라에서 약 3년간 머물렀다고 하나 진나라의 사패司敗(노나라의 司寇에 해당하는 사법장관)와 만나 대화한 것[28] 외에는 그곳에서 무엇을 하였는지를 알려 줄 만한 구체적 기록은 전혀 남아 있지 않다. 과연 그는 그곳에서 무엇을 하고 있었을까? 이 물음에 대한 역사의 증거를 찾기에 앞서 우리는 노나라에서의 공자와 이역에서의

---

28) 陳司敗問:昭公知禮乎?孔子曰:知禮.孔子退,揖巫馬期而進之曰:吾聞君子不黨,君子亦黨乎?君取於吳,爲同姓謂之吳孟子.君而知禮,孰不知禮?巫馬期以告.子曰:丘也幸,苟有過,人必知之. 7/33

공자가 서로 달라야 할 아무런 이유가 없다는 점을 다시 한번 상기할 필요가 있다.

그는 이역만리 타방에서도 여전히 그의 조언을 듣고자 하는 권력자들에게 정치적 조언을 하였을 것이고 또 젊은이들을 눈여겨보면서 그들 가운데에서 희망이 있어 보이는 자들을 찾아 그들을 자극하고 가르쳤을 것이 틀림없다. 우리가 공자를 설화의 주인공으로 이해하지 않고 단지 공자로만 이해한다면 이러한 가정은 어쩌면 증명해 보일 필요조차 없을 것이다. 그러나 논어에는 이와 관련된 두 개의 단편이 남아 이 가정을 증명해 주고 있는데 불행히도 두 단편에 대한 그동안의 그릇된 해석이 이 사실을 간과하도록 가로막아 왔다. 그 하나는 공야장 제22장이다.

> 선생님께서 진나라에 계실 때 말씀하셨다.
> "돌아가야겠구나! 돌아가야겠어! 나를 따르는 젊은이들은 과격하고 단순하여 찬란하게 기치는 세웠으나 그것을 어떻게 마름질해 나가야 할지는 알지 못하는구나!"
> 子在陳曰:歸與!歸與!吾黨之小子狂簡,斐然成章,不知所以裁之. 5/22

이 단편은 종래 吾黨을 "내 고향 마을"로 보아 노나라에 두고 온 제자들을 안타까워하며 노나라로 돌아갈 의향을 밝힌 것으로 해석하였던 단편이다. 그러나 여기서 말하는 吾黨은 자로/18의 吾黨[29]과 마찬가지로 공자 자신을 따르는 일군의 문도門徒들, 즉 공문孔門을 뜻하

---

29) 葉公語孔子曰:吾黨有直躬者,其父攘羊而子證之.孔子曰:吾黨之直者異於是.父爲子隱,子爲父隱,直在其中矣. 13/18

고 있다. 곡부를 근거로 하여 제자들을 가르쳤던 공자로서 "내 고향 마을"이라는 표현 자체가 가당치 않은 것이고 이역만리 타방에서 어느 날 갑자기 노나라의 제자들에 대하여 이런 탄식을 하였다는 것도 이치에 맞지 않는 일이다. 따라서 이 단편은 진나라 현지에서 그를 따르던 젊은이들에 대한 실망을 표하면서 차라리 노나라로 돌아가야겠다는 한탄을 기록한 것으로 보아야 한다.

어느 곳에나 뜻있는 젊은이들은 있지만 그 대부분은 과격하고 단순하여 무작정 앞으로 치달아 그들의 이상을 거머쥐려고進取만 할 뿐 그 이상을 현실 속에 어떻게 구현해 나가야 할지는 모르고 있었던 것이다. 이 젊은이들에 대한 실망이 노나라로 되돌아가야겠다는 생각을 불러일으킬 정도였다면 어쩌면 이방에서의 진정한 목적은 노나라에서와 마찬가지로 자신의 사상을 제대로 이해할 수 있는 영재들을 만나 그 요체를 전수하는 데에 있었다고 단정해도 좋을는지 모른다. 이 사실은 선진편 제2장에서 다시 한 번 확인할 수 있다.

선생님께서 말씀하셨다.

"진나라와 채나라에서 나를 좇던 자들은 모두 문에도 이르지 못했다."

子曰:從我於陳蔡者,皆不及門也. 11/2

이 단편 역시 從我於陳蔡者가 "진나라와 채나라에까지 나를 좇던 '노나라'의 제자들"로 이해되어 왔고 不及門도 "모두 문하에 없다" 또는 "모두 벼슬자리를 얻지 못하였다"는 식으로 구차하게 해석되어 왔다.[30] 그러나 이 단편은 바로 공야장/22에서 표명한 실망과 마

30) 이러한 오독(誤讀)은 바로 그 아래에 어느 호사가가 끼워 넣은 이른바 공문사과(孔門

찬가지로 당시 진나라와 채나라에서 공자를 따르던 현지의 젊은이들이 모두 공문이 요구하는 최소한의 수준에도 이르지 못했음을 토로한 것일 뿐이다. 외유에 동반했던 안연이나 자로에 대해 공자가 최소한의 수준에도 이르지 못했다고 말하는 것은 전혀 있을 법하지 않기 때문이다.

그러면 이러한 이역에서의 제자 교육이 왜 논어에는 자세히 언급되어 있지 않을까? 그 이유는 공자의 외유 자체가 논어에 거의 언급되어 있지 않은 이유와 같다. 아무리 논어 편찬의 주된 목적이 공자의 행적을 기록하는 데에 있지 않았다 할지라도 12년간에 걸친 이 남다른 행적에 대하여 논어는 기이하리만치 그 흔적을 적게 남기고 있다. 이는 결국 논어 편찬에 크게 기여한 몇몇 제자들이 그의 외유, 특히 진채행陳蔡行에 함께하지 않았음을 간접적으로 시사하는 것이라 하겠다.

선진/2가 기록되어 남게 된 것도 실은 진채에서의 직접적 견문이 거의 없음을 간접적으로 입증하는 셈이다. 진채행에 참여한 것이 확인되는 두 제자, 안연顔淵과 자로子路가 모두 공자보다 먼저 세상을 떠난 것도 이러한 가정을 강하게 뒷받침하는 것이다.

어쨌든 공야장/22와 선진/2를 고려할 때 현지에서 공자는 나름대로 그곳의 젊은이들을 가르쳤음에 틀림없다. 그러나 그들은 대부분 내일을 기약할 수 없는 약소국가의 젊은이들답게 자신의 바깥으로 뛰쳐나가 무언가를 거머쥐려는進取 광간지사狂簡之士들이었음에 틀림없다. 그들의 불안정하고 성급한 마음에서 본다면 자기 확립에서부터 시작하는 공자의 교설은 아무래도 답답하고 지둔해 보였을 것이다.

四科)라 불리는 잡문 때문에 빚어진 것으로 보인다.

그들에 대한 실망이 공자로 하여금 노나라로 되돌아갈 마음을 불러 일으킬 정도였다면 젊은이들을 가르치는 것은 이방 체재 시에도 공자의 변함없는 삶의 보람이자 목적이었다고 결론지어도 무방할 것이다.

노나라에서나 이방에서나 그의 행보에 아무런 근본적 차이가 있을 수 없다는 논리는 그가 위정자들에게 일정한 영향을 끼치고 그들의 정치적 방향을 바로잡아 주고자 하는 노력에서도 마찬가지였다고 할 수 있다. 그는 그가 도착하는 지역마다 그곳의 대부들이나 기타 이름난 사람들을 만나 의견을 나누었다. 왕손가王孫賈(3/13), 섭공葉公(13/16), 공명가公明賈(14/14), 거백옥蘧伯玉(14/26), 진사패陳司敗(7/33), 공문자孔文子(5/15) 등이 바로 그들이다. 노나라에서와 마찬가지로 그는 좁은 의미의 정치에 참여하지는 않았지만 넓은 의미의 정치에는 변함없는 관심을 가지고 있었다. 그는 조급하게 생각하지 않았고 그 자신의 활동으로 천지가 개벽할 만큼 눈부신 변화가 오리라는 기대도 하지 않았던 것이 틀림없다.

이방을 전전하며 그가 흉중에 지니고 있었던 것은 다만 그가 생각하는 바람직한 인간의 행태에 대한 굳은 확신과 그 확신의 전파에 대한 집념이었다고 생각된다. 사실 공자가 등용의 기회를 찾아 헤매었다는 설과 그 설이 제시하는 신통치 않은 몇몇 증거는 어쩌면 공자의 이처럼 지칠 줄 모르는 노력을 오해한 결과라 할 수 있다. 그 점에서 위령공/10은 우리가 상상력을 발휘할 때 국외 체재 시 공자가 견지하고 있던 정치적 입장 내지 방향을 밝혀 주는 좋은 단서가 된다.

자공子貢이 어짊을 추구하는 것에 대해 묻자 선생님께서 말씀하셨다.

"장인이 자기 일을 잘하려면 반드시 먼저 자신의 연장을 벼리듯이 어느 한 나라에 거하게 되면 그 나라 대부 중에서 현명한 자를 섬기고 그 나라 선비 중에서 어진 자를 벗해야 한다."

子貢問爲仁.子曰:工欲善其事,必先利其器.居是邦也,事其大夫之賢者,友其士之仁者. 15/10

이 경우는 비록 자공에게 들려준 충고이기는 하지만 바로 공자 자신에게도 똑같이 적용되는 것이라 할 수 있다. 훌륭한 대부 또는 선비들과의 관계를 형성하는 것은 그에게는 그가 하고자 하는 과업의 도구를 벼리는 일이었다. 장인이 연장을 잡고 작품을 만들듯이 그는 그들과의 관계를 통해 보다 나은 세상에 대한 구체적 접근을 시도했던 것이다. 그러한 노력 또한 그가 노나라에서 보여 주었던 정치적 행보와 아무런 차이가 없는 것이다.

공자의 정치적 행보는 양호陽虎마저도 "나랏일에 간여하기를 좋아하면서도 자주 기회를 놓친다"[31]고 나름대로 소묘했던 것인데 다만 양호의 안목으로는 그러한 피상적 모습 아래에 어떤 진정한 의도가 있는지를 알지 못했을 뿐이다. 공자에게 그것은 어디까지나 "어짊을 도모하는 일"爲仁이었다. 따라서 논어에 자세한 기록은 없지만 그는 역시 진나라의 정치에 자극과 반성의 기회를 부여하기 위해 필요한 노력을 하였을 것이다.

진나라의 젊은이들에 대한 공자의 실망에 뒤이어 「공자세가」는 다소 납득하기 어려운 공자의 행적을 소개하고 있다. 즉 공자는 다시 위나라로 돌아갔다는 것이다. 위령공은 공자가 온다는 소식을 듣고

---

31) 陽貨欲見孔子,孔子不見,歸孔子豚.孔子時其亡也,而往拜之,遇諸塗.謂孔子曰:來,予與爾言.曰:懷其寶而迷其邦,可謂仁乎?曰:不可.好從事而亟失時,可謂知乎?曰:不可.日月逝矣.歲不我與.孔子曰:諾.吾將仕矣. 17/1

기뻐하여 교외에 나가 영접까지 하였다는데 아깝게도 이 기록은 믿을 수 없다. 위령공이 그럴 만한 인물도 아니지만 그는 공자가 59세되던 해인 B.C. 493년 여름에 죽었기 때문이다. 공자가 진나라에 3년가량 머물렀다면 위나라로 돌아온 것은 아무리 빨라도 60세가 되던 B.C. 492년이 된다. 따라서 공자가 진나라를 떠나 위나라로 되돌아갔다든가, 다시 조간자趙簡子를 만나러 진晋나라를 향해 출발했으나 황하에 이르러 그가 양신良臣 두 명을 죽였다는 소식을 듣고 탄식하며 되돌아갔다든가, 고향인 추陬에 돌아가 쉬면서 추조陬操라는 악곡을 지었으며 그 후 다시 위나라로 갔다든가 하는 복잡한 일정은 모두 허황된 것들이다.

사마천은 어쩌면 그가 모은 온갖 정보들을 너무 남김없이 꿰어 맞추느라 공자의 외유 일정을 뒤죽박죽으로 만들고 말았는지도 모른다. 짐작컨대 이 허황된 일련의 행로는 모두 공자가 노위魯衛라는 주무대를 떠나 진채陳蔡라는 먼 이역을 떠도는 동안 노위魯衛 지역에서 그의 행방을 둘러싸고 형성된 헛소문이었는지도 모른다. 「공자세가」에 따르면 이 믿을 수 없는 일정이 끝난 후에 공자는 다시 진陳나라로 갔는데 그 해에 위출공衛出公이 즉위했다고 적고 있는 것을 보면 실제 공자는 그 어느 곳도 가지 않고 진나라에 그대로 머물러 있었다는 말이 된다. 왜냐하면 출공의 즉위는 바로 공자가 60세가 되던 해인 애공 3년(B.C. 492년)에 있었고 따라서 그때까지 공자가 진나라에 그대로 있었어야 비로소 진나라에 머무른 기간이 만 3년이 되기 때문이다.

진나라에서 양식이 떨어져 고생했다는 논어의 기록은 그의 외유가 극히 고달프고 간난에 찬 것이었음을 단적으로 보여 주는 것이다.

진나라에 계실 때 양식은 떨어지고 종자들은 병이 나 일어나지를 못했다. 자로子路가 화가 나서 뵙고 말했다.

"군자에게도 궁함이 있습니까?"

선생님께서 말씀하셨다.

"군자는 궁하더라도 참고 견디나 소인은 궁하면 선을 넘는다."

在陳絕糧,從者病,莫能興.子路慍見,曰:君子亦有窮乎?子曰:君子固窮,小人窮斯濫矣. 15/2

『맹자』와 「공자세가」는 이 사실이 진나라와 채나라陳蔡之間에서 있었던 사실로 기록하고 있으며 「공자세가」는 채나라를 떠나 위나라로 돌아오던 해인 애공哀公 6년의 일로 기록하고 있다. 그러나 이 절량絕糧은 어느 한때의 구체적 사건을 지칭하는 것이면서도 동시에 진채에 머무는 긴 남방南方 체재 기간을 일반적으로 규정하는 것이기도 했을 것이다.

『맹자』는 그 원인을 "위 아래로 사귈 데가 없었기 때문"[32]이라 했고 「공자세가」는 공자가 초楚나라로 가서 자신들에게 불리한 말을 할 것을 우려한 진나라와 채나라의 대부들이 공자의 갈 길을 막고 포위했기 때문이라 했다. 이 전혀 다른 두 원인을 비교 검토해 보면 대체로 『맹자』의 기록에 더 신빙성이 있어 보인다. 이는 어떤 특별한 원인이라기보다 공자와 그의 추종자들이 진나라에서 위정자들上에게나 젊은이들下에게 받아들여지지 못하고 소외되었음을 뜻하는 것이며 그 결과 아무런 지원을 받을 수 없었고 더러는 양식마저 떨어져 아사의 위기에서 헤매었던 것 같다.

---

32) 孟子曰:君子之戹於陳蔡之間,無上下之交也.『孟子』盡心下

「공자세가」에 의하면 그 해에 노나라에서는 계환자季桓子가 죽고 그의 아들 계강자가 대부의 자리에 올랐으며 대부가 된 계강자는 공자를 수행 중이던 염유冉有를 가신으로 초치하였다 한다. 이 사실은 부인하기도 어렵지만 믿기는 더욱 어렵다. 논어에는 공자의 위나라행에 염유가 동행한 기록은 나오지만 그가 공자의 외유에 얼마나 함께 하였는지를 확인할 자료는 찾아볼 수 없다.

공자가 채蔡나라로 옮긴 것은 염유가 노나라로 돌아간 이듬해라 하므로 애공 4년, 즉 공자의 나이 61세 되던 해로 일단 가정해 놓을 수 있다. 이 가련한 약소국가는 초나라의 등살을 견딜 수 없게 되자 오吳나라의 비호하에 사직이라도 보존키 위해 애공 2년 11월 나라를 주래州來로 옮겨갔다. 회수淮水 상류에 있던 나라가 중류中流로 이사를 간 이 기막힌 경우는 춘추시대 강대국 사이에서 시달리던 약소국의 비극을 보여 주는 대표적 사례였다. 그러나 나라를 옮긴다는 것이 쉬운 일이 아니므로 이 이국移國은 선대 왕들의 무덤을 파서 옮겼다는 『좌전』의 기록에서 볼 수 있듯이 단지 사직과 공실을 포함한 통치계급의 이전에 불과했을 것이다.

사실 채나라는 그 이전에도 한 차례 나라를 옮긴 적이 있었는데, B.C. 531년 초나라의 영왕에 의해 멸망했다가 2년 후 평왕平王이 다시 나라를 세워 주었을 때 원래의 지역에서 남동쪽으로 수백 리나 떨어진 지역을 정해 주었다. 원래의 이 지역은 역사적으로 상채上蔡라 불리었고, 새로 정해진 지역은 신채新蔡라 불리었는데, 두 번째로 이국한 땅인 주래州來는 하채下蔡라고 불리었다.

이국移國은 오나라와 채소공蔡昭公간의 비밀스런 외교적 합의에 따라 수행되었는데 토지와 결부된 기득권의 대부분을 잃게 된 귀족들은 이에 크게 분개하였고 2년 후 소공이 오왕을 만나려 하자 또다시 나라를 옮기게 될 것을 우려하여 소공을 암살하고 말았다. 그러나 이 이국의 덕분으로 채나라는 진陳나라가 B.C. 478년에 멸망한 것에 비하면 30년 이상이나 더 사직을 보존하여 B.C. 445년까지 잔명을 유지할 수 있었다.

공자가 채나라로 간 것은 채나라가 주래로 옮겨간 지 두 해가 지나서였는데 공자가 방문한 채나라는 주래州來로 옮겨간 채나라가 아니라 지도자들이 빠져나가고 남은 나라 아닌 채蔡였던 것 같다. 논어에 공자와 채나라의 정치적 인물과의 접촉이 전혀 보이지 않는 것도 이런 이유 때문이 아닌가 한다.

이 채에서 공자는 3년이 조금 못되는 기간을 보낸 것 같은데 진나라에서와 마찬가지로 그 기간 동안 무엇을 했는지는 제대로 알려진 것이 없다. 선진/2에 나오는 "진나라와 채나라에서 나를 좇던 자들은 모두 문에도 이르지 못했다"從我於陳蔡者,皆不及門也는 공자 자신의 진술은 채나라와 관련하여 논어에 남아 있는 유일한 증언인데 이 증언을 고려하면 그는 역시 이곳에서도 채의 젊은이들을 가르쳤던 것 같으며, 그것은 진나라에서와 마찬가지로 기대할 만한 성과를 거두지는 못한 것 같다.

「공자세가」는 채나라에 도착한 이듬해 공자가 초나라의 섭葉 지방에 가서 유명한 섭공葉公을 만났다고 적고 있다. 그러나 이는 사마천의 오해로 보인다. 공자가 섭공을 만난 것은 사실이겠지만 섭공은 공자가 채에 도착하던 해 여름, 북방 정책의 임무를 띠고 채에 와 있었다. 따라서 공자는 채에서 섭공을 만났을 것이다.

섭공葉公은 초나라의 탁월한 정치인으로서 초나라 서북쪽에 있는 섭葉 지방의 지방장관이었다. 초나라는 주周나라의 실질적 영향권 밖에 있었기 때문에 전통적으로 그들의 군주에 대해 칭왕稱王[33]을 해왔고 지방장관도 공公으로 칭해 왔다. 뿐만 아니라 관직명이라든가 정치적, 사회적 제도도 주나라의 방식을 좇지 않았다. 따라서 섭공葉公이라는 명칭이 참칭僭稱이라는 전통적 견해는 단지 초나라를 제후국으로밖에 취급하지 않는 주나라의 입장을 대변할 뿐이다.

섭공은 비록 지방장관에 불과했으나 덕망 있는 지도자로서의 명성은 초나라에 널리 알려져 있었다. 공자와의 만남이 있고 나서 10여 년 후의 일이지만 그는 초나라의 백공白公이 영윤令尹(재상)과 사마司馬(국방장관)를 죽이고 혜왕惠王을 협박하여 반란을 일으키자 이들 무리를 토벌한 후 잠시 영윤令尹과 사마司馬의 직을 겸직하다가 나라가 안정된 후에는 전임 영윤의 아들과 전임 사마의 아들에게 각각 자리를 물려주고 자신은 섭葉으로 은퇴하였다.

섭공의 이러한 덕망은 『좌전』에 한 일화로 남아 있다. 즉 백공白公의 난을 토벌하는 과정에서 섭공이 투구를 쓰지 않고 초나라의 도읍인 영郢에 입성하자 한 도읍 사람이 말하기를 "공께서는 어찌 투구를 쓰지 않으셨습니까? 나라 사람들이 공을 바라보기를 자애로운 부모를 보듯 하는데 도적의 무리가 활을 쏘아 공을 상하게 하면 이는 곧 백성의 희망이 사라지는 것입니다" 하였다. 이에 투구를 쓰고 진군을 계속하자 또 다른 사람이 나아와 "공께서는 어찌 투구를 쓰고 계십니까? 나라 사람들이 공을 기다리기를 좋은 세월을 기다리듯 하였는데 공의 얼굴을 보는 것은 곧 치세治世를 만난 것입니다" 하고 말하여 그는 다시 투구를 벗고 진군했다 한다. 이러한 일화는 사실이라기

33) 『사기』 초세가(楚世家)에 의하면 칭왕(稱王)은 웅거(熊渠, B.C. 약 900년 무렵) 때부터였는데 웅거는 주나라 여왕(厲王)이 포악하여 초나라를 공격할까 두려워하여 한때 왕호를 없애기도 하였다 한다.

보다 역사적 인물을 둘러싸고 꾸며진 설화로 보이지만 남아 있는 그의 여러 가지 언행으로 미루어 볼 때 그의 사람됨을 매우 적절히 형상화한 설화임에 틀림없다.

이 특별한 인물과 공자와의 관계는 논어에 세 개의 단편으로 남아 있다. 그 중 술이/20은 섭공이 공자를 한두 번 만나본 후 공자에 대해 강한 호기심을 갖게 된 상태에서 있었던 일로 보인다.

> 섭공葉公이 자로에게 공자에 관해 물었으나 자로는 대답하지 못했다. 이를 두고 선생님께서 말씀하셨다.
>
> "너는 왜 그의 사람됨이 발분하면 먹는 것을 잊고 즐거움으로써 근심을 잊으며 장차 늙음이 오리라는 것도 모르고 있는 사람이라고 말하지 않았느냐?"
>
> 葉公問孔子於子路,子路不對.子曰:女奚不曰,其爲人也,發憤忘食,樂以忘憂,不知老之將至云爾. 7/20

이 짧은 단편을 자세히 들여다보면 대단히 흥미로운 단편임을 알 수 있다. 우리는 앞에서 공자에 대한 누군가의 기대는 그 자체가 특별한 의미를 지니는 것임을 말했다. 섭공은 이러한 기대의 대표적인 경우였다. 그는 공자를 이해할 수 없었을는지 모르나 확실히 주목할 수는 있었다. 그 사실만으로도 섭공은 예사로운 사람은 아니었다. 그러나 공자의 대답은 자로에게도 섭공에게도 하나의 아이러니였다. 그의 말에는 자신이 구축한 진정한 세계에 대한 완전한 확신이 있었고 그것은 이 세상의 논리에 젖어 있는 자로나 섭공에게는 하나의 아이러니였던 것이다.

섭공의 생각은 공자에 비해 현저히 평면적이고 단순했다. 자로/18

을 보면 그는 단선적이면서도 원칙에 투철한 인물이었음을 알 수 있다.[34] 또 바로 그렇기 때문에 그는 백공白公과 같이 만용蠻勇을 지닌 인물이 나라를 어지럽혔을 때 이를 응징하기에 적합한 인물이었는지도 모른다.

따라서 정치가 무엇이냐는 섭공의 물음에 대해 공자가 "가까이 있는 자는 기뻐하고 멀리 있는 자는 오는 것입니다"[35] 하고 말했을 때 그 속에는 필연적으로 아이러니가 담겨 있었다. 이러한 아이러니는 섭공 같은 인물에게는 걸림돌로 작용한다. 그리고 그것이 걸림돌로 작용하기 때문에 비로소 그것을 뛰어넘는다는 문제가 실천적 의미를 갖는다. 섭공이 보기에 공자의 말은 자신이 생각한 어떤 것보다 작은 모습을 취하고 있었지만 동시에 자신이 생각한 그 모든 것을 무색하게 하는 기묘한 힘을 지니고 있었던 것이다.

10여 년 후 그가 백공의 난을 토벌하면서 초나라 백성들로부터 그토록 절실한 흠모의 대상이 될 수 있었던 배경에 공자와의 만남이 어떤 계기가 되지 않았다고 누가 단언할 수 있을 것인가! 어쨌든 채에서의 구체적인 활동은 섭공을 만난 것 외에는 더 이상 기록된 것이 없지만 짐작컨대 그는 초나라의 북방 공략에 의해 난민처럼 몰려다니는 처참한 백성들 사이에서 함께 굶주려 가며 전등傳燈하듯 그의 교설을 유포하고 있었을 것이다.

---

34) 葉公語孔子曰:吾黨有直躬者,其父攘羊而子證之.孔子曰:吾黨之直躬者異於是.父爲子隱,子爲父隱,直在其中矣. 13/18

35) 葉公問政.子曰:近者說,遠者來. 13/16

다. 다시 위나라로 가다

채를 떠나 그가 다시 위나라로 돌아온 것은 애공 6년(B.C. 489년), 그의 나이 63세 때였던 것 같다. 영공靈公은 이미 죽은 뒤였고 그의 손자 출공出公이 재위해 있었으나 논어를 비롯한 어느 자료에도 출공과 공자와의 만남은 언급되어 있지 않다. 어쩌면 출공은 나이가 너무 적어 명목상의 군주 노릇만 하였는지도 모른다.

당시 위나라는 진晋나라로 달아났던 태자 괴외蒯聵가 영공이 죽은 후 몰래 입국하여 진나라와의 접경지대인 황하黃河가에 머무르며 자신의 아들 첩輒, 出公에게 돌아간 군주의 자리를 호시탐탐 노리고 있었다. 그러나 공자가 위나라에 머물고 있던 5년 동안 이렇다 할 정변은 일어나지 않았던 것 같다.

위나라에서 보낸 외유의 마지막 5년도 역시 자세한 활동상은 알려진 것이 없다. 그러나 이곳에서 그는 중요한 정치적 위치를 확보하고 있었던 것 같다. 그는 당시 위나라의 실권자였던 공문자孔文子, 孔圉의 후원을 받고 있었으며 이 거물에게 각종 조언을 하는 등 위나라의 정치에서 나름대로의 역할을 하고 있었다. 출공出公이 아직 나이가 적어 제대로 역할을 하지 못하고 있었음을 생각하면 이 최고 실권자가 자신을 인정하고 이런저런 정치적 자문을 구했다는 것은 공자로서는 득의의 기회였는지도 모른다. 그러나 논어에는 이에 관한 정보가 제대로 남아 있는 것이 없다.

공문자孔文子에 관하여는 단 두 개의 단편이 할애되어 있는데 모두 그에 대한 공자의 인물평가로서 평가 내용은 비교적 긍정적이다. 헌문/20에서 공자는 계강자季康子와 위나라의 정치를 이야기하는 과정에서 위령공 당시 공문자孔文子, 仲叔圉가 주로 빈객을 맞이하는 일을 수행했다고 증언하고 있다. 어느 나라를 막론하고 빈객을 맞는 임무는 예에 밝고 지덕을 겸비한 인물에게 돌아가는 것이 보통이다. 또 공야장/15에서는 더 구체적으로 공문자를 평하고 있다.

자공子貢이 물었다.

"공문자孔文子를 어찌하여 문文이라 부르게 되었습니까?"

선생님께서 말씀하셨다.

"실천에 민첩하고 배우기를 좋아하여 아랫사람에게 묻는 것을 부끄럽게 생각하지 않았기 때문에 문文이라 부르게 되었다."

子貢問曰:孔文子,何以謂之文也?子曰:敏而好學,不恥下問,是以謂之文也. 5/15

이 단편에서 "아랫사람에게 묻는 것을 부끄럽게 생각하지 않았다"不恥下問는 말은 바로 공문자가 공자 자신에게 수시로 정치적 자문을 구했던 경험을 통해 확보된 판단이었는지도 모른다. 또 공문자와의 비교적 원활했던 관계는 공자가 이 나라에 5년이라는 장기간에 걸쳐 머무르게 된 주된 사유였을 것이다. 그러나 공자가 이 나라를 떠나지 않을 수 없었던 조그마한 사건도 역시 그 일단이 공문자와의 관계에서 비롯되었던 것 같다. 『좌전』에 기록된 관련 내용은 다음과 같다.

공문자는 대부 태숙질太叔疾로 하여금 그의 처를 내쫓게 하고 (공문자의 딸로 추측되는) 집안사람을 그의 처로 삼게 하였다. 공문자 자신도 위령공의 사위였듯이 이러한 조치는 권력기반 강화를 위한 정략결혼의 일환이었다. 원래 태숙질의 처는 송조宋朝의 집안에서 온 여인이었는데 송조가 위나라를 떠나게 됨에 따라 숙청 조치의 일환으로 그녀도 함께 쫓아낸 것이 아닌가 여겨진다. 그러나 태숙질은 공문자의 집안에서 처를 맞이한 후에도 전처의 여동생을 사랑하고 있었기 때문에 모처에 은밀히 별장을 지어 살게 함으로써 사실상 두 집 살림을 하고 있었다. 이를 안 공문자는 크게 노했다. 그는 태숙질의 이러한 행각에 대해 모종의 징벌적 조치를 취하려고 공자를 찾아가 자문을 구하였는데 공자는 이에 동의하지 않았다. 그러나 공문자는 공자의 충고를 듣지 않고 태숙질을 쳐 그 여인을 쫓아내고 말았다.

공자는 이 과정에서 공문자와의 관계에 다소 상처를 받은 것으로 보인다. 『좌전』에 의하면 그는 자신의 만류가 받아들여지지 않자 "새가 나무를 택하는 것이지 나무가 새를 택하는 것이 아니다"[36]는 말을 하고 위나라를 떠날 채비를 갖추었다고 한다. 공문자가 황급히 공자를 달래며 만류함으로써 공자도 일단 마음을 돌이키기는 하였으나 때마침 노나라에서 예물을 보내어 공자를 초치招致하였기 때문에 결국 공자는 위나라를 떠나고 말았다.

---

36) 鳥則擇木,木豈能擇鳥. 『좌전』 애공(哀公) 11년

6. 귀국 그리고 만년

애공哀公 11년, B.C. 484년, 그는 68세의 노인이 되어 고국 노나라에 되돌아왔다. 만 12년만의 귀국이었다. 이 초치招致에는 노나라에 남아 있던 그의 제자들이 일정한 역할을 한 것으로 보인다. 자공子貢은 이미 계강자의 외교업무를 수행하고 있었고 염유冉有는 가재로 있었으며 그 외에도 번지樊遲, 유약有若 등이 노나라에서 나름대로의 역할을 할 만큼 성장해 있었다.

노나라에서 공자는 특별한 관직을 부여받지 않은 상태에서 국로國老로서 대접받았던 것 같다. 그와 함께 공자학단의 관직 진출은 최고의 전성기를 이루게 되었다. 이미 계강자의 최측근으로 진출해 있던 염유冉有를 필두로 하여 예순이 다 된 자로子路도 어느 정도 원로급 가신으로서 염유와 함께 계강자를 도왔던 것 같으며 중궁仲弓, 자유子游, 공서화公西華 등도 읍재나 외교사절로서 역할을 하였다. 실로 이 시점에서 공문孔門은 거의 등용문登龍門이라 해도 과언이 아니었다. 그것은 계강자가 그만큼 공자학단을 신뢰하고 있었거나 최소한 공자학단의 정치적 이용가치를 인정하고 있었음을 의미하는 것이었다. 이러한 제자들의 관직 진출 러시를 공자는 구태여 반대하지 않았다.

그러나 때로는 그것이 너무나 과잉되어 아직은 배움의 길에 있는 제자들에게 악영향을 미칠 수도 있다는 점에서 공자의 새로운 근심거리가 될 지경이었다. 그는 자로子路가 아직 미숙한 자고子羔를 비재費宰로 삼으려 하자 남의 자식을 망치는 짓이라고 비난을 서슴지 않았고 칠조개漆雕開에게는 벼슬길에 나아가라고 권고하고도 그가 그것을 주저하자 기뻐하였다.

어쨌든 계강자는 공자에 대해 비교적 호의적이었다. 전통 수사학洙泗學이 그를 한없이 참월僭越한 인물로만 평가한 데에는 비역사적 근왕주의勤王主義의 경직성이 작용하고 있다. 그는 민심이 완전히 외면하고 있던 애공과는 달리 민심을 사고 있었고 그만큼 정치적 의욕도 있었으며 공자의 이상주의적 제언을 대부분 받아들일 수 없었지만 공자의 각종 지적을 가급적 존중하였다. 공자도 그에 대해 호의적인 평가를 내린 적은 거의 없었지만 그가 자신을 존중하고 있는 정치적 실권자라는 사실만큼은 존중하였고 따라서 그에 상응한 자문역을 사양하지 않았다.

귀국 첫 해의 중요한 자문은 토지세의 부과에 관한 것이었다. 논어에는 이 일로 인하여 공자가 염유를 가차 없이 비난한 기록이 나온다.

> 계씨季氏는 주공周公보다 부유한데도 구求가 그를 위해 부세賦稅를 걸어 더욱 부유하게 해주니 선생님께서 말씀하셨다.
> "내 제자가 아니다. 너희들은 북을 울려 가며 그를 성토해도 좋다."
> 季氏富於周公,而求也爲之聚斂,而附益之.子曰:非吾徒也.小子鳴鼓而攻之,可也. 11/18

『좌전』의 기록에 의하면 이 토지세 부과 계획과 관련하여 계강자가 처음에는 염유를 시켜서, 나중에는 직접 공자를 만나 의견을 듣고자 간청하였으나 공자는 의견 제시를 거부하였는데 나중에 사적인 자리에서 염유에게 그 부당성을 낱낱이 지적하였다. 그러나 계강자는 이를 전해 듣고도 계획을 강행하고 말았다. 계강자와 공자의 관계는 아마 그 이후에도 그러한 정도의 수위에서 지속되었던 것 같다. 계강자는 태산에서 여제旅祭[37]를 지내기도 하였고 뜰에서 팔일무八佾舞를 펼치기도 하였는데 천자만이 할 수 있는 이러한 의례를 대부들이 행한 것은 계강자 때에 새삼스럽게 이루어진 것이라기보다 이미 오래 전부터 이루어져 오던 관행이었을 것이다. 공자는 이러한 행동의 부당성을 지적하였지만 이미 굳어진 대세를 어찌할 수 없었을 것이다.

애공에 대한 정치적 자문도 간간이 수행하였다. 아직 애공은 30세 미만의 젊은 군주였고 계강자의 그늘에 가려져 제대로 역할하지 못하고 있었다. 그러나 그는 삼환의 세력을 가능한 한 제압해 보려고 갖은 노력을 기울였고 그 일환으로 아마 공자와 같은 인물을 자신의 지지세력으로 인정받고 싶었을지도 모른다. 애공은 공자가 병들어 누워 있을 때 친히 공자의 거소를 찾아가 문병하기도 하였고 종종 음식이나 가축을 하사하기도 하였다. 공자는 그의 기대를 충족시켜 주지는 못했지만 군주에 대한 예만큼은 극진히 갖추었다.

그는 역시 제자들의 교육에 가장 열성을 보였던 것 같다. 스스로도 밝히고 있는 바와 같이 가르침은 그의 배움과 더불어 결코 지치지 않는 그의 필생의 과제였다. 그것은 외유 이전은 물론 외유 기간 중에도 결코 중단된 적이 없었던 것이다. 다만 노나라로 돌아온 후에는 다른 어느 때보다 오로지 가르침에만 더 충실할 수 있었을 것이다. 비교적 젊은 제자들, 이를테면 자하子夏나 자장子張, 자유子游, 증삼曾參, 번지樊遲 등은 아마 이 시기에 비로소 제자가 되었을 것으로 보인다.

---

37) 천자가 산천(山川)에서 지내던 제사

그는 제자들에 대한 가르침에 모든 정열을 쏟는 한편 정치 일선으로 진출한 제자들을 방문하기도 하였던 것 같다. 무성武城의 읍재가 되어 있던 자유子游를 만나 이야기를 나눈 것을 기록한 양화/4의 에피소드는 그의 만년의 보람과 여유를 한 장의 그림처럼 보여 주고 있다.

선생님께서 무성武城에 가셔서 거문고로 노래하는 소리를 들으셨다. 선생님께서 빙그레 웃으시며 말씀하셨다.

"닭을 잡는 데 어찌 소 잡는 칼을 쓰느냐?"

자유가 대답했다.

"전에 제가 선생님께 듣기로 '군자가 도를 배우면 사람을 사랑하고 소인이 도를 배우면 부리기가 쉽다'고 하셨습니다."

선생님께서 말씀하셨다.

"얘들아, 언偃의 말이 맞다. 아까 내가 한 말은 우스개였을 뿐이다."

子之武城,聞弦歌之聲.夫子莞爾而笑曰:割鷄焉用牛刀?子游對曰:昔者偃也聞諸夫子曰,君子學道則愛人,小人學道則易使也.子曰:二三子,偃之言是也.前言戲之耳. 17/4

그가 이 시기에 육경六經을 편찬하였다는 것은 별로 신빙성이 없어 보인다. 이를테면 공자가 『춘추春秋』를 저술하였다는 것은 주자朱子마저도 그의 『논어집주論語集註』 서문에서 인용하고 있을 정도지만 가능성이 조금도 없어 보이는 이러한 사실에 끈질기게 믿음을 보이는 것은 가급적 모든 것을 공자에 뿌리를 대고 싶어 한 후대 유가들의 그릇된 희망 때문이었다. 심지어는 공자가 시경을 다시 산정刪定하였다는 것마저도 거의 근거가 없는 것이다.

“내가 위衛나라에서 노魯나라로 돌아온 후에야 음악이 바르게 되었고 아雅와 송頌이 각각 제 자리를 잡게 되었다”[38]는 말이 사실상 시경 산정설의 유일한 근거인데 이 말은 그가 위나라에서 돌아온 후 그동안 더욱 해박해진 음악적 지식을 동원하여 노나라의 악사들에게 연주할 음악과 연주할 경우를 교정하여 줌으로써 그야말로 아송雅頌의 자리其所를 잡아 주었음을 뜻하는 것으로 보인다. 이를테면 그는 옹雍이라는 한 송頌이 천자가 드리는 제사에 쓰이는 것이기 때문에 삼가三家의 제사에서는 쓸 수 없다는 점을 지적하였다.[39]

그는 이제 노쇠해 있었다. 그러나 그의 정열은 여전히 식지 않았고 삶의 태도도 근본적으로는 흐트러지지 않았다. 그가 “심하다. 나의 노쇠함이여! 내가 꿈에 주공周公을 다시 뵙지 못한 지가 오래되다니!”[40] 하고 한탄한 것은 육신의 노쇠에 따르는 정신의 불가피한 노쇠함을 지적한 것이겠지만 이러한 한탄 자체가 그의 변함없는 정진을 뜻하는 것이기도 했다.

제자 안연顔淵이 죽은 것은 노나라에 돌아와서 얼마 되지 않은 시점이었을 것이다. 공자의 생애에서 무엇보다 큰 사건이었던 그의 죽음은 공자에게 실로 형언할 수 없을 만큼 커다란 상실을 안겨 주었다. 그에 앞서 공자의 아들 백어伯魚도 50세의 나이로 죽었지만 그것이 공자에게 자식을 잃은 슬픔을 넘어 결정적인 상실감을 안겨 준 것 같지는 않다. 그러나 안연의 경우는 달랐다. 논어에 안연에 관한 기사가 비교적 많이 남아 있게 된 것도 주로 공자가 그의 죽음을 얼마나 큰

---

38) 子曰:吾自衛反魯,然後樂正,雅頌各得其所. 9/14

39) 三家者以雍徹,子曰:相維辟公,天子穆穆,奚取於三家之堂? 3/2

40) 子曰:甚矣吾衰也!久矣吾不復夢見周公! 7/5

상실로 여겼는지를 제자들에게 보여 준 결과로 보인다. 제자들이 보았을 때 그의 반응은 뜻밖이었다. 공자는 "하늘이 나를 버렸다!"고 통곡하였다.

훗날 계강자가 제자들 중에 배우기를 좋아하는 자가 있는지를 물었을 때 그는 "안회顔回라는 자가 있어서 배우기를 좋아했는데 불행히도 단명하여 죽고 말았습니다. 지금은 배우기를 좋아하는 자가 아무도 없습니다"[41] 하고 쓸쓸히 말했다. 이러한 일련의 태도는 그의 필생의 과업이 어디에 있었는지를 짐작하는 데에 결정적인 도움을 주는 것이다. 그에게 특별한 한 사람을 만난다는 것은 단지 하나의 만남만을 의미하는 것이 아니다. 그것이 하나의 만남 이상의 그 무엇이라는 것을 이해하는 것은 공자의 내면적 진실에 접근할 때에만 가능한 것이다.

애공哀公 14년에는 제齊나라에서 대부 진항陳恒이 간공簡公을 시해하는 사건이 일어났다. 논어와 『좌전』의 기록에 의하면 공자는 애공에게 제나라를 쳐 진항을 징벌할 것을 건의하였다고 하는데 이는 믿기 어려워 보인다. 노나라에서도 정치적 변동이 일고 있었다. 계강자의 가家에 들어간 제자들은 대부분 그들의 이상과 정치 현실 사이의 괴리감으로 곤혹스러워 했겠지만 자로子路는 전형적으로 그러한 갈등을 표출하였다.

애공 14년 소주小邾나라를 배반하고 노나라로 도망쳐 온 한 대부가 자로의 보증만 있다면 노나라와의 맹약 없이도 자신의 봉토를 노나라에 복속시키겠다고 제의했다. 그러나 자로는 이 제의를 욕된 일이라고 하여 받아들이지 않았다. 영토를 확장할 수 있는 절호의 기회를

41) 季康子問:弟子孰爲好學?孔子對日:有顔回者好學,不幸短命死矣.今也則亡. 11/7

놓치게 될까 안달이 난 계강자는 중간에 염유를 넣어 천승지국의 맹약보다 자로의 보증을 더 믿겠다고 하는 이런 제의가 어떻게 당신에게 오욕辱이 되느냐고 자로를 설득하였다.

그러나 자로는 "노나라가 소주나라와 전쟁이라도 한다면 이유 여하를 막론하고 그 성城 아래에서 죽을 수 있지만 지금 소주나라의 대부는 불충한 신하인지라 만약 그의 제의를 받아들인다면 그를 의로운 사람으로 인정하는 것이 되므로 나는 그 제의를 받아들일 수 없소" 하고 거절의 뜻을 굽히지 않았다. 자로의 강직한 성격을 전형적으로 보여 주는 이 조그마한 사건은 자로와 계강자의 사이를 결정적으로 틀어 놓았던 것 같다.

공백료公伯寮가 계강자에게 자로를 참소하자 이를 알게 된 자복경백子服景伯이 분노하여 공자에게 공백료를 제거할 뜻을 표명하였다는 헌문/38의 일화[42]는 아마 이런 껄끄러운 여건하에서 빚어진 것 같다. 공자의 제자들이 관계에 대거 진출함에 따라 그들을 경계하는 일군의 세력들도 있었을 것이다. 공자는 흥분하는 자복경백을 만류하였지만 여건은 자로가 더 이상 노나라에 머무를 수 없을 정도로 악화되었던 것 같다.

『좌전』의 기록상 자로는 애공 14년 초에 노나라에 있었고 애공 15

---

42) 公伯寮愬子路於季孫.子服景伯以告曰:夫子固有惑志於公伯寮.吾力猶能肆諸市朝.子曰:道之將行也與,命也.道之將廢也與,命也.公伯寮其如命何! 14/38. 이 사건에 대해서는 자로가 계평자의 가신 노릇을 하던 시절, 다시 말해서 정공 13년, 공자의 나이 55세 무렵이라는 설이 있다. 자로가 계씨의 가신 노릇을 한 것이 외유 이전에 국한되었다고 보면 이 설도 일리가 있는 이야기다. 또 나이 50에 천명을 알았다는 말과의 관련성도 높아진다. 그러나 자복경백(子服景伯)은 『좌전』에서 애공 3년에야 비로소 처음 이름이 나온다. 이후 그의 이름은 적지 않게 출현하는데 결국 그의 기록상 활동 시점은 애공 3년에서 시작하여 그 후 십수 년이었다고 여겨진다. 그렇다면 정공 13년 무렵에 벌써 자복경백이 이처럼 강력한 발언을 할 정도로 세력을 지니고 있었다고 보기는 어렵다. 결국 이 사건은 자로가 다시 위나라로 떠나기 직전에 있었던 사건으로 봄이 좋을 것이다.

년 가을에는 위나라에 있었으니 그 사이에 노나라에서 위나라로 옮겨 갔을 것이다. 정치적 충돌을 피하기 위한 공자의 권유에 의해서였든 계강자의 미움을 받아 더 이상 노나라에 있을 수 없어서였든 이러한 일련의 사태는 공문과 계강자의 관계가 반드시 매끄럽지만은 않았다는 것을 말해 주는 것이다. 위나라로 옮겨간 자로는 공문자의 사후 뒤를 이어 대부가 된 공회孔悝의 도움을 받게 되었다. 자로의 이 위나라 행에는 자고子羔가 동행하였다.

그러나 이들이 옮겨 간 위나라에는 엄청난 정치적 변고가 기다리고 있었다. 출공出公의 아버지 괴외蒯聵는 자신이 승계하지 못한 군주의 자리를 호시탐탐 노리고 있다가 실권자였던 공문자가 죽자 계획을 본격화하기 시작하였다. 그것은 자로가 위나라로 옮겨 간 지 얼마 되지 않아서였다. 일군의 반란세력이 어느 날 공회孔悝의 집에 몰래 잠입한 후 공회를 위협하여 맹약을 맺고 위나라의 권력을 빼앗았다. 출공은 노나라로 망명하였고 괴외는 즉위하여 장공莊公이 되었다. 이 과정에서 자로는 공문자의 집으로 들어가 공회를 협박하고 있던 괴외의 무리를 공격하였는데, 위협을 느낀 괴외는 사람을 풀어 대적케 하였고 이 싸움에서 자로는 비참한 최후를 맞게 되었다.

정변 시에 자로와 함께 있었던 자고子羔는 대세가 기울었음을 감지하고 몸을 피해 노나라로 돌아갔지만 자로는 평소 은혜를 입은 공씨가孔氏家의 위급함을 외면할 수 없다는 이유로 맞서 싸우다가 목숨을 잃고 만 것이다. 역시 그다운 최후였지만 그 같은 모습으로 스승과 생사의 길을 달리한 것은 평생 스승과 제자의 관계를 유지해 오면서도 끝끝내 스승의 노선과는 일정한 거리를 유지했던 자로의 개성적 행보를 상징하는 것이기도 했다.

자로가 죽고 불과 석 달 만에 공자도 죽음을 맞았다. 『춘추春秋』는 공자에 관한 유일한 기록이자 전체 경문經文의 마지막 기록으로 그의 죽음을 다음과 같이 짤막하게 다루었다.

여름 사월 기축날에 공구가 죽었다.

夏四月己丑,孔丘卒.『春秋』哀公 16年

애공 16년, B.C. 479년이었다. 애공은 비통한 조사弔辭를 내렸고[43] 공서화公西華는 지志를 지었다.[44] 그의 묘는 노나라의 도성 북쪽 사수泗水가에 마련되었다. 제자들은 복服을 입지는 않았지만 아버지의 상을 당한 것과 대등한 수준의 상례喪禮를 표했다.

그의 활동으로 세상이 변한 것은 없었다. 제후들 사이의 패권 다툼도 변함없이 지속되었다. 그가 정성을 쏟았던 진陳나라는 그가 세상을 떠난 이듬해 초나라에 의해 멸망당함으로써 지도상에서 영원히 사라지고 말았다. 진나라가 멸망하고 5년이 지나서는 남방의 대국 오吳나라가 월越나라에 의해 멸망했다. 채蔡나라의 잔명은 사위어 갔고 진晋나라도 점점 분열을 향해 치달아 갔다.

각 나라들의 내부 사정도 아무것도 나아지지 않았다. 공자와 자로가 한때 신세를 졌던 위나라의 명문 공씨가孔氏家는 장공莊公, 蒯聵의 보복 조치에 따라 선조들의 신주神主를 모시고 송宋나라로 망명해야 했다. 장공 역시 군주의 자리를 견고히 지키지 못함으로써 그 자리는

---

43) "하늘이 나를 가엽게 여기지 않으셨도다. 한 노인을 더 이 땅에 머물려 짐의 재위를 도와주게 하지 않으셨도다. 외로운 짐은 마치 병중에 있는 것 같도다. 아아, 슬프다. 니보 선생이여. 나는 어찌할 바를 모르겠노라."(公誄之曰:旻天不弔.不憖遺一老.俾屏余一人以在位.煢煢余在疚.嗚呼哀哉尼父,無所自律.)『좌전』애공 16년

44) 『예기(禮記)』단궁상(檀弓上)편

사촌인 반사般師에게 넘어갔다가 다시 아우 기起를 거쳐 망명 중이던 출공出公에게 되넘어 가는 등 객사의 아랫목 자리만큼이나 자주 주인이 바뀌었다.

노나라도 마찬가지였다. 애공과 삼환의 사이는 갈수록 나빠졌다. 애공은 남방의 새로운 강자로 떠오른 월越나라의 힘을 빌어 삼환을 제거하려 하였으나 실패하여 월나라로 망명하는 신세가 되고 말았다. 그것은 바로 반세기 전에 그의 백부伯父 소공昭公이 걸어야 했던 비참한 길이었다. 소공은 망명 중에도 형식적이나마 군주의 지위를 보전하고 있었지만 애공哀公은 망명과 동시에 지위를 잃고 그의 아들 도공悼公이 즉위하였다. 그것은 머지않아 가다올 전국시대를 예고하는 것이기도 했다. 춘추 말기의 더욱 짙어진 암운은 걷힐 줄 모르고 지속되었다. 송자의 노력은 결국 아무것도 바꾸지 못한 셈이다.

그러나 이 실패한 자리에서 공자라는 한 인물의 존재는 전례 없는 파문의 진원으로 떠오르게 되었다. 그것은 미미하게 시작하였으나 이윽고 엄청난 규모로 퍼져 나갔다. 이 반전反轉에 기폭제가 된 것은 바로 그의 사랑스런 제자들이었다. 스승이 떠난 빈자리에서 그들은 그들의 삶에 지울 수 없는 각인으로 남은 스승의 정신을 후세에 왜곡됨이 없이 계승시켜야 한다는 사명감을 느꼈다. 그들은 먼저 그들 자신의 제자들에게 공자의 가르침을 전수傳受하였고 이 전수를 보다 효율적으로 하기 위하여 그 재전제자再傳弟子들과 함께 노력하여 엮은 공자의 어록은 그들도 미처 예상하지 못한 어마어마한 위력을 발휘하기 시작했다. 불과 1백 년이 지나지 않아 이 어록은 중국 대륙의 거의 모든 지식인들에게 알려져 영향을 끼쳤으며 이후 이천여 년 이상 지구의 절반을 규율해 온 한 사상의 대표적인 전범典範으로 자리잡았다.

그가 제시한 삶의 길에 대한 적지 않은 도전이 있었고 오늘날도 그 같은 도전은 끊이지 않고 있지만 그것은 동양문화권을 이끌어 가는 한 위대한 정신의 주변에 형성되는 불가피한 와류渦流와도 같은 것이다. "진실로 하늘이 장차 성인으로 세우실 분"이라는 자공의 외로운 예언은 적중되었다. 또 미래의 변화된 환경 속에서 그 점은 변함없이 구현되어 갈 것이다. 왜냐하면 그가 제시한 삶의 길은 그가 살았던 역사적 환경 속에서 나온 것이었지만 그것은 그 환경의 피상성에 얽매이지 않고 환경 속의 근본과제, 인류적 삶의 궁극적 과제를 의연히 관철해 내었기 때문이다.

V
논어의 문헌학

1. 장(章)의 구분 문제

논어는 20개 편篇으로 나누어져 있고 각 편에는 전통적으로 장章이라 불리어 온 단편들이 적게는 10여 개, 많게는 수십 개가 모아져 있다. 각 편에 따른 약간의 특징이 있고 군데군데 비슷한 단편들끼리 모여 있는 것이 눈에 띄기는 하지만 원칙적으로 매 단편과 단편은 아무런 관련성이 없이 나열되어 있다. 그런데 현재 논어는 모두 몇 개의 장으로 이루어져 있느냐 하는 문제에서 아직까지 정설이 없는 실정이다. 대체로 5백여 개로 보지만 보는 이에 따라 그 수효는 크게는 20개 이상의 차이를 보이고 있다.

논어가 최초로 편집되었을 때에는 각 단편들은 좀 더 확실한 모습으로 구분되어 있었는지도 모른다. 그러나 노론魯論, 제론齊論, 고론古論 그 어느 것도 애초의 형태로 전해지지 않고 있고 이들 삼론을 기초로 재편집된 판본으로서 현재 전해지고 있는 자료는 이미 장의 구분에 관한 한 여러 가지 착종을 드러내고 있기 때문에 이 과제는 온전히 후대의 몫으로 남게 되었다.

물론 대부분의 단편은 어떻게 구분되어야 하는 것인지 일반 독자들이 보기에도 이론의 여지가 없을 정도로 자명하다. 이를테면 학이편의 경우가 그러한데 설혹 논어를 처음 읽는 사람에게 구획되지 않은 학이편의 줄글을 주고 장章을 나누어 보라 하더라도 대부분 틀리지 않게 나눌 수 있을 것이다. 그러나 어떤 편은 그렇지 못하다. 적지 않은 단편들을 두고 후대의 주석가들이나 번역가들은 장의 구분에 관해 의견을 달리했다. 문제가 되는 대부분의 단편은 사실 어떻게 장을 나누든 별 문제가 되지 않는다. 이를테면 공자가 공야장이라는 사람을 사위로 삼을 때에 한 말을 기록한 공야장 제1편과 남용이라는 사람을 조카사위로 삼을 때에 한 말을 기록한 공야장 제2편이 그러하다.

선생님께서 공야장公冶長을 두고 말씀하셨다.
"가히 사위를 삼을 만하다. 비록 영어囹圄의 상태에 있지만 그의 죄가 아니다" 하고 당신의 딸을 그에게 시집보내셨다.
子謂公冶長:可妻也.雖在縲絏之中,非其罪也.以其子妻之. 5/1

선생님께서 남용南容을 두고 말씀하셨다.
"나라에 도가 있어도 추구함을 폐하지 않겠고 나라에 도가 없더라도 처형은 면할 사람이다" 하고 당신 형의 딸을 그에게 시집보내셨다.
子謂南容:邦有道不廢,邦無道免於刑戮.以其兄之子妻之. 5/2

이 기록을 구분된 두 개의 장으로 보느냐 합쳐서 하나의 장으로 보느냐 하는 것은 오랫동안 문제가 되어 왔다. 주자朱子는 이를 합쳐서 하나의 장으로 보았고 이에 앞서 형병邢昺은 두 개의 장으로 보았다. 그러나 이 두 개의 단편은 합치든 나누든 궁극적으로는 큰 문제가 되지 않는다. 엄밀한 기준을 적용할 때 공자의 언급 시점이 다르고 언급한 취지가 다르다는 점에서 이 두 단편은 두 개의 장으로 나누는 것이 타당하지만 설혹 합친다고 하더라도 단편의 내용이 달라지거나 손상되는 것은 아니다. 장의 구분이 문제가 되는 대부분의 단편은 이처럼 논란은 많지만 그 자체가 단편의 내용에 이렇다 할 영향을 미치지는 않는다.

그러나 그렇지 않은 단편이 있다. 다시 말해서 그것을 나누어서 보느냐 합쳐서 보느냐에 따라 단편에 대한 해석이 달라지거나 최소한 단편을 둘러싼 명암이 달라지는 경우가 있다. 그 대표적인 것으로 술이/11과 12를 들 수 있다. 이 두 단편은 전통적으로 합쳐서 하나의 장으로 봄에 이의가 없었던 단편이다. 따라서 우선 전통적 입장에 따라 이 두 단편을 합쳐 놓고 보자.

선생님께서 안연에게 말씀하셨다.

"'쓰면 행해지고 쓰지 않으면 간직된다'는 것은 오직 나와 너만이 갖추고 있구나!"

자로가 말했다.

"선생님께서 삼군을 지휘하신다면 누구와 함께하시겠습니까?"

선생님께서 말씀하셨다.

"맨손으로 호랑이를 잡으려 들거나 걸어서 강을 건너려 하다가 죽더라도 뉘우치지 않는 사람과 나는 함께하지 않겠다. 일에 임해서는 두려워하고 궁리하기를 좋아하여 마침내 이루는 자와 반드시 함께할 것이다."

子謂顔淵曰:用之則行,舍之則藏,唯我與爾有是夫!子路曰:子行三軍則誰與?子曰:暴虎馮河,死而無悔者,吾不與也.必也臨事而懼,好謀而成者也. 7/11,12

역대의 모든 주석가들이 이 단편을 합쳐서 해석하였기 때문에 이 단편에서 자로의 입장을 해석하는 시각도 비슷한 양상을 보이고 있다.

자로가 공자께서 행하고 품는 것을 논하면서 유독 안연만을 칭찬하는 것을 듣고 그렇다면 만약 삼군을 지휘한다면 반드시 자기와 함께하시리라 하니 이는 자신이 용기를 가지고 있는 까닭에서였다. 고로 누구와 함께하시겠느냐고 물은 것이다.

子路聞孔子論行藏而獨美顏淵,然若行三軍必當與己,己有勇故也,故問則誰與之.『論語義疏』皇侃

자로가 공자께서 유독 안연만을 칭찬하는 것을 보고 자신이 용기를 가지고 있는 까닭에 이 물음을 제기한 것이다.

子路見孔子獨美顏淵以己有勇故發此問.『論語注疏』邢昺

그러나 이 두 개의 장을 합쳐 놓고 볼 때 공교롭게도 그럴듯한 연결이 이루어지는 것은 우연의 일치라고 생각된다. 따라서 이 장은 나누어서 보아야 한다고 믿는다. 그 이유는 다음과 같다.

우선 하나의 단편으로 볼 때 자로는 공자가 안연을 칭찬하는 데에 마치 시샘이라도 하듯 끼어들고 있다. 말하자면 자로는 자신을 인정받고 싶어 하는 아이처럼 크게 희화화戲畵化 되고 만 것이다. 그러나 자로는 안연는 적지 않은 나이 차이[1]가 있었고 같은 제자라고 하지만 공자학단 안에서 양자가 차지하는 위상은 현저히 달랐던 것이 분명하다. 뿐만 아니라 자로는 춘추 말기 중원의 주목받는 정치인이었고 그만큼 자존심도 높고 강직한 사람이었다. 아무리 그가 단선적이고 직정적인 면이 있었다고는 하지만 안연을 칭찬한다고 해서 그 말에 뛰어들어 자신을 인정받고자 할 정도로 앞뒤를 가리지 못하는 자

[1] 『사기』「중니제자열전」에 의하면 두 사람의 연령 차이는 21세였다.

는 결코 아니었다.

만약 주의 깊게 두 단편을 들여다보면 외형적 연결 가능성에도 불구하고 공자가 안연에게 한 말과 자로에게 한 말은 서로 다른 주제를 가지고 있다는 것을 알 수 있다. 따라서 이 단편은 서로 다른 자리에서 이루어진 서로 다른 문맥의 대화임이 분명하고 따라서 분리하지 않으면 두 단편 모두가 우스꽝스럽게 될 뿐 아니라 각 단편이 가진 교훈의 초점도 흐트러지고 만다.

자한/26과 27에서도 비슷한 현상이 되풀이되어 나타나고 있다. 자한/26은 다음과 같다.

선생님께서 말씀하셨다.

"해진 솜두루마기를 입고 여우나 담비 털옷을 입은 자와 함께 서서도 부끄러워하지 않을 사람은 바로 유由일 것이다."

子曰:衣敝縕袍,與衣狐貉者立而不恥者,其由也與. 9/26

이 단편에 뒤이어 나오는 단편인 자한/27은 다음과 같다.

'해롭게 하지도 않고 탐욕을 부리지도 않으면 어찌 선하지 않으리오.'

자로가 이를 평생토록 되뇌자 선생님께서 말씀하셨다.

"그 방침이 어찌 충분히 선하겠느냐?"

不忮不求,何用不臧.子路終身誦之.子曰:是道也,何足以臧? 9/27

이 두 단편도 주자를 비롯한 대부분의 주석가들은 하나의 단편으로 합쳐서 이해했다. 오직 일본의 오규 소라이荻生徂徠만이 이 단편을 분리시켜야 한다고 주장했을 뿐이다. 그러나 이 두 단편이 분리되어야 하는 것은 이 두 단편에서 전개되고 있는 주제가 결코 하나로 합쳐질 수 없는 서로 다른 주제일 뿐 아니라 분리될 경우에만 제가끔의 주제가 보다 선명히 드러날 수 있다는 데에 근거한다. 즉 자한/26은 세속적인 가치관에 맞서 도를 지향하는 자의 꿋꿋한 자기중심성을 말한 것이다. 거기에는 적지 않은 용기와 자긍심이 필요하고 공자는 자로가 그러한 기초를 갖추고 있음을 들어 다른 제자들의 발분을 독려하려 했던 것으로 보인다.[2]

그러나 자한/27은 다른 이야기다. 패풍邶風 웅치雄雉의 일절인 이 시에서 不忮不求는 "세상의 남정네들 덕행을 모르시오. 시기하지도 않고 탐내지도 않으면 무얼 하든 착하지 않으리요?"[3] 하는 문맥에서 보듯이 지배층의 가렴주구에 대립하여 제시된 소극적 차원의 덕행을 말하는 것이다. 자로가 이 구절을 종신토록 되뇌려고 한 것은 바로 자신이 이러한 권력자들의 어리석은 행태를 극단적으로 미워하고 있었다는 말이기도 하고 자신은 그러한 무리들과는 다르다는 자부심을 드러낸 말이기도 하다.

그러나 공자는 不忮不求가 타인에게 해를 끼치지 않는다는 점에서 소극적 덕행일 수는 있겠지만 그 선을 넘어 자신 안에서 문제를 발견함으로써 자기 향상을 도모해야 한다는 더 높은 요구해 비하면 역시 그 의미가 제한되어야 한다고 여겼던 것이다.

결국 외형상의 유사성에도 불구하고 이 두 단편은 서로 다른 취지를 가지고 있고 따라서 서로 분리되지 않으면 안 된다. 무리한 결합

---

2) 이는 그 대화의 자리에 정작 자로는 없었음을 전제로 한 것인데 공자의 의도에는 이러한 말을 통하여 선진/16에서처럼 공문(孔門)의 화합을 이루어 가고자 하는 의도가 있었던 것이 아닌가 여겨진다.

3) 百爾君子,不知德行,不忮不求,何用不臧.

은 각각의 단편이 지닌 여운을 심하게 손상시킬 뿐이다. 즉 두 단편을 합칠 경우에는 각각의 단편이 지니고 있던 서로 다른 주제의식이 상호 간섭을 일으켜 각 단편의 완성도와 품격을 해치게 되는 것이다. 따라서 이 두 단편은 결코 동일한 시간, 동일한 장소에서 이루어진 것이 아니다. 논어 편집자도 이 두 단편이 서로 방향은 다르지만 비슷한 내용을 기초로 하고 있기 때문에 병치하였을 뿐이지 하나의 단편으로 삼고자 한 것은 아니었다고 생각한다. 이 점을 헤아리지 않은 것은 논어 단편을 '이해'하기보다 '해석'하기에 급급하여 하나의 단편이 주는 전체적인 울림에 차분하게 귀를 기울이지 못했기 때문이다.

이처럼 장의 구분이 논어 단편의 해석에 적지 아니 영향을 미쳐 온 것은 어제 오늘의 일이 아니다. 이를테면 고주古注가 자한/30에 나오는 權이라는 중요한 어휘를 "잘못된 수단을 이용하여 바람직한 목표를 달성하는"反經合道것, 즉 권도權道라는 터무니없는 뜻으로 해석하게 된 것은 『논어집해論語集解』가 이 장을 자한/31의 唐棣之華章과 하나로 보았기 때문이다.

선생님께서 말씀하셨다.

"함께 배울 수는 있어도 함께 도를 향해 나아갈 수 없는 경우가 있으며 함께 도를 향해 나아갈 수는 있어도 함께 설 수 없는 경우가 있으며 함께 설 수는 있어도 함께 권도를 행할('펼칠'의 잘못된 해석) 수 없는 경우가 있다."

子曰:可與共學,未可與適道.可與適道,未可與立.可與立,未可與權. 9/30

고주에서 이 단편에 이어지는 9/31은 다음과 같이 잘못 해석되어 왔다.

'당체나무의 꽃은 (다른 꽃과는 달리)

먼저 피었다 오무러드네.

어찌 그대는 생각해 보지도 않고

멀다고만 하는고.'

선생님께서 말씀하셨다.

"생각해 보지 않은 것이다. 생각해 본다면 어찌 멀겠는가?"

(신주 : '당체나무 고운 꽃,

어느덧 다 져 가네.

어찌 그대 생각 않으리오마는

계신 곳이 멀리 있네.'

선생님께서 말씀하셨다.

"사모하지 않는 것이다. 무릇 사모한다면 어찌 멀 수 있겠느냐?")

唐棣之華,偏其反而.豈不爾思,室是遠而,子曰:未之思也.夫何遠之有? 9/31

고주는 일반적인 꽃은 먼저 꽃잎이 먼저 모아져 있다가 펼쳐지지만 당체나무는 먼저 펼쳐졌다가 모아진다는 뜻으로 자한/31의 시구를 묘하게 왜곡한 다음 이어지는 공자의 말도 도道에서 먼 것 같은 수단도 자세히 보면 궁극적으로는 도道에 가깝다는 뜻으로 해석하였는데 이 그릇된 해석이 결국 자한/30에 영향을 미쳐 權을 權道의 뜻으로 왜곡하고 말았던 것이다.

지난 시절 논어가 동양의 정치사회에 미쳐 온 영향을 생각하면 권도權道를 옹호해 온 이 단편의 그릇된 해석은 정의를 구현하거나 세상을 바루겠다政는 미명하에 자행된 숱한 정치적 음모와 악행에 멋대로 이용되었을 것이다. 權이라는 어휘의 의미는 송대 신주新注에 와서야 범조우范祖禹, 주자 등이 이 일련의 단편을 아무런 연관성이 없는 두 개의 단편으로 나누어 보면서 비로소 권형權衡이라는 한층 근접된 해석에 이를 수 있었다.

이제 논어 단편 전체를 놓고 장의 구분을 새롭게 검토함에 있어 나는 두 가지의 원칙을 제시하고자 한다. 그 첫째는 최초 단편 채록자의 정당한 의도에 접근한다는 것이다. 불가피하게 이 접근은 모든 역사적 문헌 이해에 필요한 역사학적 상상력을 그 수단으로 할 것이다. 둘째는 단편의 의미를 가장 선명하게 드러내는 구분방식이 무엇인가 하는 것을 고려한다는 것이다. 여기에는 단편의 의미에 대한 정확한 해석이 뒷받침되어야 할 것이며 다소간의 문학적 감수성이 필요할 것이다.

이제 논어 전체 단편에 이 원칙을 적용하여 장의 구분을 새롭게 검토할 때 주자의 구분 방식에 비교하여 달라지는 부분을 중심으로 그 결과를 살펴보면 다음과 같다.

제 5편 : 제1장과 제2장의 분리.

제 6편 : 제1장과 제2장의 분리. 제4장과 제5장의 분리.

제 7편 : 제9장과 제10장의 분리. 제11장과 제12장의 분리. 제27장과 제28장의 분리.

제 8편 : 제2장과 제3장의 분리.

제 9편 : 제26장과 제27장의 분리.

제10편 : 제8~11장의 각 분리. 제12~14장의 각 분리. 제15장과 제16장의 분리. 제18~21장의 각 분리. 제23장과 제24장의 분리. 제25장과 제26장의 분리.

제11편 : 제2장과 제3장의 분리. 제13장과 제14장의 분리.

제12편 : 제10장과 제11장의 분리.

제15편 : 제1장과 제2장의 분리.

우선 최초의 네 개 편인 학이, 위정, 팔일, 이인편과 제13 자로편, 제14 헌문편 그리고 마지막 다섯 개 편인 계씨, 양화, 미자, 자장, 요왈편에서는 전통적으로 장의 구분을 두고 논란이 야기된 적이 거의 없다. 공야장/1의 子謂公冶長章과 2의 子謂南容章이 최초로 문제가 되는 단편인데 전술한 바처럼 이 두 단편은 모두 사위 또는 조카사위를 삼으면서 한 말이라는 점에서 외형적 유사성이 있지만 두 사람에 대한 서로 다른 인물평이자 그 내용도 판이하게 다르고 동시적 발언도 아니라는 점에서 분리되지 않으면 안 될 것이다. 주자가 이를 합쳤음에도 불구하고 현대의 논어 주석가들은 대부분 이를 분리시키고 있다.

옹야/1의 雍也可使南面章과 2의 仲弓問子桑伯子章[4]은 역시 분리시키는 것이 일반적인 추세다. 다만 이 단편의 경우 옹야/1만으로는 공자가 왜 염옹冉雍에 대하여 "남면南面할 줄 안다"고 했는지 이유가 드러나지 않고 옹야/2를 통해 비로소 그 이유를 알게 되는 특이점이 있다. 따라서 과거 하안何晏이 분리시켜서 본 이들 단편을 주자가 합쳐서 이해한 것도 크게 무리한 것은 아니었다.

그러나 논어에는 당시 편집인들끼리 잘 알고 있는 사실에 관계되는 경우 그 이유를 굳이 밝히지 않고 결과만 수록한 경우가 적지 않은데 공자가 자천子賤을 군자라고 찬탄한 경우[5], 백우伯牛가 치명적인

---

4) 子日:雍也,可使南面. 6/1
仲弓問子桑伯子.子日:可也,簡.仲弓日:居敬而行簡,以臨其民,不亦可乎?居簡而行簡,無乃大簡乎?子日:雍之言然. 6/2

5) 子謂子賤:君子哉若人!魯無君子者,斯焉取斯? 5/3

병에 걸리자 "이런 사람이 이런 병에 걸리다니" 하고 절규한 경우[6], 기타 제자들의 결점을 언급한 일부 경우[7] 등에서도 그 이유는 전혀 나타나 있지 않다. 따라서 단지 없는 이유를 제2장이 제공한다고 해서 두 개의 장을 합쳐야 한다는 논리는 성립될 수 없는 것이다. 우선 형식에 있어서 두 단편은 일련의 것이라고 볼 만한 외형을 전혀 갖추고 있지 않고 단지 해석을 통해서만 연결이 가능하기 때문이다.

옹야/4의 子華使於齊章과 5의 原思爲之宰章[8]이 분리되어야 하는 이유는 전술한 자한/26과 27이 분리되어야 하는 이유와 같다. 거기에서도 편집자는 단지 외형적으로 유사한 두 단편을 병치함으로써 상호 비교할 수 있게 하려 했을 뿐 이 단편들을 애초부터 하나의 단편으로 구성하려 한 것은 아니었다고 본다. 만약 하나의 단편으로 본다면 전술한 바대로 단편의 품위가 떨어짐은 물론 구성미構成美마저 현저히 그르치게 된다.

술이/9의 子食於有喪者之側章과 10의 子於是日哭章[9]은 설혹 합친다고 하더라도 큰 무리가 없을 만큼 판단하기가 어려운 단편이다. 그러나 주의 깊게 보면 두 단편이 유사해 보이기는 하지만 각각의 고유 영역을 가지고 있다. 따라서 공연히 그 두 영역을 포개어서 초점을 흐리게 하기보다는 분리시켜 각 단편의 의미를 더 선명하게 드러내는 것이 나을 것이다. 또 향당편의 단편이 제1장을 제외하고는 거의

---

6) 伯牛有疾,子問之,自牖執其手,曰:亡之,命矣夫!斯人也而有斯疾也!斯人也而有斯疾也! 6/10

7) 柴也愚,參也魯,師也辟,由也喭. 11/19

8) 子華使於齊,冉子爲其母請粟.子曰:與之釜.請益.曰:與之庾.冉子與之粟五秉.子曰:赤之適齊也,乘肥馬,衣輕裘.吾聞之也,君子周急不繼富. 6/4
原思爲之宰,與之粟九百,辭.子曰:毋,以與爾鄰里鄕黨乎. 6/5

9) 子食於有喪者之側,未嘗飽也. 7/9
子於是日哭,則不歌. 7/10

고의적으로 주어를 탈락시키고 있는 점에 비해 이 두 단편은 모두 子라는 각각의 주어를 가지고 있다는 사실도 고려되어야 할 점이다.

술이/11,12에 대해서는 전술한 바와 같다. 술이/27의 聖人吾不得而見之矣章과 28의 善人吾不得而見之矣章은 『논어집해』에서 각각의 장으로 보았던 것을 형병邢昺 이후에 합하여 보게 되었다. 각 장에 각각 子曰이 붙어 있다는 점, 분리되지 않을 경우 유항자有恒者에 대해서만 설명하고 군자자君子者에 대해서는 설명이 없는 불균형이 발생한다는 점 등을 고려할 때 정약용의 견해처럼 분리하는 것이 옳다고 본다.

태백/2의 恭而無禮則勞章과 3의 君子篤於親章은 전통적으로 하나의 장으로 합쳐 오기는 하였으나 두 단편이 서로 상관이 없다는 점은 인정되어 온 특이한 장이다. 주자마저도 이들 단편은 장을 달리하여야 마땅하다는 오씨吳氏의 설을 지지하였는데 그러면서도 장을 나누지는 않는 모순된 태도를 취하였다. 君子篤於親章은 子曰이 붙어 있지 않아 공자의 말이라고 보기 어려우며 증자의 말이라는 설도 있으나 역시 추측에 지나지 않는다. 전해 내려오던 역사상의 잠언 정도로 보는 것이 좋을 듯하며 따라서 과감히 분리하여 취급하는 것이 마땅하다고 본다.

자한/26,27에 대해서는 전술한 바 있다.

향당편에 대해서는 전통적으로 한 개의 장章으로 보는 입장이 견지되어 왔다. 주석가들은 이 전통적 입장을 존중하는 대신 소위 절節로써 이 편을 구획하여 왔는데 하안何晏의 고주古註는 25개 절로, 주자의 신주新註는 17개 절로 나누었다. 그러나 오늘날 간행되는 대부분의 논어는 향당편의 절과 다른 편의 장을 구태여 구별하지 않고 있다. 따라서 향당편도 이제는 장으로 구분하는 것이 자연스런 추이라 할 것이다.

주자는 향당/8의 食不厭精章, 9의 祭於公章, 10의 食不語章, 11의 雖疏食菜羹瓜祭章[10]을 합하여 "이 일절一節은 공자께서 음식을 드시는 범절에 대해 기록한 것이다"[11] 하고 성격 규정을 하고 있으나 그렇게 볼 때 최소한 "주무실 때에는 말씀을 하지 않으셨다"는 구절은 그 성격 규정에 포함되지 못한다는 문제점이 발생한다. 따라서 祭於公 이하는 제육祭肉에 관한 장으로, 食不言 이하는 말을 하지 않는 경우에 관한 장으로, 雖疏食菜羹 이하는 고수레에 관한 장으로 보아 각각 분리하는 것이 옳다.

향당/12의 席不正章, 13의 鄕人飮酒章, 14의 鄕人儺章[12]도 역시 각각 분리하는 것이 옳다. 주자는 이 세 개 장을 합하면서 역시 "이 일절은 공자께서 향리에 거하시는 일을 기록한 것이다"고 성격 규정을 하고 있으나 "자리가 바르지 않으면 앉지 않으셨다"는 것을 반드시 향리에서만의 행동이라 할 수는 없을 것이다. 따라서 우선 이를 분리하는 것은 불가피하다. 제13장과 제14장은 설혹 합친다 하더라도 큰 무리는 없지만 역시 분리하는 것이 더 낫다고 본다. 향리에서의 행동이라는 점에서 본다면 합칠 수 있지만 제13장은 노인을 공경한다는 주제를 지니고 있는 반면 제14장은 나례儺禮에서의 역할을 적

---

10) 食不厭精,膾不厭細.食饐而餲,魚餒而肉敗不食,色惡不食,臭惡不食,失飪不食,不時不 食,割不正不食,不得其醬不食.肉雖多,不使勝食氣.唯酒無量,不及亂.沽酒市脯不食,不 撤薑食,不多食. 10/8
祭於公,不宿肉.祭肉不出三日,出三日不食之矣. 10/9
食不語,寢不言. 10/10
雖蔬食菜羹瓜祭,必齊如也. 10/11

11) 此一節記孔子飮食之節.『論語集註』

12) 席不正,不坐. 10/12
鄕人飮酒,杖者出,斯出矣. 10/13
鄕人儺,朝服而立於阼階. 10/14

고 있다는 점에서 서로 다른 내용을 가진다. 따라서 공야장/1의 子謂公冶長章과 2의 子謂南容章이 분리할 필요가 있다면 이 단편도 분리하는 것이 일관성 있는 구분 방법이라 할 것이다.

향당/15의 問人於他邦章과 16의 康子饋藥章[13]을 합친 것은 주자의 판단착오였다고 할 수밖에 없다. 이 두 단편을 두고 "남과 교제하는 데에 있어서의 성의를 기록한 것"[14]이라 한 것은 전혀 설득력이 없다.

향당/18의 君賜食章, 19의 侍食於君章, 20의 疾君視之章, 그리고 21의 君命召章[15]을 주자가 합치게 된 것은 그의 말처럼 이 네 개 장이 모두 "임금을 섬기는 예법"事君之禮이기 때문이다. 이 점에서 주자의 분류도 무리하다고 볼 수는 없다. 그러나 비록 군주에 관련되었다는 공통점이 있음에도 불구하고 이 단편은 서로 다른 네 가지 행동을 소묘하고 있다. 뿐만 아니라 그 각각은 짧기는 하지만 독립된 소묘로서 전혀 손색이 없다. 그렇다면 논어의 다른 편에서처럼 비슷한 내용의 단편이 병기된 것으로 보는 것이 일관성이 있다. 만약 이 단편을 구태여 합쳐야 한다면 선진/8,9,10,11에 나오는 안연의 죽음에 관한 일련의 단편도 합쳐야 할 충분한 이유를 가질 것이다.

향당/23의 朋友死章과 24의 朋友之饋章[16]도 외형상으로 보면 하나

---

13) 問人於他邦,再拜而送之. 10/15
康子饋藥,拜而受之,日:丘未達,不敢嘗. 10/16

14) 此一節,記孔子與人交之誠意.『論語集註』

15) 君賜食,必正席先嘗之.君賜腥,必熟而薦之.君賜生,必畜之. 10/18
侍食於君,君祭先飯. 10/19
疾,君視之,東首,加朝服拖紳. 10/20
君命召,不俟駕行矣. 10/21

16) 朋友死,無所歸,日:於我殯. 10/23
朋友之饋,雖車馬,非祭肉,不拜. 10/24

의 단편으로 하는 것이 옳아 보인다. 그러나 이 경우도 선진/8 이하 네 개 장이 나누어지듯 벗과 관련된 행동이라는 공통점에도 불구하고 두 개의 서로 다른 행동이라는 점에서 분리, 병치하는 것이 낫다.

향당/25의 寢不尸章과 26의 見齊衰者章[17]을 주자는 용모의 변화를 기록한 것이라는 점을 들어 하나의 단편으로 하고 있다. 그러나 "주무실 때에는 죽은 것 같이 주무시지 않으셨고 거하실 때에는 손님처럼 거하지 않으셨다"는 말은 見齊衰者 이하의 용모변화와는 그 성격이 다른 것이라 할 수 있다.

이렇게 나눌 때 향당편은 모두 28개 장이 되어 주자가 나눈 17개 절에 비해 너무 많은 듯하지만 정약용이 나눈 34개 절에 비하면 오히려 적은 편이다.

선진/2의 從我於陳蔡者章과 선진/3의 德行顔淵章[18]은 하나의 단편이 아닐 뿐 아니라 선진/3이 별도로 끼어든 것임이 분명하다. 이 단편이 합쳐짐으로 인하여 선진/2도 "진나라와 채나라에까지 나를 따라 다녔던 자들은 지금 모두 문하에 없구나" 하는 뜻으로 그릇 이해되었고 선진/3도 정자程子의 해설[19]에서 드러나듯이 공자의 제자 중에서 진나라와 채나라에서 공자를 따라다녔던 자들을 분류한 것으로 잘못 알려지게 되었던 것이다. 따라서 이 두 단편은 상호간섭을 배제하여 바른 해석에 이르기 위해서도 반드시 분리되어야 한다.

단순한 장의 구분이 단편의 해석을 결정적으로 그르칠 수도 있고

---

17) 寢不尸,居不容. 10/25
見齊衰者,雖狎必變.見冕者與瞽者,雖褻必以貌.凶服者式之,式負版者.有盛饌,必變色 而作.迅雷風烈必變. 10/26

18) 子日:從我於陳蔡者,皆不及門也. 11/2
德行,顔淵,閔子騫,冉伯牛,仲弓.言語,宰我,子貢.政事,冉有,季路.文學,子游,子夏. 11/3

19) 程子日:四科,乃從夫子於陳蔡者爾.門人之賢者,固不止此.曾子傳道而不與焉,故知十哲 世俗論也.

바룰 수도 있다는 사실을 선진/2,3은 전형적으로 보여 준다. 논어 해석에 관한 한 가급적 주자의 견해를 존중하고 있는 정약용도 이 문제에 있어서 만큼은 분리되어야 한다는 견해를 확실히 했다.[20]

선진/13의 閔子侍側章과 14의 若由也章[21]도 결코 하나의 단편이라고 볼 수 없다. 선진/14는 끼어든 단편으로 보이며 따라서 비록 子曰이 없지만 분리시키는 것이 불가피하다. 왜냐하면 선진/13이 가지고 있는 단편으로서의 통일성은 선진/14가 포함될 경우 현저히 일그러지기 때문이다. 이 점이 안연/13의 片言可以折獄者章에서 子路無宿諾이 명백히 앞 문장에 대한 참고자료로서의 역할을 하는 것과 대조를 이룬다.

안연/10의 말미에 붙어 있는 誠不以富,亦祗以異라는 시구는 안연/11로 분리, 독립되어야 한다. 이는 다소 어처구니없는 착간錯簡의 후속 조치라 할 수 있다. 즉 이 시구는 원래 계씨/12와 결합되어 있었던 것이다. 정자程子는 이 시구가 원래 계씨편에 함께 있었으나 안연/12의 첫머리인 齊景公이 계씨/12의 첫머리와 우연히 같아 편집자가 이를 착각하고 그만 안연/12 앞에 집어넣은 것으로 보고 있다.[22]

그러나 계씨/12의 내용을 보면 계씨편의 일반적인 특징과 적지 아니 거리가 있어 기실은 齊景公有馬千駟章이 원래 안연편에 있다가 일부분을 남긴 채 착간으로 인하여 계씨편에 편입되었다고 보는 것이 더 타당성이 있다. 특히 안연편에는 등장인물이나 문답형식이 같

---

20) 邢曰:鄭氏以合前章,皇氏別爲一章.補曰:十人皆稱字則非夫子言也.當別爲一章. 丁若鏞,『論語古今注』

21) 閔子侍側,誾誾如也.子路,行行如也.冉有,子貢,侃侃如也.子樂. 11/13
若由也,不得其死然. 11/14

22) 程子曰:此錯簡,當在第十六篇,齊景公有馬千駟之上,因此下文,亦有齊景公字而誤也.『論語集註』

은 단편끼리 병치한 경우가 많은데 안연/1,2의 顔淵問仁章과 仲弓問仁章, 3,4,5의 司馬牛, 18,19,20의 季康子, 22,23의 樊遲가 그렇다. 그렇다면 齊景公이 등장하는 단편 두 개가 나란히 병치되는 것은 극히 자연스러운 일일 것이다.

따라서 현재의 계씨/12를 안연편으로 옮기는 것이 착간을 바로잡는 일이겠으나 기왕의 판본을 존중하고 자유로운 해석의 여지를 남긴다는 의미에서 옮기지 않는 것도 하나의 방법이 될 것이다. 그 대신 문제의 시구를 안연/10의 끝에 무의미하게 붙여 둘 것이 아니라 불완전한 모습이나마 별개의 장으로 독립시켜 가급적 원래의 모습에 가깝게 복원하는 것이 더 바람직한 분장分章법이라 생각한다.

위령공/1의 衛靈公問陳於孔子章과 2의 在陳絶糧章[23]도 분리하는 것이 옳다. 위나라를 떠난 다음에 진나라로 간 것은 분명하지만 거기에는 많은 시차가 있고 두 단편에서 다루고 있는 주제도 완전히 별개의 것이기 때문이다. 『경전석문經典釋文』이나 『논어주소論語注疏』, 유보남劉寶楠의 『논어정의論語正義』 등도 모두 이를 분리시키고 있다.[24]

그럼에도 주자가 정당하게 구분한 부분에서도 전통적으로 장의 구분을 두고 시시비비가 있어 온 부분이 적지 않다. 이를테면 태백/21의 舜有臣五人章[25]에서 三分天下有其二 이하를 별도의 장으로 구분해야 한다는 견해가 있어 왔다. 그러나 이 부분은 비록 본문과 주제는

---

23) 衛靈公問陳於孔子.孔子對曰:俎豆之事則嘗聞之矣.君旅之事,未之學也.明日遂行. 15/1
在陳絶糧,從者病,莫能興.子路慍見,曰:君子亦有窮乎?子曰:君子固窮,小人窮斯濫矣. 15/2

24) 다만 두 장으로 나누더라도 『논어주소(論語注疏)』에서처럼 明日遂行의 넉자를 제2장의 첫머리로 삼은 것은 잘못된 것이다. 이는 두 단편 사이의 연결성을 잔존시키고 단지 주제별로만 구분한다는 뜻이나 두 단편은 사건 자체가 구분되어야 할 성질의 것이기 때문이다.

25) 舜有臣五人,而天下治.武王曰:予有亂臣十人.孔子曰:才難,不其然乎?唐虞之際,於斯爲盛,有婦人焉,九人而已.三分天下有其二,以服事殷,周之德,其可謂至德也已矣! 8/21

다르지만 편집자가 주나라의 덕이 요순시절의 덕보다 못하지 않음을 강조하기 위해 덧댄 것으로 보이며 따라서 하나의 단편으로 구성하려 한 의도가 엿보이기 때문에 나눌 수 없는 부분이라 할 것이다.

자한/6의 太宰問於子貢章[26]에서는 마지막 부분인 牢曰:子云,吾不試,故藝를 분리해야 한다는 견해가 있으나 이 부분은 제6장 본문에 대한 일종의 보강으로 덧댄 것이 분명하므로 역시 분리할 수 없는 부분이다.

헌문/28의 君子思不出其位章을 헌문/27의 不在其位章에 대한 부연으로 보아 합치는 경우가 있으나 이는 결코 부연이 아니다.[27] 혹 편집자가 두 단편에 나오는 位라는 말이 동일하게 쓰인 것으로 보아 병치한 것인지는 모르나 두 단편은 서로 다른 취지를 가진 것으로 해석되는 만큼 별개의 단편으로 취급되어야 할 것이다.

헌문/40의 作者七人矣章을 불완전한 단편이라는 이유로 헌문/39의 賢者辟世章에 이어 해석하는 것이 일반적인 경우이나 헌문/40은 아마 어떤 완전한 단편이 죽간이 떨어져 나감으로 인하여 이해할 수 없는 부분만이 남은 경우로 보는 것이 옳을 것이다.[28] 따라서 무리하게 헌문/39와 연결시키려는 시도는 부질없는 일이다. 해석이 되지 않더라도 불완전한 모습으로 남겨 두는 것이 현재로서는 불가피하다.

양화/2의 性相近也章과 3의 唯上知與下愚不移章을 합해야 하는 것으로 보는 정약용 등 일부의 견해는 양화/3에 대한 그릇된 해석에

---

26) 大宰問於子貢曰:夫子聖者與?何其多能也?子貢曰:固天縱之將聖,又多能也.子聞之曰:大宰知我乎!吾少也賤,故多能鄙事.君子多乎哉?不多也.牢曰:子云,吾不試,故藝. 9/6

27) 子曰:不在其位,不謀其政. 14/27
曾子曰:君子思不出其位. 14/28

28) 子曰:賢者辟世,其次辟地,其次辟色,其次辟言. 14/39
子曰:作者七人矣. 14/40

서 비롯된 것이다. 양자는 각각 子曰로 시작하고 있을 뿐 아니라 그 내용도 서로 별개의 문맥 안에 있으므로 분리하는 것이 마땅하다.

요왈/1의 堯曰咨爾舜章[29]은 구태여 구분하자면 네 부분으로 나눌 수 있다. 실제 정약용은 그의 『논어고금주』에서 이 단편을 네 개의 장으로 구분하였다. 그러나 이 단편은 원칙적으로 공자의 발언이 아닐 뿐 아니라 논어 편집자의 의도도 공자와 관련된 기록을 남기는 것이 아니라 단지 전국시대의 부덕한 위정자들에게 군왕의 덕이 어떤 것인지를 보여 주려는 것이었다고 생각된다. 따라서 하나의 단편으로 그냥 두는 것이 이 잘못 끼어든 단편의 잘못됨을 최소화하는 일이라 할 것이다.

이상의 편장 구분을 종합해 볼 때 대체적으로 주자의 구분 방식에 비해 지나치게 분리 위주로 구분하였다는 느낌을 줄 수도 있을 것이다. 거기에는 물론 주자가 단편을 합하여 보는 경향이 강했다는 사정도 작용하였을 것이다. 그러나 논어는 원칙적으로 조각난 단편들을 모아 놓은 것이다. 다만 편집자가 성격적으로 혹은 외형적으로 유사한 단편들을 모으는 과정에서 마치 하나의 단편처럼 여겨질 여지를 더러 안게 된 점을 고려하지 않으면 안 될 것이다. 또 어떤 경우에는 논어가 성립된 이후에 형성된 중국 시부詩賦상의 다양한 대구對句 경향이 소급하여 장의 구분에 반영된 측면도 군데군데에서 엿보이고 있다.

---

29) 堯曰:咨,爾舜.天之厤數在爾躬,允執其中.四海困窮,天祿永終.舜亦以命禹,曰:予小子履,敢用玄牡,敢昭告于皇皇后帝.有罪不敢赦.帝臣不蔽,簡在帝心.朕躬有罪,無以萬方.萬方有罪,罪在朕躬.周有大賚,善人是富.雖有周親,不如仁人.百姓有過,在予一人.謹權量,審法度,脩廢官,四方之政行焉.興滅國,繼絕世,擧逸民,天下之民歸心焉.所重民食喪祭.寬則得衆,信則民任焉,敏則有功,公則說. 20/1

	주자	새번역 논어	증감
학이	16개 장	16개 장	
위정	24	24	
팔일	26	26	
이인	26	26	
공야장	27	28	+ 1
옹야	28	30	+ 2
술이	37	40	+ 3
태백	21	22	+ 1
자한	30	31	+ 1
향당	17	28	+ 11
선진	25	27	+ 2
안연	24	25	+ 1
자로	30	30	
헌문	47	47	
위령공	41	42	+ 1
계씨	14	14	
양화	26	26	
미자	11	11	
자장	25	25	
요왈	3	3	
	498	**521**	**+23**

어쨌든 재구분한 논어의 장수章數는 주자가 구분한 498개 장(향당편의 절을 장으로 보았을 때)보다 23개 장이 늘어난 521개 장이다. 문제는 장수의 증가나 감소가 아니라 장의 이러한 재구분을 통하여 우리가 당초에 제시한 두 원칙, 즉 최초 편집자의 정당한 의도를 얼마나 되살렸는가 그리고 단편의 본래 모습에 얼마나 더 가까이 다가갔는가 하는 것임은 말할 나위도 없을 것이다.

2. 논어는 어디까지 믿을 수 있는가?

논어에는 그 수록 근거가 의심스러운 적지 않은 단편들이 있다. 그러나 구체적으로 어떤 단편이 어디까지 믿기 어려운 것인지를 밝혀내는 일은 결코 쉬운 일이 아니다. 논어가 성인의 가르침으로서 또 관학官學으로서 위세를 떨치던 시절에는 논어의 권위를 손상시키는 일은 의식적으로든 무의식적으로든 금기에 속하는 일이었다. 따라서 착간錯簡이 있었을 것이다 하는 정도를 넘어서 기록된 사실 자체에 대한 진위 논란은 본격적으로 전개될 수 없었다.

오늘날 6세기 무렵의 『논어의소論語義疏』를 읽으면 모든 논어 단편을 성인의 언행으로 못 박고 완벽하게 해설하기 위해 지나치게 견강부회하는 해설이 많이 눈에 뜨이는데 이 역시 그 절반은 논어를 둘러싼 부자유스런 학문풍토에 기인한 것이었다. 주자에 이르러서도 이러한 입장은 정도의 차이에도 불구하고 근본적으로 개선되지는 않았다. 청대清代에 이르러 고증학考證學이 자리 잡자 비로소 논어에 대한 어느 정도의 객관적 접근과 평가가 이루어지기 시작하였다.

그러나 논어 단편 자체를 둘러싼 일련의 위작 시비는 그렇게 간단한 것이 아니다. 이를테면 양화편 제1장에 나오는 양화陽貨가 『좌전』에 나오는 양호陽虎와 동일인인가 하는 문제, 또 동일인이라 하더라도 그와 공자와의 대화 기록이 과연 사실일까 하는 문제는 고증학만으로는 해결될 수 없는 문제다. 그것은 마치 적지 않은 논어 단편에 대한 해석상의 오류가 한문법이나 고증학만으로는 해결되지 않는 것과 비슷한 일이다.

위작이나 기타 신빙성에 의문이 있는 여러 단편의 발췌 및 평가에서도 우리는 고증학적 방법의 기여 가능성을 부인하지는 않지만 마치 어떤 단편에 대한 보다 올바른 해석의 관건이 바로 그 단편 자체가 지닌 진실의 위력에 있듯이 그 단편의 역사적 진실성 여부도 어느 정도는 우선 그 단편 자체가 지니고 있다고 보는 것이다. 이를테면 우리는 학이/1이 공자가 직접 진술한 것이며 또 그것이 왜곡되지 않고 기록되었다는 것을 의심하지 않는다. 그 보증은 고증학에서 오는 것이 아니라 바로 학이/1 그 자체에서 온다. 그리고 그 보증은 우리가 제시할 수 있는 그 어떤 증거보다 빠르고 직접적이다.

그러나 계씨편의 적지 않은 단편에 대해 우리는 의혹을 갖는다. 그 의혹에 대해 우리는 여러 가지 이유를 댈 수 있지만 그 이유보다 먼저 그 단편은 우리에게 직접 의혹을 안겨 준다. 이 신뢰와 의혹의 직접성은 진위 문제를 비롯하여 논어 단편을 다각적으로 판단하는 데에 변함없이 가장 중요한 기준이 될 것이다.

최술崔述(1740~1816)은 그의 『논어여설論語餘說』에서 의혹이 있는 논어 단편을 다음과 같이 선정, 분류하였다.

가. 사실을 믿을 수 없는事實不可信 단편

子見南子章 6/28, 季氏將伐顓臾章 16/1, 公山弗擾章 17/5, 佛肹召章 17/7, 齊景公待孔子章 18/3, 齊人歸女樂章 18/4, 堯曰咨爾舜-天祿永終 20/1

나. 사실에 의심이 가는事實有可疑 단편

孺悲欲見孔子章 17/20, 楚狂接輿章 18/5, 長沮桀溺耦而耕章 18/6, 子路

從而後章 18/7, 陳亢問於伯魚章 16/13, 大師摯適齊章 18/9

다. 의미는 의심할 바 없으나 문체가 다른義無可疑而文體不類 단편

益者三友章 16/4, 益者三樂章 16/5, 侍於君子有三愆章 16/6, 君子有三戒章 16/7, 君子有三畏章 16/8, 君子有九思章 16/10, 由也女聞六言六蔽章 17/8, 古者民有三疾章 17/16, 不知命章 20/3

라. 문체가 의심스러운文體可疑 단편

子張問仁於孔子章 17/6, 子張問於孔子章 20/2

마. 문인이 공자 앞에서 부자라 칭하고 사실 역시 의심이 가는門人於孔子前稱夫子而事亦可疑 단편

子路曾晳冉有公西華侍坐章 11/27, 子之武城章 17/4

바. 약간 의심이 가나 의미상 잘못이 없는小有可疑而於義無失 단편

子欲無言章 17/19, 君子亦有惡章 17/24

사. 사실은 의심할 데가 없으나 편말에 있으면서 편중의 글과 다르거나 누락이 있는事無可疑而在篇末與篇中文不倫或有缺 단편

色斯擧矣章 10/28, 齊景公有馬千駟章 16/12, 邦君之妻章 16/14, 周公謂魯公章 18/10, 周有八士章 18/11

최술의 이러한 지적은 전통적 입장에 비하면 크게 발전한 것이지만 여전히 약간의 유습遺習을 안고 있다. 즉 그는 많은 논어 단편의 진위 여부를 여전히 전통적 유교의 의리義理 관념에 비추어 판단하고 있

는 것이다. 보다 객관적인 안목으로 논어 단편을 검토하면 최술과는 부분적으로 다른 결론에 이른다.

우선 우리는 공자와 직접적으로나 간접적으로 아무런 관련이 없는 단편에 대하여는 구태여 그 진위 여부를 따질 필요가 없다는 점을 밝혀 두는 것이 좋을 것이다. 이를테면 계씨/14의 邦君之妻章과 미자/2의 柳下惠爲士師章, 미자/9의 大師摯適齊章, 미자/10의 周公謂魯公曰章, 미자/11의 周有八士章, 또 요왈/1 가운데에서 요임금이나 탕왕, 무왕 관련 부분 등 모두 여섯 개 장은 공자와 전혀 관련되어 있지 않아 구태여 진위라는 차원에서 논할 필요가 없는 단편들이다. 오히려 이러한 단편들은 그것들이 어찌하여 논어 안에 들어가게 되었을까 하는 차원에서 문제시 되는 것이 마땅하다.

단편의 진위 문제는 결국 단편에 기록된 것이 공자의 실제 언행에 부합하는 것인가 하는 문제인데 제1편에서 제10편까지에 걸쳐서는 비교적 진위에 관한 논란이 적은 것이 사실이다. 또 다소의 논란도 해당 단편이 전적으로 허구라는 차원보다는 부정확하거나 어느 정도 윤색 내지 왜곡되지 않았느냐 하는 차원의 것이다. 이를테면 옹야/2의 哀公問弟子孰爲好學章은 선진/7의 季康子問弟子孰爲好學章을 실제로 하는 어느 정도의 변조가 아닌가 짐작된다. 애공과 계강자가 동일한 질문을 공자에게 각각 하였다고 보기 어렵기 때문이다.

두 단편을 비교해 보면 선진/7은 옹야/3과 같지만 不遷怒,不貳過라는 구절과 未聞好學者也라는 구절이 없는데 不遷怒,不貳過라는 말이 권력자와의 단순한 대화에 등장하기에는 지나치게 심오한 말이라는 점, 未聞好學者也라는 말이 공자 자신이 직접 거느리고 있는 제자들에 관해 하는 말로서는 적절한 표현 방법이 아니라는 점을 고려할 때 결국 6/3에 착종이 있는 것으로 보인다. 짐작컨대 옹야/3은 어떤 다른 기회에 안연을 깊이 있게 평한 말不遷怒, 不貳過이 선진/7과 조합되면서 하나의 단편으로 재구성된 것으로 보인다. 따라서 질문자도 애공이 아닌 계강자였을 것이다.

술이/22의 天生德於予章도 자한/5를 실제로 하는 다소의 와전으로 보이며 태백/21의 舜有臣五人而天下治章과 자로/28의 何如斯可謂之士矣章에는 누군가 나중에 가필을 한 흔적이 엿보인다. 술이/18의 加我數年章을 둘러싼 논란도 원문의 일부 자구에 대한 시비일 뿐이다.

향당편은 어쩌면 편 전체에 대해 의혹을 제기해 볼 만한 측면을 지니고 있다. 공자의 행동거지 중 몇몇은 우리가 그의 말에서 확보할 수 있는 탁 트인 시야를 가로막으며 다가온다. 그것은 술이편 등에 더러 산재해 있는 유사한 형태의 공자 소묘와 비교해 볼 때 더욱 그렇다. 따라서 적어도 제6장 君子不以紺緅飾章 등 수 개의 장은 공자와 관련이 없는 예법상 기록이 유입된 것이라는 의혹이 제기되어 온 것도 사실이다. 그러나 그것은 역시 제기해 봄직한 의혹이기를 넘어서지 않는다. 대체로 기록자가 비교적 근접하게 보고 들은 바를 기록한 것은 사실이지만 기록자의 안목과 지적 수준이 가진 한계가 향당편을 다소 편벽되게 하였을 것으로 보인다. 기록자는 어쩌면 공실의 의전 담당자였거나 그런 역할을 희망했던 공서화 같은 제자였는지도 모른다.

다만 마지막 장인 色斯擧矣章은 추록된 단편으로 보인다. 그것은 전통적 견해처럼 문장의 일부분이 탈락한 것일 수도 있고 기록자가 자기만의 우의寓意에 빠져 의미 전달을 제대로 고려하지 않은 것일 수도 있지만 어쨌든 실제의 사실에 기초한 것으로 보이지는 않는다.

그 밖에 몇몇 단편에 걸쳐 위작의 의혹이 거론되고 있지만 대부분 근거가 박약한 것들이다. 이를테면 옹야/26의 子見南子章은 최술의 완강한 위작 주장에도 불구하고 위작이라고 볼 확실한 근거가 없다. 이 단편을 위작으로 보는 것은 단지 공자와 같은 성인이 남자와 같은 음탕한 여자를 만났다는 것은 있을 수 없다는 단순 논리에서다. 그러나 이는 "나아감이 있다면 나는 갈 것이다"[30] 하는 공자의 기본 입장을 전혀 이해하지 못한 탓이라 하겠다. 또 옹야/21의 知者樂水章과 자한/8의 鳳鳥不至章도 만약 그것들이 미자편에 있었다면 어쩌면 허구로 인정되었을 법도 한 단편들이다.

그러나 비교적 위작이 드문 편에 속해 있다는 사실이 그렇지 않을 가능성을 신빙케 한다. 知者樂水章은 나름대로 우리의 지적 감수성에 부합해 오는 바가 있고 鳳鳥不至章 또한 봉조鳳鳥나 하도河圖가 그 시대에 가지고 있던 정확한 은유체계를 모르는 이상 역시 위작으로 분류하기는 어렵다. 그렇다면 전 열 개 편에서 순수한 위작의 의심이 있는 것은 色斯擧矣章 하나밖에 없는 셈이다. 말하자면 거의 전무에 가까운 위작률(0.4%)이다.

그러나 제11편에서 제15편에 이르는 다섯 편에서는 다소 사정이 달라진다. 여기에도 전 열 개 편과 같이 다소 윤색되거나 변형된 단편이 있지만 윤색이나 변형의 정도가 더 진전되는 특징을 보이고 있고 위작의 의혹이 있는 단편의 수도 늘어난다. 우선 윤색되거나 변형된 것으로 보이는 단편을 보자.

선진/27의 子路曾晳冉有公西華侍坐章은 일각에서 증석曾晳을 돋보이게 하기 위한 누군가의 위작으로 보기도 하지만 염유나 공서화의 대답이 다른 단편에서 볼 수 있는 그들의 개성을 비교적 적실하게 반영하고 있다는 점에서 위작으로 단정하기보다는 전해들은 자에 의

---

30) 子曰:譬如爲山,未成一簣,止,吾止也.譬如平地,雖覆一簣,進,吾往也. 9/18

하여 문학적으로 윤색된 단편으로 보는 것이 옳을 것 같다. 자로/3의 衛君待子而爲政章은 이른바 정명론正名論의 근거단편으로 크게 주목받아 왔는가 하면 다른 한편으로 법가의 손길을 탄 위작으로 의심받아 오기도 하였다. 그러나 이 단편도 법가적 입장의 가미 등 지엽적 측면에 걸쳐서 왜곡된 것은 의심할 여지가 없으나 必也正名乎라는 진술 자체를 의심하기는 어렵다는 점에서 역시 선진/27처럼 일정한 사실에 적지 않은 윤색이 가해진 경우로 보는 것이 타당할 것이다.

이러한 윤색이나 변형은 단정하기는 어려우나 비교적 긴 단편 중에서 자로/4의 樊遲請學稼章이나 헌문/17과 18, 즉 관중과 관련된 두 개 장에서도 가정해 볼 수 있다. 특히 관중과 관련된 두 단편은 팔일/22에서의 관중 평가와 크게 상반된다는 점, 공자의 말에 너무 문학적 분식粉飾이 많다는 점, 공문의 전통에서는 오패를 언급하지 않는다는 점[31] 등을 들어 그 전체를 의심해 볼 여지도 없지 않으나 판단하기가 극히 어려운 문제다.

안연/1과 2에 공통으로 보이는 ○雖不敏,請事斯語矣는 그야말로 기록자의 사족에 가까운 '구성'인 것은 사실이겠으나 이 단편을 위작으로 볼 근거는 아니라 하겠다. 자로/22의 南人有言曰章도 부정확하게 기록되었거나 기타 규명하기 어려운 어떤 사유로 의미전달에 장애가 있는 것으로 보이지만 실제 사실에 기초하고 있다는 것만은 의심할 필요가 없다.

그러나 이들 다섯 개 편에는 위작의 의혹이 큰 단편도 적지 않다. 우선 헌문/39에서 42에 이르는 네 개 장, 즉 賢者辟世章, 作者七人矣

---

31) 孟子對曰:仲尼之徒,無道桓文之事者.是以,後世無傳焉.臣未之聞也.無以則王乎.『孟子』梁惠王 董子曰:仲尼之門,五尺童子,羞稱五伯,爲其先詐力而後仁義也.『孟子集註』梁惠王

章, 子路宿於石門章, 子擊磬於衛章은 위작이라는 평결을 거의 벗어나지 못할 것이다. 作者七人矣章은 어차피 그 자체가 어불성설이니 논할 여지도 없지만 도가적 견해를 보여 주는 이들 단편은 최선의 경우에도 기록자가 떠돌아다니는 이야기를 천진하게 사실이라 믿고 채록한 것에 지나지 않는다.

선진/14의 若由也不得其死然章도 허구로 보인다. 이 단편은 자로가 위나라에서 죽기 전 공자가 "자고는 돌아올 것이나 자로는 죽을 것이다"고 했다는 『좌전』의 기록과 상통하는 것으로 결국은 자로의 죽음 뒤에 생겨난 몇 가지 풍문 중 하나일 것이다. 이 단편의 앞에 子曰이 보이지 않는 것도 어쩌면 기록자가 공자의 말이라는 확신을 가지지 못했음을 보여 주는 것인지도 모른다.

헌문/22의 陳成子弑簡公章도 역시 허구일 가능성이 높다. 이 일화가 『좌전』에 약간 더 상세하면서도 더 믿기 어려운 모습으로 기록되어 있다는 것은 이 일화가 당시 인구에 널리 회자하고 있었음을 말해 주는 것으로서 논어에 이 이야기를 기록한 자도 역시 그것을 주워들었을 것으로 보인다. 그러나 그보다 더 본질적인 것은 진성자에 대해 토벌을 건의했다는 단편의 내용이 전혀 공자의 행위답지 않다는 사실이다. 그것은 마치 공자가 사구司寇가 되어 소정묘를 죽였다는 『순자荀子』의 기록처럼 어떤 정책 내지 정치행태를 정당화하기 위해 공자의 권위를 빌려 조작되었을 것으로 보인다.

위령공/1의 衛靈公問陳於孔子章도 역시 신빙하기 어려운 장이다. 이 단편 가운데에 나오는 俎豆之事,則嘗聞之矣.軍旅之事,未之學也라는 말은 『좌전』 애공 11년조에 공문자에게 하는 말[32]로 기록되어

---

32) 胡簋之事,則嘗學之矣.甲兵之事,未之聞也.『左傳』哀公 11年

있는데 이 사실은 이 단편이 역시 다양한 모습으로 떠돌던 공자 관련 설화 중의 한 가지를 채집하여 수록한 것임을 보여 준다.

안연/9의 哀公問於有若曰章은 전통적으로 의혹의 대상이 되지 않았던 단편이지만 실제로는 위작의 의혹을 제기해 볼 만한 단편이다. 그것은 이 단편에서 애공이 마치 전제군주처럼 그려져 있기 때문이다. 애공은 당시 정책 결정에 간여할 만한 실권을 가지고 있지 않았다. 어떠한 징세방법을 쓰든 그것은 선진/18에서 보듯 계강자의 권한 사항이었다. 따라서 역사적 현실을 무시하고 마치 『맹자』에서 보는 양혜왕梁惠王과 맹자의 대화처럼 단지 욕심 많고 무소부지無所不至한 군주와 현명하고도 당당한 현자 사이의 전형적 대화를 그린 이 단편은 단정하기는 어렵지만 그를 좀 더 돋보이게 하기 위한 극적 구성일 가능성이 있다.

결국 이들 다섯 편에서 위작임이 분명하거나 위작의 의혹이 있는 단편은 모두 여덟 개로 나타나며 이는 다섯 개 편 170개 단편의 약 5%를 차지하는 것이다. 이 숫자는 비록 전 열 개 편에 비하면 증가한 수치지만 대부분의 동양 고문헌들이 겪는 엄청난 변개變改를 고려하면 오히려 양호한 편에 속한다.

그러나 이러한 사정은 제16편 이후로 오면 현저히 달라진다. 이를테면 모두 열네 개의 단편으로 구성된 계씨편은 확실하게 믿을 만한 단편이 거의 없다. 제2장인 天下有道則禮樂征伐自天子出章은 천자를 중심으로 한 봉건적 질서관을 피력한 것으로 이러한 단편은 공자에 대한 전통적이자 피상적인 이해를 더욱 조장하는 역할을 할 뿐이다. 그의 목표가 봉건질서를 재건하는 데에 있지 않았다는 사실을 분명히 하면 이 단편은 의심할 바 없는 위작이다. 또 제3장인 祿之去公室章에 나오는 공자의 말은 『좌전』 소공 25년조에 송나라 대부 악기

樂祁의 말[33] 가운데에 유사한 모습으로 출현하고 있다. 따라서 이 말은 당시 노나라의 정세를 풍자하던 말로 이미 중원 정계의 관용적慣用的인 표현이었으며 이 단편은 단지 거기에 공자를 발언자로 접목시키고 있음을 알 수 있다.

제4장에서 제10장에 걸쳐 등장하는 三友, 三樂, 三愆, 三戒, 三畏, 九思 등의 숫자가 붙은 일련의 문장도 전혀 공자의 발언이 아니다. 우선 그 도식적 표현이 공자의 표현과는 거리가 멀고 그 내용에서도 "군자를 모시는 데에 삼가야 할 점"侍於君子有三愆이나 소인이 성인 또는 대인을 알아보지 못하고 무례하게 행동하는 것을 경계하는 말이 들어 있는데 이것은 사회적, 정치적으로 대접을 받고 싶어 했던 속유俗儒들의 헛된 욕망을 표현한 것에 지나지 않는다. 이러한 점은 훗날 묵가墨家나 법가法家 등에서 속유들을 비웃고 공격하는 빌미가 되기도 했을 것이다. 따라서 내용상 명백한 하자를 보이고 있지는 않으나 공자의 발언다운 생동성도 전혀 보이고 있지 않는 제4장 益者三友章이나 제5장 益者三樂章도 공자의 실제 발언을 담고 있을 가능성은 거의 희박하다.

제9장 生而知之者上也章은 술이/21의 我非生而知之者章에서 파생된 연문衍文임에 틀림없다. 공자가 生而知之를 사실상 부인하였음에도 이를 최상급으로 분류한 것 역시 이 단편이 위작임을 입증하는 것이다. 제11장 見善如不及章도 문장 가운데에 나오는 隱居以求其志라는 발언이 전국시대의 변형된 유교나 도가사상의 편린이라는 점에서 역시 공자의 발언으로 볼 수 없다. 오직 제12장 齊景公有馬千駟章만 원래 안연/11에 후속되어 있었던 것이 어쩌다가 계씨편으로 옮

33) 政在季氏三世矣,魯君喪政四公矣.『左傳』昭公 25年

겨진 것으로 보이므로 위작의 가능성이 없다고 할 것이다.

문제는 계씨/1 季氏將伐顓臾章과 계씨/13 陳亢問於伯魚曰章의 위작 여부다. 물론 이 긴 두 개의 단편이 실제의 대화를 그대로 수록한 것일 가능성은 거의 없다. 요는 그 골격만이라도 어느 정도 사실에 기초한 것이냐 아니면 완전한 허구냐 하는 것이다. 최술은 계씨/1을 완전히 믿을 수 없는 장으로, 계씨/13을 의심이 가는 장으로 보았다. 아마 그 판단이 옳을 것이다. 최술은 계씨/1이 위작이라는 다섯 가지 이유를 들고 있다. 그 중 세 가지, 즉 자로와 염유가 동시에 계씨의 가신이 된 적이 없다는 점, 이 기사가 『좌전』 등에 전혀 언급되지 않았다는 점, 『좌전』 희공僖公 21년조에 전유顓臾나라에 대한 설명이 나오나 전유나라가 동몽주東蒙主가 되었다거나 노나라의 신하가 되었다는 말이 나오지 않는 점 등은 반론의 여지가 있을 수 있다.

그러나 공자의 말이 다른 단편에서처럼 "간단하고도 단도직입적"簡而直이지 않고 "장황하고도 우회적"繁而曲이라는 점, 자로의 성품으로 볼 때 그의 절조를 꺾고 계씨에게 아부하지는 않았을 것이라는 점 등 두 가지는 이 단편을 위작으로 볼 충분한 이유가 된다.

계씨/13 陳亢問於伯魚曰章은 양화/10을 믿을 때 전혀 근거가 없는 단편이라고 단정하기는 어려울 것이다. 다소 도식적인 전개에 의문점이 없지 않으나 최술의 시각보다는 조금 더 긍정적인 시각으로 보아도 좋을 것이다.

계씨편이 거의 믿을 수 없는 단편들로 구성된 것에 비하면 양화편은 훨씬 혼란스럽다. 그것은 믿을 만한 단편들이 훨씬 많이 눈에 띈다는 뜻이다. 이를테면 제2장인 性相近也章과 제3장인 唯上知與下愚不移章은 논어 앞부분의 어느 편에 들어가더라도 전혀 손색이 없는 단편이다. 따라서 의심할 여지가 전혀 없다. 또 제9장부터 제19장에 이르는 열한 개의 단편도 짧고도 명료한 논어 단편의 전형적 특성을 그대로 갖추고 있으며 그 중 제17장인 巧言令色章은 학이/3과 중복되는 것으로 양화편에도 신뢰할 만한 단편이 많다는 것을 보여 주는 징표처럼 보인다. 이런 사정은 제22장 이후 마지막 장인 제26장에서도 크게 달라 보이지 않는다.

그러나 제1장 陽貨欲見孔子章은 적지 아니 논란거리가 되어 왔다. 비교적 긴 양호의 일방적 발언이 곧이곧대로 기록되었다고 보기는 어렵겠지만 이 단편은 당시 수행했던 어느 종자의 보고 들은 바임을 강하게 암시하고 있다. 다시 말해서 이 단편에는 지어낸 단편만이 가지는 일련의 목적의식이 전혀 엿보이지 않으며 그 점이 역설적으로 이 단편의 진실성을 강하게 변호해 주고 있다.

그러나 제4장에서 제8장까지의 다섯 개 단편은 그 사실성에 많은 문제점이 있다. 우선 제4장인 子之武城章을 보자. 이 단편은 선명하고도 유머 감각이 넘치는 특징 때문에 많은 사람들이 자주 인용하는 단편이다. 문제는 夫子라는 칭호의 등장방법에 있다. 夫子莞爾而笑曰도 여느 단편 같으면 子莞爾而笑曰 혹은 그냥 子曰로 하는 것이 보통이다. 또 昔者偃也聞諸夫子도 공자의 제자가 공자 사후 재전제자들에게 하는 말인 昔者吾聞諸夫子의 부적절한 변형이다. 즉 이는 공자 앞에서 공자를 직접 夫子라고 부르는 전례 없는 표현법이 되어 버린 것이다. 제7장 佛肸召章에서도 반복적으로 나타나고 있는 이 부적절한 표현은 그럼에도 불구하고 昔者吾聞諸夫子라는 표현이 보편화된 이후, 그러니까 공자가 죽고도 오랜 세월이 흐른 후에 어느 누군가가 무성武城에서의 일화를 전해 듣고 기록한 것이라면 구태여 위작이라고 할 것까지는 없는 것이 아닌가 한다.

제5장 公山弗擾以費畔章에 이르면 문제는 더욱 복잡해진다. 최술

은 그의 『수사고신록』에서 이 단편이 위작임을 그 어느 단편보다 힘주어 강조하고 있다. 『좌전』에 의하면 비읍의 성을 허물고자 하는 자로의 계획에 항거하여 공산불요가 비읍 사람들을 거느리고 노나라 도읍을 침략하였을 때 공자는 사람들로 하여금 이에 맞서 싸우게 하였다. 따라서 공자가 그의 부름에 응했다는 것은 있을 수 없다는 것이 최술이 이 단편을 위작으로 보는 가장 큰 이유다.

그러나 畔은 원칙적으로 배반을 의미하며 그 의미 영역은 단순한 적의를 품는 것에서 실제 모반에 이르기까지 폭넓게 걸쳐져 있다. 그 점에서 본다면 노도魯都를 기습한 것만을 畔이라 볼 수는 없으며 오히려 그것은 장소적으로도 以費畔과는 거리가 있는 것이다. 그렇다면 畔은 이 노도 기습보다 7년 전에 있었던 사건, 즉 양호가 계씨가의 가신이었던 중량회仲梁懷를 내쫓으려 했을 때 공산불뉴가 일단 반대했다가 중량회로부터 모욕을 당하고 나서 양호로 하여금 그 축출 계획을 다시 추진토록 한 것을 의미할 수도 있다. 같은 해 양호가 계환자를 구금하고 정변을 일으키자 공산불뉴는 비읍의 읍재로서 이 새 권력에 대한 지지 세력이 되었다.

『좌전』은 "계오, 공서극, 공산불뉴는 모두 계씨의 신임을 얻지 못하였고 숙손첩은 숙손씨로부터 총애를 받지 못하였으며 숙중지는 노나라 사람들의 신뢰를 받지 못하였다. 그리하여 이들 다섯은 양호에게 붙어 있었다"[34]고 기록하고 있다. 따라서 공산불뉴의 以費畔이라 함은 정공 5년 양호에 의한 정변 시부터 공산불뉴가 제나라로 달아난 정공12년까지를 포괄적으로 지칭한다고 할 것이다. 따라서 그

---

34) 季寤公鉏極公山不狃皆不得志於季氏,叔孫輒無寵於叔孫氏,叔仲志不得志於魯,故五人因陽虎.『左傳』定公 8年

가 공자를 부른 것은 이 기간 중 어떤 시점이었을 것으로 보인다. 양호도 공자의 정치 참여를 권유할 정도였으니 그 동조 세력이자 양호에 비하면 애국심도 강하고 신의의 관념도 있었던 공산불뉴가 공자를 부른 것은 충분히 있을 수 있는 일이었다. 오히려 공자의 대답 중 "내가 그곳을 동방의 주나라로 만들겠다"고 한 것이 다소 공자답지 않은 자만처럼 보이기는 하지만 그럼에도 불구하고 이 단편은 그 골격에 있어서 위작이라고 단정할 만한 뚜렷한 근거가 없는 단편이다.

제6장 子張問仁於孔子章도 몇 가지 의혹을 걸어 볼 만한 부분들이 눈에 띈다. 孔子라는 호칭도 그렇고 五者라는 숫자도 그렇고 請問之라는 도식적 구성도 그렇다. 그러나 이들 모두는 恭則不侮에서부터 惠則足以使人에 이르는 다섯 가지 교훈을 비교적 뒤늦게 단편의 모습으로 재구성하는 과정에서 빚어진 불가피한 하자로 보인다. 특히 이 다섯 가지 교훈은 요왈/1의 말미에 다소 변형된 모습으로 재수록되어 있는 것을 볼 때 역시 오랫동안 전해지던 초기의 기록이 논어의 추록 과정에서 두 번에 걸쳐 제가끔 수록된 것이라 할 것이다.

제7장인 佛肸召章 역시 논란이 무성한 단편이다. 昔者由也聞諸夫子라는 표현이 다소 문제가 되는 것은 제4장에서와 같다. 보다 치열한 논란은 과연 필힐이 공자를 불렀고 공자가 가고자 했을 것인가 하는 것이다. 필힐이 중모中牟에서 반역했다는 것에 관하여는 공산불뉴의 경우보다 더 기록이 남아 있지 않다. 『좌전』 애공 5년조에 "여름에 조앙趙鞅이 위나라를 쳤다. 이는 위나라가 범씨를 도왔기 때문이다. 그 기회에 중모를 포위했다"[35]는 기록이 건질 수 있는 유일한 기록이다. 그렇다면 필힐은 그 이전부터 오랫동안 중모에서 조간자에

35) 夏,趙鞅伐衛,范氏之故也.遂圍中牟.『左傳』哀公 5年

대해 반기를 들고 범중행과 연대하여 독자 노선을 걷고 있었는지도 모른다.

만약 필힐이 공자를 불렀다면 그 즈음, 즉 공자가 노나라를 떠나 위나라에 머무르고 있던, 공자의 나이 56세 전후의 시기였을 것으로 보인다. 또 필힐이 불렀다면 그가 노나라를 떠나 외유길(혹은 정치적 망명길)에 올랐다는 것을 전해 듣고 그를 초빙한 것인지도 모른다. 그렇다면 전후사정상 이 단편은 제법 그럴 법한 측면을 지니고 있다. 따라서 의심할 수는 있겠으나 위작이라고 단정할 근거는 역시 없다.[36] 공자가 그런 난신적자亂臣賊子의 부름에 응했다는 것은 결단코 있을 수 없는 일이라고 최술이 애써 그 사실성을 부인하는 것은 춘추 말기의 사회에서 畔이 가지는 의미를 너무 봉건적 질서에 입각하여 부정적으로만 평가하였기 때문이라 생각한다.

제8장 六言六蔽章에는 居,吾語女라는 문구가 등장하는데 이는 논어 이외의 잡다한 위작 문헌들에 전형적으로 등장하는 문구다.[37] 따라서 위작의 의혹이 큰 것은 사실이다. 그러나 好仁不好學,其蔽也愚 등 여섯 가지 지적은 그 일부(최소한 好勇不好學,其蔽也亂)에 걸쳐서나마 실제 발언일 가능성이 있다. 따라서 전반적으로는 조작되었을지라도 그 내용에는 약간의 신뢰를 남겨 둘 필요는 있다고 본다.

---

36) 중모(中牟)에서의 반(畔)은 공자 사후에도 있었던 것 같은데 이에 관한 몇몇 기록을 근거로 필힐의 반역이 공자 사후의 일이고 따라서 이 단편은 위작이라는 주장도 있다. 그러나 중모는 공자의 생전과 사후에 걸쳐 수십 년간 지속적 또는 단속적으로 일련의 반조씨(反趙氏) 노선을 취했기 때문에 공자 사후에 중모에서 반역이 있었다는 사실만으로는 필힐의 부름이 공자 사후였다고 단정할 수 없다. 실제 필힐의 이름을 구체적으로 거명하며 그의 반역이 공자 사후인 조양자(趙襄子) 때에 있었다고 기록하고 있는 유일한 전거는 유향(劉向)의 『열녀전(烈女傳)』인데 이 자료는 필힐의 어머니에 관한 전설 같은 이야기를 수록하고 있다는 점에서 역사적 판단에 인용할 만큼 신빙성 있는 자료는 아니다.

37) 이를테면 『효경』 개종명의장(開宗明誼章)에 나오는 復坐,吾語女 따위.

제20장 孺悲欲見孔子章은 그 외양이나 기록 의도로 볼 때 제1장 陽貨欲見孔子章과 유사하다.

유비孺悲는 한때 애공의 명을 받아 공자로부터 사상례士喪禮를 배워 갔다는 기록이 『예기』 잡기雜記 하편에 있기는 하지만 왜 공자가 그를 기피했는지는 알 수가 없다. 추측컨대 그는 당시 모종의 불의한 일에 가담하고 있었을 것으로 본다. 그렇다면 이 단편도 제1장과 마찬가지로 어느 정도 사실에 기초한 전문이 채록된 것이 아닌가 한다.

제21장 宰我問三年之喪章은 그 형식이나 내용 모두에 걸쳐 위작의 의혹이 있다. 구구하게 멋을 부린 문장도 논어의 일반적인 표현과는 거리가 멀지만 삼년상이라는 상례의 형식적 측면을 두고 자식이 부모의 품을 면하는 데에 3년이 걸리기 때문에 삼년상이 마땅하다고 하는 논리는 전혀 공자다운 논증법이 아니다. 따라서 이는 공자 사후 형식적으로 전개된 예법 논쟁에서 삼년상 옹호자들이 천덕꾸러기 재아를 등장시켜 지어낸 위작임이 분명해 보인다.

이렇게 볼 때 양화편은 명백한 위작이 하나밖에 없는, 비교적 신빙성이 높은 편이라 할 수 있다.

미자편은 제1,2,8장을 제외하고는 모두 신빙하기 어려운 단편들이다. 제3장 齊景公待孔子曰章이나 제4장 齊人歸女樂章은 모두 뜬소문을 수집한 것에 지나지 않고 제5,6,7장도 떠도는 도가적 설화를 수집한 것에 불과하다.

자장편은 모두 제자들의 말을 수집한 것이기 때문에 그 내용은 비록 빈약하지만 위작이라고 볼 만한 단편은 전혀 없다.

마지막 요왈편은 대체로 약간의 실제 단편들을 중심으로 다소 변형하거나 부연하여 구성한 것들이다. 요왈/1의 말미는 양화/6의 변형이라 할 것이고 요왈/2는 역시 이곳저곳에 전해지던 일부 단편들을 조합하고 살을 붙여 하나의 단편으로 조작한 것이다. 요왈/3 역시 전혀 근거 없는 것은 아니되 그 전부를 실제 발언이라고 보기는 어려운 단편이다.

그렇다면 마지막 다섯 개 편은 일률적이지 않아 양화편과 자장편은 사실이거나 최소한 사실에 기초한 단편이 많고 계씨편과 미자편, 요왈편은 대부분 위작이거나 전문傳聞 내지 정착 과정을 통하여 변형되거나 왜곡된 단편이 많다 할 것이다. 위작 또는 위작의 의심이 가는 단편도 정확히 가려내기는 어렵지만 최소한으로 잡아도 대략 다섯 개 편 79개 단편 중 17개 단편으로서 22%의 위작률을 보이고 있다. 거기에서 자장편을 제외하면 31%라는 위작률이 나오고 변형, 왜곡된 단편까지 합치면 거의 절반 수준에 이르러 논어 말미의 선명도를 크게 떨어뜨리고 있다.

지금까지의 논의는 아마 논어 단편의 신뢰도에 관한 가장 가혹한 평결처럼 여겨질지도 모르겠다. 그러나 솔직히 말한다면 사실이 아니거나 왜곡이 심한 단편의 수는 지금까지 지적한 것보다 실제로는 더 많을 것이다. 다만 우리가 그것을 명확히 가리는 데에 주관적으로나 객관적으로 한계가 있을 뿐이다. 따라서 이러한 작업은 앞으로도 그 한계를 극소화하는 방향으로 더욱 치밀하게 수행할 필요가 있을 것이다.

지난날 모든 논어 단편을 거의 다 실제라는 전제하에서 해석하고 평가해 온 것은 논어의 진실에 접근하는 데에 큰 걸림돌이 되었다. 논어에서 옥석을 구분하는 일은 결코 논어의 권위를 해치는 것이 아니다. 오히려 그것은 논어에 그 본래의 권위를 찾아 주는 일이며 논어가 가진 진실의 윤곽을 더욱 선명히 하는 일이다. 이 점에서 논어 단편의 위작 여부를 보다 과학적인 안목에서 비판적으로 검토하는 일부 서양 논어학자들의 연구 태도와 연구 성과는 좀 더 주목할 필요가 있을 것으로 보인다.

지금까지 검토한 내용을 종합하여 정리하면 다음과 같다.

가. 실제 사실이 아니거나 아닐 가능성이 큰 단편

제1편～제10편

10/28 色斯擧矣章

제11편～제15편

11/13 若由也不得其死然章

12/9 哀公問於有若日章

14/22 陳成子弒簡公章

14/39 賢者辟世章

14/40 作者七人矣章

14/41 子路宿於石門章

14/42 子擊磬於衛章

15/1 衛靈公問陳於孔子章

제16편～제20편

16/1 季氏將伐顓臾章

16/2 天下有道則禮樂征伐自天子出章

16/3 祿之去公室章

16/4 益者三友章

16/5 益者三樂章

16/6 侍於君子有三愆章

16/7 君子有三戒章

16/8 君子有三畏章

16/9 生而知之者章

16/10 君子有九思章

16/11 見善如不及章

17/21 宰我問三年之喪章

18/3 齊景公待孔子曰章

18/4 齊人歸女樂章

18/5 楚狂接輿歌而過孔子曰章

18/6 長沮桀溺耦而耕章

18/7 子路從而後章

나. 실제 사실에 어느 정도 근거하고 있다고 보이나 중요 부분에 윤색이나 가필, 왜곡이 있는 단편

제1편~제10편

6/2 哀公問弟子孰爲好學章

7/24 天生德於予章

8/21 舜有臣五人而天下治章

제11편~제15편

11/27 子路曾皙冉有公西華侍坐章

13/3 衛君待子而爲政章

13/28 何如斯可謂之士矣章

제16편~제20편

16/13 陳亢問於伯魚曰章

17/5 公山弗擾以費畔章

17/8 六言六蔽章

20/1 咨爾舜章-寬則得衆 以下

20/2 子張問於孔子曰章

20/3 不知命無以爲君子也章

3. 논어의 성립 경위

논어의 성립 경위, 즉 논어는 누가, 왜 그리고 어떤 경로로 성립되었는가 하는 문제는 논어 단편에 대한 직접적 이해를 보완하고 지원하는 매우 중요한 과제다. 그러나 아쉽게도 논어가 어떻게 태어나게 되었는지에 대해서는 분명한 역사의 기록이 남아 있지 않다. 약간의 옛 기록은 역시 추정한 것으로 보인다.

> 논어라는 것은 공자가 제자들이나 당시 사람들과 응답한 것, 그리고 제자들 상호간에 한 말과 스승으로부터 직접 들은 말들이다. 당시 제자들이 각자 기록하여 놓은 것이 있었는데 스승이 돌아가시자 문인들이 서로 함께 모아서 논하여 편찬한 고로 논어라 이르게 되었다.
>
> 論語者,孔子應答弟子時人及弟子相與言而接聞於夫子之語也.當時弟子各有所記.夫子旣卒,門人相與輯而論篹,故謂之論語.『漢書』藝文志, 六藝略

이러한 추정은 논어 주석가들도 저마다 시도해 보았지만 완전한 결론에 이르지는 못하였다. 또 그것은 앞으로도 끊임없이 시도되겠지만 결코 논어 성립과정의 전모를 아무런 내적 모순이나 의혹 없이 복원하지는 못할 것이다. 여기에서 논어 성립과정을 다시 한번 추적해 보는 것도 역시 이러한 한계 안에서 움직일 수밖에 없다. 여러 가지 가설이 설정되고 검증되겠지만 결론은 언제나 다소간의 가정에 근거하거나 단편적인 분야에 국한될 것이다.

그러나 전모를 남김없이 복원하겠다는 무리한 욕심만 부리지 않는다면 이 성립 경위에 대한 세심한 관찰은 제한된 범위 내에서나마 논어 단편에 대한 직접적 이해를 도와주고 보완해 줄 수는 있을 것이다. 여기에 논어의 성립 경위를 살펴보는 실익이 있다.

논어의 성립 경위를 추적하기 위한 첫 단계로서 우리는 지금은 전해지지 않고 있는 삼론三論, 즉 노론魯論, 제론齊論, 고론古論에 대한 잔존한 기록들을 살펴볼 필요가 있다. 왜냐하면 이 기록들은 논어의 옛 모습에 관한 가장 오래된 증언들을 포함하고 있기 때문이다. 우선 노나라 지방에 유포되어 있었다고 하는 노론魯論에 대한 기록은 다음과 같다.

> 노나라 사람들이 인용한 바 논어를 일컬어 노논어魯論語라 하는데 20개편이 있었고 제목과 편차가 오늘날의 것과 같았다.
>
> 魯人所引論語謂之魯論語,則有二十篇.如今之題目次第也.『論語義疏』

노론이 현재의 논어와 가장 근접한 외양을 가지고 있었다는 것은 그것이 현재의 논어를 만드는 데에 주된 대본이었기 때문이며 내용 또한 현재의 논어에 가장 근접했을 것으로 보인다.

제나라 지방에 유포되어 있던 제론齊論은 모두 22편으로서 노론보다 문왕問王, 지도知道라 불리는 두 편이 더 많았고 20편 중의 장구章句도 노론보다 제법 많았다고 한다.[38]

> 마찬가지로 제자들이 기록한 것인데 제나라 사람들이 배웠으므로 일컬

38) 齊論語二十二篇.其二十篇中章句頗多於魯論.『論語集解』

어 제론齊論이라 하였다. 여러 대를 전하여 오는 과정에서 혼란을 겪느라 드디어 두 편이 더 많아진 것이다. 그 중 20개 편도 비록 노론의 옛 편제와 같았지만 편중의 세부 장章과 문구는 역시 노론보다 많았다. 또한 말하기를 제론이란 제나라 사람들이 인용한 바 논어를 일컬어 제론이라 하는데 제론은 그 중 앞부분 20편은 제목이나 편차가 노론과 다르지 않았고 학이學而편만 시습時習편이라 하였다.

猶是弟子所記,而爲齊人所學,故謂爲齊論也.旣傳之異代,又經昏亂,遂長有二篇也.其二十篇雖與魯舊篇同,而篇中細章文句,亦多於魯論也.又曰,齊論者齊人所引論語謂之齊論.齊論則其中二十篇前,題目次第與魯論不殊,以學而爲時習也.『論語義疏』

다만 노론에 없다는 문왕問王, 지도知道 두 편은 근거 없는 위작들로 구성된 편으로 보는 것이 일반적이나 "사구辭句가 노론과는 역시 약간 차이가 있다"[39]고 한 『논어의소』의 한 구절에 이르면 노론에도 있는 몇몇 단편들이 별도의 편을 구성하고 있었을 가능성이 암시되고 있어 적잖게 혼란스럽다.

마지막으로 고론古論은 한경제漢景帝 때 경제의 아들로서 옛 노나라 땅에 봉해진 노공왕魯恭王이 자신의 궁궐을 넓히고자 인근에 있던 공자의 구택舊宅을 허물었을 때 그 벽 속에서 『효경孝經』, 『상서尙書』, 『예기禮記』 등과 함께 나왔다는 판본이다. 금문今文으로 쓰인 노론, 제론과는 달리 고문古文, 科斗文字으로 씌어져 있어서 고론이라 불리게 되었는데, 총 21편으로서 노론의 요왈편 제2장 子張問於孔子曰 이하를

39) 旣有三論,文皆不同.齊論長有二篇,一曰問王,二曰知道,是多魯論二篇也.又曰,齊論下章有問王知道二篇,二篇內辭句與魯論亦微異也.『論語義疏』

자장편이라는 별도의 편으로 하여 제19편의 자장편과 함께 자장편이 두 개였다. 나머지 편은 그 명칭이 노론과 다르지 않았지만 순서는 크게 달랐고 내용도 뒤섞임이 심했다. 황간皇侃이 적고 있는 고론의 특징은 다음과 같다.

> 고론은 자장편이 하나 더 많아 모두 21편이다. 또한 말하기를 공안국의 주가 있는데 배워 전하는 자가 없었으며 편의 순서는 제론이나 노론과 같지 않았다. 고문은 모두 21편으로 순서가 크게 달라 향당편이 제2편으로, 옹야편이 제3편으로 되어 있으며 각 편에서도 문구가 크게 뒤섞여 있어 미자편에는 교언장巧言章이 없고, 자한편에는 주충신장主忠信章이 없고, 헌문편에는 공자치기언장孔子恥其言章이 없고, 술이편에는 어시일곡즉불가불식어상측장於是日哭則不歌不食於喪側章이 없고, 향당편에는 색사거의산량자치시재자로공지삼후이입작色斯擧矣山梁雌雉時哉子路共之三嗅而立作이라는 문구가 없었으며 그 외에도 심히 많은 차이가 있었다.
>
> 古論旣分長一子張,故凡成二十一篇也.又曰,有孔安注,無傳學,篇次第不如齊魯同,古文凡二十一篇,而次第大不同,以鄕黨爲第二,以雍也爲第三,二十篇而內,辭句亦大倒錯,其微子篇無巧言章,子罕篇無主忠信章,憲問篇無君子恥其言章,述而篇無於是日哭則不歌不食於喪側章,鄕黨篇無色斯擧矣山梁雌雉時哉子路共之三嗅而立作文,其餘甚多也.『論語義疏』

이상의 설명을 미시적으로만 보면 노론, 제론, 고론은 상호 차이가 많았던 것처럼 보이지만 거시적으로 보았을 때에는 차이점보다 오히려 유사점이 더 많았다는 사실을 역설적으로 인증해 주고 있다. 우선 편명이 같았다는 사실은 각 편의 제1장이 서로 같았다는 사실과 함께 편의 구분이 이미 동일하게 이루어져 있었음을 의미한다. 이는 이 삼론 이전에 삼론의 토대가 된 단일 판본이 있었다는 사실을 시사하는 것이며, 삼론은 바로 그 판본의 세 갈래 변종이었음을 말해 준다. 짐작컨대 그 단일 판본은 역시 노론과 가장 유사하였을 것이다.

고론이 고문으로 지어져 있었다는 점, 분서焚書 이전에 벽중에 갈무리되었다는 이유 때문에 어쩌면 선진先秦시대의 단일 판본으로서 이 단일 판본에 가장 가까웠던 것이 아닌가 하는 추측은 별로 신빙성이 없어 보인다. 그것은 고론에 나오지 않았다는 저 다섯 개 장이 대부분 약간의 문제점을 지닌 장이라는 점에서 유추할 수 있다. 우선 양화편[40]의 巧言章과 자한편의 主忠信章은 각각 학이편 제3장, 제8장과 중복되는 장이고 헌문편의 孔子恥其言章은 문장의 해석을 둘러싸고 예로부터 원문에 어딘가 이상이 있는 것처럼 오해되어 온 장이며, 술이편의 두 개 장은 예외적으로 향당편의 단편과 유사한 단편이라는 점에서 문제점이 지적되어 왔고, 향당편의 色斯擧矣章은 그 해석도 난해하지만 위작의 의문이 있는 장으로 알려져 왔다.

따라서 고론은 이처럼 문제점이 있어 보이는 장을 적절히 삭제하거나 변형한 판본으로서 오히려 노론이나 제론보다 최초 단일 판본의 모습을 덜 보유하고 있었던 것으로 여겨진다. 뿐만 아니라 요왈편을 두 개의 편으로 나누었다고 한 것도 고론이 더 나중의 판본임을 말해 준다. 일반적으로 고대 전적은 손길을 탈 때마다 편이 나누어지는 것이 관례이지 합쳐지는 경우는 흔치 않기 때문이다. 따라서 고론이 고문으로 쓰여 있어서 더 옛 모습을 갖춘 판본일 것이라는 막연한 짐작은 잘못된 것이다.

---

40) 『논어의소(論語義疏)』에서 "미자편에는 교언장(巧言章)이 없었다"(微子篇無巧言章)고 한 기록 중 미자편은 양화편의 착오로 보인다.

그럼에도 불구하고 『경전석문經典釋文』에 "정현鄭玄은 주씨周氏의 판본을 교정하였는데 제론과 고론을 대조하여 바로 읽은 것이 무릇 50건에 이른다"[41]는 기록이 나오고 실제 傳不習(1/4), 崔子(5/19), 吾未嘗無誨焉(7/7), 仍舊貫(11/15), 好行小慧(15/17) 등은 모두 노론에 專不習, 高子, 吾未嘗無悔焉, 仁舊貫, 好行小惠로 되어 있던 것을 고론을 참고하여 교정한 것이라 하는데 『경전석문』에 소개된 것만 모두 24개에 이르고 있다.[42]

그러나 이러한 사실은 곧바로 고론이 노론에 비해 더 원형에 가까운 판본이었음을 입증하는 것은 아니다. 정현은 "노론의 장우張禹, 포함包咸, 주씨周氏의 편장篇章에 나아가 제론, 고론을 참고하여 주를 달았다"[43]고 하는 만큼 고론과 대조하여 노론의 자구가 잘못되었다고 여겨진 경우에는 고론의 자구를 따랐음을 주기注記할 필요가 있었지만 그 반대로 오히려 고론의 자구가 잘못되어 그것을 따르지 않았을 경우에는 구태여 언급할 필요조차 없었을 것이다.

"고론이 제론, 노론과 서로 다른 글자가 4백여 자나 된다"는 『신론新論』의 기록에 의하면 고론을 따르지 않고 노론을 따른 글자가 오히려 더 많았을 것이라는 역설적 결론에 이른다. 따라서 고론이 반드시

---

41) 鄭校周之本,以齊古正讀,凡五十事. 『經典釋文』

42) 『경전석문』은 이러한 교정이 고론과 제론을 참조하여 이루어졌다고 기술하고 있으나 실제 음의(音義)에서 소개한 24건은 모두 고론을 참조한 것(魯讀A爲B,今從古)이다. 제론은 자구 교정에 거의 참고가 되지 않은 듯하다. 이는 정현이 대본으로 삼은 노론이 이미 장우에 의해 보완된 장후론(張候論)이기 때문에 새삼스럽게 제론을 참고할 필요가 없었고 따라서 이때에 제론은 이미 없어졌거나 있었다 해도 거의 존재 의의를 상실하고 있었을 것으로 보인다. 또 수정된 사례가 『경전석문(經典釋文)』 서문에 50건이라 하고도 24건만 소개된 것은 실제는 50건에 이르지만 육덕명(陸德明)이 『경전석문』을 지을 때 인용한 것, 혹은 인용할 수 있었던 것이 24건에 불과했기 때문으로 보인다.

43) 鄭玄就魯論張包周之篇章,考之齊古,爲之注. 『經典釋文』

원본에 가까운 판본이어서 단지 편차만 노론의 것을 취하고 문구는 모두 고론의 표현을 취하였다고 볼 수는 없는 것이다. 실제 고론을 따라 수정한 것으로 밝혀져 있는 24개의 사례 중 적어도 네 개의 사례는 차라리 노론의 표현을 따르는 것이 옳았을 것으로 여겨진다.[44]

어쨌든 분명히 가정할 수 있는 선진시대의 단일 판본에 대해서는 그 내용이나 형성 경위가 전혀 알려져 있지 않다. 노론과 본질적으로는 큰 차이가 없는 고론이 발견된 것이 노공왕魯共王(B.C. 128년 사망) 때이고 그것이 진秦의 분서焚書(B.C. 213~B.C. 212)를 피하기 위해 공자의 집 벽 속에 은닉되어 있었던 것이라면 이 단일 판본은 늦어도 진秦에 의한 통일 이전에 이미 현재의 모습에 가까운 모습으로 편집되어 있었다고 할 것이다. 우리가 오늘날의 논어 구성을 통해 추적해 보고자 하는 것은 바로 이 선진시대의 단일 판본, 다시 말해서 최초 논어의 편집 경위다.

그러면 최초의 논어는 누구에 의해 어떤 경로로 편집되었을까? 여기에 대해서는 준거할 만한 옛 기록이 거의 없고 있는 것도 대부분 단편적인 추측에 지나지 않는다. 따라서 설득력 있는 가정과 객관적 증거들을 통해 그 경로를 복원하는 일은 항상 열려 있는 작업이 된다.

우선 채록採錄의 시기가 언제였을까 하는 것부터 검토해 볼 필요가 있다. 그 중 가장 먼저 가정할 수 있는 것은 공자의 생전에 이미 광범위하게 그의 말씀이 채록되고 있었을 가능성이다. 실제 논어에는 그럴 가능성을 강하게 암시하는 단편이 있으니 위령공/6에서 "자장이

---

44) 네 개의 문구는 다음과 같다.
五十以學易(7/18) : 노론은 易이 亦으로 되어 있다.
正唯弟子不能學也(7/35) : 노론은 正이 誠으로 되어 있다.
雖蔬食菜羹瓜祭(10/11) : 노론은 瓜가 必로 되어 있다.
歸孔子豚(17/1) : 노론은 歸가 饋로 되어 있다.

그 말씀을 띠에 적었다"[45]고 하는 기록이 바로 그것이다. 물론 자장이 공자의 말을 띠에다 기록한 것은 그 말을 남에게 전하거나 후세에 남기기 위한 것이라기보다 항상 그 말을 목전에 두고 실천하려는 의지의 표현이었지만 이러한 생전의 기록은 비단 그런 경우에만 그치지 않았을 것으로 보인다.

이를테면 양화/19에서 공자가 "나는 아무 말도 하고 싶지 않다"고 했을 때 자공子貢이 "선생님께서 만약 아무 말씀도 하지 않으시면 저희들은 무엇을 전술傳述하겠습니까?"[46] 하고 말한 데에서도 우리는 스승의 얘기를 생전에 이미 제자들이 광범위하게 기록해 두었을 가능성을 엿보게 되는 것이다. 그것은 공자에 대한 제자들의 존경과 기대가 일반적인 사제 관계에서 볼 수 있는 그것을 현저히 뛰어넘는 아주 특별한 것이었다는 데에서도 충분히 상정해 볼 수 있는 일이다. 논어가 다른 많은 역사적 저술과는 달리 비교적 발언자의 육성을 생생히 남기고 있는 것도 모르기는 하지만 이처럼 즉시 기록된 단편이 많기 때문으로 보인다. 『한서』 예문지나 『수서』 경적지도 비록 추측으로 보이지만 논어 단편을 원칙적으로 공자 생전에 기록된 것으로 보고 있다.[47]

생전의 기록은 어쩌면 공자가 노나라를 떠나 이방을 전전하고 다니던 12년 동안 노나라에 남아 있던 제자들에 의해 부분적으로 시도되었을 가능성도 있다. 공자가 돌아온다는 보장도 없던 당시의 여건

---

45) 子張問行.子曰:言忠信,行篤敬,雖蠻貊之邦行矣.言不忠信,行不篤敬,雖洲里行乎哉?立則見其參於前也,在輿則見其倚於衡也,夫然後行.子張書諸紳. 15/6

46) 子曰:予欲無言.子貢曰:子如不言,則小子何述焉?子曰:天何言哉?四時行焉,百物生焉,天何言哉? 17/19

47) 當時弟子各有所記.『漢書』藝文志
或書之於紳,或事之無厭.仲尼旣沒,遂緝而論之,謂之論語.『隋書』經籍志

으로 볼 때 젊은이들은 그들의 감수성에 강한 영향력을 발휘했던 스승을 잊지 못하였을 것이고, 그것은 아마 가장 최초의, 또 가장 원시적인 모습의 논어를 만들어 내었을 공산이 크다.

그러나 어떤 것은 오랜 세월이 경과된 후 기억을 되살려 기록한 것도 있을 것이고 여러 단계의 전문傳聞 과정을 거쳐 기록된 것도 있을 것이다. 그 중 기억이 생생하거나 와전되지 않은 것은 아마 즉시 기록된 것과 구별되지 못할 것이다. 그러나 어떤 단편은 기억을 되살리거나 전달되는 과정에서 용어나 문맥에서 다소간의 오차가 발생하거나 크게 변형되는 것도 피할 수 없었을 것이다. 그 한 예로 "하늘이 나에게 덕을 내셨는데 환퇴桓魋가 나를 어찌하겠느냐?"[48] 하는 말은 전혀 공자답지 않고 문맥도 통하지 않는다는 점에서 바로 부실한 기억에서 비롯된 단편의 대표적 사례라 할 것이다. 어쨌든 오늘날 공자의 육성임을 부인할 수 없는 대부분의 단편들은 바로 이 두 경로를 통해 남겨진 것이라 하겠다.

그러면 말씀의 채록에 간여한 사람들은 구체적으로 누구였을까? 우선 공자의 당대 제자들을 생각할 수 있다. 이들이 없었다면 공자의 언행은 결코 보존되지 못했을 것이므로 그들은 논어 편집에서 가장 중요한 역할을 하였을 것이다. 그러나 3대 제자라 할 수 있는 자공, 자로, 안연 중 자로와 안연은 채록 단계에도 참여하지 못하였음이 분명해 보인다. 자로는 논어에서 가장 많은 관련 단편을 남기고 있고 안연도 결코 만만치 않은 숫자의 단편에 이름을 보이고 있지만 그 모두는 제3자에 의해 목격되거나 청취되었다가 기록된 것이다. 두 사람은 모두 공자보다 먼저 세상을 떠났기 때문이다.

---

48) 子曰:天生德於予,桓魋其如予何! 7/24

그러나 자공의 경우는 그렇지 않았다. 사실 자공은 공자와 가장 가까운 위치에서 가장 많은 이야기를 들을 수 있었던 사람이었으며 실제 공자는 마음속 깊숙한 이야기를 어느 누구보다 빈번히 자공과 더불어 나누고 있다. 이를테면 양화/17의 予欲無言章이 그렇고 공야장/9나 선진/17에서 안연, 자장, 자하 등의 제자들을 둘러싸고 인물평가에 관한 이야기를 나누고 있는 것도 그렇다. 이러한 이야기들은 다른 제3자가 그 대화를 지켜보고 있다가 기록한 것일 가능성은 거의 없어 보이며 자공 자신이 논어 채록에 직접 간여하지 않았다면 결코 기록될 수 없었을 것이다. 자공은 그 이외에도 자신의 이름이 포함되지 않은 많은 단편에 걸쳐서 가장 중요한 자료 제공자였을 것으로 보인다.

그럼에도 불구하고 역대의 수많은 논어 연구자들이 논어 채록의 주역으로 자공을 거의 주목하지 않고 유자나 증자, 자하 혹은 원헌 등에만 시선을 주어 온 것은 기이한 현상이 아닐 수 없다. 유자나 증자에 시선을 주는 것은 그들만이 존칭으로 불리고 있다는 데에 근거하고 원헌 등에 시선을 주는 것은 헌문편 제1장에서 그가 이름만으로 지칭되고 있다는 사실에 근거한다.

그러나 자공에 시선을 주는 것은 그런 어쭙잖은 증거들에 근거하는 것이 아니라 논어 단편을 관류하는 하나의 '강력한 암시'에 근거한다. 이를테면 안연과 관련된 단편, 자로와 관련된 단편, 기타 "자왈"子曰로 시작하는 단편들 중 상당량이 자공의 기억에서 나왔을 것이라는 가정은 단순한 가정이 아니라 자공의 인간성과 현존 단편의 선정과 기록에 남아 있는 감수성이 너무나도 일치한다는 심증에 근거하는 것이다. 이를테면 위정/9의 吾與回言章이나 위정/17의 由誨女知之乎章, 팔일/24의 儀封人請見章 등은 그 상황을 보고, 듣고 기록한 자가 바로 자공일 것이라는 강력한 느낌을 안겨 주는데 그것은 어떤 논리라기보다는 거부하기 어려운 직감이다. 따라서 결코 증명할 수도 없지만 강력히 암시되는 것이 논어 채록에 관한 그의 몫이다.

증자曾子 역시 중요한 자료 제공자였을 것이다. 학이편 제4장에는 傳不習乎, 즉 "이어받은 가르침을 아니 익히지는 않았던가?" 하는 증자의 말이 나오는데 이 말에서 傳은 논어라는 명칭이 출현하기 전까지 일련의 공자 어록을 지칭하는 말이었다. 따라서 학이/4의 傳이 바로 그 傳을 의미한다면 당시의 증자는 그 자신만의 수집이든 다른 제자들과의 공동 수집이든 이미 일단의 어록을 가지고 있었다고 볼 수 있다. 이를테면 학이편의 단순 자왈형子曰形 단편은 어딘가 모르게 증자의 채록이라는 느낌을 주고 있는데 그것은 증자에게서만 느낄 수 있는 엄숙주의와 자기연마 그리고 구도 정신이 그들 단편에서 집중적으로 느껴지기 때문이다. 증자는 문도들을 거느리고 있었고 또 문도들에게 자신의 어록을 전수하였을 것이며 이 문도들은 논어 편집의 중요한 구성원이 되었을 것이다.

논어에는 증자를 스승의 반열에 올려놓고 독립적으로 그의 말씀을 기록한 단편이 학이, 태백, 자장 등 다섯 개 편에 걸쳐 자그마치 열여섯 개나 보이고 있다. 이 숫자는 공자의 경우를 제외하고는 가장 많은 숫자가 된다. 따라서 그는 역시 적지 않은 자왈형 단편의 자료 제공자였을 것이다. 논어에는 실제 吾聞諸夫子, 즉 "내가 선생님께 이렇게 들었다" 하는 증자의 말이 들어 있는 두 개의 단편[49]이 나오고 있다.

---

49) 曾子曰:吾聞諸夫子,人未有自致者也,必也親喪乎. 19/17
曾子曰:吾聞諸夫子,孟莊子之孝也,其他可能也.其不改父之臣與父之政,是難能也. 19/18

유자有子의 역할은 다소 불분명해 보인다. 논어에는 공자와 유자의 대화가 한 번도 나오지 않고 단지 유자의 말만 네 개 단편에 걸쳐 나오고 있다. 그의 역할이 증자에 준한 역할이었다 하더라도 여러 가지 정황으로 미루어 볼 때 증자에 비해 자료 제공자로서의 역할은 크지 않았을 것으로 보인다.

정자程子는 논어에서 오직 증자와 유자에 대해서만이 자子를 붙여 호칭하였다는 이유로 논어가 유자와 증자의 문인들에 의해 이루어졌다고 단정했고 주자도 그의 설을 인용했다.[50] 그러나 논어에서 자子를 붙여 호칭한 예는 두 사람 외에 염유冉有와 민자건閔子騫의 경우도 각각 한 번씩의 사례[51]를 보이고 있을 뿐 아니라 두 사람에 대한 존칭이 곧 바로 두 사람의 제자들에 의한 논어 편찬으로까지 이어질 수는 없다는 점에서 이 면밀하지 못한 가정을 그대로 수용하기는 어려워 보인다. 그러나 이 추정은 그래도 자한/6과 헌문/1에 각각 牢 및 憲이라는 이름만으로 화자를 표시한 단편이 있다는 단순한 이유로 전 열 편은 금장琴張에 의해, 후 열 편은 원헌原憲에 의해 이루어졌다고 보는 오규 소라이荻生徂徠의 주장에 비하면 훨씬 나은 추정이라 할 것이다.

당대 제자들 중에서 자료의 채록에 기여했을 가능성이 높은 여타의 사람으로 자하子夏와 자유子游, 자장子張 등을 더 들 수 있다. 논어 단편에 이들이 등장하는 횟수나 방식을 볼 때 이들이 채록에 기여하지 않았다고 보는 것은 아무래도 자연스럽지 못하다. 어쩌면 그들은

---

50) 程子曰:論語之書,成於有子曾子之門人,故其書獨二子以子稱.『論語集註』

51) 子華使於齊,冉子爲其母請粟.子曰:與之釜.請益.曰:與之庾.冉子與之粟五秉.子曰:赤之適齊也,乘肥馬,衣輕裘.吾聞之也,君子周急不繼富. 6/4
閔子侍側,誾誾如也.子路,行行如也.冉有,子貢,侃侃如也.子樂. 11/13

자공이나 증자 못지않은 자료 제공자였을 가능성이 있다.

염유冉有, 재여宰予, 중궁仲弓, 공서화公西華, 자고子羔, 원헌原憲, 금장琴張 등도 배제하기는 어려운 인물들이다. 그러나 이들의 경우는 논어 채록에 얼마나 기여하였는지, 또 과연 기여하기는 하였는지 하는 문제는 결코 밝혀질 수 없는 미지의 것이 되고 말았다. 그리고 그동안 전혀 고려된 바 없기는 하지만 논어 단편 중에는 제자들보다 위정자 또는 그들의 젊은 자제들에게 들려준 것으로 보이는 단편이 적지 아니 눈에 뜨이는 점을 감안할 때 이들, 특히 맹무백이나 맹경자가 논어 채록에 어느 정도 관여했을 가능성도 고려해 볼 여지가 있을 것으로 보인다.

논어에는 재전제자再傳弟子들이 극히 부분적이기는 하지만 논어 채록에 관여하였다는 부인하기 어려운 증거들이 남아 있다. 대부분 이름마저 남기지 않은 이들 재전제자들은 공자의 육성을 직접 들은 세대는 아니지만 그들의 스승들로부터 공자에 대해 많은 이야기를 들음으로써 공자의 '말씀'에 대해 어쩌면 스승들보다 더 강한 수집 욕구 내지 보존 욕구를 가지게 되었을지도 모른다. 실제 논어에 대한 협의의 편집은 바로 이들 재전제자들에 의해 이루어졌음 분명하다.

그러나 아무래도 이들은 당대 제자들에 비해 채록에 관한 기여도가 낮을 수밖에 없었을 것이고 채록된 자료의 정확성에도 문제가 있었을 것이다. 이를테면 비교적 긴 단편일수록 재전제자들이 전문傳聞을 기록한 것일 가능성이 많다. 논어 단편 중 가장 긴 선진/27의 경우가 그렇다. 이 단편의 특색이라 할 수 있는 주변적 묘사, 즉 "내가 너희들보다 나이가 조금 더 많으나 나를 대함에 있어서 그 점을 개의치 말아라" 하는 구절이나 "증석曾晳이 느리게 비파를 타다가 치렁하고 비파를 내려놓고 일어나 대답하기를" 하는 부분은 마치 소설의

한 구절 같은 느낌을 주는 것으로 논어의 일반적인 기술 방식과는 크게 차이 나는 것이다. 이는 전문자傳聞者가 전문의 취약성을 보완하기 위해 의식적 혹은 무의식적으로 애쓴 결과라 할 수 있다.

그 외에도 자로/3의 정명론正名論이나 양화/1의 陽貨欲見孔子章, 양화/4의 子之武城章 등 종종 위작 시비에 휘말리기도 하는 일화성逸話性 단편들이 재전제자들에 의한 전문일 가능성이 많아 보인다. 왜냐하면 전문은 그 속성상 '말씀'보다 일화에 치중할 가능성이 높기 때문이다. 또한 증자, 유자, 자공, 자유, 자하, 자장 등의 말씀을 기록한 것이 바로 이들임은 물론이다.

재전제자들 혹은 제3의 논어 채록자들 중에는 항간의 미심쩍은 일화 수집에 매달린 자들이 있었다는 것 역시 부인할 수 없다. 도가적 분위기를 띠고 있는 일련의 단편들은 대부분 항간에서 부주의하게 채록된 것으로 보인다. 또 헌문/22의 陳成子弑簡公章이나 위령공/1의 衛靈公問陳於孔子章, 미자/3의 齊景公待孔子曰章, 미자/4의 齊人歸女樂章 등도 모두 그런 경로로 수집된 것임이 틀림없다. 물론 이러한 경로로 채록된 단편은 실제 사실이 아니거나 다소 근거가 있다 하더라도 실제 사실에서 너무 멀어져버린 단편이 대부분일 것이다.

채록은 그렇다 치고 협의의 편집은 어떻게 이루어졌을까? 채록과 밀접한 연관을 가지고 있는 편집에서 우리는 먼저 논어 20편이 채록과 동시에 편집된 것이 아니라 채록과는 별개의 과정으로 이루어졌다는 사실을 명백히 해두어야 할 것이다. 다시 말해서 논어는 채록 당시에는 전혀 편집되지 않은 단편들의 무더기였거나 지금과는 모습이 다른 일종의 가편집仮編輯 형태로 있다가 상당한 세월이 흐른 후 다시 편집되었는데 그것도 일정한 부분이 먼저 편집된 후에 몇몇 편들이 후속적으로 추록追錄된 것이 분명해 보인다는 것이다. 이를테면 특별한 소재들로 꾸며진 제20 요왈편이나 공자를 "자"子가 아닌 "공자"孔子로 표기하고 있는 제16 계씨편은 추록된 것이 분명해 보인다.

제자들의 어록이라 할 수 있는 제19 자장편도 역시 추록된 것으로 보아야 할 것이다. 만약 최초 편집에서 제자들의 어록만을 따로 모아 하나의 편을 만들려는 의도가 있었다면 군데군데 제자들의 말을 포함하고 있는 학이편이나 태백편에 대해서는 합리적인 설명을 할 수 없기 때문이다. 제18 미자편도 역시 추록된 편으로 볼 수밖에 없다. 미자편을 도가적 경향의 단편들만으로 따로 편집한 것이었다고 설명하기에는 미자편의 경향이 현저히 시대적 배경을 달리하고 있기 때문이다.

문제는 제17 양화편을 어떻게 볼 것인가 하는 것이다. 양화편은 미자편이나 계씨편과는 달리 누가 보기에도 나중에 추록되었다고 선뜻 말할 만한 외형적 특징을 가지고 있지 않다. 적지 않은 논어 연구자들이 제17 양화편에 대해 단지 그 순서가 늦고 이른바 마지막 다섯 개 편에 속한다는 사실 하나만으로 그에 속해 있는 많은 단편의 진실성을 의심했다. 이를테면 공자와 양호의 만남을 그린 제1장이나 공산불요公山弗擾나 필힐佛肸 같은 반역자들이 공자를 초빙하려 했을 때 공자가 응하려 했다는 기록을 담고 있는 제5장과 제7장, 유비孺悲와의 갈등을 그린 제20장 등이 그런 의심을 받았다. 그러나 이 양화편이 만약 전 열 개 편 중에 속했다면 아무도 그런 의심을 쉽게 하지는 못했을 것이다.

양화편의 단편들은 비록 그 정확도와 수준에서 다소 문제점이 있기는 하지만 대체로 위작의 가능성은 적은 단편들이다. 다만 이 양화편은 전 열다섯 편과는 달리 어떤 동일한 주제나 형식을 가지고 있지 않고 그 내용에서도 제1장 陽貨欲見孔子章처럼 특별한 메시지를 가지고 있지 않은 단편, 제11장 禮云禮云章이나 제22장 飽食終日章, 제25장 唯女子與小人爲難養也章처럼 가볍고 평이한 언급이 많다는 특징을 보이고 있다. 이 점에서 양화편이 전 열다섯 편에 대해 가지는 관계는 마치 소크라테스에 관한 직업군인 크세노폰의 『회상록』이 플라톤의 격조 높은 『변명』이나 『크리톤』에 대해 가지는 관계와 흡사해 보이는데 실제 이 양화편은 크세노폰처럼 비교적 지적 수준이 낮은 제자 또는 주변 인물의 채록이거나 최초의 논어 편집 시 선별 작업에서 탈락되었던 단편들이 뒤늦게 다시 하나의 편으로 수록된 것이 아닌가 하는 가정을 해볼 수도 있을 것이다.

그러나 제1 학이편에서 제15 위령공편에 이르는 열다섯 개의 편은 어떤 경로로 구성되었는지 정확히 판단하기가 매우 어렵다. 만약 이들 열다섯 개 편들이 어떤 명백한 계획하에 체계적으로 편집되어 있다면 적어도 이 열다섯 개 편만큼은 논어의 최초 편집본이라는 판단을 내려 볼 수도 있을 것이다. 그러나 이 편집계획이라는 것은 대단히 모호해 보인다. 우선 제1 학이편에서는 전통적인 견해대로 아직 젊은 재전제자들에게 배움에 대한 지향과 자세를 가르친다는 편집취지를 엿볼 수 있다.

24개 장이 모두 공자의 말씀만으로 구성되어 있는 제2 위정편도 정사政事와 관련된 편이라는 전통적 평가에도 불구하고 실제 대부분의 단편은 역시 학이편과 유사하게 배우는 단계에 있는 젊은이들에게 학문적, 현실적 지향과 자세를 제시한다는 편집취지를 보여 주고 있다.

제1,2편의 비교적 포괄적이고 느슨한 편집취지는 제3 팔일편에 오면 사정이 다시 바뀌게 된다. 팔일편은 명백히 예악을 주제 또는 소재로 하고 있기 때문이다. 제3편에서 예악과 관련되지 않은 단편은 단 하나도 눈에 띄지 않는다. 이 점은 제1,2편에서 전술한 편집취지에 꼭 속한다고 말하기 어려운 단편이 드문드문 눈에 띄는 것과는 대조적인 것이다. 이 제3편의 완벽한 통일성은 제4 이인편에 와서 또다시 이완되고 있다. 대단히 수준 높은 단편들이 모인 편임에도 불구하고 최초 일곱 개 장이 어짊仁을 주제로 하고 있다는 점, 약간의 효도에 관한 단편들이 모여 있다는 특징을 제외하고는 제4편의 편집 의도를 한 마디로 요약하기는 쉽지 않다. 인仁, 도道, 의義, 덕德, 효孝, 충忠, 서恕 등 논어상의 주요 덕목을 모두 열거하고서야 비로소 대부분의 단편을 그 범주에 넣을 수 있다.

그런가 하면 제5편 이후 제15편까지는 정도의 차이는 있지만 대체로 편집 의도가 강하게 엿보이는 편들이다. 이를테면 제5편은 철저히 공자의 인물평을 모은 것이고, 제6편도 제14장까지는 제자들에 대한 인물평이지만 중반 이후 평가 대상이 제자들에 국한되지 않고 확대되고 있는 특징이 있다. 제7편은 공자의 일신에 관심이 집중되어 있다. 제8편은 편집 의도의 범위가 다소 넓기 때문에 한눈에 쉽게 포착되지 않는 특징이 있기는 하지만 대체로 바람직한 덕성과 품행에 관한 것들이 수집되어 있다. 제9편은 편집 의도가 있기는 있으나 두 영역으로 나누어지는데 전반부(1~15장)는 역시 공자 자신에 대한 언급이고 후반부(16~31장)는 배움의 의지, 성실성 등이 주를 이루고 있다. 이처럼 하나의 편이 서로 다른 두 영역으로 나뉘는 이유는 뚜렷이 알 수 없다.

제10편은 익히 알려진 대로 공자의 행태를 소묘한 것이고 제11편은 제자들에 대한 공자의 평가다. 제12편은 구체적인 실천의 요목에 관한 언급들을 모은 것이고 제13편은 정치에 관한 단편들을 모은 것이다. 제14편은 군자의 몸가짐을 둘러싼 구체적 또는 추상적 행위규

범들에 관한 단편들이고 제15편은 군자의 발군한 차별성과 지향해야 할 방향을 제시한 단편들이다.

이렇게 볼 때 제1편에서부터 제15편까지 편성되어 있는 원칙과 그 원칙을 통해 편성 경위를 추적하는 일은 무척 곤혹스러운 일처럼 보인다. 각 편의 특징이 있는 것은 확실하나 그 특징들 자체가 어떤 체계적인 모습을 갖추지 못하고 있다. 우선 각 편의 특징들은 단편들의 외형에 따른 것이 있는가 하면 목적에 따른 것이 있고 주제에 따른 것이 있다. 그것을 분류해 보면 대충 다음과 같이 나누어 볼 수 있다.

목적 중심 : 1, 2(배움의 길 제시)

주제 중심 : 3(예악), 4(인의), 8(덕행), 12(실천 방안), 14(군자의 자세), 15(군자의 길)

형식 중심 : 5(인물평), 6(제자평, 기타 평가), 7(공자 소묘), 10(공자의 행태), 11(제자평)

혼재형 : 9(공자 소묘+학문에의 독려), 13(정치+기타)

이 분류는 사실상 무체계한 분류라 할 수 있다. 모든 단편을 주제에 따라 분류한 것도 아니고 형식에 따라 분류한 것도 아니며 주제와 형식을 체계적으로 조합하여 분류한 것도 아니다. 이런 무체계한 분류에서 우선 추론할 수 있는 것은 논어가 어떤 체계적인 분류 계획에 따른 것이 아니라 비슷한 단편들끼리 모은다는 정도의 가벼운 분류 계획에 따라 분류되었다는 것이다.

분류 자체가 단순하고도 엉성하게 이루어졌다는 사실에 대해서는 몇 가지 증거가 있다. 우선 가장 확실한 분류를 보이고 있는 팔일편을 보자. 팔일편은 예악에 관한 단편들을 수집하고 있는데 제24장인

儀封人請見章은 문장 가운데에 목탁木鐸이라는 용어가 들어가 있다는 이유로 이 팔일편에 포함시킨 것으로 보인다. 단편의 주제가 결코 예악을 다루고 있지 않음에도 불구하고 목탁을 악기 또는 예기禮器로 간주하고 이 단편을 팔일편에 포함했다는 것은 분류자가 극히 단순한 기준에 따라 분류하였음을 말해 주는 것이다.

제6 옹야편은 더욱 그렇다. 옹야편의 원래 목표는 제자들에 대한 인물평을 수집하는 것이었다. 그러나 제14장까지 수집하고는 더 이상 관련 단편이 모자랐던지 편집자는 맹지반孟之反이라는 사람에 대한 인물평을 제15장에 배치했다. 맹지반은 공자의 제자는 아니었지만 인물평이라는 차원에서 어느 정도 유사점이 있다고 보아 추가하였던 것 같다. 제16장에는 축타祝鮀와 송조宋朝가 나오는데 이들은 공자의 제자가 아닐 뿐 아니라 직접 인물평을 받고 있지도 않고 단지 비유적 표현을 위해 등장하고 있다. 그러나 편집자는 이 단편을 제16장에 배치했다.

제17장 이하는 더욱 가관이다. 이제 더 이상 마땅한 소재가 없었던지 그는 불특정하거나 추상적이거나 인물 이외의 것이거나를 고려하지 않고 조금이라도 평가와 관련된 것은 무조건 이 옹야편에 수록하였다. 열거하면 17장의 누구誰, 18장의 질승문자質勝文者와 문승질자文勝質者, 19장의 인지생人之生과 망지생罔之生, 20장의 지지자知之者와 호지자好之者 및 낙지자樂之者, 21~23장의 지자知者와 인자仁者, 24장의 제나라와 노나라, 25장의 고觚, 26장의 인자仁者, 27장의 군자君子, 28장의 여소부자予所否者, 29장의 민民, 30장의 박시어민이능제중자博施於民而能濟衆者가 모두 그러한 자의적 기준에 의하여 선정되었다. 분류 기준이 이 정도에 이르면 도대체 분류 기준이라고 할 수 있을지 의심스러울 지경이 된다.

술이편도 공자의 일신에 관련된 단편을 모은 것이지만 제6장의 子曰:志於道,據於德,依於仁,游於藝를 공자 자신에 관련된 것으로 본 것은 편집자의 단견이라 아니할 수 없다. 제37장 奢則不孫章과 제38장 君子坦蕩蕩章이 포함된 것도 비록 공자에 대한 편집자의 지극한 존경심에서 비롯되었겠지만 마찬가지의 부주의함을 보여 주고 있다. 자한편 제21장 苗而不秀者章을 안연에 관한 언급이라 지레 짐작하고 안연에 관한 일련의 단편 뒤에 이어 붙인 것도 역시 그렇다. 이러한 사례는 더 많이 있지만 일일이 나열하는 것은 무의미할 것이다. 중요한 것은 논어의 각 편별 분류가 치밀하거나 논리적이지 못하고 비교적 수준이 낮은 인물에 의하여 주먹구구식으로 분류되었다는 사실을 분명히 확인해 두는 일이다.

이어서 살펴보고자 하는 것은 15개 편 중 맨 첫 편인 학이편에서 엿볼 수 있는 특이한 점이다. 전술한 분류 유형에서도 학이편은 위정편과 함께 주제에 의한 분류에도 속하기 어렵고 형식에 의한 분류에도 속하기 어려웠기 때문에 부득이 목적에 의한 분류로 유형화하였다. 왜냐하면 이 두 편에는 일관된 주제도 없고 일관된 형식도 없기 때문이다. 있다면 단지 공문의 소자小子들에게 배움의 바른 길을 제시한다는 소박한 취지가 있을 뿐이다. 따라서 그것은 목적에 의한 특별한 분류로 볼 수밖에 없는 것이다.

그런데 학이편은 다른 편에서는 발견되지 않는 한 특징을 지니고 있다. 학이편은 모두 열여섯 개 장으로 구성되어 있는데 공자의 말씀이 아홉 개 장, 제자들의 말씀이 일곱 개 장이다. 우선 이 사실은 논어가 공자의 언행록이라는 그동안의 막연한 이해와는 달리 적어도 그 편집 최초의 동기가 공자의 언행에 제한되어 있었던 것이 아니라 공자학단의 정체성 확립이라는 학단 차원의 필요에 따라 공자와 그 후계자들의 언행, 다시 말해서 공자 사후 제2기 공자학단의 포괄적 권위와 정통성에 비중을 두고 있었음을 강력히 시사하고 있다. 제자들의 말씀 일곱 개 장 중 제10장인 자공子貢의 말씀[52]을 제외하면 순수한 제자들의 말씀은 여섯 개 장인데 유자의 말씀이 세 개 장, 증자의 말씀이 두 개 장, 자하의 말씀이 한 개 장이다. 이제 그 말씀들의 순서를 눈여겨보자.

1.공자-2.**유자**-3.공자-4.**증자**-5.공자-6.공자-7.**자하**-8.공자-9.**증자**-10.공자(자공)-11.공자-12.**유자**-13.**유자**-14.공자-15.공자-16.공자.

제1장에는 공자의 말씀이, 제2장에는 유자의 말씀이, 제3장에는 다시 공자의 말씀이, 제4장에는 증자의 말씀이 기록되어 있다. 다시 두 장에 걸친 공자의 말씀을 이어 제7장에는 자하의 말씀도 나온다. 우선 이 배치는 지극히 의도적인 배치인 것으로 보인다. 학이편에서 특이하게도 스승에 준하여 "자"子를 붙여 존대하고 있는 유자와 증자는 공자 사후 지도자를 잃고 있던 공자학단이 그 구심체를 다시 형성해 보려고 시도했을 때의 두 주축이었다.

『맹자』에 의하면 자하, 자장, 자유는 증자를 찾아가 유자를 공자에 준하여 스승으로 모시자고 권유했지만 증자는 이에 동의하지 않았다. 그러나 『사기』 「중니제자열전仲尼弟子列傳」에 기록된 유자 관련의 다소 허황되면서도 주목할 만한 기록[53]에 의하면 유자는 증자의 반대

52) 제1편 제10장의 자공의 말씀은 어디까지나 공자를 드러내려는 의도에서 구성된 것인 만큼 엄밀하게 보면 자공의 '말씀'이라고 보기는 어려운 것이다.

53) 孔子旣沒,弟子思慕,有若狀似孔子,弟子相與共立爲師,師之如夫子時也.他日,弟子進問曰:昔夫子當行,使弟子持雨具,已而果雨.弟子問曰:夫子何以知之?夫子曰:詩不云乎?月離于畢,俾滂

에도 불구하고 이 재구성된 공자학단의 최초의 수장首長이 된 것만은 사실인 것 같다. 그러나 그는 공자 생전의 결속을 재건할 만큼의 지도력을 갖추지는 못하였던 것 같다.

추측컨대 재구성된 학단은 유자를 지도자로 하여 구성되었으나 일군의 제자 또는 재전제자들은 여전히 유자에 대립하는 세력으로 남아 있었고 오래지 않아 증자를 추종하는 세력이 이 집단의 주요 세력이 됨으로써[54] 당초 유자를 추대하였던 자하, 자장, 자유 중 최소한 자하는 통일된 공자학단에 대한 꿈을 버리고 스스로 자신의 학단을 구성하여 떠났던 것으로 보인다.[55] 증자의 위상 강화 그리고 그에 따른 자하의 이탈은 『예기』 단궁상편에 증자가 자하를 질책하는 말 가운데에도 암시되어 있다.

> 증자가 노하여 말하기를 "상商아. 어찌 너의 죄가 없단 말이냐. 나와 너는 수수洙水와 사수泗水 사이에서 선생님을 모셨는데 너는 물러나와 서하西河가에서 늙어 가면서 서하 지방의 백성들로 하여금 마치 네가 선생님이기나 한 것처럼 오인케 하였으니 바로 너의 첫 번째 죄다" 하였다.
>
> 曾子怒曰:商,女何無罪也.吾與女事夫子於洙泗之間.退而老於西河之上,使西河之民疑女於夫子,爾罪一也.『禮記』檀弓上

沱矣.昨暮月不宿畢乎?他日,月宿畢,竟不雨.商瞿年長無子,其母爲取室.孔子使之齊,瞿母請之.孔子曰:無憂,瞿年四十後當有五丈夫子.已而果然.敢問夫子何以知此?有若默然無以應.弟子起曰:有子避之,此非子之座也.『史記』「仲尼弟子列傳」

54) 『예기』 단궁편 등에 소묘된 증자의 돋보이는 위상은 주로 재구성된 공자학단에서 증자가 비교적 오랫동안, 그리고 유자에 비해 훨씬 강한 결속력을 지니고 학단을 이끌었던 것으로 보인다.

55) 제19 자장편에는 子夏之門人小子라는 말이 나온다. 이처럼 논어에서 스스로 제자를 거느렸다는 명백한 기록이 있는 제자는 유자와 증자, 자하뿐이다.

이러한 사실을 염두에 두고 학이편을 보면 각 장의 배치가 결코 우연이 아니라는 느낌을 강하게 받을 것이다. 고인이 된 스승 공자, 최초의 후계자가 된 유자, 유자 추대를 반대했으나 오래지 않아 공자학단의 강력한 지도자로 등장한 증자, 유자 추대를 지지했다가 증자의 득세 후 스스로 문도들을 거느리고 독립한 것으로 보이는 자하, 이들이 학이편 구성에 배치되어 있는 순서는 전적으로 우연에 지나지 않는 것일까? 우연이라기에는 너무나도 시사적인 이 배치는 우리가 왜 제1장에 자하나 유자나 증자가 배치되지 않았던 것일까, 제2장에 유자 대신 증자가 올 수도 있지 않았을까, 자하는 왜 하필 제7장일까, 자유나 자장의 말씀은 왜 보이지 않을까? 왜 공자의 말씀이 제자의 말씀과 하나 건너 하나씩 배치되어 있을까 하는 물음을 던져 보면 더욱 명백한 증거처럼 다가온다.

이 가정은 제13장에서 유자가 학단 재구성에 따른 방법론을 제시하고 있다는 사실에 이르러 그 비우연성에 대한 강한 심증으로 굳어진다. 공자학단의 "정체성"宗 재확립을 위하여 그가 "믿음성"信과 "공손함"恭 등 우선 실현 가능한 덕목에 근거할 것을 제시했다는 것은 제2기 학단 운영을 책임진 자로서의 고민과 모색을 구체적으로 보여 주는 것이라 할 수 있다. 그렇다면 학이편의 편집 시점은 공자 사후 제2기 공자학단이 출범하여 새로운 학통으로 정립된 이후가 될 것이며 공자학단이 『한비자韓非子』에 기록된 것처럼 여러 유파[56]로 나뉘어져 통일성을 잃어버리기 이전이 될 것이다. 어쩌면 그 시점은 유

56) 『한비자(韓非子)』 현학(顯學)편에 의하면 유가(儒家)는 자장(子張)의 유가, 자사(子思)의 유가, 안씨(顔氏)의 유가, 맹씨(孟氏)의 유가, 칠조씨(漆雕氏)의 유가, 중량씨(仲良氏)의 유가, 손씨(孫氏)의 유가, 악정씨(樂正氏)의 유가 등 여덟 개 파로 나누어졌다고 한다. 이 중 일부는 비교적 늦게 학파가 형성되었을 것으로 보이고 일부는 공자의 당대 제자들이 형성한 것으로 보인다.

자를 형식적 수장으로 하여 증자, 자하가 협조하는 다소 불안정한 삼두체제가 제2기 공자학단을 이끌고 가던 어떤 시점이었을 가능성이 높다. 따라서 그 시점은 빠르면 공자 사후 10년 이내, 늦어도 20년을 크게 경과하지 않을 것이다.[57]

그러나 제2 위정편에 이르면 사정이 크게 달라진다. 순전히 공자의 말씀으로만 구성된 제2편에는 애공哀公, 계강자季康子, 맹의자孟懿子, 맹무백孟武伯 등 시호諡號로 불리는 정치 지도자들이 등장하고 있다. 이 때문에 제2편은 편집은 물론이지만 채록도 그 시점을 최소한 이들이 사거死去한 이후로 잡아야 할 것이라는 의견이 설득력 있게 제시되고 있다. 맹의자는 공자보다 먼저 죽었지만 계강자는 공자보다 11년 후에, 애공이나 맹무백은 그보다 더 후에 죽은 것으로 보이기 때문에 이 편집은 공자 사후 수십 년 후에 이루어진 것으로 보아야 한다는 것이다.

그러나 제8 태백편에 보면 맹경자孟敬子마저도 시호로 일컬어지고 있다. 맹무백의 아들인 맹경자는 『예기』 단궁하편에 의하면 도공悼公의 초상 시에 아직 살아 있었다. 도공은 B.C. 431년 즉 공자가 죽은 후 48년이 지나 죽었으므로 맹경자가 시호로 불릴 시점은 적어도 공자 사후 반세기는 족히 경과한 시점이 된다. 이 사실은 두 가지 가능성을 시사하고 있다. 그 하나는 논어의 일부 단편이 공자 사후 반세기가 지나서도 여전히 채록되고 있었고 따라서 그 시점까지는 적어도 지금과 같은 형태의 논어 편집은 이루어지지 않았을 가능성이다.

---

57) 『사기』 등의 기록을 믿는다면 증자나 자하는 공자의 사망 당시 약 30세 정도였다. 자하가 서하(西河)가로 물러나 따로 제자들을 가르치며 위문후(魏文侯)의 스승 노릇을 했다는 기간이 또한 적지 않을 것이기 때문에 50세 정도에는 이미 서하가로 물러나 있었을 것이다. 그렇다면 제2기 공자학단을 함께 운영한 것은 공자 사후 20년 이전의 일이었다 할 것이다.

다른 하나는 논어에 등장하는 인물들의 호칭이 사후에 시호로 수정되었을 가능성이다. 대체로 논어에 증자의 노경을 배경으로 하는 일련의 단편이 있는 것을 보면 두 가능성 중 전자, 즉 맹경자의 죽음 이후에까지 채록이 계속되고 있었을 가능성이 매우 높다. 따라서 맹경자라는 시호가 사후에 수정되지 않은 한 채록의 상한선은 공자 사후 50년은 넘어설 것이고 그와 함께 논어가 현재와 같은 모습으로 편집된 시점도 대개 그 시점일 것으로 추정되는 것이다.

그렇다면 논어의 성립 과정은 대체로 다음과 같이 유추해 볼 수 있다. 우선 논어는 공자 생존 시부터 사망 후에 이르기까지 광범위하게 당대 제자들에 의해 채록되었으며 그렇게 모아진 일군의 자료들은 아마 한동안은 지금과 같은 편집을 거치지 않은 채 제가끔 보관되었고 또 재전제자들에게 전수되었을 것이다. 이 자료들은 공자 사후 일정한 시점에서 1차적으로 편집되었는데 그 시기는 유자, 증자, 자하 등이 제2기 공자학단의 지도자가 되어 공자에 버금가는 권위로 받아들여지던 어떤 시점으로서 그 시점은 아무리 늦어도 이 제2기 공자학단의 단일성이 와해되어 여러 분파로 나누어지기 이전이 될 것이다.

이 제1차 편집은 공자의 죽음으로 와해되어 있던 공자학단을 재구성하면서 함께 이루어진 일종의 의욕적 기획사업이자 공문 정체성 수호사업이며 동시에 학단의 결속력을 제고하기 위한 사업이었을 것이다. 따라서 이 편집은 공자가 더 이상 그들의 곁에 없다는 공문 최대의 약점을 어느 정도 보완하였을 것이며 이로 인하여 유자를 형식적 수장으로 하는 학단에 자하와 당초 유자 추대를 반대하였던 증자가 참여하여 초기 학단을 지도하였을 것이다.

이 최초의 편집이 지금의 편집 형태와 모습이 같았다고 단정하기는 어려우며 그것이 몇 개의 편으로 구성되어 있었는지도 알 수 없다. 다만 학이편은 바로 이 최초의 편집에 속해 있었던 편일 가능성이 아주 높으며 학이편에서 유추해 볼 때 이 최초의 편집이 가지고 있던 목적은 '공자'보다는 '공자학단'에, '기록과 보존'보다는 재전제자들을 위한 구체적인 '학습 교재'에 있었던 것 같다. 이 점은 왜 살아 있는 유자, 증자, 자하의 말씀이 포함되어 있는지를 설명해 주는 것이기도 하다.

제2편 이하라 하더라도 사실성이 높은 여러 편—그것이 제10편까지라고 단정할 수는 없으며 그보다 더 적을 수도 있고 더 많을 수도 있다[58]—은 바로 그 시점에서 함께 편집되었을 것으로 보인다. 왜냐하면 이 최초의 편집에서 단지 학이편만 편집되었다고 보기는 어렵기 때문이다. 다만 학이편을 제외한 다른 편들에서는 제2기 공자학단이 분열된 이후에 채록된 단편들이 눈에 띄는데 이 사실은 결국 공자 사후 반세기 정도를 넘어서 학이편을 제외한 나머지 편들이 재편집 과정을 거쳤음을 암시한다. 바로 이 재편집 과정에서 증자 관련의 단편 등 다소의 단편에서 출입이 있었던 것 같고 특히 현재 우리가 보는 바와 같이 비슷한 내용이나 형태의 단편들을 모아서 편집하는 방법이 채택된 듯하다. 물론 마지막 다섯 개 편은 더 나중에 추록

---

58) 일반적으로 논어 전 열 편을 상론(上論), 후 열 편을 하론(下論)으로 나누는 것은 오랜 전통이기는 하지만 확실한 근거는 없다. 상론이 먼저 성립되었을 것이라는 판단은 마지막 편으로 배치됨직한 향당편이 제10편에 배치되어 있기 때문이라고 하는데 이는 충분한 이유가 되지 못한다. 그러나 공자와 계강자와의 대화를 수록한 단편을 볼 때 제2장과 제6장은 子曰을 쓰고 있고 제11장과 제12장 및 제14장은 孔子曰을 쓰고 있으며 현존하는 당사본(唐寫本) 『정씨주(鄭氏注)』도 선진편부터는 제2권으로 분류하고 있는 만큼 이 가정은 쉽게 외면할 수 없는 면이 있다. 20편 전체가 일시에 편집된 것으로 보이지 않기 때문에 그 점은 더욱 그렇다. 일시에 편집된 것으로 보기에는 논어가 편집상 일관성을 잃고 있기 때문이다.(論語二十篇,相傳分上下.猶後世所謂正續集之類乎.蓋編論語者,先錄前十篇,自相傳習.而又次後十篇,以補前所遺,故今合爲二十篇云.何以言之.蓋觀鄕黨一篇,要當在第二十篇,而今嵌在中間,則知前十篇旣自爲成書). 伊藤仁齊, 『論語古義』 總論

되었을 것으로 보이며 그 중에서도 요왈편은 가장 늦게 추록된 것 같다.[59]

추록의 상한선은 아무리 길게 잡아도 공자 사후 1백 년을 넘기지는 않을 것으로 보인다. 그러나 이는 사후 1백 년 이전에 삼론의 원형인 단일 판본이 마련되었다는 것을 의미하지는 않는다. 다시 말해서 논어 안에 새로운 자료들이 유입되는 것은 사후 1백 년 이전에 완료된 것으로 보이지만 자료들이 망실되거나 변형되는 것은 상고시대의 자료들이 겪는 일반적 과정에서 유추해 볼 때 사후 1백 년 이후에도 계속되었을 것으로 보인다는 것이다.

그 때문에 지금과 같은 20개 편으로 그 편수가 정해진 것은 훨씬 뒤—가장 늦게 잡을 경우 공자 사후 2백 년 정도 후였을 가능성도 있다—로서 망실되고 남은 자료만을 모아 정리하는 또 한 차례의 편집, 즉 제3차 편집이 이루어졌을 것으로 판단된다. 이처럼 3차 편집을 상

---

59) 대체로 이들 단편을 논어 가운데에 집어넣은 자들은 논어 성립의 마지막 단계에 부주의하게 참여한 자들로서 논어의 애초 편집 목적에 대한 의식이 희박했다고 볼 수 있는데 그들은 단지 이들 단편이 가지고 있는 제가끔의 메시지가 공자의 어록이 갖는 메시지와 상통하는 바 있기 때문에 그것들이 공자의 어록을 해치기는커녕 오히려 도와줄 것이라는 어리석은 믿음을 가지고 있었던 것 같다. 그 중에서도 요왈/1의 편집 의도를 읽어 보는 것은 흥미로운 일이다. 舜은 자연스러운 양왕의 전형적 사례다. 그러나 왕권 세습에서 본다면 이 사례도 혁명적인 사례로 보일 수 있을 것이다. 탕왕이나 무왕은 동양사에서 무력혁명의 전통을 대변하는 경우들이다. 이런 점을 생각하면 공자의 말과는 무관한 이 글들을 편집해 넣은 사람은 당시의 정세와 관련하여 보다 어질고 지혜로운 자에 의한 정치를 강력히 바라고 있었다는 점이 간취된다. 寬則 이하가 이 위치에 변형되어 들어간 것도 관대하지 못하고 신뢰받지 못하며 무능하면서도 공정치 못한 당시의 정권에 대한 불만을 표출한 것으로 보인다. 따라서 그는 요왈/1의 성격이 논어의 다른 단편들이 가진 성격과 다르다는 것에 대해 별다른 문제의식을 느끼지 못했을 것이다. 이러한 태도는 양화/6에서 공자가 자장에게 한 말을 군왕의 덕이라는 차원에서 변형하여 편입시킨 데에서도 드러난다. 이를테면 그는 恭則不侮는 빼고 寬則得衆은 유지시키며 信則人任焉은 信則民任焉으로 바꾸고 있다. 전반적으로 논어 후반의 이러한 추록 단편들은 이러한 유의 묵시록적 의사표현인 경우가 많다. 요왈/2도 마찬가지 의도를 표출하고 있다. 편집자는 이런 내용을 논어에 덧붙임으로써 이를 읽는 독자들—이를테면 부도덕한 군왕이나 그의 측근들 또는 그의 반대자들—에게 일정한 충격이나 자극을 주고 싶었는지도 모른다.

정해 보는 것은 전술한 바와 같이 제9 자한편과 제13 자로편이 서로 성격이 다른 두 그룹의 단편군斷片群으로 구성되어 있다는 점, 맹자孟子(B.C. 372?~B.C. 289?)가 논어에는 없는 공자의 말을 적지 아니 인용하고 있고, 그 중 몇몇은 실제 공자의 말이었을 가능성이 매우 크다는 점, 『논형論衡』에 본래 논어는 "수십백 편數十百篇이었다"는 말이 있다는 점 등에 그 근거를 들고 있다. 즉 비슷한 단편들끼리 모은 제2차 편집 후에 제3차 편집에서 비로소 제9편이나 제13편 같은 기형적인 편들이 나온 것이며, 논어 단편이 제2차 편집 후 끊임없이 망실되면서 그 중 일부는 『맹자』나 『공자가어』 등에 편입되었을 수도 있다는 것이다.

심지어 어느 정도의 세월 동안은 제1차 편집이든 제2차, 3차 편집본이든 『논어』는 공자의 말씀이라고 전해지는 여러 자료들 중의 하나, 단지 정통파라 불리는 집단에 의해 보존되던 좀 더 권위 있는 판본에 불과했는지도 모른다. 다만 무수한 고대의 전적이 그러했듯 논어 이외의 자료들은 후에 논어에 속입된 것들을 제외하고는 모두 망실되고 말았고 오직 논어만이 후유들의 놀랄 만한 보존 의지에 따라 분서의 고비를 넘어서까지 전해진 것이 아닌가 한다.

추정컨대 노론은 바로 이 제3차 편집본에 가장 가까운 판본으로 보이며, 제론과 고론은 이 제3차 편집본이 전승되는 과정에서 출현한 이본異本으로 보인다. 제론은 노나라 땅에서 멀리 떨어져 있는 탓에 그 내용에 잡박雜駁한 점이 있었고, 문왕問王, 지도知道의 두 편은 바로 그 점을 대변하는 것이라 하겠다. 고론은 노론과 발생지가 같은 반면 그 정립 시기가 다른 것으로 보인다. 그러나 어느 판본이 더 옛 모습을 보이고 있느냐 하는 것은 노론 쪽이라 할 것이다. 이 문제는 결국 고론이 노론의 마지막 편을 두 편으로 나누었느냐 아니면 노론이 고론의 마지막 두 편을 합쳤느냐 하는 문제인데 『경전석문』에 현행 논어 요왈편 제3장 不知命章이 노론에는 없었고 고론에만 있었다는 기록이 있는 것을 보면 이는 고론이 노론의 마지막 편을 두 편으로 나누면서 이 단편을 추가했고 뿐만 아니라 전술한 바대로 향당편을 제2편으로, 옹야편을 제3편으로 옮기고 중복되거나 문제점이 있는 단편들 일부를 삭제한 것으로 보인다. 삼론의 이러한 대체적 성격에 대해서는 정약용도 정조대왕의 물음에 답하는 자리에서 "제론은 잡雜되고 고론은 거짓譌되다고 봅니다"[60] 하는 말로써 비슷한 견해를 표명한 바 있다.

삼론이 현재의 논어로 정착된 과정은 비교적 소상히 기록이 남아 있다. 제론을 전한 사람으로는 왕경王卿, 왕길王吉, 송기宋畸, 공우貢禹, 오록충종五鹿充宗, 용생庸生 등이, 노론을 전한 사람으로는 공분龔奮, 하후승夏侯勝, 위현韋賢 부자父子, 노부경魯扶卿, 소망지蕭望之, 장우張禹 등이 기록되어 있다. 물론 이들은 모두 한대漢代의 사람들이다. 노론과 제론은 장우(?~B.C. 5)에 이르러 장후론으로 통합된다.

> 장우張禹는 원래 노론을 전수傳授하였으나 늙어서는 제론을 강의했는데 나중에는 드디어 두 가지를 합하고 고찰하여 번잡스럽거나 의심스러운 부분을 삭제해 버렸다. 제론의 문왕, 지도 두 편을 제거하고 노론의 20편을 표준으로 삼은 것인데 장후론張候論이라 불렀고 당대에서 중히 여겨졌다.
>
> 張禹本授魯論,晩講齊論,後遂合而考之,刪其煩惑.除去齊論問王知道二篇,從魯論二十篇爲定,號張候論,當世重之.『隋書』經籍志

60) 臣以爲齊論雜而古論譌也.『論語對策』

이에 비해 고론古論은 노공왕魯恭王 당시 공자의 구택 벽 속에서 발견된 것으로 공안국이 훈설訓說하였으나 세상에 전파되지는 않았고 순제 때 마융馬融이 역시 훈설하였다고 한다. 따라서 고론은 세상에 널리 알려지지 않은 채 극히 은밀하게만 보존되어 왔던 것 같다. 마융의 제자이자 후한 말 경학의 집대성자인 정현鄭玄(127~200)은 장후론을 토대로 제론과 고론을 참조하여 주석하였는데 이것이 바로 유명한 논어 『정씨주鄭氏注』이다. 현재 수차에 걸친 발굴 작업으로 전체 분량의 약 절반이 발견된 논어 『정씨주』[61]는 사실상 논어 본문이 오늘날의 형태로 정착되는 데에 결정적 역할을 한 판본이다.

정현의 작업은 『경전석문』에 의하면 주씨본周氏本을, 『논어집해』에 의하면 노론을 바탕으로 하여 이루어졌다고 하나 이는 사실상 장후론일 것으로 짐작된다. 따라서 정현은 장후론을 바탕으로 제론, 고론을 참조하여 본문을 확정하고 이를 풀이한 셈인데 그렇다면 제론은 거의 참고하지 않았을 것이고 주로 고론을 참고하였을 것이다. 현존 『정씨주』 당사본唐寫本에 정주논어의 경문을 "공씨본"孔氏本이라고 적고 있는 것은 사실상 고론을 참조하여 본문을 최종적으로 교정본 것에 대한 자부심을 표현하는 듯하며 그만큼 당시 고론이 권위를 가지고 있었음을 보여 주는 것이다. 정현 이후 당초의 노론, 제론, 고론은

---

61) 『정씨주(鄭氏注)』의 발견은 다양한 경로로 이루어졌다. 1908년 프랑스인 폴 펠리오(Paul Pelliot)가 중국 감숙성(甘肅省) 돈황(敦煌) 천불동(千佛洞) 석실(石室)에서 반출해 간 돈황문서 중에 제7 술이편에서 제10 향당편에 이르는 네 개 편이 극히 양호한 상태로 발견된 것이 그 최초다. 그리고 1969년에는 신강성(新疆省) 위구르(Uighur) 지방의 당나라 때 묘에서 제2 위정편에서부터 제5 공야장편에 이르는 네 개 편이 낙자가 다소 많은 형태로 발견되었는데 그다음으로 큰 발견이었다. 복천수사본(卜天壽寫本)이라 불리는 이 자료는 당중종(唐中宗) 때인 서기 710년에 12세 소년이 천수를 기원하며 쓴 것으로 오자가 많은 특징을 지니고 있다. 그 밖에도 이 묘역에서는 1959년부터 1975년에 이르기까지 옹야, 술이, 태백, 자한, 향당, 안연, 자로, 헌문 등 여러 편에 걸쳐 20여 건의 정씨주 잔편들이 잇달아 발견되었다.

모두 오래 유지하지 못하고 사라져 버린 것 같다.

결론적으로 말해 삼론의 통일은 정현에 의해 마무리되었지만 그의 작업은 비교적 적은 부분에 걸친 교정 작업에 불과했기 때문에 역시 실질적 통일은 장우에 의해 이루어진 제1차 작업에 주로 의존했던 것으로 보인다. 따라서 오늘날의 논어는 사실상 장후론이라 해도 과언이 아닐 것이다. 그러나 장후론도 그 손질의 폭은 그다지 크지 않았던 것 같다. 이를테면 현존 논어에 중복된 단편들이 눈에 뜨이는 것은 장우가 간과했기 때문이 아니라 가급적 손질의 폭을 적게 하기 위한 신중한 자세에서 비롯된 것으로 보이며 이는 정현에게도 마찬가지였을 것이다. 현존 논어에 중복된 단편이 나오는 경우는 다음과 같다.

완전히 동일한 단편 : 2

子曰:巧言令色,鮮矣仁. 1/3

子曰:巧言令色,鮮矣仁. 17/17

子曰:不在其位,不謀其政. 8/14

子曰:不在其位,不謀其政. 14/27

거의 동일한 단편 : 3

子曰:君子博學於文,約之以禮,亦可以弗畔矣夫. 6/27

子曰:博學於文,約之以禮,亦可以弗畔矣夫. 12/16

子曰:吾未見好德如好色者也. 9/17

子曰:已矣乎!吾未見好德如好色者也. 15/13

子曰:不患人之不己知,患不知人也. 1/16

子曰:不患人之不己知,患其不能也. 14/32

부분적으로 동일한 단편 : 3

子曰:君子不重則不威.學則不固.主忠信.無友不如己者.過則勿憚改. 1/8

子曰:主忠信.毋友不如己者.過則勿憚改. 9/24

子曰:父在觀其志,父沒觀其行.三年無改於父之道,可謂孝矣. 1/11

子曰:三年無改於父之道,可謂孝矣. 4/20

子入太廟,每事問.或曰:孰謂鄹人之子知禮乎?入太廟,每事問.子聞之曰:是禮也. 3/15

入太廟,每事問. 10/22

그 밖에도 몇몇 짧은 구절이 부분적으로 동일한 경우는 더 있지만 위에 소개한 여덟 편의 경우만 보더라도 장우나 정현이 어느 한 경우를 삭제하지 않은 것은 논어 경문에 대한 존중이 얼마나 대단했는지를 보여 주는 것이라 할 것이다.

그러나 이러한 경문 보존 의지는 더러 해이해지기도 했던 것으로 보인다. 즉 논어 판본은 황간이 『논어의소』를 지으면서 경문으로 제시한 판본에 와서 之, 也 등 적지 않은 어조사와 함께 많은 임의의 첨자添字, 개자改字가 들어가게 되었던 것이다. 경문에 손질을 한 이 위험한 행위는 과연 황간 등의 행위였는지 그 이전에 누군가가 그러한 판본을 만든 것인지는 확실치 않으나 다행히 손질 이전의 판본을 사라지게 하지는 못하였고, 형병본邢昺本에 와서는 아마 거의 당초의 모습을 복원한 것 같다. 이후 논어 판본은 몇몇 글자가 논란의 대상이 되기도 하였고 장章의 구분에서 시비가 오가기는 했지만 적어도 기본 텍스트에서는 거의 완전히 정착되었다.

4. 논어 해석의 역사

엄밀하게 말해서 해석이라는 것이 이해를 객관화한 것이라 한다면 논어에 관한 해석은 논어의 성립과 동시에 시작되었다고 해야 할 것이다. 특히 전국시대를 통하여 유학이 널리 전파되었고 여러 학파가 존립하고 있었으며 공자의 어록이 어떤 형태였든 간에 그들 가운데에서 가장 소중한 텍스트로 읽혀지고 있었다는 것을 생각하면 이미 그 당시에 일정한 주석서가 출현해 있었으리라는 것은 의심의 여지가 없는 일이다. 이를테면 『맹자』도 일부 논어 단편에 대한 해석만으로 본다면 논어에 관한 주석서라 해도 과언이 아니기 때문이다.

다만 진대秦代를 경유하면서 논어마저도 겨우 잔명을 보전할 정도였으니 그러한 주석서가 설혹 있었다 하더라도 남아나기란 극히 어려웠을 것이다. 따라서 『논어집해』 서문에 "과거에는 스승의 설을 전수받으며 비록 이동異同이 있더라도 훈해訓解하지 않았다. 중간에 훈해하기 시작하여 지금은 그 숫자가 많은 실정이다"[62]고 한 것도 단지 한대의 빈약한 사료에 기초하여 추정한 것으로 보인다.

『한서』 예문지에 한대에 출현한 주석서로 보이는 10여 종의 책들이 소개되어 있으나 제목과 편수를 제외하고는 오늘날 그 내용이 전하지 않는 것들이 대부분이다.[63] 현존하는 가장 오래된 주석서는 하

---

62) 前世傳受師說,雖有異同,不爲之訓解.中間爲之訓解,至于今多矣. 『論語義疏』 論語序

63) 소개하면 다음과 같다. 『전(傳)』 19편, 『제설(齊說)』 29편, 『노하후설(魯夏侯說)』 21편,

안何晏(193?~249) 등[64]이 편찬한 『논어집해論語集解』로서 이 책은 전한前漢의 공안국孔安國(B.C. 156?~B.C. 74?), 후한後漢의 포함包咸, 주씨周氏[65], 마융馬融(79~166), 정현鄭玄(127~200), 위魏의 진군陳群, 왕숙王肅, 주생렬周生烈의 8가八家가 전하는 주석 중 일부를 발췌하여 소개하면서 하안 등의 견해를 가미한 것이다. 이 중 공안국의 주석은 심도沈濤의 『논어공주변위論語孔注辨僞』에 의하면 하안何晏의 위작일 가능성이 있다는데 위작이 아니라면 현존하는 주석 중 B.C. 100년 전후의 가장 오래된 주석이 될 것이다.

8가의 주석은 이 『논어집해』에 수록된 것 이외에는 원래의 주석서가 남아 있지 않다. 다만 정현鄭玄의 주석, 즉 『정씨주鄭氏注』만이 그 절반가량이 발견되어 있고 발견되지 않은 부분도 전통적으로 여러 기록에 인용되어 있던 것을 수집하여 엮은 『정현논어주鄭玄論語注』袁鈞가 있어 아쉬운 대로 정현의 견해를 살펴볼 수 있는 것이 다행이다. 이 『논어집해』는 주자의 주석이 신주新注로 평가되면서 고주古注로 일컬어지게 되었는데 논어사論語史에서 차지하는 의의는 거의 절대적인 것이어서 주자의 『논어집주論語集註』도 이에는 미치지 못할 정도다.

『논어집해』는 양梁의 황간皇侃(488~545)이 지은 『논어의소論語義疏』에 텍스트로 수록되면서 더욱 널리 알려졌는데 황간은 먼저 논어 본문에 이어 『논어집해』에 소개된 제가의 주석을 그대로 소개한 다음 자신의 의견을 적거나 아니면 당시까지 전해지던 다른 많은 사람들

『노안창후설(魯安昌侯說)』 21편, 『노왕준설(魯王駿說)』 20편, 『연전설(燕傳說)』 3권, 『의주(議奏)』 18편, 『공자가어(孔子家語)』 27권, 『공자삼조(孔子三朝)』 7편, 『공자도인도법(孔子徒人圖法)』 2권

64) 『논어집해』의 편찬에는 하안(何晏) 외에도 손옹(孫邕), 정충(鄭冲), 조의(曹義), 순의(荀顗)가 공동 참여하였다.

65) 단지 주씨(周氏)로만 알려졌고 이름은 미상이다.

의 주석을 소개하는 방식으로 책을 엮었다. 특히 소개한 주석은 『하집何集』이라 약칭되던 하안의 『논어집주』에 대응하여 진晉의 강희江熙가 편찬한 『강집江集』이라 불리던 또 다른 논어 주석서에 수록된 13명—모두 진인晉人들로서 위관衛瓘, 무파繆播, 난조欒肇, 곽상郭象, 채모蔡謨, 원굉袁宏, 강순江淳, 채계蔡系, 이충李充, 손작孫綽, 주괴周瓌, 범녕范甯, 왕민王珉—의 주석과 그 외에 왕필王弼, 고환顧歡, 심인사沈驎士, 안연지顏延之, 장빙張憑 등 20여 명의 통유通儒들의 주석이 포함되어 있는 것이 돋보인다. 진대晉代의 대표적 논어주석서로 보이는 이 『강집』은 『논어의소』에 인용된 부분을 제외하고는 현재 전해지지 않고 있다. 비교적 방대한 분량의 이 『논어의소』는 매우 유명해져서 이후 송대에 이를 때까지 약 5백 년 동안 대표적인 논어 주석서로 통용되었다.

『논어의소』에 포함된 주석은 한대에서부터 약 6백 년간의 논어 주석이 한 자리에 모인 것이기 때문에 그 경향을 한 마디로 말한다는 것은 쉬운 일이 아니다. 그러나 송대의 주자학적 해석에 익숙해진 눈으로 보면 우선 그 두드러진 특징이 난삽하거나 모호하지 않다는 점이며 모든 소문疏文은 오히려 지나칠 정도로 투명하고 명쾌하다. 모호하게 남겨 둔 부분이 거의 눈에 띄지 않을 정도로 구체적으로 풀이한 것은 훗날 이렇다 할 독자적 해석을 내놓지 못하는 주석가들이 『논어의소』의 해석을 단지 전례라는 이유만으로 답습하게 된 원인이 되기도 하였는데, 그러한 폐습은 주자를 위시한 송유들에게도 완전히 불식되지 못할 만큼 집요하게 이어졌다.

그러나 그러한 측면의 이면에서 『논어의소』는 공자의 말이 가지는 반어反語적 성격이나 당시 정황과의 생생한 관련성을 철학적 상상력을 통해 추체험追體驗하는 데에 심각한 약점을 보이고 있다. 공자가 비유로 한 말을 비유로 이해하지 못하는 등 적지 않은 해석들이 마치

지팡이로 물속의 달을 건지려는 것처럼 단순해 보이는데 그러한 점에 대한 자의식마저 전혀 엿보이지 않는다는 점에 이들 고주의 결정적인 한계가 있다 하겠다.

『논어의소』가 통용되는 기간 동안 논어에 대한 다른 주석은 크게 출현하지 못하였던 것 같다. 당초唐初에 육덕명陸德明(550~630)이 지은 『경전석문經典釋文』 중 「논어음의論語音義」는 논어사論語史에서 대단히 중요한 위치를 차지하는 것이기는 하지만 그 자체가 주석서는 아니다. 이 시기의 공백을 메워 주는 주석서로는 당대唐代의 유명한 한유韓愈(768~824)와 이고李翶(772~841)가 공동 저술한 『논어필해論語筆解』가 있을 뿐이다. 그러나 이 책은 논어의 일부 단편에 대한 해석에 국한되어 그 분량이 많지 않고 또 독창적 해석이 돋보이는 반면 지나치게 자의적인 면이 많아 논어 해석사의 전기를 마련하는 데에는 미치지 못하였다.

오랜 고주古注의 전통은 송대에 들어와 송학宋學의 기세에 휘말리면서 비로소 변화의 조짐을 보이기 시작하였다. 북송北宋 때(1000년) 진종眞宗의 칙명에 따라 형병邢昺(932~1010) 등이 편찬한 주석서 『논어정의論語正義』는 최소한 고주의 틀에서 벗어나 새로운 해석을 가져 보려는 한 시도였다고 할 수 있다. 『십삼경주소十三經注疏』에 포함되는 행운을 누려 『논어주소論語注疏』라는 이름으로도 불리는 이 오랜만의 시도는 그럼에도 불구하고 논어에 대한 '새로운' 해석이 되기에는 명백한 한계를 안고 있었다.

우선 『논어정의』는 여전히 『논어집해』를 기본 텍스트로 하고 있어 한위漢魏 8가의 견해가 고스란히 소개되고 있을 뿐 아니라 주석마저도 그들의 견해를 충실하게 따르고 있다. 이 점에서 『논어정의』는 오히려 『강집江集』 등 다른 유파의 해석을 다양하게 소개하고 있는 『논어의소』의 미덕에도 미치지 못하는 측면이 있다. 그러나 이런 한계점에도 불구하고 『논어정의』는 『논어의소』가 경문에서 자의적 첨자添字, 개자改字가 많았던 것에 비하면 우선 본문부터 엄밀한 고증을 통해 그 본래의 모습을 대부분 되찾았는데 이는 주석에 앞서 이 책의 권위와 의의를 높이는 계기가 되었다.

논어 해석사의 진정한 변혁은 『논어정의』 후 약 2백여 년을 더 기다려 출현한 주희朱熹(1130~1200)의 『논어집주論語集註』에 의해 성취되었다. 그는 『논어집해』에 나오는 8가의 전통적 해석을 배제하고 경문에 대하여 직접 그 자신의 견해를 제시하는 한편 정호程顥(1032~1085), 정이程頤(1033~1107), 장재張載(1020~1077), 범조우范祖禹(1041~1098), 윤돈尹焞(1071~1142) 등 성리학적 전통을 이룩한 새로운 주석가들의 해석 중 채택할 만한 것들을 폭넓게 채택하였다. 이는 『논어집주』라는 서명에서도 드러나는 것인데 특히 정호程顥, 정이程頤 형제의 해석상 영향력은 워낙 압도적이어서 『논어집주』는 이들과의 공동 저술이라 해도 과언이 아닐 정도였다. 또 논어에 대한 주자의 각별한 애착은 논어의 권위를 높이는 데에도 결정적 영향을 미쳐 『맹자』, 『중용』, 『대학』과 더불어 논어가 "사서"四書라는 이름으로 통칭된 것도 이때부터 확립된 전통이었다.

주자의 노력에 의하여 『논어집주』는 비로소 '새로운' 것이 되었다. 따라서 논어 해석사解析史가 그의 주석에 신주新注라는 명예로운 호칭을 붙인 것은 합당한 것이었다. 성리학적 상상력은 고주古注가 열어 보이지 못한 새로운 세계에 침투하여 그 세계를 열어 보였다. 이른바 논어의 '의리'義理는 『논어집주』에 이르러서야 본격적으로 규명되기 시작했던 것이다.

다만 『논어집주』는 그 성가에 비한다면 몇 가지 분명한 한계도 보여 주고 있다. 첫째, 성리학이 가진 독특한 분석력은 논어에 대한 주석을 논어 이해에 단순히 참고하는 정도를 넘어 하나의 해석 체계로 구축하는 것이었고 그 점에서 어느 정도는 독자적 권위로 일탈하기 쉬운 위험을 안고 있었다. 이를테면 양화/2에서 공자가 "본성으로는 서로 가까우나 길든 바로는 서로 멀다"[66]고 했을 때 주자는 정자의 다음과 같은 말을 빌어 논어 단편을 해석한다기보다는 오히려 성리학적 체계를 옹호했던 것이다.

> 정자께서 말씀하셨다. "이는 기질지성氣質之性을 말한 것이지 성의 근본을 말한 것이 아니다. 만약 그 근본을 말한다면 성性은 곧 이理고 이理는 착하지 않음이 없으니 맹자께서 '본성은 다 착하다' 하신 것이 곧 그것이다. 어찌 서로 가까움이 있겠는가?"
> 程子曰:此言氣質之性,非言性之本也.若言其本,則性卽是理,理無不善.孟子之言性善是也.何相近之有哉?『論語集註』

이러한 입장은 공야장/13에서 "선생님(공자)께서 인성人性과 천도天道에 대해 말씀하시는 것은 들어 볼 수 없었다"고 하는 자공의 증언[67]을 터무니없는 뜻으로 잘못 해석하는 데에 이르러 다시 한번 확인할 수 있는데 이는 성리학적 관점이 논어의 깊은 의미를 드러내는 역할을 하면서도 어떤 측면에서는 바로 그 관점이 논어에 대한 투명한 이해를 가로막기도 하였음을 말해 주는 것이다.

둘째, 『논어집주』는 고주의 해석을 답습하는 경우도 많았고 고주

---

66) 子曰:性相近,習相遠也. 17/2

67) 子貢曰:夫子之文章,可得而聞也.夫子之言性與天道,不可得而聞也. 5/13

를 직접 인용하는 경우도 적지 않았다. 고주가 바른 방향을 잡은 경우에는 이런 답습은 긍정적 의미를 가질 것이다. 그러나 적지 않은 경우 주자는 스스로 확신할 수 없는 단편의 해석을 고주에 의존함으로써 해결하였다. 그 결과 『논어집주』에서 고주의 영향력은 결코 과소평가할 수 없는 것이 되었다. 이는 『논어집주』가 오늘날에도 영향력이 가장 큰 해석서라는 점에서 볼 때 논어 해석의 일정 부분은 여전히 1천수백여 년 전의 해석으로부터 끈질긴 영향을 받고 있음을 말해 주는 것이기도 하다.

셋째, 주자는 과연 『논어집주』에서 송대의 논어 이해를 가장 훌륭하게 집약하였느냐 하는 점에서 의문을 남기고 있다. 왜냐하면 주자는 종종 송대의 논어 이해 중에서 가장 탁월한 이해를 선택하지 못하고 자신의 자의적인 기준에 따라 편벽된 선택을 하는 경우가 적지 않았기 때문이다. 주자의 그릇된 해석을 뒤엎을 바른 해석 중의 다수가 바로 주자에 의해 묵살되었던 다른 송유들의 해석임이 드러나고 있다.

이런 한계에도 불구하고 『논어집주』는 송대 성리학의 압도적 기세에 힘입어 동양 삼국의 논어 해석을 한 바람으로 휘잡아 갔다. 그 영향력이 얼마나 컸는가 하면 그때까지 논어 해석을 선도해 온 『논어의소』를 중국이나 조선 땅에 단 한 권도 남기지 않고 사라지게 할 정도였다. 『논어의소』는 다행히 일본 땅에 보존되던 것이 있어서 청대에 가서야 『사고전서四庫全書』에 들어갈 수 있었다.

송대는 『논어집주』 이외에도 많은 논어 주석서와 참고서를 출현시켰다. 주자의 『논어혹문論語或問』, 『논어어류論語語類』는 그의 논어 이해를 보다 치밀하게 살펴볼 수 있는 좋은 주석서이며, 『논어정의論語

精義』[68]는 송대의 논어에 대한 다양한 해석을 집대성한 논어 해석의 보고寶庫라 할 수 있는데 이 『논어정의論語精義』에는 정호程顥, 정이程頤, 장재張載, 범조우范祖禹, 여희철呂希哲, 여대림呂大臨, 사량좌謝良佐, 유초游酢, 양시楊時, 후중량侯仲良, 윤돈尹焞, 주부선周孚先 등 북송北宋의 열두 명의 유가들의 다채로운 해석이 집대성되어 있다. 그 밖에도 송대에는 장식張栻(1133~1180)의 『계사논어해癸巳論語解』가 송대 정신의 주목할 만한 수준과 함께 군더더기 없는 맑은 해석을 보여 주고 있고 정여해鄭汝諧의 『논어의원論語意原』, 김이상金履祥의 『논어집주고증論語集註考證』 등 수많은 저서가 출현하였다.

송대의 활발한 논어 주석은 원명대元明代에도 적지 않게 이어지기는 하였으나 뚜렷한 개변의 조짐은 나타나지 않았다. 명대에 이르러 송학의 공소함에 대한 반발이 일어나 고증학이 자리 잡기 시작하였는데 논어에 대한 고증학적 연구 성과는 청대에 가서야 본격적으로 나타나게 되었다.

유보남劉寶楠(1791~1855), 유공면劉恭冕(1824~1883) 부자가 대를 이어가며 저술한 『논어정의論語正義』는 논어에 관한 한 청대의 학풍을 가장 전형적으로 반영한 것이었다. 엄청난 노력만큼이나 방대한 이 저술은 고금의 전적들을 폭넓게 섭렵, 고증한 것으로 그 박학함이 크게 돋보이는 반면 청대 학문의 제약 조건을 그대로 지니고 있다. 공자의 진의에 접근한다기보다 자질구레한 문구와 예악제도[69]에 집착하고 있는 점도 그러하고 특히 주자에 의해 지양되었던 하안의 『논

---

68) 조선의 송시열(宋時烈)은 『논어혹문』과 『논어정의』를 합본으로 하여 『논어혹문정의통고(論語或問精義通攷)』(약칭 論語問義通攷)를 편찬, 보급한 바 있다.

69) 이를테면 『논어정의』는 모두 22권으로 되어 있는데 제3 팔일편과 제10 향당편은 예악제도를 논하고 있다는 이유로 각각 한 개 편을 두 권으로 나누어 저술하였다.

어집해』를 다시 차용하여 고주의 전통을 되살린 것은 청대의 철학적 빈곤을 보여 주는 것처럼 보인다. 다만 청대 고증학은 문헌으로서의 논어에 역사적, 비판적 접근을 시도하여 최술崔述의 『수사고신록洙泗考信錄』이나 『논어여설論語餘說』 같은 주목할 만한 작품을 출현시키기도 하였다.

조선에서는 주자학의 일방적 영향 속에서 그 테두리를 벗어난 새로운 논어 해석이 좀처럼 시도되지 못하였다. 거기에는 단지 학문적 경직성만 있었던 것이 아니라 학문 해석을 둘러싼 정치적 갈등이 사상의 자유를 강하게 억압하고 있었기 때문이다. 박세당朴世堂(1629~1703)의 반주자학적 논어 해석인 『사변록思辨錄』이 그를 정치적 궁지로 몰아넣은 것은 전형적, 상징적인 것이었다. 주자학과 실학의 서로 다른 철학적 배경이 바로 경학經學에 대한 입장 차이에서 나타난다는 점을 생각하면 박세당 같은 주목할 만한 경학자에게 사상의 자유가 제대로 주어지지 못했다는 것은 조선조의 크나큰 불행이었다.

이율곡李栗谷(1536~1584)의 논어 번역은 특기할 만하다. 당초 선조대왕宣祖大王의 칙명에 의하여 착수되었으나 사서四書만 완수하고 오경五經이 완수되지 못하여 바쳐지지 못한 것으로 알려진 이 『논어율곡선생언해論語栗谷先生諺解』[70]는 그 후 이를 참작한 것으로 보이는 『관본官本』宣祖命撰本이 나와 널리 세상에 유포된 후에야 겨우 세상에 알려지기 시작하였다. 두 판본은 해석상의 차이를 비롯하여 각종 용어상에 다소의 차이를 보이고 있지만 아쉽게도 두 판본 모두 한자 어휘에 크게

70) 일설에 의하면 율곡이 이 작업 결과를 공간하지 못한 것은 일부 언해에 표명된 해석적 입장이 부질없는 논쟁이나 정치적 공방으로 비화될 것을 우려한 것이라고 한다. 조선조의 정치적 여건에 비추어 충분히 있을 법한 설이다.

의존하고 있는 번역서일 뿐이고 그나마 『논어집주』의 테두리를 크게 벗어나지 못한 한계를 지니고 있다.[71]

성호星湖 이익李瀷(1681~1763)의 『논어질서論語疾書』는 원칙적으로 주자의 논어 해석을 폭넓게 받아들이고 있다. 그의 논어 해석은 주자의 해석을 좀 더 체험과 연결시켜 깊이 있게 이해하려는 것이었고, 그 점에서 조선조의 다른 많은 논어 해석들과 마찬가지로 '새로운 것'을 지향한다기보다는 기왕의 것을 더 '정성스럽고 깊이 있게 이해하는 것'을 지향하고 있다. 그러나 그의 시대가 요청하고 있던 어쩔 수 없는 실학적 관심은 이미 논어의 세계를 깊이 천착하기에는 너무 표피적이어서 논어 단편에 관한 그의 관심은 종종 본질적이라기보다는 부수적, 지엽적인 데로 빠지는 경우가 많았다.

정조대왕正祖大王(1752~1800)의 논어에 대한 관심은 조선조의 논어 연구에서 확실히 특기할 만한 것이다. 왜냐하면 논어에 대한 그의 관심은 단지 개인적인 관심에 그치지 않고 이후 경학자들 사이에서 논어 연구열을 촉발하는 계기가 되었기 때문이다. 많은 신하들과 논어 단편의 의미를 두고 활발한 토론을 벌인 것이 후에 여러 문집에 대화록으로 남아 있고 그 중 정조대왕의 문집인 『홍제전서弘齋全書』에 수록된 『경사강의經史講義』 중 '논어편' 같은 대화록은 특별한 역사적 의미를 지니는 것이었다.

다산茶山 정약용丁若鏞(1762~1836)의 대작 『논어고금주論語古今注』가 나올 수 있었던 것도 역시 젊은 시절 그와 정조대왕과의 진지했던 논

---

71) 구태여 두 판본을 비교한다면 선조명찬본(宣祖命撰本)이 몇몇 해석상 논점을 둘러싸고 더 설득력 있는 해석을 보이고 있다는 점, 더 많은 한글 어휘를 사용하고 있다는 점에서 율곡본(栗谷本)보다 뛰어나 보인다. 이는 선조명찬본이 율곡본을 참고하여 그 토대 위에서 이루어졌기 때문으로 보이나 더 나은 판본이 되는 데에는 역시 번역자의 탁월한 예지가 있었을 것이다. 다만 역사적 의의에서는 더 먼저 시도된 율곡본에 비중이 있는 것이 사실이다.

어문답이 계기로 작용한 것이었다. 그러나 넓게 보았을 때 『논어고금주』의 출현은 서학西學과 청대 고증학에 영향 받은 실학적 분위기 속에서 주자학의 오랜 전통과 권위가 도전받게 된 것을 의미하였다. 동양 삼국을 통틀어 가장 비판적인 논어 주석서라 할 수 있는 이 『논어고금주』는 한, 위, 진의 고주를 비롯하여 당대, 송대, 명대, 청대, 나아가 막부시대 일본의 논어 주석까지 망라하여 소개하며 그 옳고 그름을 조목조목 비판한 후 바른 해석을 제시함으로써 단순히 고금의 주석을 집성, 소개하는 데에 비중을 두고 있는 청대의 여러 저술과는 판이하게 다른 모습을 보이고 있다.

어떠한 기성의 권위에도 굴종하지 않고 스스로의 엄밀하고 객관적인 판단에 따라 논어를 해석한 그의 태도는 경학의 수위를 한층 높이는 것이었다.[72] 다만 논어 해석에 관한 그의 뛰어난 통찰력과 팽만한 자부심에도 불구하고 논어 단편에 관한 그의 천착은 종종 무리하고 편벽된 결론을 도출하기도 했다. 그 자신의 말처럼 "어렸을 적에 새벽에 밤나무 동산에 가서 홀연히 붉은 밤알이 난만히 땅에 흩어져 있는 것을 만나 이를 다 줍기가 벅찼던 것처럼"[73] 1천수백여 년에 걸친 많은 사람들의 논어 해석에도 불구하고 무수히 발견되는 전인미답의 여지는 그의 정열을 지나치게 환기함으로써 더러는 필시 붉은 조약돌을 밤알로 알고 주워 들게도 하였을 것이다.

어쨌든 조선조 논어 해석사의 거봉을 이룬 정약용의 『논어고금주』

---

72) 정약용은 『논어고금주』에서 주자의 견해가 옳지 않다고 생각하는 경우에는 서슴지 않고 반대 의견을 내어 놓고 있다. 이는 과거 그의 선배들의 경학에서는 생각하기 어려운 것이었다. 그러나 정약용은 고금의 논어 주석에 대하여 수백 번에 걸친 駁曰非也라는 반박형 표현을 구사하고 있으나 주자에 대하여는 단 한 번도 그러한 표현을 직접 사용하지는 않고 있다. 역시 주자의 견해를 반대하는 데에 따르는 심리적 부담을 보여 주는 것이라 하겠다.

73) 如兒時晨出栗園中,忽遇朱實爛漫迸地,不可勝拾此. 『丁茶山全書』 詩文集·答仲氏書

는 전형적인 시대의 산물이었다. 매서울 정도로 신랄한 비판은 그가 최악의 오탁汚濁 속에서 스스로를 지키기 위해 택한 삶의 방법을 반영하는 것처럼 보이며 의욕은 앞서나 논어 해석에서 새 정신과 새 지평을 끝내 확보하지 못한 점은 낡고 부패한 제도와 의식을 새롭게 떠오르는 가치관이 극복하지 못하고 함께 쓰러질 수밖에 없었던 시대의 비극적 구도와 연관되는 듯하다.

일본 에도江戶 막부시대의 논어 해석 경향은 확실히 특이한 것이었다. 이토 진사이伊藤仁齋(1627~1705)는 논어에 대한 성리학적 해석이 불교와 도교의 영향에 의해 왜곡된 것임을 비판하며 그 어떤 역사적 학문 풍토에도 얽매이지 않고 논어 원래의 취지를 찾을 것을 천명하였다. 이는 막부시대의 주자학 일변도 정책에도 불구하고 비교적 자유로웠던 학문 풍토에 기인한 것이었는데 그의 주저 『논어고의論語古義』는 상당히 격조 높은 논어 해석으로서 비록 주자학으로부터 완전히 자유로운 것은 아니었지만 당시로서는 논어를 보다 맑은 안목으로 보고 해설한 측면이 돋보인다.

이러한 경향은 오규 소라이荻生徂徠(1666~1729)의 『논어징論語徵』, 다자이 준太宰純(1680~1747)의 『논어고훈論語古訓』 및 『논어고훈외전論語古訓外傳』로 이어지는데 대륙과 일정한 거리로 떨어져 있다는 점에서 전통의 압박을 덜 받으며 이루어진 이러한 노력은 더러는 송대 성리학이 찾아내지 못한 논어의 숨은 의미를 찾았고, 더러는 비약된 상상력에 의해 정약용의 비판처럼 "어긋나고 교묘한"乖巧 해석을 낳기도 하였다.

서구문명의 내습에 의한 동양의 자기 재인식은 논어 해석에 새로운 계기가 되었다. 그러나 대체적으로 이 역사적 격변은 논어 해석에서 곤혹스런 변수로 작용하였다. 단지 논어에만 초점을 맞추어 논어만을 다루는 논어 주석은 여전히 계속되었지만 그것은 더 이상 새로운 해석이 되지 못했다. 이를테면 정수덕程樹德(1877~1944)의 방대한 저작 『논어집석論語集釋』은 청대 고증학의 장단점을 단선적으로 이어받은 것으로 그의 시대에 새로운 의미를 던지는 것은 아니었다. 그러한 유형의 노력은 한국, 중국, 일본에서 보다 현대적인 문체로 쓰인 여러 저작에서도 마찬가지로 나타났다. 그 문체가 과거와 다르고 몇몇 해석에 걸쳐서 새로운 시도가 있다 하더라도 그것은 새로운 논어 해석이라고 보기는 어려운 것이었다. 특히 한국에서 논어 해석이 뚜렷한 진전을 보여 주지 못한 것은 유교에 대한 오랜 타기唾棄의 경향 속에서 논어 해석이 주로 전통 한학자들이나 철학적 훈련이 미처 갖추어지지 못한 중문학자들의 손에 맡겨져 온 것이 빼놓을 수 없는 요인이었다.

오히려 자유민주주의나 사회주의라는 사상적 차원에서 시도된 다양한 논어 비판이야말로 '시대적'이었다. 이런 경우 논어는 대체로 낡은 유교 비판에 함께 휩쓸리는 대상이었다. 접근조차 하기 어려운 까마득한 옛날부터 지속되어 온 군주 중심의 정치체제가 어떤 형태로든 인민에 의한 정치체제로 바뀌는 대변혁의 과정에서 낡은 시대의 정신적 상징이었던 이 문헌이 아무런 비판도 받지 않고 넘어갔다면 그것이야말로 이상한 일일 것이다.

이러한 비판의 특징은 논어의 이것 또는 저것에 대한 비판이 아니라 논어가 설정하고 있는 인문학적, 사회학적 기초를 근본적으로 비판하는 것이 보통이었다. 이를테면 공자가 주대의 왕정과 봉건적 질서를 옹호했고 주대 문화로 되돌아가는 것을 정치적 이상으로 삼았다고 하는 비판은 그 대표적인 것이다. 이러한 비판적 입장은 논어 단편이 위대한 진리를 갖추고 있다는 것을 당연히 전제하고 개개의 단편에 포함된 진리를 최대한 드러내고자 했던 지난날의 주석과는 그 양상을 달리할 수밖에 없었다. 따라서 논어 단편은 주로 그러한 비판적 입장을 거증하는 예시로서 인용되었고 그 하나하나를 주석하는 일은 더 이상 적합한 방법이 될 수 없었다.

그러나 이러한 입장에 기초하여 시도된 논어의 재해석 내지 재평가는 우선 논어를 그 자체에 즉응卽應하여 이해해야 한다는 선결 과제를 대부분 간과하거나 무시하고 있었다. 논어는 배척되는 경우는 물론 수용되는 경우에서도 그들의 새 사상을 치장한다는 목표하에 함부로 재단되었다. 이를테면 1945년에 간행된 곽말약郭沫若의 『십비판서十批判書』는 논어에 대한 전통적 평가를 간신히 승계하고는 있지만 그것은 논어가 새로운 사회사상들과의 관계에서 그다지 해롭지 않은 것임을 구구히 변명함으로써 가능한 것이었다. 그는 공자가 농업과 군사를 경시하고 진보적인 음악을 배척하며 낡은 시대의 격식에 얽매여 있는 단점이 없지 않았지만 자세히 보면 논어는 전반적으로 진보적일 뿐 아니라 노예해방의 큰 조류를 따르고 있고 대중을 위하여 헌신하는 희생정신을 가르치고 있기 때문에 대체로 유익한 점이 더 많음을 두서없이 늘어놓았다. 그것은 청말 강유위康有爲에 의해 추진된 극단적 존공주의尊孔主義와 그에 대립하여 유교 타도를 부르짖은 진독수陳獨秀, 호적胡適, 노신魯迅 등의 반유교주의를 어설프게 교직한 것이며 거기에는 역사상 최대의 문화적 격변기를 맞이한 중국의 당혹감과 정체성의 혼란이 고스란히 반영되어 있다.

『십비판서』의 논어 해석은 그나마 나은 편이었다. 1948년에 간행된 조기빈趙紀彬의 『고대유가철학비판』—후에 『논어신탐論語新探』으로 개칭—에서는 논어에 대한 시각이 근본적으로 뒤바뀌었다. 공자가 지칭한 인人은 노예주奴隷主를, 민民은 노예를 의미했다든가 군자는 노동하지 않는 노예주 계층을, 소인은 정전제와 세습 귀족정치를 타파하려 한 변혁계층을 의미했다든가 어짊仁은 노예 계층의 반항 포기를 유도함으로써 계급 간의 모순을 근본적으로 해결하지 않고 적당히 조화해 보려 한 이념이었다든가 하는 온갖 설명은 이미 논어를 인민재판의 단상에 거칠게 올려놓고 있었다.

태백/10의 民可使由之章이나 자로/4의 樊遲請學稼章 등은 이러한 인민재판에서 절호의 소재로 이용되었다. 공자가 사구司寇가 되어 소정묘少正卯를 주살하였다는 『순자荀子』의 허무맹랑한 기록에 근거하여 소정묘가 하루아침에 혁신주의자였다는 이론이 튀어나오기도 하였다. 또 공자가 싫어하였다는 한 가지 이유만으로 정나라의 음악鄭聲은 진보적인 신흥음악으로 평가되었다. 사회주의 혁명의 절정기에서 전개된 이러한 논리는 그 시대의 흐름을 타고 있는 한 극히 명약관화한 것이었는지 모르지만 시대의 흐름이 바뀔 경우에는 한순간에 그 초라함을 드러낼 수밖에 없는 제약된 운명의 것이었다.

실로 공자에 대한 가장 강렬한 비판의 순간에도 따지고 보면 사회주의는 공자에 대해 절망적 시기심을 드러내고 있었다. 이를테면 공자와 임표林彪를 싸잡아 비판하던 비림비공批林批孔 운동의 와중에 찬란한 빛을 발하며 떠올랐던 『모택동어록』도 긴 역사의 안목에서 바라본다면 의식적이었든 무의식적이었든 '공구의 어록'에 대한 가당치 않은 도전이자 모방에 불과했던 것이다. 논어에 대하여 보여 준 사회주의의 이러한 거친 단순성은 사회주의가 그 자체의 문맥 안에서 안고 있는 높은 역사적 진실성에도 불구하고 결국 한 시대적 의의에 국한된 사상이었음을 보여 주는 피할 수 없는 증거처럼 보인다.

논어는 오늘날에도 끊임없이 재해석되고 재조명되고 있다. 그 재해석, 재조명의 환경은 결코 낙관적인 것만은 아니다. 동아시아 문화를 세계의 다른 문화와 뚜렷이 구별해 주고 있던 문화적 정체성은 이미 파괴되었다. 거대 단일문화의 질곡에서 해방되었다는 사실은 더 많은 자유를 안게 되었음을 의미하지만 문화의 각축이 자본주의의 일방적 승리로 나아가고 있는 새로운 현실은 인류에게 더 가공할 맹목을 안겨 줄는지도 모른다. 스스로를 되돌아볼 수 있는 기능을 잃은 또 하나의 거대 단일문화는 훨씬 더 파괴적인 힘을 가지게 될 것이다.

그러나 문화의 중심에 인간이 있고, 인간의 중심에 시대와 환경을 초월한 보다 항구적인 무언가가 있다면 우리는 영원히 떨칠 수 없는 그것을 중심으로 언제라도 다시 방향을 찾을 수 있을 것이다. 논어는 그 점에서도 하나의 희망이다. 논어는 일찍이 춘추시대라는 역사적 밤에 그러한 방향찾기의 선구先驅였기 때문이다. 파죽지세에 있던 사회주의가 논어를 멋대로 분해하고 재조립했듯 파죽지세의 자본주의도 그 자신의 판도 위에서 논어를 장기판의 졸처럼 배치할 수 있을 것이다. 역사의 흐름은 그것이 단순히 가정만이 아님을 점점 강하게 드러내고 있다. 그러나 우리는 그것이 우리 시대로부터의 논어의 거리라고 생각하고 있지만 어쩌면 그것은 그 깊은 본질에서 논어로부터의 우리 시대의 거리일 수도 있다는 점을 두렵게 인식해야 할 것이다.

일찍이 자공은 공자를 그릇되게 이해하고 헐뜯은 숙손무숙叔孫武叔에 대하여 그것이 "다만 자신의 식견 없음만을 드러내는 것"이라고 말했다. 돌이켜 보면 논어는 거울과도 같은 것이어서 각 시대는 결국 논어에 대한 태도 표명을 통하여 바로 그 시대의 숨겨질 수 없는 정체를 드러내어 왔던 것이다.

Ⅵ

논어의 현대적 의미

人能弘道, 非道弘人

논어의 현대적 의미

많은 사람들이 "오늘날 논어는 무엇인가?" 혹은 "논어는 과연 오늘날과 같은 변화된 환경 속에서 무슨 역할을 할 수 있을까?" 하는 물음을 제기한다. 이러한 물음은 논어에만 따라다니는 것이 아니라 인류사의 위대한 전적典籍들, 이를테면 신약성서나 플라톤의 저작, 불교 경전 등에 대해서도 마찬가지로 제기될 수 있을 것이다. 이에 답하기에 앞서 우리는 이러한 물음이 서 있는 입지立地가 과연 순수한지를 점검해 볼 필요가 있다. 이를테면 이 물음은 충분히 진지한 것일까?

우선 지적할 수 있는 것은 이러한 종류의 물음에서 오늘날이란 항상 그 특수성에 있어 강조되고 있다는 사실이다. "오늘날은 그 어떤 과거와도 다르다. 우리가 겪은 변모는 너무 엄청나서 우리의 삶은 과거의 잣대로는 도무지 가늠조차 되지 않는다"고 사람들은 말한다. 확실히 많은 것이 달라졌다. 과학과 산업의 발달은 과거에는 상상하기 어려웠던 세상을 만들어 내었다. 사회적, 정치적 제도도 그렇다. 아무도 더 이상 마면麻冕을 쓰지 않고 순면純冕도 쓰지 않는다. 당상에서 절하지도 않지만 당하에서 절하지도 않는다. 소韶도 정성鄭聲도 들리지 않는다. 정치 지도자는 선거를 통해 선출되고 있고 록 음악이 연주되고 있다. 이런 상황은 공자가 "주나라를 잇는 어떤 나라가 있다면 비록 백세 후의 일이라도 알 수 있다"[1]고 한 데에도 해당하지 않는 듯하다.

논어에 대한 오늘날의 부정적이거나 제한된 견해는 많든 적든 바로 이러한 인식에서 비롯된 것이다. 최악의 경우 논어는 박물관을 찾는 많은 사람들의 경우에서처럼 한갓 구경거리에 지나지 않는다. 단지 논어가 공자의 어록이라는 정도만 알고 있거나 이곳저곳에서 주워들은 몇몇 구절, 아무렇게나 굴러다니는 몇몇 유교와 관련된 선입견만을 가진 자들도 스스로는 논어를 웬만큼 알고 있다고 여기는 것이 숨길 수 없는 현실이다.

일종의 금언집으로 논어를 이해하는 것도 그러한 입장과 크게 차이 나는 것이 아니다. 거기에서 논어는 기껏해야 인생론이고 따라서 개인에 관한 한 참고할 여지가 있겠지만 개인을 넘어 국가나 사회나 역사에 관해서는 아무 관계가 없든지, 설사 관계가 있더라도 이미 시효가 경과한 것이라고 생각하고 있다. 민주주의의 시대에 임금이나 공경公卿을 섬기는 것에 대해 말하고 있는 낡은 옛 책이 어떻게 현재적 의미를 지니겠느냐는 생각일 것이다.

여기에서 조금 더 진전된 관심이 논어를 개인적인 덕목에만 국한시키지 않고 국가적, 사회적, 정치적 영역과 연결시켜 보려는 노력이다. 이러한 노력에 이르러 비로소 "오늘날 논어는 무엇인가?"라는 전술한 물음이 좀 더 본격적인 의미를 지니게 된다. 아마 보다 학술적인 관심에 기초한 공자론 내지 논어론은 대부분 이러한 입장에 서 있을 것이다. 공자의 사상과 민주주의를 연관시키는 것은 그 중 가장

---

1) 子張問:十世可知也?子曰:殷因於夏禮,所損益可知也.周因於殷禮,所損益可知也.其或繼周者,雖百世可知也. 2/23

대표적이고도 전형적인 것이다. 이를테면 크릴은 이렇게 말했다.

"공자의 철학이 완전히 근대적 의미에서 민주적이라고 말하는 것은 너무 지나칠지 모르나 반면에 공자를 민주주의의 선구자, 즉 민주주의의 길을 준비한 광야의 외침이었다고 말하는 것은 그렇게 지나친 표현은 아니다"[2]

이렇게 하여 논어는 비로소 현대의 장에 한 자리를 차지할 수 있는 자격을 얻는다. 중국 혁명의 와중에서 곽말약郭沫若은 또 말했다.

"노예제 시대의 탕임금과 무왕은 혁명을 하였으며 노예제 시대를 붕괴시키고 있는 인민들도 바로 혁명을 하고 있었다. 공자는 이러한 혁명의 조류 속에서 살던 사람이다. 사실 그도 바로 이러한 새로운 필연성을 파악하는 일에 참가하고 있었다."[3]

그렇게 함으로써 역시 논어는 사회주의 혁명의 대오에 참여할 수 있는 영광된 기회를 부여받는다. 그뿐인가. 심지어 어떤 일각에서는 프로테스탄트 정신이 자본주의를 육성시키는 데에 중요한 정신적 배경이 되었다는 막스 베버Max Weber의 분석 방법을 적용하여 공자가 제시한 세계관이나 도덕관념이 현대의 기업 경영에서 효율적으로 작용하는 측면이 있고 따라서 동양의 기업은 앞으로 서양의 기업에 비해 더 우월한 경쟁력을 가질 수 있을 것이라는 얄팍한 지혜가 제시되기

---

2) 크릴(H. G. Creel), 『공자-인간과 신화』(이성규 역, 지식산업사) p.321

3) 郭沫若, 『十批判書』(『中國古代思想史』, 조성을 역, 까치 p.123에서 인용)

도 한다. 이 모든 것은 결국 논어의 문을 열고 들어와 그 세계를 목도하지 못한 채 헛되이 논어의 문밖에서 논어의 피상적 효용가치를 이야기하는 것에 지나지 않는다. 논어를 그 자체에 즉응하여 이해하지 못하고 민주주의라든가 사회주의라든가 기타 '현대적'인 제반 요구와 관련시킴으로서 비로소 일정한 의의를 부여하는 것은 논어에 대한 진정한 이해가 아닐 뿐더러 그 자체가 우리 시대의 폐쇄성과 근시안을 증명하는 것에 지나지 않는다.

현대가 이천오백 년 전 춘추시대와는 많은 차이가 있다는 것을 부인할 수는 없지만 그렇다고 해서 현대를 온통 그 특수성만으로 강조하는 것은 일종의 호들갑이다. 거기에는 현대의 대단히 위험한 자만이 있고 무의식적 자기 기만이 있다. 이러한 현상은 실은 현대가 아직도 자신이 가지고 있는 과제의 진정한 뿌리에 접근하지 못한 데에서 비롯된 것이다. 그것은 마치 산에 오르는 자가 눈앞에 있는 작은 산봉우리에 시야가 가려져 그 뒤에 놓인 거대한 산의 존재를 인식하지 못하는 경우와 흡사하다.

무엇보다 먼저 깨달아야 할 것은 현대가 자랑하는 특수성이라는 것이 실은 그다지 특수한 것이 아니며 그 본질은 여전히 많은 부분 과거의 그것과 동질적이라는 것이다. 그것은 우리가 "근본적으로 무엇이 변했는가?" 하고 따져 볼 때 비로소 드러난다. 이를테면 참다운 공동체가 성립하기 위해 요구되는 원칙들이나 개인과 집단에 적용되는 변화의 메커니즘은 예나 지금이라고 해서 큰 차이가 있는 것이 아니다. 사람과 사람, 전체와 개인을 연결시키는 유대의 원리도 그렇고 우리의 희망과 절망, 행복과 슬픔, 희열과 분노, 사랑과 미움 등 삶의 기초적 범주들을 엮는 논리도 과거와 다를 바 없다. 국가가 흥하고 망하는 기저의 모티브도 엄밀하게 따져 보면 거의 차이가 없다.

파도가 끊임없이 모양을 바꾼다고 해서 물의 속성이 바뀌는 것은 아니다. 논어의 생명력은 그것이 파도를 이야기하는 순간에도 의연히 물의 속성을 꿰뚫고 있다는 점에 있다. 다시 말해서 논어는 인류사의 여러 노력 중 최고봉의 것으로서 인간사의 제원칙을 거의 불변에 가까운 요소에 기하여 포착하고 이해한 것이다. 공자는 스스로 "나는 하나로써 모든 것을 꿰고 있다"予一以貫之고 말했다. 짐작할 수 있듯이 하나는 변하지 않는 그 무엇이다.

그렇다면 논어가 이천오백 년이라는 세월에도 흔들리지 않는 불변의 요소를 다루고 있다는 것은 어떻게 증명할 수 있는가? 그것을 위해서 논어가 지금도 여전히 의미 있는 것이라는 논리를 다각적으로 전개하기에 앞서 우리는 논어 단편이 직접적으로 오늘날의 사람들에게 감동을 안겨 주고 있다는 보다 단순한 사실을 환기할 필요가 있다. 개인적인 차이에도 불구하고 적지 않은 단편은 오늘날 가장 현대적인 과제의식과 감각 속에서 나온 이런저런 발언들보다 훨씬 힘차게 다가온다.

공자가 파악한 인간의 원리는 그 자신의 존재의 무게와 진정성에 뒷받침되어 있는 것으로서 현대의 평면적인 통찰들과는 달리 뚜렷한 양감量感을 지니고 있으며 따라서 단순해 보이지만 훨씬 설득력이 있다. 우리 자신의 의식을 충격해 오는 이러한 힘은 그 진원으로서의 논어 단편이 단지 흘러간 과거의 기록이기만 하다면 애초부터 성립 불가능했을 것이다. 감동을 일으키고 있다는 사실은 바로 논어 단편이 여전히 현재적인 의의를 가지고 있다는 것을 어떤 논리보다 앞서 보여 주는 것이다.

이를테면 자로가 공자의 소원을 물었을 때 공자는 그의 소원이 "늙은이들은 그것을 누리고 벗들은 그것을 믿고 젊은이들은 그것을 품는 것"[4]이라고 말했다. 누가 감히 이 말을 수천 년 전의 말이라는 이유만으로 외면할 수 있겠는가! 아무런 갈구가 없는 젊은이들, 믿음을 잃은 장년들, 불안과 초조에 빠진 늙은이들은 결코 이천오백 년 전의 현실만이 아닌 오늘의 현실이기도 하기 때문이다.

또 "다 되었나 보다! 나는 능히 자신의 잘못을 보아 속으로 스스로와 쟁송할 수 있는 자를 보지 못하였다"[5] 하는 말을 누가 감히 마음 깊은 곳에서 자괴감을 느낌이 없이 들을 수 있겠는가?

이미 실효한 소재들을 취급하고 있는 여러 단편들도 마찬가지다. 공자는 그 소재를 이야기하려 한 것이 아니라 그 소재를 통해 불변의 하나에로 수렴되는 보다 긴 생명의 그 무엇을 이야기하려 했고 따라서 우리에게 그의 그러한 의도는 손상 없이 전해져 여전한 감동을 자아내는 것이다. 이를테면 "그 자신이 바르면 명령하지 않더라도 행하고 그 자신이 바르지 않으면 비록 명령한다 하더라도 따르지 않는다"[6]는 말은 분명히 신분사회를 기반으로 하여 도출된 것이지만 정권이 바뀔 때마다 화려하게 제시되는 새로운 질서와 기풍이 언제나처럼 구호에 그치고 마는 저 암담한 현실에서 우리는 분명히 공자가 밝힌 이 원칙이 어떤 형태로든 현대사회의 구조와 맞물린 채로 작용하고 있으리라는 두려운 예감을 가지게 되는 것이다. 어쩌면 그러한 인식이 소수의 것이라 하더라도 그것은 그러한 인식 자체의 희소성에서 오는 것이지 논어가 과거의 것이라는 점에 주된 이유가 있는 것은 아니다.

그러나 그러한 감동의 보편성을 인정하더라도 논어의 진실은 과연

---

4) 子曰:老者安之,朋友信之,少者懷之. 5/26

5) 子曰:已矣乎!吾未見能見其過,而內自訟者也. 5/27

6) 子曰:其身正,不令而行.其身不正,雖令不從. 13/6

오늘날의 사람들이 겪는 훨씬 복잡다기한 사회적, 정치적 문제들에까지 유효한 것일까 하는 문제는 여전히 남는다. 바로 여기서 우리는 논어가 당시의 사회적, 정치적 문제들에 대해서는 어떤 입장을 취했는지를 알아 볼 필요가 있다.

논어는 놀랍게도 당시의 시대적 과제를 과감히 사상捨象하고 있음을 알 수 있다. 노공魯公과 삼가三家의 뿌리 깊은 갈등은 가장 두드러진 정치 현실이었지만 『좌전』으로부터 제공된 부수적인 정보가 없었다면 과연 그러한 일이 있었는지 짐작조차 하지 못할 정도로 논어에는 그 흔적이 남아 있지 않다. 양호陽虎에 의해 진행된 권력 전횡과 무자비한 공포정치는 역시 그 전모를 짐작하기 어려운 모호한 편린 하나만으로 남아 있다. 전쟁과 중요한 외교적 현안들도 엿보이지 않는다. 심지어 자로가 계씨의 가재家宰가 되어 삼가의 읍성을 허물었다는 것은 노나라로서도 공자학단으로서도 대단히 중요한 사건이었음에 분명하지만 그에 관한 정보는 전적으로 『좌전』에 의존한 것이다. 논어는 그에 관한 단 한 줄의 언급도 남기지 않고 있다.

이는 무엇을 의미하는 것일까? 논어 기록 당시 이와 같은 사실들이 이미 망각되었을 가능성은 거의 없어 보인다. 오히려 논어에는 이러한 사회적, 정치적, 국제적 사건들을 당연히 알고 있는 것으로 전제한 단편들이 적지 아니 눈에 뜨인다. 그러면 공자와 그의 제자들은 이러한 사건들을 고의적으로 취급하지 않았던 것일까? 논어의 깊은 진실은 그것이 바로 바른 길을 찾아 나가는 데에 정당한 사상捨象이었음을 말해 준다. 전술한 예를 빌어 말하자면 그것은 산에 오르는 자가 눈앞에 있는 작은 산봉우리에 시야가 가려짐이 없이 그 뒤에 놓인 거대한 산의 존재를 추구한 셈이다. 이를테면 정공定公과 삼가三家와의 뿌리 깊은 알력 관계는 어디에도 구체적으로 남아 있지 않지만 공자와 정공과의 한 대화는 그것이 이러한 정치적 세력관계 속에서 나온 것임을 역력히 보여 준다.

정공定公이 물었다.

"임금은 신하를 부리고 신하는 임금을 섬겨야 하지 않겠습니까?"

공자께서 대답하셨다.

"임금은 신하를 예로써 부리고 신하는 임금을 충심으로써 섬겨야 할 것입니다."

定公問:君使臣,臣事君,如之何?孔子對曰:君使臣以禮,臣事君以忠. 3/19

그 권한의 대부분을 삼가의 대부들에게 압류당한 무력한 군주로서 위계질서의 붕괴를 개탄하는 정공에게 공자는 군주와 신하 사이에 구축되어야 할 정당한 관계를 환기시켜 주었다. 실로 그 이상의 무엇이 더 필요할 것인가? 여기에 더 많은 자료가 있어 공자 당시 정공과 삼가 사이의 권력 갈등을 바둑알의 움직임처럼 상세히 묘사할 수 있고 거기에 대해 갖가지 정치학 이론과 사회학 이론이 동원되어 그 양상과 원인이 분석된다 한들 그것을 바로잡을 한 계기가 제시되지 않는다면 그것이 과연 무엇이겠는가? 공자의 제자들은 정당하게도 저를 버리고 이를 취하였던 것이다. 논어는 모든 방면에서 이러한 사상捨象을 보여 주고 있다. 거의 모든 문제가 인간의 반성과 선택의 문제로 수렴되고 그것은 또다시 자기질정自己叱正이라는 궁극적 과제로 이어지는 논어의 논리는 어쩌면 너무 단순해 보이기까지 한다.

따라서 논어가 단지 개인윤리의 문제에 국한된 듯이 보이는 것은 논어에서는 필연적이고도 운명적인 것이다. 그러나 바로 거기에 논어가 가진 끈질긴 생명력의 비밀이 있다. 우리가 논어에서 받는 감동을 진지하게 반추해 본다면 그것은 단지 사회적 과제에 미달한 것으로서의 인간적, 개인적 감동이 아니라 그러한 과제를 관류하고 그 너머에서 확보된 범주—이 범주를 우리는 곧잘 인간적, 개인적인 것과 혼동하지만—에서의 감동이라는 것을 깨달을 수 있다. 논어에서 자아는 일체의 궁극에서 발견되는 위대한 범주인 것이다.

이제 여기서 우리는 논어를 읽고 대하는 합당한 태도가 무엇인지를 생각해 보아야 할 것이다. 우선 우리는 "오늘날 논어란 무엇인가?" 하는 안이한 물음을 잠시 유예하고 먼저 "논어란 무엇인가?", "논어는 무엇을 말하고 있는가?" 하는 보다 근본적인 물음을 제기하여야 한다. 다시 말해서 우선 모든 사람들이 이 논어의 세계 속으로 먼저 들어와 보는 것이 선결 조건이라는 것이다. 논어가 담고 있는 내용, 즉 공자와 그의 제자들의 세계를 충분히 이해하기 전에 어떻게 그것이 오늘날에 어떤 의미를 가지는지를 알 수 있겠는가? 먼저 논어 그 자체의 소리에 귀를 기울이고 그 세계를 들여다보아야 하는 것이 당연한 순서가 아닌가?

문제는 우리가 어떻게 논어의 세계를 들여다볼 수 있느냐, 어떻게 옛것을 되살려 오늘날에 새롭게 깨달을 수 있느냐 하는 문제로 접어든다. 그것을 위해 근본적으로 필요한 일은 논어를 진지하게 연구하는 일도 아니고 춘추시대를 샅샅이 섭렵하는 일도 아니다. 필요한 일은 오히려 우리가 우리 시대에 주어진 과제를 온몸으로 헤쳐 나가는 일이며 그리하여 우리 시대의 이런 또는 저런 문제들이 가진 근본적 차원을 관철해 내는 일이다. 만약 그것을 할 수 있다고 한다면 우리는 그것을 수행해 나가는 정향正向의 자리에서 논어를 새롭게 발견할 수 있을 것이다. 말하자면 우리가 논어에로 가는 것이지 논어가 우리에로 오는 것이 아니다.

논어는 우리에게 최소한의 속수束脩를 요구하고 있다. "논어가 과연 오늘날과 같은 변화된 환경 속에서 무엇을 할 수 있을 것인가?" 하는 질문에는 우리가 논어에로 가려는 의지보다 논어는 우리가 팔짱을 끼고 있더라도 스스로 우리에게 오는 그 무엇이어야 한다는 안이한 요구가 더 강하게 작용하고 있다. 그러나 사람이 능히 도道를 넓히는 것이지 도가 사람을 넓히는 것이 아니다. 논어에 대하여 취하는 그러한 태도는 근본적으로 논어와의 만남을 가로막고 있다. 논어는 문자라는 경직된 모습으로 남아 있지만 공자의 현존을 갈음하는 '말씀'이다. 생전에 공자는 이렇게 말했다.

> "어떻게 하나 어떻게 하나 하고 말하지 않는 자에 대해서는 나도 어떻게 할 수가 없다."
>
> 子曰:不曰如之何如之何者,吾末如之何也已矣. 15/16

그의 현존을 갈음하는 어록도 마찬가지다. 어떻게 하나 어떻게 하나 하고 말하지 않는 자에게 공자의 어록은 한낱 휴지조각에 지나지 않는다. 살아 있는 공자도 어찌할 수 없었던 자에 대하여 그의 어록이 무엇을 할 수 있겠는가? "발분하지 않으면"不憤 논어는 아무것도 깨우쳐 주지 않고 "말로 표현하고자 애태우지 않으면"不悱 논어는 그 무엇도 발로시켜 주지 않는다. 논어는 바로 그런 특별한 장치를 갖추고 있다. 논어는 거기에 다가가는 자에 따라 모든 것일 수도 있고 아무것도 아닐 수도 있다. 논어는 수없이 존재하지만 그 어느 곳에도 존재하지 않을 수 있다. 일찍이 자공은 "그 문을 찾아서 들어가지 않으면 종묘의 아름다움과 백관의 많음을 보지 못한다"[7]고 천명했던 것이다.

이러한 입장은 유교문명의 새로운 역할과 가능성에 대한 작금의 논란에 대해서도 하나의 답변이 될 수 있을 것이다. 강력한 힘으로 전파되던 서구문명의 지배가 이제 어느 정도의 한계를 노정하고 있는 것은 부인할 수 없는 사실이지만 그 결극을 타고 유교문화의 부활 내지 새로운 역할이 소리 높이 운위되고 있는 것은 우리가 지향해야 할 진정한 과제와는 아무런 관련이 없는 것이다. 새로운 세기에 유교가 무언가 멋진 역할을 할 것이라든가 유교 중심의 새로운 정치적, 문화적 세력이 형성될 것이라고 주장하는 것은 행랑채의 객담과 다를 바 없다고 생각한다. 그것은 그러한 가능성이 없어서가 아니라 그러한 기대가 모든 진정한 자각과 발분의 모습과는 사뭇 다른 것이기 때문이다.

오히려 진정한 자각과 발분에 기하여 이야기하자면 유교는 앞으로도 더욱 가혹한 비판 앞에 서는 것이 불가피해 보인다. 역설적이게도 논어에 대한 진정한 발견에는 전통적 유교 날카로운 차별화가 포함된다. 논어는 결코 낡은 관습이나 권위주의나 사이비 덕성이나 인간을 억압하는 문화적 기제 따위를 거느리는 상징적 기치가 될 수 없다. 논어가 거느리는 것은 다만 진정한 자기 책임성과 성숙, 인간에 대한 다함없는 관심과 탁월한 균형감각, 그리고 삶의 속악함을 스스로의 존재에로 수렴하는 성실성과 그것을 넘어서기 위해 스스로와 싸울 수 있는 용기다. 그것이 유교의 전통 위에 설 것인지 프로테스

---

7) 叔孫武叔語大夫於朝曰:子貢賢於仲尼.子服景伯以告子貢.子貢曰:譬之宮牆,賜之牆也及肩,闚見室家之好.夫子之牆數仞,不得其門而入,不見宗廟之美,百官之富.得其門者或寡矣,夫子之云不亦宜乎? 19/23

탄티즘의 전통 위에 설 것인지는 호사가들의 점술에 맡겨도 좋을 것이다.

오직 우리가 오늘의 세계를 밝히기 위한 노력의 궁극적인 지점에서 우리 자신을 밝힐 수 있을 때 논어는 그 본래의 모습으로 다가올 것이고 그 본래의 모습이 밝혀질 때 논어는 오늘날에 그것이 어떤 의미를 지니는지를 스스로 알려 줄 것이다. 현재와 과거 사이에 자유스러운 경험의 교호가 가능한 한 비밀의 통로를 발견할 수 있을 때, 비로소 우리는 "오늘날 논어란 무엇인가?" 하는 물음을 물을 자격이 있다. 왜냐하면 그 이전에는 우리는 답이 있을 수 없는 방법으로 묻고 있지만 그때는 우리 안에 이미 그 답이 예비되어 있는 방식으로 물을 것이기 때문이다.

현대는 아직도 현대적인 잠에서 깨어나지 못하고 있다. 자본의 맹위에 취한 현대가 스스로의 당면한 과제라고 생각하고 있는 대부분의 것은 아직은 드러나지 않은 '진정한 과제'가 연출하는 그림자놀이와도 같은 것이다. 우리가 현대를 연출하고 있는 이 배후의 깊이를 인식하고 주목할 수 있을 때 비로소 논어는 살아 있는 그 무엇이 된다.

현대는 아직도 무엇이 오늘의 문제를 만들고 있는지 심각하게 되돌아보지 않고 있기 때문에 끊임없이 묻고는 있지만 안타깝게도 물음은 그 물음의 폐쇄적 구조로 인하여 답이 있을 수 없는 불임不姙의 상태에 머물러 있다. 현대가 그 자체의 맨 밑바닥에 달할 수 있을 때 그리하여 자신의 굳어진 물음의 방식을 바꿀 수 있을 때 논어는 다시 그 무엇이 될 것이다. 그 이전에는 우리는 의봉인儀封人들과 마찬가지로 공자를 여전히 알 수 없는 내면적 가치와 척도에 집착을 보이는 부질없는 늙은이로 치부할 수밖에 없을 것이고, 논어 또한 더 오랫동안 낡고 미온적이고 상투적인 도덕 교과서로 남을 수밖에 없을 것이다. 그러나 바로 거기에 논어의 운명과 웃음과 결코 다하지 않는 긴 생명력이 있다.

부록

● 공자 연표

- **B.C. 551** (양공 22년, 1세) : 노(魯)나라에서 태어나다.
- **B.C. 537** (소공 5년, 15세) : 중군(中軍) 폐지로 군주의 권한이 무력화되다.
- **B.C. 517** (소공 25년, 35세) : 소공(昭公)이 계평자 제거에 실패, 제나라로 망명하다.
- **B.C. 505** (정공 5년, 47세) : 양호가 노나라의 권력을 잡다.
- **B.C. 502** (정공 8년, 50세) : 양호가 패망하여 도망가다.
- **B.C. 500** (정공 10년, 52세) : 공자가 제나라와의 회합에 정공을 수행하다.
- **B.C. 498** (정공 12년, 54세) : 자로가 계씨의 가재가 되어 삼가(三家)의 성을 헐다.
- **B.C. 496** (정공 14년, 56세) : 외유의 길에 올라 위(衛)나라로 가다.
- **B.C. 495** (정공 15년, 57세) : 진(陳)나라로 가다.
- **B.C. 492** (애공 3년, 60세) : 채(蔡)나라로 가다. 계환자 죽고 계강자가 대부가 되다.
- **B.C. 489** (애공 6년, 63세) : 위(衛)나라로 가다.
- **B.C. 484** (애공 11년, 68세) : 노나라에 돌아오다.
- **B.C. 480** (애공 15년, 72세) : 자로 죽다.
- **B.C. 479** (애공 16년, 73세) : 죽다.

● 공자 제자 일람

통칭	나이	출신국	성명	자	비고
자공(子貢)	31(31)	衛	端木 賜	子貢	
자로(子路)	9(9)	魯	仲 由	子路(季路)	魯 卞邑 사람
안연(顔淵)	30(30)	魯	顔 回	子淵	
증자(曾子)	46(46)	魯	曾 參	子輿	魯 南武城 사람
유자(有子)	13(36)	魯	有 若	子有	
자장(子張)	48(48)	陳	顓孫 師	子張	
자하(子夏)	44(44)	衛	卜 商	子夏	
자유(子游)	45(35)	吳	言 偃	子游	家語에는 魯人
중궁(仲弓)	–(–)	魯	冉 雍	仲弓	
염유(冉有)	29(29)	魯	冉 求	子有	
재아(宰我)	–(–)	魯	宰 予	子我	
민자건(閔子騫)	15(50)	魯	閔 損	子騫	
공서화(公西華)	42(42)	魯	公西 赤	子華	
번지(樊遲)	36(46)	齊	樊 須	子遲	家語에는 魯人
원사(原思)	–(36)	魯	原 憲	子思	家語에는 宋人
사마우(司馬牛)	–(–)	宋	司馬 耕	子牛	
염백우(冉伯牛)	–(–)	魯	冉 耕	伯牛	
안로(顔路)	–(6)	魯	顔 無繇	路	顔淵의 아버지
증석(曾晳)	–(–)	魯	曾 點	晳	曾子의 아버지
공야장(公冶長)	–(–)	齊	公冶 長	子長	家語에는 魯人
남용(南容)	–(–)	魯	南宮 适	子容	
자고(子羔)	30(40)	衛	高 柴	子羔	家語에는 齊人
칠조개(漆雕開)	–(11)	魯	漆雕 開	子開(子若)	家語에는 蔡人
무마기(巫馬期)	30(30)	魯	巫馬 施	子期	家語에는 陳人
진자금(陳子禽)	–(40)	陳	陳 亢	子禽	
금장(琴張)	–(–)	衛	琴 牢	子開	字를 張이라고도 함
담대멸망(澹臺滅明)	39(49)	魯	澹臺滅明	子羽	魯 武城 사람
자천(子賤)	30(49)	魯	宓不 齊	子賤	

※ 위 자료에는 일부 공자의 제자 여부가 의심스러운 인물도 포함됨.

※ 나이는 공자와 대비, 연소차(年少差)를 표기한 것이며 『사기』「중니제자열전」을 기준으로 함. ( ) 안의 수치는 『공자가어』의 기록에 따른 것임. – 는 기록 없음.

※ 출신국은 『사기』「중니제자열전」을 기준으로 하되 정현(鄭玄)이나 공안국의 주석을 참고한 것임.

● 중국 역대 왕조

왕조王朝	개조開朝	참고 사항
삼황오제시대 三皇五帝時代	전설시대	삼황: 복희, 신농, 황제 오제: 소호, 전욱, 고신, 요, 순
하夏	B.C. 2070?~	우禹임금에 의해 개창됨 세습제가 처음 시작됨
은殷	B.C. 1600?~	탕湯임금에 의해 개창됨 상商나라라고도 함
주周	B.C. 1046?~	무왕武王에 의해 개창 춘추시대에 공자 출현 마지막 전국시대에 제자백가 출현
진秦	B.C. 221~	진시황에 의한 천하통일. 불과 16년 지속
한漢	B.C. 202~	한고조 유방劉邦에 의해 개창됨 유교문화의 재건 및 정착
삼국시대三國時代	A.D. 220~	소설 『삼국지』의 배경 시대
위진남북조 魏晉南北朝	A.D. 265~	북방에 오호십육국五胡十六國 남북조南北朝는 육조六朝라고도 함
수隋	A.D. 581~	
당唐	A.D. 618~	불교 전성기
오대십국五代十國	A.D. 907~	
송宋	A.D. 960~	성리학의 전성기
원元	A.D. 1271~	몽골족에 의해 개창됨
명明	A.D. 1368~	한족의 재집권
청淸	A.D. 1616~	만주족에 의해 개창됨 고증학의 발달
현대 중국	A.D. 1912~	

※ 왕조 구분은 개략적인 것이며 소소하거나 일시적이었던 왕조는 제외하였음.

● 주周나라의 변천

구분			시기	참고 사항
은나라의 멸망				주왕紂王의 폭정
주	서주시대		B.C. 1046~	무왕武王, 은殷 정벌하고 주나라 건국
				삼감三監의 난
			B.C. 841	여왕厲王 축출, 공화정共和政 개시(~B.C. 828)
				견융犬戎의 침입으로 유왕幽王이 피살됨
	동주시대	춘추시대	B.C. 770~	도읍을 호경鎬京에서 낙읍洛邑으로 옮김
			B.C. 722	노나라, 춘추 기록 시작(~B.C. 481)
			B.C. 679	제환공齊桓公, 첫 패자霸者가 됨
			B.C. 632	진문공晉文公, 두 번째 패자가 됨
			B.C. 551	공자 태어남
			B.C. 517	노소공魯昭公, 계평자 제거에 실패하여 망명함
			B.C. 479	공자 죽음
		전국시대	B.C. 453~	진晉나라가 조趙, 한韓, 위魏로 분열됨
			B.C. 403	조趙, 한韓, 위魏, 제후국으로 공식 임명됨
				제자백가의 시대
			B.C. 256	진秦나라가 주周왕실을 멸망시킴
진의 천하통일			B.C. 221	

● 공자 생존 시 주요국 세계世系

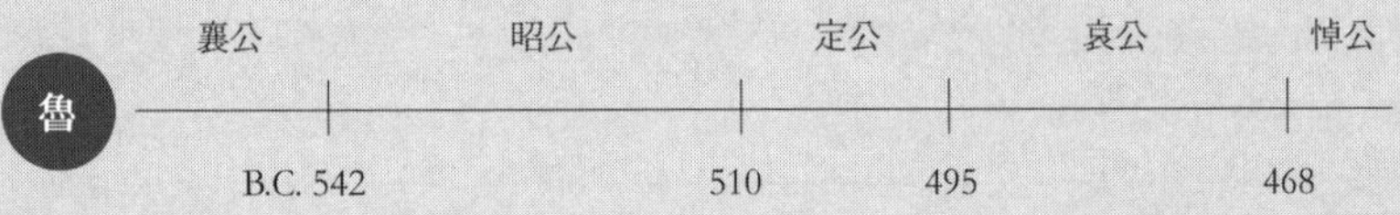

● 공자 생존 시 노나라 삼환三桓 세계世系

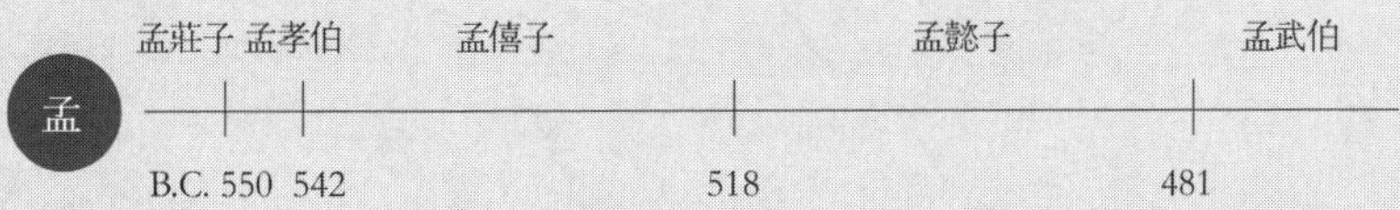

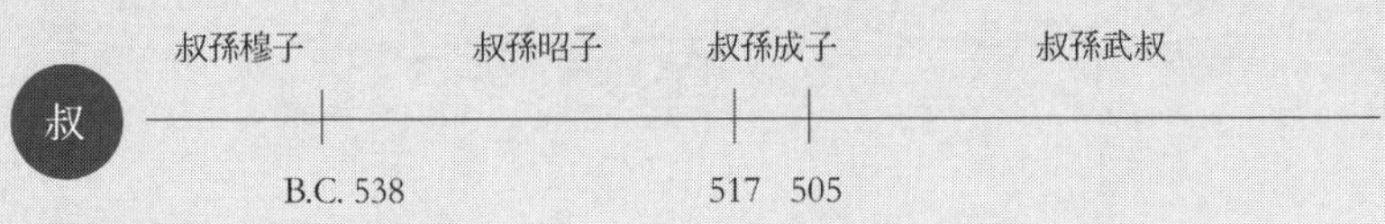

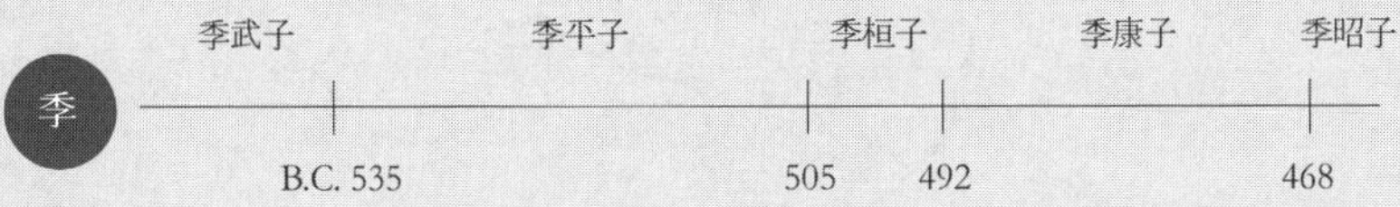

춘추시대의 중국

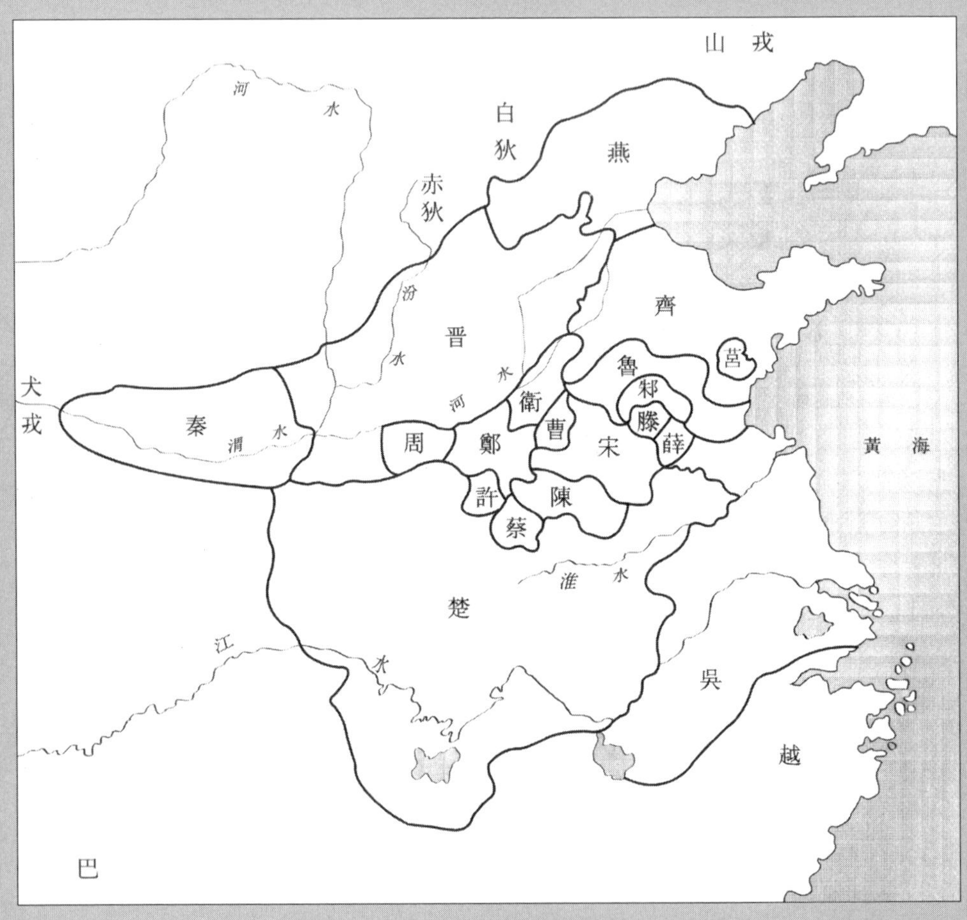

※ 춘추시대는 성읍(城邑)국가의 성격이 강하여 위 제후국별 경계선은 오늘날의 국경선과는 의미가 다른, 대체적인 세력권을 나타낼 뿐이다. 위 세력권은 대개 기원전 6세기경의 세력권으로서 패권 추구 과정에서 자주 변경되었다.

춘추시대의 중원 제후국

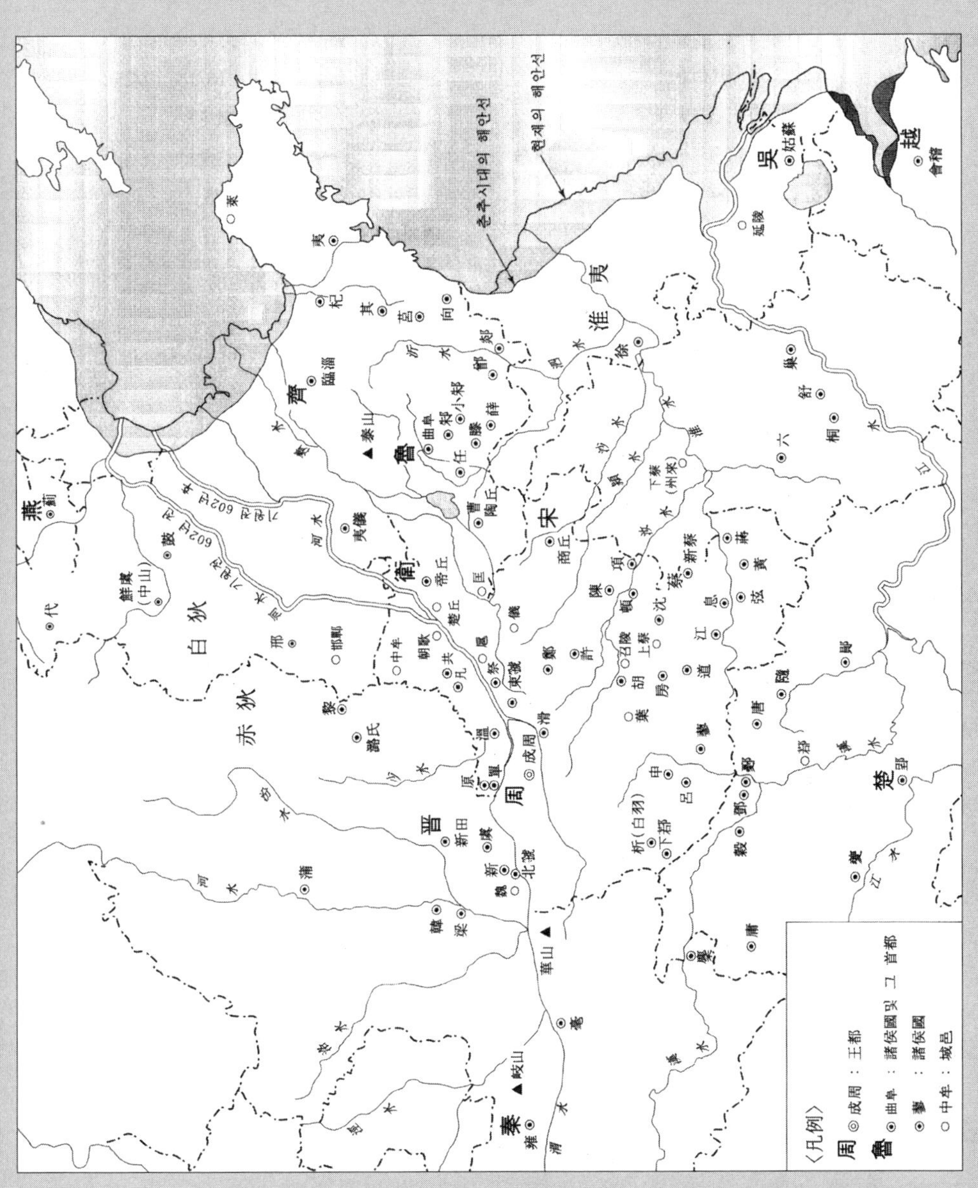

춘추시대의 노나라 인근

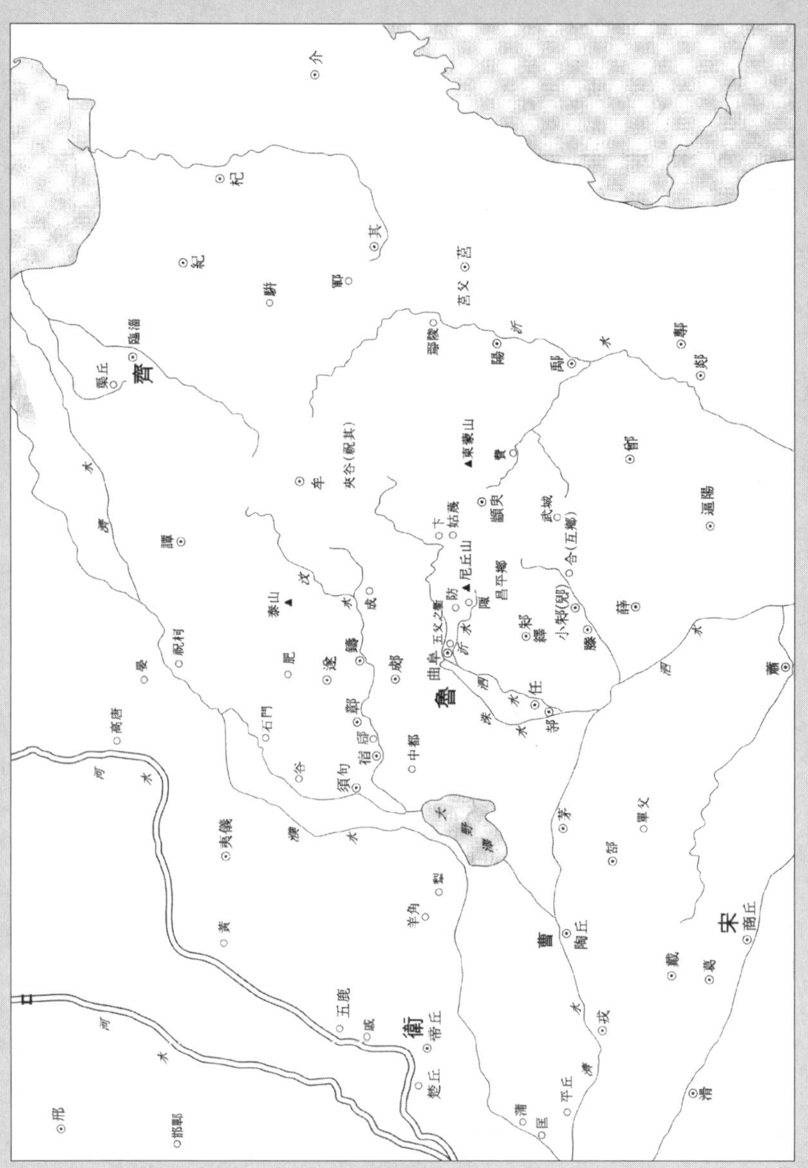

● 주요 참고문헌

- 『孔子家語』
- 『孔叢子』
- 『論衡』
- 『孟子』
- 『墨子』
- 『史記』「孔子世家」「仲尼弟子列傳」
- 『書經』
- 『說苑』
- 『隋書』 經籍志
- 『荀子』
- 『詩經』
- 『新序』
- 『禮記』
- 『莊子』
- 『周禮』
- 『中庸』
- 『春秋左氏傳』
- 『春秋』
- 『韓非子』
- 『漢書』 藝文志
- 『孝經』
- Arthur Waley, *the Analects of Confucius*
- D. C. Lau, *Confucius · The Analects*
- James Legge, *Confucius Analects*

- 朴世堂, 『思辨錄』 論語篇
- 蘇轍, 『論語拾遺』
- 孫星衍, 『孔子集語』
- 沈濤, 『論語孔注辨僞』
- 柳健休, 『東儒四書集評』
- 劉寶楠, 『論語正義』

- 陸德明, 『經典釋文』
- 伊藤仁齋, 『論語古義』
- 李栗谷, 『論語栗谷先生諺解』
- 李瀷, 『論語疾書』
- 李滉, 『論語釋義』, 『論語釋義』 論語篇
- 張九成, 『論語絕句』
- 張栻, 『癸巳論語解』
- 荻生徂徠, 『論語徵』
- 鄭逑 外, 『宣祖命撰論語諺解』
- 程樹德, 『論語集釋』
- 丁若鏞, 『論語古今注』, 『論語對策』, 『春秋聖言蒐』
- 鄭汝諧, 『論語意原』
- 正祖, 『弘齋全書』 「經史講義」
- 鄭玄, 『論語鄭氏注』
- 朱熹, 『論語集註』, 『論語或問』, 『論語精義』, 『論語語類』, 『近思錄』
- 陳士元 『論語類考』
- 崔述, 『洙泗考信錄』, 『洙泗考信餘錄』, 『論語餘說』
- 太宰純, 『論語古訓』
- 何晏, 『論語集解』
- 韓愈, 李翱, 『論語筆解』
- 邢昺, 『論語正義』
- 皇侃, 『論語義疏』

- 郭沫若, 『十批判書』(『中國古代思想史』, 조성을 역, 까치, 1991)
- 金都鍊, 『朱注今釋 論語』(현음사, 1992)
- 金暎鎬, 『鄭茶山의 論語解釋에 관한 연구-論語古今註를 중심으로』(성균관대대학원 박사학위논문)
- 金鍾武, 『釋紛訂誤 論語新解』 (민음사, 1989)
- 金學主, 『論語』(서울대출판부, 1993), 『孔子의 生涯와 思想』(명문당, 1988)
- 論語硏究會, 『論語全解』(창신문화사, 1958)
- 武內義雄, 『論語の硏究』(岩波書店, 東京, 1940), 『論語義疏校勘記』
- 王素, 『唐寫本論語鄭氏注及基硏究』(文物出版社, 北京, 1991)
- 李民樹, 『論語解說』(일조각, 1992)
- 李長之, 『人間孔子』(조명준 역, 한겨레, 1985)
- 任繼愈, 『中國哲學史』(전택원 역, 까치, 1990)

- 鄭瑽, 『論語와 孔子』(원광대학교 출판국, 1986), 『孔子의 敎育思想』(집문당, 1986)
- 趙紀彬, 『反논어』(『論語新探』, 조남호 · 신정근 역, 예문서원, 1996)
- 車柱環, 『論語』(을유문화사, 1969), 『孔子』(삼성문화재단, 1975)
- 貝塚茂樹, 『공자, 생애와 사상』(박연호 역, 서광사, 1991)
- 馮友蘭, *A Short History of Chinese Philosophy*(『中國哲學史』, 정인재 역, 형설철판사, 1989)
- 胡適, 『中國古代思想史』(송근섭 · 함홍근 · 민두기 역, 대한교과서주식회사, 1990)
- 黃秉國, 『論語』(범우사, 1990)
- Edwin O. Reischauer, John K. Fairbank, 『東洋文化史』(전해종 · 고병익 역. 을유문화사, 1982)
- H. G. Creel, *Chinese thought*, 『공자, 인간과 신화』, (이성규 역, 지식산업사, 1988)
- Hrebert Fingarette, *Confucius:The Secular as sacred*(『공자:성스러운 속인』, 노인숙 역, 일선기획, 1990)